ON GRAND STRATEGY

大戰略

耶魯大學長紅 20 年大師課程，從歷史提煉的領導決策心法

John Lewis Gaddis

約翰・路易斯・蓋迪斯——著 尤采菲——譯

獻給

大戰略家：

尼可拉斯・布瑞迪（Nicholas F. Brady），耶魯大學，一九五二年畢業。

查爾斯・強森（Charles B. Johnson），耶魯大學，一九五四年畢業。

亨利・山姆・瓊西二世（Henry "Sam" Chauncey, Jr.），耶魯大學，一九五七年畢業。

目次

推薦序

手段、能力、目標——邁向成功的三要件

張國城 臺北醫學大學通識教育中心教授

臺灣討論戰略的書近年來在出版界的努力之下，日漸增多；但是聯經居然能有這樣的眼光將蓋迪斯（John Lewis Gaddis）這位在臺灣或許知名度較低，在國外卻是赫赫名家的大作推介給臺灣讀者，實在是一大幸事。

戰略有許多定義。一般對於讀者能有參考價值，並且能夠實際運用的，**除了詳細闡明定義之外，更在於分析歷史上重大史事或戰爭中重要行為者採用的「戰略」究竟是什麼？他們為什麼會擬訂出這樣的戰略？實施過程當中又受到哪些限制和促進？之後是否能為我們對分析未來的公共事務（不僅是戰爭）提供可參考的典範？關於這三點，這本「大戰略」都是傑作**。誠如作者在前言中指出的：「我所追尋的戰略典範，是跨越時間、空間、規模的，我覺得不需要去自我設限，只為了達成能夠相互比較、對話的目的。」跨越時間與不同領域，將英國政治哲學家柏林、馬基維利、克勞塞維茨、英國女王、美國總統林肯與羅斯福、孫子，甚至文學家托爾斯泰與費茲傑羅，都寫入書中，更從雅典與斯巴達的戰爭，寫到羅馬安東尼與屋大維的爭鬥，

再到伊莉莎白一世的治國，到美國南北戰爭以及二戰。作者以大量的資料，渾然天成地以這些歷史事例為骨幹，使讀者能思索大戰略的本質。可以說，本書的特色就是以這些重大的歷史事件，藉由分析決策者的行為，來讓讀者理解「戰略」。

和多數這個領域的著作不同，這本書並不純然是一本戰史，軍事行動不是分析的全部。作者的重點是讓讀者可以在書裡讀到為什麼在事件中，決策者會採取那樣的行為。事實上，**決策的產生原本就不是只來自於理性決策，而是受到決策者身處的組織架構及文化，以及組織內成員之間的互動影響；這本書對於這些部分，包括決策者的心態、抉擇和遲疑都有深入的描繪。**

本書的核心概念是要讀者了解「分別目的與手段是戰略的基本內涵」，目的未必是現有的手段能夠達成的。若由作者舉出的史事來看，都是國家所處的外在及內部環境發生重大變化，引起對生存和安全的嚴重威脅，這時就需要制定「大戰略」來因應。而這些需要運用「大戰略」來解決的問題，筆者認為一般包含三項必要條件，並由國家最高決策者的認知來判定其間所應達成的目的，及所需的手段：

第一、是否威脅國家的基本價值（國家生存、人民安全及避免戰爭的核心價值，以及政治理念、經濟發展與社會秩序等優先性價值）。

第二、此一情勢在軍事上面臨的敵意，抑或戰爭爆發的高度可能性。

第三、對危機情勢的反應決策時間通常是短促的。

在本書中，作者對歷史上的決策者們就這三項必要條件所提出的大戰略條分縷析，而且多有創見；譬如「孤島」戰略，也就是「放棄介入其他地方的衝突或紛爭」，其實也是戰略之一。韓戰之前美國的亞洲戰略就是作者舉出的重要事例。這也是本書另一個特色，也是這本書所能帶給讀者的巨大貢獻——藉由追求過去的知識藉以鑑往知來。作者認為「人性總是人性，歷史若不是重複上演，則必然會有類似事件再度發生」，這點其實非常重要。臺灣人經常對歷史和國際關係有非常獨特的臺式定義，或是輕視一些證明有效的策略或方法，時時對他國的思維和行為有片面的解讀。這些狀況是臺灣今天許多問題的根源。這本書正是解藥之一。關於這一點，書中提到的許多史實正可以做為今日的重要參考。

筆者印象最深刻，認為特別需要提出的，就是作者在第九章中認為二戰時的美國總統羅斯福在等待三件事：一是美國的重整軍備，以讓經濟擺脫大蕭條時期的衰退，並讓美國有選擇性支持盟友的力量；二是蘇聯能夠撐下去，以消耗德國的實力，保護美國和英國的民主；三是羅斯福需要一場桑特堡（Sumter Fort）戰役（桑特堡戰役是南北戰爭中一場於一八六一年四月十二日至十三日發生在南卡羅來納州查爾斯頓港桑特堡的戰役，南軍向聯邦軍隊駐守的桑特堡開火，此役聯邦全無傷亡，但正因為此役，林肯決定向南方宣戰，南北戰爭因此爆發），以對參加二次大戰獲得道德的制高點（美國是受到侵略才應戰的），這對今天的臺灣來說，應該相當具有啟發意義。

筆者在臺北醫學大學的教學過程中，經常提醒我們的同學：教育的目的就是教導人們「如何做選擇」、「何時下決定」。這中間需要具備的工具就是先了解自身的「目的」，「目的」要透過「能力」來達成，而「手段」就是發揚能力的行為。作者認為，分析一個人如何掌控他的邏輯思考和領導力，是培養自我決策能力的關鍵。而「手段」與「目標」之間的平衡，就是戰略，這是一個非常有趣的說法。作者用帶有哲學思維又兼具流利史筆的方式，貫串全書闡述了這個道理。考慮「能力」和「手段」的極限非常重要，目標必須與此匹配——和筆者的想法不謀而合，也是本書獨特的價值所在。對臺灣的讀者們來說，能夠讀一讀本書，就是朝著自我充實、進而成功的目標更加邁進了一步。

前言

約翰·路易斯·蓋迪斯

我曉得，本書的書名[i]可能會讓有些人不以為然。我在耶魯大學歷史系的同事提摩希·史奈德教授（Timothy Snyder）已經早我一步，於二〇一七年出版了《暴政》（*On Tyranny*）一書，更久之前的古羅馬哲學家塞內卡（Seneca）也寫過《論生命之短暫》（*On the Shortness of Life*）。我最在意的，還是不知道卡爾·馮·克勞塞維茨（Carl von Clausewitz）的崇拜者會怎麼想，畢竟我自己也是其中一員。普魯士軍事戰略家克勞塞維茨在一八三二年所寫就之名作《戰爭論》（*On War*）幾乎已為這個主題、其必然結果和國家大戰略之論述，立下了難以超越的準則。至於為什麼需要另一本書來討論這個主題？我提出的辯解是我說話比較簡潔，以這點來說克勞塞維茨實在不擅長。《大戰略》書中所討論的歷史跨度比《戰爭論》還長，但篇幅只有

i　譯注：本書書名原文On Grand Strategy，意思是「論大戰略」。大戰略的意思是，有目的地運用各種權力手段以維護某一群體的總體安全，通常是指涉國家層級的安全問題。本書以下均使用「大戰略」一詞。

不到一半。

本書是集結自我的兩段相隔四分之一個世紀的教學經驗。首先，我在一九七五年至一九七七年間於美國海軍戰爭學院（United States Naval War College）教授一門「戰略與政策」的課程，當時為什麼會去教授這門課，我會在第二章結尾的地方提及。另一段，則是我在耶魯大學與其他教授共同合授一門叫做「大戰略」的專題課程[ii]，這門課我從二〇〇二年教授至今。這兩門課都是討論古典著作和研究歷史案例多過於教授理論。海軍學院的課程一年只上一學期，主要授課對象是中級軍官。在耶魯的課程分上下學期，招收對象包括大學部、研究所、專業學院，另也招收美國現役陸軍和海軍陸戰隊的中校階軍官[1]。

這兩門課都是我與其他教師共同合授的課程。在美國海軍戰爭學院，每堂專題課程通常會有一名民間教師和一名軍方教師帶領。至於在耶魯，則由我和我的同事查爾斯・希爾（Charles Hill）、保羅・甘迺迪（Paul Kennedy）組成「三頭馬車」共同教授，我們每堂課會在學生面前互相辯論，課外則個別給予學生指導（不一定一直都有就是了）。特別的是，我們三位彼此一直是鄰居和很要好的朋友。

來自耶魯大學校友的捐贈，讓我們能夠在二〇〇六年時設立「布雷迪─強森計畫大戰略研究課程」（Brady-Johnson Program in Grand Strategy），讓我們能夠邀請實務家親臨我們的課堂。這些人包括新聞工作者大衛・布魯克斯（David Brooks）、外交與人文學科教授華特・羅素．米德（Walter Russell Mead）、美國國家情報總監約翰．尼格羅龐提（John Negroponte）、《華爾街日報》專欄作者佩姬．努南（Peggy Noonan）、前美國國務院發言人維多莉雅．紐蘭（Victoria Nuland）、資深財經記者保羅．索門（Paul Solman）、政策顧問傑克．蘇利文（Jake Sullivan）、人權律師伊凡．沃夫森（Evan Wolfson）。我們也有耶魯其他系的老師參與：史考特．布爾曼（Scott Boorman，社會學系）、伊莉莎白．布雷德利（Elizabeth Bradley，之前在公共衛生系，二〇一六年至二〇一七年擔任布雷迪—強森計畫的主任，現在在瓦薩學院〔Vassar College〕擔任校長）、貝芙莉．葛居（Beverly Gage，歷史系，自二〇一七年起擔任布雷迪—強森計畫主任）、布萊恩．葛斯頓（Byrian Garsten，政治學系和人文學系）、努諾．蒙提耶洛（Nuno Monteiro，政治學系）、克莉絲提娜．塔伯特—斯拉古（Kristina Talbert-Slagle，流行病學和公共衛生系）、亞當．圖茲（Adam Tooze，先前在歷史系，現在任教於哥倫比亞大學）。

我從這些老師身上也學到很多。因為這樣，我認為我現在有義務要說說自己學到了些什麼。我以一種非正式，完全憑印象和出於個人習慣的方式，從我的同僚身上獲益良多。他們不需要做任何事，只需要忍受我奔馳在一條他們無法控制的路徑上。因為我所追尋的戰略典範，是跨越時間、空間、規模的[2]，我覺得不需要去自我設限，只為了達成能夠相互比較、對話的目的。就好像聖奧古斯丁（St. Augustine）和馬基維利（Machiavelli）偶爾也能夠來場對談，如

ii 譯注：專題課程（seminar），上課方式以討論為主，而非教師單方面授課的課程。

果兩位主角換成是克勞塞維茨和托爾斯泰（Tolstoy）也沒什麼不可以。他正好是我覺得最擅長想像的人士，其次是古羅馬詩人維吉爾（Virgil）、莎士比亞、美國小說家F・史考特・費茲傑羅（F. Scott Fitzgerald）等。最後，我必須得要提提以撒・柏林爵士（Sir Isaiah Berlin）[3]這位傑出的思想家，一九九二年至一九九三年我在牛津大學擔任訪問學者時和他有過一些交往。我希望對於我將他比為大戰略思想家，他會感到高興。我知道他一定會發笑。

我的經紀人安德魯・懷利（Andrew Wylie）和編輯史考特・莫伊爾（Scott Moyers）從我開始著手寫這本書以來，就對這本書深具信心，比我還甚。我很榮幸能和他們再次合作，並再次蒙受企鵝出版社高效率編輯團隊的幫助，他們包括安・顧朵芙（Ann Godoff）、克里斯多夫・理查茲（Christopher Richards）、米亞・康希爾（Mia Council）、馬修・波伊德（Matthew Boyd）、布魯斯・吉福德（Bruce Giffords）、黛博拉・魏斯・吉琳（Deborah Weiss Geline）、茱莉安娜・奇揚（Juliana Kiyan）。

我也要特別感謝二〇一七年秋季學期參與我「狐狸和刺蝟」專題課程的耶魯大學部學生，他們擁有堅強的意志，為我檢視校對了我這本書每一個章節。他們是：摩根・阿基亞—魯坎德（Morgan Aguiar-Lucander）、派翠克・賓德（Patrick Binder）、羅伯特・布林克曼（Robert Brinkmann）、亞力山卓・布拉提（Alessandro Buratti）、迪亞哥・費南德茲—佩吉斯（Diego Fernandez-Pages）、羅伯特・韓德森（Robert Henderson）、史考特・希克斯（Scott Hicks）、傑克・希爾德（Jack Hilder）、亨利・艾斯曼（Henry Iseman）、以蒂雅・君恩（India June）、迪克藍・昆克爾（Declan Kunkel）、班・馬勒特（Ben Mallet）、亞力山大・佩特羅（Alexander Petrillo）、馬薛爾・藍肯（Marshall Rankin）、尼可拉斯・雷里加（Nicholas Religa）、葛蘭特・理查森（Grant Richardson）、卡特・史考特（Carter Scott）、莎拉・西摩爾（Sara Seymour）、大衛・謝默（David Shimer）、傑拉德・史密斯（Jared Smith）。還有我們了不起的大學部研究助理：古柏・迪阿可斯提諾（Cooper D'Agostino）、馬修・洛伊德—湯瑪斯（Matthew Lloyd-Thomas）、大衛・馬克勒三世（David McCullough III）、坎貝爾・史尼伯利—史汪森（Campbell Schnebly-Swanson）、納森尼爾・吉林斯基（Nathaniel Zelinsky）。

耶魯的校長理查・勒文（Richard Levin）和彼得・薩洛維（Peter Salovey）從一開始就大力支持我們教授大戰略的課程，校長的助理泰德・威特史坦（Ted Wittenstein）是我們比較早期的學生，也非常支持我們。國際安全研究和布雷迪—強森計畫的副主任都一直讓我們能夠開成課，他們是：威爾・希區考克（Will Hitchcock）、泰德・布洛蒙德（Ted Bromund）、現已過世的梁明（Minh Luong）、傑佛瑞・曼克夫（Jeffrey Mankoff）、萊恩・爾文（Ryan Irwin）、阿曼達・貝姆（Amanda Behm）、傑瑞米・弗里曼（Jeremy Friedman）、克里斯多夫・米勒（Christopher Miller）、艾文・威爾森（Evan Wilson）、伊恩・強森（Ian Johnson）。還有我們在希爾屋大道三十一號的辦公室工作人員：麗茲・瓦斯塔基（Liz Vastakis）、凱瑟琳・高羅（Kathleen Galo）、麥克・斯克尼斯基（Mike Skonieczny）、伊果・畢流克夫（Igor Biryukov）。

我也要感謝我妻子東妮・朵夫曼（Toni Dorfman），她是一名教師、學者、指導者、演員、劇作家、舞臺劇和巴洛克歌劇的導演、腳本評論家和文字編輯，她熱愛烹飪美食，晚上我回家心情低落時會給我安慰。而現在，她源源不絕的為我提供愛與支持已經二十年了，至今仍在各種方面成為支持我走下去的動力。

這篇謝詞要特別獻給我們課程計畫的兩位贊助人，也是他們兩位充滿智慧的決定促成這個課程的發展。他們的遠見、慷慨、恆久不變的絕佳建議，以及他們的主張「我們要教的是常識」，不只已然成為我們的錨定、羅盤，更是載著我們航向遠方的船舶。

二〇一七年秋於康乃狄克州紐哈芬市

第一章
橫越赫勒斯滂

時間是西元前四八〇年，地點在阿比多斯（Abydos）。阿比多斯位於赫勒斯滂（Hellespont）海峽靠亞洲的這一側，赫勒斯滂就是今日的達達尼爾海峽，這條狹長的海峽往上延伸愈變愈窄，阿比多斯這裡與對岸的距離只比一英里再稍寬一點點。這裡的景象簡直可以拿來當作好萊塢全盛時期的拍攝場景。波斯帝國的眾王之王薛西斯一世（Xerxes），在一片岬角上升起王座，從高處檢閱他的大軍。根據古希臘歷史學家希羅多德（Herodotus）[i]的記述，當時有一百五十萬大軍聚集於此。據今人推斷，當時的人數較有可能是這個數目的十分之一，不過就算如此，也與一九四四年諾曼第登陸戰代號D日那一天，美國艾森豪將軍所指揮的軍隊人數差不多。現在的達達尼爾海峽沒有跨海大橋，但是薛西斯卻建了兩座浮橋。一座是由三百六十艘緊密連結起來的船搭成，另一座用了三百一十四艘船，兩座橋都順著海浪和風的走向排列。先造好的那座因風浪斷成兩半，薛西斯一世大怒，下令將造橋的工匠砍頭，命人鞭打海水並加以譴責。直到今日，此地的海底恐怕還躺著薛西斯一世為了嚴施懲戒而扔進海中的鐵索。

波斯大軍在此地集結的那一天，海面平靜無波，原本龍心大悅的薛西斯一世，卻突然潸然淚下。他的大臣和叔父阿爾達班（Artabanus）見狀，便上前問他為何哭泣。王說：「想到此地有成千上萬的人，卻不可能有人能活到一百歲，我不禁感到悲痛。」阿爾達班安慰他，人總有一死，這使得活著的人生難以忍受的，死亡反而成了解脫。薛西斯同意這點，但卻命他：「告訴我你心裡真正的想法。」要不是他們兩人都做了一場駭人的夢，阿爾達班會心甘情願的接下任務，才過了十年，又再度率領波斯大軍二次進攻希臘嗎？阿爾達班稟奏：「恐懼充滿了，不，甚且是溢出我的心。」

距當時十年前波希戰爭的馬拉松之役中，薛西斯一世的父親大流士一世（Darius）慘敗於希臘人手下，阿爾達班勸阻薛西斯一世不要採取報復行動。然而，薛西斯一世兩度做了一個相同的夢，讓他再度興起攻打希臘的野心。在遙遠的兩千年後，莎士比亞筆下的哈姆雷特王子似乎也有相同經歷。薛西斯一世在夢中看到一個鬼魂的幻影，氣質莊嚴有如帝王，用尊長的口吻說道：「立刻發動戰爭……短短時間內你便能提升到至高地位，手握萬千權柄，還不俯伏速速聽從。」阿爾達班原本對這個夢境嗤之以鼻，薛西斯一世便與他交換外衣，讓他睡在國王的床上。沒想到鬼魂竟再次出現，阿爾達班慘叫著醒來，立刻同意對希臘發動新一波進攻。接著，薛西斯一世下令波斯大軍到薩迪斯（Sardis）集結，用上千隻母牛犢在特洛伊的廢墟遺址獻祭。他親赴赫勒斯滂，親自監督跨海大橋完工，準備好要率大軍渡海。此刻萬事俱備，大軍發動在即，王的叔父只能利用這最後關頭勸諫薛西斯一世，表達他的疑慮。

雖然阿爾達班做了相同的夢，但他實在按捺不住。阿爾達班勸諫主君，前方的敵軍恐怕不

i 譯注：希羅多德（Herodotus），西元前五世紀古希臘作家，著有《歷史》（*History*）一書，內容主要是記述波斯和希臘兩次戰爭。

會只有希臘人，他們是難以攻克的軍隊，而且陸地和海洋都被他們占據。波斯軍要繞過愛琴海行進的路線需要穿過內陸，為這麼龐大的軍隊進行補給是非常困難的工作。沒有足夠的港口供他們停泊船隻以躲避暴風雨。在波斯軍發動任何一場戰役之前，很可能會先因飢餓或疲憊而無法打仗。這位行事謹慎的將軍——「非常擔心，預先思考所有可能發生的災難。但他非常勇敢，總是率先深入險境。」薛西斯一世耐心聽完叔父的勸諫，表示反對：「如果每一件事都要考慮，那我們永遠什麼事都做不成。只要帶著一顆勇敢的心，去承受我們所擔心的一半難題，也好過計算了所有的難處卻什麼也沒遇上。要能承受危險，才能成就大事業。」

這番話為此事下了結論。薛西斯一世派阿爾達班回去治理國政，他自己將全副心力放到這場戰役，並將行事規模擴張一倍。他向太陽神祈求獲得力量，能夠征服希臘，甚至整個歐洲。他將香桃木枝撒在渡海大橋前面，命令祭司焚香。他將祭奠用的酒倒入赫勒斯滂，連同盛酒用的金杯，用來調製奠酒用的金碗一起丟入海中，最後，他將一把劍也投入海裡。這為波斯軍開拓了渡海之路，他們花了七天七夜才全數通過。當薛西斯踏上歐洲這一側的海岸時，一名目睹這個現象的過路人發出驚嘆，宙斯竟化身成波斯王，將「世上萬民」都帶到這邊來了！難道上天要親自摧毀希臘？[1]

刺蝟與狐狸

兩千四百一十九年後，一位牛津大學的教師暫時放下手邊的指導工作，起身去參加一場宴會。他是以撒・柏林，當時年僅三十。柏林生於今日拉脫維亞的首都里加（Riga），長於聖彼得堡。一九一七年，他八歲，俄國爆發十月革命，他與家人移居英國。以撒在英國長大、求學，並在此習得新語言，終其一生都沒能擺脫一口濃重的口音。他在牛津大學的各項考試表現出類拔萃，是首位獲選為牛津萬靈學院（All Souls College）的猶太裔教員。到了一九三九年，他已經在新學院（名字雖有個新字，但這家學院一三七九年就成立了）教授哲學，發展他自己完全背離邏輯實證論的思想（如果缺乏可複製的驗證結果，任何事皆不具有意義）。此刻，他的人生過得順遂無比。

柏林是個一開始高談闊論，就會熠熠發光的演說家，對任何想法都擁有如海綿般求知若渴的欲望。他喜歡一逮到機會就大肆展現自己，吸收別人講的各式見聞。在這場宴會上（什麼時候舉行的現在已不得而知），柏林遇到朱利安・艾德華・喬治・阿斯奎（Julian Edward George Asquith）。他是第二代牛津和阿斯奎伯爵，剛在牛津大學的貝利奧爾學院（Balliol College）修完古典文學。牛津伯爵跟柏林談到古希臘詩人阿基洛古（Archilochus of Paros）的一句詩，深深激發了他的興趣。根據柏林的印象，這句詩是：「狐狸知道許多小事，刺蝟只知道一件大事。」[2]

這句話現已僅存殘文，前後脈絡早已佚失。文藝復興時代的學者伊拉斯謨（Erasmus）在這句話上玩弄了巧思，[3]柏林本人也禁不住做了一樣的事。這可會變成將那些偉大作家分類的方式？如果是的話，那麼柏拉圖、但丁、杜斯妥也夫斯基、尼采、普魯斯特都會被歸類為刺蝟。亞里斯多德、莎士比亞、歌德、普希金、喬伊斯則顯然都是狐狸了。柏林自己也是，柏林對所謂的大事根本不抱信任，例如當時流行的邏輯實證論，反而深受許多小事的吸引。[4] 因受到第二次世界大戰爆發的影響，柏林直到一九五一年才又將心力放回到他自己的四篇論文[ii]上，他用這四篇論文作為架構來研究托爾斯泰的歷史哲學思想。兩年後，他出版了一本小書，叫做《刺蝟與狐狸》（*The Hedgehog and the Fox*）。

只知道一件大事的刺蝟是怎麼樣的呢？柏林解釋道，刺蝟型的人「看待一切事物都會連結到同一個中心思想，」由於這樣，「他們所言所行都有重大意義」。相反的，狐狸知道很多小事，則「同時追求很多目標，但這些目標常常毫無關聯，甚至彼此矛盾，如果真有關聯，那也是因為本身就具有的」。刺蝟和狐狸的差別很簡單，但這並不是什麼細枝末節的小事，因為能為我們提供一種「觀看和比較的觀點，作為進行真切檢視的出發點」。甚至突顯出「分辨寫作家和思考家最深刻的差異點，可能大部分的人都是屬於這兩種。」

柏林發出如此尖銳的評論，但他卻僅將討論的範圍局限在托爾斯泰。柏林認為，這位了不起的作家一直想當一隻刺蝟，「《戰爭與和平》理論上應該要能為我們揭示歷史運作的定律」，但托爾斯泰過度忠於自己，不願對人性的怪僻和特質視而不見，或者略過因挑戰將人性概括化而導致的結果。因此，他在他這本傳世之作中，置入了文學史上最具有狐狸傾向的書寫，使他的讀者目眩神迷，雖然托爾斯泰刺蝟式的反芻散落在這本偉大著作各處，但讀者也樂意對此視而不見。

受到各種矛盾撕扯的托爾斯泰瀕臨死亡的時候，柏林在結論中，說他是「一個絕望的老人，任何人都幫不了他，自己一個人盲目的（有如伊底帕斯）在柯洛諾斯（Colonus）流浪」。[5]

若是要為托爾斯泰寫傳記，這樣的描述太簡單了。一九一〇年的時候，托爾斯泰八十二歲，他拋妻棄子離家出走，死在俄國一個偏遠的火車站。他會這樣做，應該不大可能是為他幾十年前在《戰爭與和平》留下許多沒交代清楚的伏筆而感到悔恨。[6]我們也看不出來，柏林引用伊底帕斯的典故，是否是為了要讓他的論文做個戲劇性的收場，還是有更深刻的目的。也許柏林的結論是過於戲劇性，因為這句話暗示了狐狸和刺蝟之間有著難以化解的分歧。柏林的意思似乎是在說，你要不是刺蝟，不然就是狐狸。你不能兩者兼具還有辦法開心自在。也不可能有效運用兩者特質，或是保持心智圓滿健全。

柏林這本小書很快在文壇掀起話題，若在今日的網路時代恐怕就是在網路上「爆紅」了。柏林很驚訝，但暗自竊喜。相關的討論書籍紛紛出版，連漫畫都以此為題。[7]大學的課堂上，教授開始會問學生：「你們覺得某某（可能是某歷史或文學人物）是狐狸還是刺蝟？」學生開始會問教授：「您認為現在（或任何別的時候）我是要當狐狸比較好還是刺蝟比較好？」他們則開始都會問自己：「我在這個類別裡面，應該要追尋什麼樣的位置？」接著，他們都會開始懷疑自己——「我能不能換成另一邊？」最後演變成是：「到底，我是誰？」

ii　譯注：此處指的應該是柏林的《自由四論》。

一場牛津宴會、一句阿基洛古的殘詩，加上一本托爾斯泰的巨作，就讓柏林碰巧發掘兩種最佳的方式，讓他在人類的智性史上留下難以抹滅的痕跡。一種是神諭式的，歷史各代所有傳達神諭的祭司都懂的技巧。另一種是效法伊索寓言，將你的想法比附成動物，他們將變得永垂不朽。

阿爾達班VS.薛西斯一世

希羅多德的生年介於西元前四八〇年代到四二〇年代之間，或許他聽過阿基洛古（前六八〇年至六四五年）關於狐狸和刺蝟的詩。希羅多德在別的文章中曾引用過阿基洛古的作品，因此他有可能看過這首詩的原貌[8]，這是假設當時還有留存。就算他未曾看過，也不難從希羅多德對於阿爾達班和薛西斯一世在赫勒斯滂海岸邊這段故事的敘述中看出，這位顧問大臣心中住著一隻不安的狐狸，而那位君王，則是一隻不願低頭的刺蝟。

阿爾達班強調他們要付出代價：精力將要耗盡、補給會發生困難、聯絡將要受阻、士氣將會低落，在他們試圖要將一支大軍橫越任何一塊大陸或水域時，一切有可能會出的錯會讓他們付出代價。成功的代價過於龐大。難道薛西斯一世沒看到，「神會用閃電劈擊」那些嘗試做大事的人，但是那些小事「並不能刺激神採取行動」？阿爾達班力主應該拆毀浮橋、解散軍隊，然後讓所有人回家，他認為他們前方有更多的惡夢在等著他們。

為了一百年後將不復存在的人而哭泣的薛西斯一世，則具有較廣大、長遠的目光。如果死亡是生命的代價，為什麼不用少一點的代價來使生命難以為人忘懷？為什麼要做一個會遭人遺忘的眾王之王？馴服了難以阻擋的赫勒斯滂海峽，這兩座跨海大橋必定要帶領他們走向某處。他的萬千大軍攜帶了所有他們需要的物品，就是為了確保所有可能會出錯的事物不會成真，或就算真的發生問題，也無關緊要。「神要帶領我們前進。所以，當我們發動我們冒險、進取的心，我們將昌盛壯大。」[9]

阿爾達班敬重環境，他知道陸路地景有可能會阻礙或幫助軍隊的行進，船隊不可能永遠都能完全掌握航行路線的海象，預測天氣是超越凡人能力範圍的。一軍之總司令必須要根據他們必須接受的條件，去分辨他們能夠採取什麼樣行動，在情況允許之下，相信他們所能拿出的辦法能夠奏效。相反的，薛西斯一世想要「重新塑造」環境。他在赫勒斯滂搭橋，將水路轉變成（或多或少）堅硬的地面。他修造一條橫跨阿陀斯半島（Athos peninsula）的運河，把堅硬的陸路化為水路，用希羅多德的話說是「出於完全的傲慢」，好讓他的船隻不需要繞過半島航行。[10]這位君王毫不擔心他需要對什麼事妥協，因為要是有任何事物擋住他的去路，他就要將之剷除。他唯一相信的是神之手，因為是神賦予他這樣大的權力。

目光短淺的阿爾達班朝地平線放眼望去，馬上看到行軍本身的錯綜複雜是他們最大的敵人。目光遠大的薛西斯一世則是朝地平線遠方望去，看到雄心壯志能為他創造機會，單純而專一的思路，是為他指路的探照燈。阿爾達班不斷改變主意，他的想法翻來覆去，有如奧德修斯（Odysseus）[iii]迂迴而曲折的回家路一樣，就是為了要讓他能返回家鄉。橫越赫勒斯滂的薛西斯一世則變成希臘神話中的第一勇士阿基里斯（Achilles）。除非後人用傳奇故事述說他的作為，否則，他將不會返家。[11]

這個故事裡的狐狸和刺蝟，找不到共同的立場。眼見王聽不進他的警告，阿爾達班往東而去，離開了阿比多斯。此後，希羅多德便沒有再提起過他。薛西斯一世則率領他的陸、海軍和他的歷史學家[12]往西而去，隨行的還包括後來負責記錄波希戰爭的記錄者。此時的赫勒斯滂，既是兩個大陸間的分界線，也分隔開了阿基洛古所預示，日後由柏林發揚光大的兩種思維模式，到了二十世紀晚期的時候將有社會學家對其賦予更深刻的探討。

思考方式影響預測正確與否

預測有可能準確，有可能不準確。為了探討這種準確性的根源，美國政治心理學家菲利浦・泰特洛克（Philip E. Tetlock）和助理搜集了兩萬七千四百五十一條，在一九八八年至二〇〇三年間出現，關於全球政治的預測，這些預測的作者是兩百八十四位「專家」，分別來自各大學、政府、智庫、基金會、國際機構和媒體。泰特洛克的研究結果在二〇〇五年集結成書，書名是《專家的政治判斷》（*Expert Political Judgement*，暫譯），當中提供了豐富而翔實的表格、圖表、方程式。這本書提供了一份最嚴苛的檢視，來說明為什麼有些人對未來的預測是正確的，有些人則沒有。

「無論他們有什麼樣的專業背景或地位，這些專家是誰，跟他們的預測是否正確幾乎毫無影響」，泰特洛克在結論中如此說道。「跟他們的思想傾向，不管是自由派或保守派、現實主義派或擁護體制者、樂觀或悲觀，也沒有關係。」但是，「跟他們思考的方式，也就是進行推論的風格，卻大有關係。」這裡面最主要的變因，是泰特洛克給這些專家看柏林對「狐狸」和「刺蝟」給予的定義，然後要他們給自己做歸類。結果非常明確，狐狸都是非常嫻熟於預測的人士，遠勝於刺蝟。刺蝟所做的預測準確性，跟讓一隻黑猩猩射飛鏢（想必就是電腦的演算模擬）得到的結果差不多。

對這樣的結果感到震驚，泰特洛克尋找是什麼原因，讓狐狸和刺蝟出現如此大的差異。結果他發現，狐狸在做預測的時候，仰賴一種出於直覺的，「把來自多種源頭的情報資料直接拼在一起」，他們不會用一種「大機制」先行剔除資料。他們認為「政治就像雲一樣縹緲」，並不是「像鐘錶那樣準確、有系統可遵循」。預測結果最佳的人，「思考的時候經常有自我否定

---

iii 譯注：奧德修斯（Odysseus），希臘史詩《奧德賽》的主角，《奧德賽》是記述特洛伊戰爭結束後，奧德修斯在海上迷航，花了十年的光陰才返回家鄉。

的習慣」，這種風格使他們淘澄到最後，「留下的都是批判」。然而他們的推論過程經常過於散漫，他們的意見傾向過於明顯，使他們的主張聽起來不具有公信力，他們不容易吸引到觀眾。脫口秀通常請他們上過一次節目後就沒有下一次。政策制定者則是太忙碌沒時間聽他們的意見。

至於那些刺蝟則呈現很大的反差。他們不習慣自我否定，拒絕批評的聲音。他們會來勢洶洶的搬出長篇大論解釋自己的見解，「對『聽不懂的人』表現出易怒、不耐煩的態度」。當他們一不小心把智性討論的洞挖得太深，他們只會繼續挖下去。他們容易變成自己「先入為主觀念的囚徒」，陷入自我陶醉的輪迴裡。他們懂得說出令人印象深刻的妙語，但他們對於事態的後續發展，沒什麼繼續深究、挖掘的能力。

泰特洛克從這一連串研究中發現了「做出優秀判斷的理論」。也就是，「懂得自我批判的思想家，更擅長從不斷演變的情勢中梳理出其中相互矛盾的動態。他們對於他們的預測本領保持謹慎態度，記得他們過去所犯下的錯誤，比較不會去試圖合理化那些錯誤，比較會隨著時代腳步調整他們的信念。而且，把這些優點集中起來，可以得出結論：他們更適於對下一輪事件提出較務實的預測。」[13]簡單來說，狐狸表現得比較好。

凡人切勿妄自尊大

一項理論是否站得住腳，要看它是否能用來解釋過去，因為只有這樣，我們才能確信它能用來預測未來。泰特洛克用來進行實驗的過去，不過也才十五年的光陰。倒是，希羅多德的記述讓我們有機會將泰特洛克的發現應用到一個距今久遠以前的時代，只是這次的實驗就無法進行嚴謹的控制了。儘管有這麼大的時間跨度，泰特洛克的研究結果仍舊站得住腳，而且驚人的好。

橫越赫勒斯滂之後，薛西斯一世向前推進，他心裡深信，憑著數目龐大的波斯軍，和他富麗豪華的隨行人馬，任何反抗勢力絕對都無法與之抗衡。希羅多德記述道：「就算是所有希臘人和所有西方國家的人集結起來，都無法與我對抗。」波斯軍通過馬其頓的色雷斯城（Thrace）和色薩利（Thessaly）的時候，王的計畫似乎都還行得通。不過，他的行進當然非常緩慢。

波斯軍的規模是如此龐大，以至於在所有部隊都能渡到河或湖的對岸之前，他們的人就已經把河湖的水都給喝光了。獅子（至今還棲息在這個區域）食髓知味，發現可以去捕獵那些載運補給品的駱駝。而且，薛西斯一世甚至還消耗那些願意合作的希臘人的飲食資源。有一個人表示感激，因為薛西斯一世一天只吃一餐，要是他們的城市還得要再供應規模與前一天晚餐相同的早餐，那麼許多居民都只好逃走，不然就要「被磨成粉末，那是任何人所能遇過最慘的遭遇」。[14]

薛西斯一世也未能剷平地形上的障礙。波斯軍隊要進入位於希臘的阿提卡（Attica），必須要先通過狹窄的溫泉關（Thermopylae）隘口。在這裡，斯巴達王李奧尼達斯（Leonidas）面對大軍壓境，在倉促間只能召募三百名斯巴達勇士，以相差如此懸殊的兵力，他們卻成功拖延了敵軍好幾天的時間。雖然最後李奧尼達斯和三百壯士全數戰死，但斯巴達人拒絕投降的決心，讓薛西斯一世看到他無法繼續靠著鎮嚇對手來得到他想要的勝利。同時間，愛琴海夏末時期常出現的暴風雨也在折損他的艦隊，更別說，雅典人聽從他們海軍司令地米斯托克利（Themistocles）的指令，紛紛棄城出逃。這讓薛西斯一世面臨了一八一二年拿破崙遠征莫斯科時遇到的相同困境：當你確定你的目標已成囊中物，卻發現它已經是空城一座，而且還要遭受惡劣天氣的攪擾，此時該怎麼做？

很符合他的性格，這位眾王之王回去採取更多鎮嚇手段。薛西斯一世燒毀雅典的衛城（Acropolis），在另一座能夠俯瞰另一片水域的岬角頂端升起王座，好讓他能夠親眼目睹他剩餘的海軍為他完成他想要的勝利。當然，聖殿冒起的濃煙讓雅典水手的士氣受到打擊。但那裡是薩拉米斯灣（Salamis），配備有三列槳座的希臘式戰船十分熟悉這片水域，而且德爾菲神殿傳出的神諭說躲在「木牆」的後面能保證安全，想必那片木牆應該是會浮在水上的那種。好吧，當薛西斯一世看著戰事進行，卻目睹希臘人將波斯戰船掀翻、葬送海底，大肆屠殺逃過一劫的人，波斯人無論如何都沒學過游泳。薛西斯一世現在別無選擇，雖然為時已晚，但也只能採納叔父的建議，儘速歸返自己的國度。[15]

地米斯托克利為了加快波斯王離去的腳步，還散布謠言說赫勒斯滂大橋是雅典人下一個目標。嚇壞了的薛西斯一世拋下士氣已潰敗一地的波斯軍，自己倉皇撤退。希臘人接著在普拉提亞（Plataea）打敗波斯軍，不過他們卻將應該施予的懲罰，留給想像力豐富的劇作家去發揮。

希臘悲劇作家艾斯奇勒斯（Aeschylus）所寫的《波斯人》（*The Persians*），在薩拉米斯海戰後八年首次搬上舞臺，內容描述渾身濕透、骯髒的薛西斯一世，拖著沮喪的腳步回到他自己的國都，為先前還向他歡呼、喝采的子民而哀悼。以此為戒，受到教訓的鬼魂大流士說：「千萬不要，凡人切勿妄自尊大。」[16]

希羅多德在他的《歷史》[17]一書中提到了艾斯奇勒斯。他是否也為了這場夢境而召喚大流士的幽靈？不知是否和一開始催促薛西斯一世橫越赫勒斯滂的是同一個？當然我們現在不得而知，幽靈只是一片朦朧的黑影。不過，或許我們可以想像這片黑影（無論他是誰），並借助他的超自然力量將時間軸撥快，去體會後來這位眾王之王憂傷頹喪的心情，就像泰特洛克教授發出的警語：狐狸說的通常都是正確的，而刺蝟則是傻瓜。

刺蝟的行事風格

薛西斯一世侵略希臘是一個古老但規模宏大的範例，讓我們看到刺蝟的行為風格。能夠坐在眾王之王的寶座是件了不得的大事。如果薛西斯一世真的能憑藉萬千兵力將赫勒斯滂的水域變成陸地，將阿陀斯半島的陸路變成水路，那他又有什麼做不到的呢？為何不征服希臘，再接著征服歐洲？他還曾經這樣一度問自己，為什麼不乾脆將宙斯的領域變成我波斯帝國的疆界？[18]

就跟大部分的刺蝟一樣，薛西斯一世失敗的原因，在於無法在他想達成的目標和手段之間建立正確的關係。目標只存在於想像當中，因此可以無窮無盡。譬如說，為何不乾脆設立王座在月球上，這樣能夠看得更廣更遠。然而，手段卻絕對是有其極限的。踩踏在地面上的軍靴、航行在海面上的船隻，還有要能填滿這些的兵丁。目標和手段必須要能連得上，以防止有什麼事情發生。兩者永遠是不可能互換的。

薛西斯一世為他的能力設下的唯一限制是他的抱負。他想得到最好的，但卻認定那是最糟的。他只活在現在，他把自己與過去切斷。過去是經驗之所在，未來則有許多未能預見的事物潛伏。[19]如果薛西斯一世能充分了解這之間的差別，他就能清楚了解他的軍隊和艦隊永遠無法運送所需的物資，僅是為了讓他能攻打希臘。除非他能夠讓他侵略之地的人替他的行動提供補給（這不容易），不然他自己的人馬（應該不包括他自己）很快就要挨餓（或是口渴、疲憊）。在這樣的情況下，來自少數人的抵抗，很快就能動搖多數人的信心，就跟溫泉關隘口的抵抗一樣。更別說，冬天很快就要來臨。

不過，聽從狐狸屬性的阿爾達班也會有風險。他大概會提出各式各樣的警告：河水會被喝乾、會有飢餓的獅子出沒、會突然颳起暴風、當地人會很憤怒、會遇上好鬥的勇士、敵方會請示神諭、敵方有划槳好手、我們的人都不會游泳等，這些在橫越赫勒斯滂之後會在前方等著我們，因為導致這些事件的起因都是可知的，這些事件的後果也是可預測的。然而，即便是他也只能預測個別事件的發生，因為就算是腦袋最靈光的預言家，也無法具體指出事物的累積效應。一件件小事累積起來，會造成無法預測的巨大效應，不過就算如此，領導者不能被未知的事物擊垮。他們必須讓他們自己看起來胸有成竹，即使他們自己心裡也很迷惘，還是必須如此。

薛西斯一世將這項原則運用到驚人的極致。呂底亞人皮提厄斯（Pythius the Lydian）按照薛西斯一世的要求，將軍隊和財寶盡數交出來給他們做進攻希臘之用，希望薛西斯一世能免去其長子在波斯軍隊服役的義務。薛西斯一世用一種令人難忘的方式，來顯示他的決斷。他命人將皮提厄斯的兒子腰斬並丟在路的兩邊，讓軍隊從中間通行而過。[20]這項作為讓眾人不敢再對薛西斯一世的強勢存任何僥倖心理，但卻著實將他自己束縛住了。此刻的他沒有辦法重新思索他自己的計畫，就算他想，他也做不到。

薛西斯一世和阿爾達班的悲劇在於兩個人皆缺乏對方的長處。如果我們用泰特洛克的解釋來套用，薛西斯一世是刺蝟，要求觀眾給他絕對的服從，但卻容易給自己挖了一個太大的洞往下跳。大臣阿爾達班是狐狸，懂得避免給自己挖洞，但卻無法吸引他的觀眾。薛西斯一世說的沒錯，如果你試圖要預測所有可能性，很有可能落得最後什麼也做不成。不過阿爾達班也沒有錯，如果你無法為所有可能會發生的事做好準備，那麼你最好皮繃緊一點，有些意外注定會發生。

頂級智力

如此看來，薛西斯一世和阿爾達班兩人都不具有美國小說家F・史考特・費茲傑羅口中所謂「頂級智力」，費茲傑羅一九三六年曾說過一句名言，他說所謂頂級的智力就是「大腦可以同時兼容兩種相反的意見，還能夠駕馭自己」。[21]費茲傑羅講這句話，可能其實是在責備他自己。當時，他的作家生涯陷入泥淖，四年後，他死於酗酒、心臟疾病，以及因早年成名，而使得後半生的低潮更加痛苦難忍。他死時才四十四歲。[22]但他這句箴言背後的廣博涵義，就跟柏林的刺蝟狐狸論一樣，使這句話有了永垂不朽的地位。恐怕連德爾菲神殿專說神諭的祭司都感到嫉妒。[23]

如果要想辦法為費茲傑羅這句話賦予一個解釋，最好是可以從相互矛盾的立足點切入，並排除最糟的結果。答案正是二十四個世紀前，薛西斯一世和阿爾達班彼此間無法達成的相互妥協。不過，你能夠做得到嗎？我們很容易看到兩顆不同的頭腦達成完全相反的結論，那麼兩種完全相反的意見能夠和平共存在同一個大腦裡面嗎？顯然費茲傑羅無法，他的一生就跟托爾斯泰一樣乖舛多艱，而且長度還只有一半。

令人想不到，這個問題可以從柏林身上找到最佳解答。柏林顯然較為長壽，也快樂多了。他人生大部分的時間，都花在化解他頭腦裡的衝突和對立上。柏林指出，平凡的經驗也都會有「同樣的終極目標……能夠領悟其中部分具有這樣的性質，就必然要犧牲其他」。我們所面臨的，通常不是要在明顯的對立面之間（例如善良與邪惡）做抉擇，而是在眾多的好事當中，魚與熊掌無法同時兼得，必定要擇一而行。「我們可以去拯救其他人的靈魂，也可以去建立、去維繫，或是去效力於一個了不起的國家。」柏林如此寫道，「但我們永遠無法同時並行。」或者，我們用一個三歲小孩也能懂的話來說就是：「你不可能把萬聖節的糖果全都吞下去還不會吃壞肚子。」

我們通常靠時間來解決這些困境。我們會認為我們現在要做某些事情，其他事情就推遲到之後再來做，但這些其他事情最後仍舊是無法完成。人的自然反應是我們會做選擇，哪些地方適合做什麼，接著再決定我們要在什麼時候完成什麼事情。這種過程有時候會很困難，柏林也強調了「做選擇的必要性和痛苦」。但如果這些選擇消失了，那麼就連「做選擇的自由」也會跟著消失，他說，這就是自由。[24]

那麼，根據柏林那篇寫托爾斯泰的論文，是什麼東西將「大部分的人」劃分成刺蝟或狐狸呢？難道我們要像泰特洛克拿去問他的研究對象一樣，要自己決定我們是刺蝟或狐狸嗎？柏林過世前不久，自己說並沒有這個必要。「有些人既不是刺蝟也不是狐狸，有些人既是刺蝟也是狐狸。」他不過是在玩一個「智性的遊戲」，是其他人太認真了。[25]

在柏林思想的寬廣架構之下，這個解釋頗有道理。如果我們都被限制在以模仿動物行為為主的固定框架裡面，一旦被歸類，立即就有了可預測性，那麼我們還能有什麼樣的選擇呢？[26]如果，按照費茲傑羅所說，鍛鍊智力需要兩種對立的意見（柏林自己說的，自由就是選擇），那麼，我們要優先從事些什麼，就無法先行決定了。這些事件得要能反映出我們是誰，也要能反映出我們正在經歷些什麼。前者我們有辦法事先得知，後者則無法永遠先知道。我們必須結合刺蝟的方向感和狐狸對周遭環境的敏感度在同一個（也就是我們自己的）大腦裡，同時還要維持駕馭自我的能力。

電影《林肯》

那麼，我們要上哪兒去找這樣的理性與感性（雖然聽起來很像，但並不是珍．奧斯汀的書名）？珍．奧斯汀提供了一個線索，因為只有敘事體的文章能夠表現出時間軸的兩難困境。如果只是把選擇排列在顯微鏡下的玻片上還不夠，我們需要看到改變發生，那就只能將過去進行重組，寫成歷史、傳記、詩文、戲劇、小說，或是電影。這些創作當中最好的作品，會同時打磨我們的視角並加上濾鏡，將發生的事情壓縮，好讓教誨和娛樂之間的界線更加清晰化（有時候甚至是模糊化）。簡單來說，這些作品就是將歷史事件戲劇化。而且，這些作品的一項基本要求，是不能夠無聊。

導演史蒂芬．史匹伯（Steven Spielberg）二〇一二年的電影《林肯》（*Lincoln*），是相關作品最佳的戲劇化成果。林肯總統由丹尼爾．戴—路易斯（Daniel Day-Lewis）飾演。發表獨立宣言的時候要全力表現出所有人皆生而平等的主張，還有什麼其他更值得稱頌的功業能讓一隻刺蝟來追尋？但林肯要想辦法廢除黑奴的時候，他必須要想辦法將第十三條修正案讓那些難以對付的眾議院議員通過，他巧妙調動各方的手段又像極了狐狸。他訴諸於交易、賄賂、諂媚、施壓，還有毫無保留的謊言，以至於整部電影充斥了房間內煙霧瀰漫的場景。[27]

當湯米．李．瓊斯（Tommy Lee Jones）飾演的眾議員賽迪斯．史蒂文斯（Thaddeus

Stevens）問總統，他怎麼能接受為了要達成如此高貴的目標，得要用上這麼下三濫的手段？林肯回憶起他年輕時代，一位勘測員曾教導過他：

羅盤能夠從你所立足的位置指出真正的北方，但不會告訴你路上哪裡會遇到沼澤、沙漠或峽谷。如果你在前往目的地的路途上，往前跌倒，沒注意到有障礙，除了沉到沼澤裡去以外什麼也沒辦成，那麼你知道北方是哪個方向有什麼用呢？[28]

我看這部電影的時候心裡感到一陣詭異，彷彿柏林就坐在我身邊，演到這一幕時，傾身過來得意洋洋地對我耳語：「看到了嗎？林肯懂得什麼時候要當一隻刺蝟（遵循羅盤的方向），什麼時候要當一隻狐狸（繞過沼澤）！」

據我所知，林肯從來沒有說過這樣的話，柏林很遺憾的也無法看到這部電影。但由劇作家東尼．庫許納（Tony Kushner）寫的這部電影劇本，清楚展現了費茲傑羅所說的，智力與是否能容納截然相反的意見和駕馭自我的能力之間有關聯。林肯擁有長遠的抱負，但同時他的頭腦仍能掌握當下的要務。他對選擇的必然性和不可預測性的堅持，化解了刺蝟和狐狸之間具有的矛盾。例如，除非有看到之前所談好的交易成功，否則林肯無法知道他能夠放棄什麼樣的籌碼。而且，電影不斷的環繞著大事和小事之間的關聯上。像是林肯了解眾議院的投票風格，因此他曉得美國黑奴的未來命運，得視哪個人撈到了哪個村莊郵局局長的職位而定。

史蒂芬·史匹伯的《林肯》，讓我們看到人傾向隨時間推移而採取行動（柏林的主張），同一個空間內同時並存截然相反的意見（費茲傑羅說的），規模的轉換變化也一定程度的呼應著，就說托爾斯泰好了，為什麼不呢？不管是歷史上的真人還是電影中描繪的林肯，都能憑直覺掌握托爾斯泰試圖在他戲劇化的巨著《戰爭與和平》中想要傳達的東西：萬物皆彼此相連。也許這就是為什麼這位偉大的小說家看其他領袖都不覺得有什麼偉大，卻獨獨將他至高的評價留給這位殉難的總統。[29]

一切的總合

《戰爭與和平》中規模的轉換和變化，至今仍讓廣大讀者驚奇不已。一開始，托爾斯泰將我們置入參加初次社交舞會的娜塔莎（Natasha）心中，起意決鬥卻有幸活下來的皮埃爾（Pierre）心中，還有博爾孔斯基公爵（Prince Bolkonsky）和羅斯托夫伯爵（Count Rostov）的心中，後兩位分別是現代文學史上最頑固和最寬容的父親。然而托爾斯泰從我們與人物間的親密關係之間，將鏡頭拉遠，讓我們看到橫掃歐洲的大軍，然後將焦距調近，描寫發號施令、指揮他們作戰的皇帝和軍官，接著再更深入描寫那些平凡的士兵，他們曾活過，曾在陸上行軍、在戰場上作戰。波羅的諾（Borodino）戰役後，將鏡頭再次拉遠，為我們呈現陷入火窟的莫斯科，接著描寫逃離的難民，其中有一位就是身受重傷的安德烈（Andrei），他最後死於娜塔莎的懷裡，這位三年前，不知道幾百頁之前登場的情節，他在她初次社交舞會上邂逅就一見鍾情的少女。

不管我們是用由上而下還是由下而上的方式去理解現實世界，托爾斯泰似乎是在告訴我們，有無限的可能性能夠全數同時存在於不確定性到底有多少的層次上。有些是可預測的，大部分則不行，而只有戲劇化作品因為不須受制於學者理論，也不須要具有崇高的價值，因此能夠開始為我們闡述這些可能性。[30]不過平凡人大多時候，還是會想辦法將這些可能性賦予意義。柏林試著在他談論托爾斯泰的文章中解釋道：

歷史，歷史是時間和空間中具體事件的總和，世間男女的真實經驗的總和，他們彼此之間所經歷的經驗，他們和這個立體的、憑經驗去感知的、屬於物質的環境之間所經歷的經驗的總和，光是這個總和就包含了真相，能提供真實的解答，只需具備普通的理解力就能懂，不需要特別的領悟力——後者普通人也並不具備。唯有歷史，這樣的歷史，才可以被建構。[31]

就算對柏林來說，這段文字也是夠迂迴的，簡潔從來不是他的美德。但我想他這裡描述的，是一種對於環境的敏感度，對於時間、空間、規模一視同仁的感知力。這一點，薛西斯一世從來沒有過，即使阿爾達班已竭盡所能。托爾斯泰或多或少有一些，但也僅限於在他的小說世界裡。只有林肯，他身邊並沒有一個阿爾達班，也沒能活到能夠讀到《戰爭與和平》，卻想辦法達到了。他是靠著他的常識，這在偉大領袖當中並不常見。

快思慢想

我的意思是，靠著常識，我們大多數人大多數時候都能輕鬆應付很多事情。我們通常都知道我們要往哪個目的地走，但我們經常會調整路線來避免一些無法預期的事情，包括其他人在走去他們的目的地途中，在我們的路線上所擺放的障礙物。舉例來說，我發現我的學生在走路的時候都會很有技巧的避免撞上路燈、教授，或是他們的同儕，即使後者跟他們自己一樣，會邊走路邊無法自拔地沉迷在一台似乎永遠附著在他們的手上或耳上的電子裝置。雖然我們不是所有人都那麼身手敏捷，但是，讓我們在頭腦裡同時存放著對周遭環境的短暫敏感度和長遠的方向感，一點也不會不尋常。我們每天生活都與這些對立為伍。

心理學家丹尼爾．康納曼（Daniel Kahneman）將一般人就具有的這種能力，歸因於我們沒有意識到我們所具備的兩種思考能力。一種叫做「快思」，這是一種直覺性、衝動性，而且常常是情緒性的思考能力。當有需要的時候，快思能帶我們做出即刻的行動。這種能力會讓我們想辦法避免撞上東西，或想辦法讓東西不要撞上我們。另一種叫做「慢想」，慢想是經過深思熟慮的，是有焦點的，而且通常是邏輯性的。慢想不一定會引領我們做出行動，那是我們學習如何去知道一件事情的方法。泰特洛克認為人類基因當中有類似的機制，他用柏林的狐狸和刺蝟理論來解釋：

狐狸在變動快速的環境擁有比較好的生存條件，有辦法快速的拋棄爛主意就能在這種環境裡掌握優勢。靜止停滯的環境則對刺蝟較有利，長久堅持，靠不斷嘗試找出正確解方，才能在這種環境裡得到獎賞和回報。至於人類，最好兩者兼而有之，才能過得更好。[32]

也許人類之所以能生存下來，就是靠著能否熟練自如的切換於快思和慢想之間，也就是在狐狸和刺蝟的行為模式之間遊走。若是我們從不曾跨越將自己視為唯一大事的思考範圍，那麼我們應該早就陷入，恐怕不是林肯說的沼澤，而是跟一群猛瑪象跌入瀝青的油坑裡動彈不得了。

那麼，為什麼那些手握權柄的人無法擁有這樣的彈性呢？在歷史的這一頭，為什麼薛西斯一世和阿爾達班無法見識到這樣的需要呢？而在歷史的另一頭，那些協助泰特洛克進行調查的專家學者，為什麼他們能胸有成竹的分辨他們自己若不是狐狸就是刺蝟，卻並非兩者都是？而為什麼林肯所做的，一般小人物每天都在做，我們卻將林肯視為了不起的領袖人物？談到這點我可以說，常識就好像氧氣一樣，爬得愈高，就越愈薄。「力量愈大，責任就愈大」，蜘蛛人的舅舅班給他的提醒讓觀眾印象深刻[33]，事實上，力量愈大，幹下蠢事的風險也愈大。

校準思維

這就是「大戰略」試圖要避免的後果。為了本書的目的，我為這個詞彙下的定義是，人們潛在的志向可以無窮無盡，但能力卻必然有其極限，大戰略就是要在這兩者間找出那條能夠校準的直線。如果你追尋的目標超越了你的手段，那麼你遲早就必得要削減目標，使其規模與你的手段相符。將手段擴大或許能帶來更多的目標，但這也不是說目標可以無極限而手段就永遠不行。無論你怎麼樣取得平衡，現實與想像（也就是你的現在位置和你的目的地）之間，總是有一個連結點。無論你的手段和目標之間的差異有多大，如果不把點與點之間先連成一條線，你不可能在你當下所處的情勢裡設計出一套策略。

那麼，「大」這個形容詞是從何而來呢？我認為，「大」與事情牽涉到的利害層面有關。你的身分是學生，如果你明天早上睡過頭二十分鐘，大概不會對你的人生有什麼決定性的影響，不過就是沒辦法吃頓熱騰騰的早餐，只能隨便抓一個冷貝果衝出門去上課。然而，如果你認為你這堂課很重要，會影響到你選的其他課、你的主修或你的學位，對你選擇日後的職業有益，或者你在走去上課的途中也許和誰陷入情網，那麼，這件事的利害層面就升高了。戰略是否變「大」，端視個人而定，並不是說國家才搆得上談大戰略，一般人就不需要。這條校準線有必要穿過時間、空間和規模。

傳統上大戰略不免讓人聯想到打仗時的運籌帷幄。這並不奇怪，畢竟史上第一次關於人們的抱負和能力的記述就是起因於軍事行動。希臘詩人荷馬讓睿智的國王涅斯托爾（Nestor）在特洛伊遭到圍城的危急時刻，對亞該亞人發出告誡：「用用你們的頭腦，想想還有什麼有用的計策。」[34]校準線的必要性，甚至還可以再往更早以前的史前時代推進，當時的史前人類必須要想辦法利用手邊碰巧有的物品，才能達到他想要的目的。[35]

除卻對死後世界的追求，人類的共通抱負無疑地就是求一個生存，別無其他。從最簡單的任務如尋覓糧食、衣物、棲身之地等，到像是統治廣大帝國般複雜的重責大任，戰略無處不在。定義「成功」與否向來不是件易事，但人類能使的手段畢竟有限，這點在解說的時候倒是能派上用場。雖說到頭來，稱心滿意不過就是一種心情，但是為了要達到這個境地還是要花費實在的資源。因此，人們對於校準線——連帶包括對戰略——的需要，總是會出現的。

塑造心智

因此，我們能在課堂上教授大戰略嗎？或至少可以教能維繫大戰略的常識？林肯並不像其他美國總統，他受過的正式教育少得可憐。如果他從自學和經驗累積中學得他所需要的智慧，我們能不能也比照辦理？[36]簡單回答這個問題，林肯是個天才，我們大部分人並不是。不過，我們現在也知道大文豪莎士比亞並沒有人教他寫作，難道我們也都不需要有老師來教我們寫作？

值得注意的一點，林肯和莎士比亞都是花了一生的光陰熬煉出他們的偉大和不朽。現今這個世代的年輕人則沒有這個餘裕，因為現代社會精準的將人一生切割成：普通教育、職業訓練、在某個機構裡工作升遷、隨之而來的責任，然後是退休。這使得尼克森時代的國務卿和知名外交家亨利・季辛吉（Henry Kissinger）很久以前就提出過的一個問題在現代變得更加嚴重：領袖在登上高位之前所累積的「智慧資本」，是他們真的登上高位後僅能倚賴的資本。[37]現代人要學習新事物所能擁有的時間跟林肯比起來，實在是少得多了。

那麼就只能趁著學生還願意聽話的時候，讓學校來塑造學生的心智了，但學界對此看法也是各有分歧。如果要將目的與手段相互校準，研讀歷史和建構理論都是必須條件，但此兩者間卻出現了落差。歷史學家知道他們的領域偏好專門性研究，經常避免採用建構理論時所仰賴的歸納性手法，因而傾向於複雜化，對能夠引領我們找到答案的簡單性原則視而不見。理論學家則常因渴望得到社會「科學家」的封號，而希望能在結果中找出「可重現性」，這就使得他們在追求可預測性時，將簡單性取代了複雜性。這兩種人都忽略了「普遍性」和「特殊性」（也可說是一般知識和在地智慧）之間的關係，而這點正是培養策略性思考的關鍵。而這兩種人，有如是要將他們的缺點弄得更加含混不清，文章常常都寫得太糟糕。[38]

不過，有一個有點古老的方法能將歷史和理論結合。這就是《君王論》作者馬基維利（Machiavelli）[iv]在他為此書所著的獻呈信中說的，他認為最寶貴和最有價值的，「莫過於我對偉大人物事蹟的知識，這是我依靠對現代事務的長期經驗和不斷鑽研古籍而獲得的」，他把這些心血濃縮成「一本小小的書卷」獻給當時的掌權者羅倫佐・麥迪錫（Lorenzo de' Medici），讓君主「能在非常短的時間內就能理解我（馬基維利本人）多年來歷盡艱難和痛苦的所學所悟」。[39]

卡爾・馮・克勞塞維茨在他的未完成的經典巨著《戰爭論》中，更加全面的應用了馬基維利的方法。[40]歷史本身只是一長串的故事，但他指出，並不是說這些故事沒用，而是如果理論能夠被用來提煉和萃取，我們就不用再次去聽這些故事。如果我們馬上就要上戰場，或馬上就要從事任何重大事業，根本沒時間花工夫聽故事。但也不可能漫無目的地徘徊，像《戰爭與和平》裡面皮埃爾在波羅的諾戰場上流浪一樣。這個時候，就輪到「訓練」要派上用場。

一名訓練精良的軍人當然是好過全無任何準備的士兵。不過什麼是克勞塞維茨所說的「訓練」？訓練是讓人跨越時間和空間還能夠援引同樣的原則，這能讓我們有概念什麼方法會奏效，什麼不會。接著再將這些原則應用到手邊的情境上，也就是規模所扮演的角色。最後的結果就是「計畫」，從過去擷取教訓，與現在的情況建立關聯，以便在未來達成某些目標。

然而，接下來的交戰並不會完全按照計畫而走。其結果不只是會取決於另一方的行動，按前美國國防部長唐諾・倫斯斐（Donald Rumsfeld）的名言，這就是所謂「已知的未知」[41]，而且也會反映出「未知的未知」，也就是我們遇上敵人之前所有可能會出錯的事情。這些種種加

iv 馬基維利（Machiavelli），十五世紀至十六世紀義大利文藝復興時期的重要學者。

起來就是克勞塞維茨所稱的「摩擦」，當理論衝撞上現實就會出現這樣的結果，這正是好多個世紀以前，在赫勒斯滂海岸，阿爾達班試圖要勸諫薛西斯一世的事情。

唯一的解決方法，就只有靠臨場發揮，但這並不是說看會發生什麼事而隨意任性而為。也許你還是會按照計畫，也許你會做點修改，也許你會整個砍掉重練。重點是要跟林肯一樣，無論你現在位置和你的目的地之間有些什麼障礙，你都知曉你的羅盤指向何方。在你的大腦裡，你知道你有一系列選項，能夠用來處理眼前的問題，如同馬基維利從古人身上學習，這些選項都是奠基於前人付出慘烈代價而得到的教訓。剩下的就看你自己了。

生活中的大戰略訓練

今天，橫越赫勒斯滂海峽的船隻仍舊能連起兩岸的古戰場，就跟當年薛西斯一世的浮橋所能辦到的一樣。特洛伊古戰場位於亞洲這一側的南邊，加里波利古戰場位於歐洲這一側，兩地的距離甚至還更近。現在往來兩邊的船隻都是渡輪，運送的不再是兵丁而是觀光客，三十個世紀以來都彼此分隔的兩個地方事實上才相距三十英里遠。你甚至還有時間可以在一天之內去恰納卡萊（Canakkale）看特洛伊木馬，這當然不是真的那匹木馬，那是二〇〇四年布萊德．彼特拍完電影後留下來的。

現在的景象，並不如西元前四八〇年薛西斯一世從他所在的岬角上望去那般宏偉，但卻也讓我們看出，像那樣的戰鬥即使在較近期的歷史上也已經很罕見了。不管是出於什麼原因，也許是因為人們害怕世界大戰會毀滅彼此，也許是因為現在發生的戰爭規模較小只會影響到參戰方，也許只是單純的運氣好，現代人很少需要上戰場打仗，會去戰場的只有觀光客。

克勞塞維茨對於訓練的概念卻仍具有重要性。當戰略的規模變大，訓練是我們防止戰略變笨的最好工具，這個問題不管是戰時還是承平時期都會重複出現。訓練也是唯一能夠結合計畫和臨場發揮這兩種相反概念的方法，教導人們什麼是常識，什麼時候該當隻刺蝟，什麼時候該當狐狸。只是問題來了，如果不是在軍中，如果學校裡或職場上沒有教，年輕人該怎麼樣得到這樣的教育？

據傳英國威靈頓公爵（Duke of Wellington）有句名言：「滑鐵盧戰役是在伊頓公學的競技場上打贏的。」雖然他是維多利亞時代許多妙言雋語的發明人，但其實他沒有講過這句話，不過他要是真的說了也不為過。[42]因為，除卻戰爭本身和戰備供應以外，克勞塞維茨主張的提煉過去、計畫現在，面對未知的未來，這三項元素都能明確的匯聚於競爭性運動當中。追求身體健康已成了時尚風潮，比公爵的時代還更甚，人們參與競賽的普遍性已超越過去。不過，這跟你我有什麼關係？跟大戰略又有什麼關係呢？

我們學習一項運動競賽時會有個教練，跟以前大家都要服兵役的時代，軍中教官所做的事情一樣，他們負責教你基本知識、鍛鍊你的耐力、實施紀律、鼓勵彼此合作、教導你失敗是什麼以及要如何從失敗中站起來。一旦比賽開始，教練只能站在場外吼叫或是生悶氣。賽場上只能靠你和你的隊友了。不過，有接受教練指導還是會讓你的表現比較好，有個很大的理由是教練的薪水是從你的賽果來的，美國有些大學，運動教練的薪水甚至超過那些找他們來的校長。

這是否意味著，參加比賽的你必須是一隻刺蝟或狐狸？恐怕你會覺得這是個蠢問題，因為打比賽的時候必須兩者皆是。既要如刺蝟般定下計畫，又要如狐狸般發現有必要時加以修改，計畫是否奏效則決定你最後是輸或是贏。若讓你比賽結束後回顧，恐怕你很難說出，你在什麼時候當的是狐狸還是刺蝟。相反的，你的腦中同時存在兩種相反的意見，而你還要駕馭你自己。

這跟人生的很多層面非常相像，我們什麼時候靠直覺做了什麼樣的選擇，或幾乎做了什麼樣的選擇。當我們手上的掌控權增加，自我的意識就會提高。當有人在監看的時候，我們的行為會導致績效。名聲開始變得重要，這壓縮了我們保持彈性的自由度。躍升至高位的領導者，如薛西斯一世或泰特洛克研究的專家學者，可能會變成他們自己超群卓越的囚徒，他們把自己鎖在無法逃脫的角色裡面。

而這本書，是關於一本心理上的赫勒斯滂，如何將領導者與常識隔絕在海峽兩岸。兩岸間應該要有自由而頻繁的交流，這樣的互動才有可能將大戰略（校準手段和目標）化為可能。但海流和風向常常變幻莫測，跨海浮橋很容易被吹斷，現在也沒有必要像薛西斯一世那樣恫嚇或安撫大海。透過分析其他人如何掌控他們的邏輯思考和領導力，我們能訓練自己，去面對未來有可能要面臨的跨海大業。

第二章

雅典長城

由空中往下俯瞰，這座長城的形狀好似一根巨大的骨頭，不知是被北方遠處奧林帕斯山上哪個吃飽饜足的神祇給啃個精光，然後就隨意丟在阿提卡（Attica）南部的平原上。其中一端長得像一個關節，直接緊鄰著岩石峭壁，另一端則臨著水邊。城牆兩端之間的距離大約六英里，但是這座牆是圍繞著兩端隆起的關節和中間聯絡的道路而築，使得總周長達到十七英里。中間那條聯絡兩地關節的脛骨長四英里，細得不可思議，如果將這根骨頭直立起來，恐怕不能承受兩端的重量。這當然不是修造這座城牆的用意，因為這道牆是古今有史以來為了將「兩座城市」圈起來的最長的城牆。[1]

雅典城就是這道牆位於東北方的關節。這道牆於西元前四五七年建造完成的時候，雅典約有二十萬居民。這道牆另一端連接著西南方的庇里猶斯港（Piraeus），人口較少但腹地較廣，這裡不僅是雅典人進入地中海實施貿易活動的據點，還是雅典海軍進行建設、整備、補給的基地。雅典人的「海上木牆」讓他們在二十三年前的薩拉米斯海戰大敗波斯人。許久以後雅典人逐漸遺忘這場勝利的光榮卓越，歷史學家普魯塔克（Plutarch）[i]形容這座城邦的建築和公共空間擁有「勃發的嶄新氣象」，好似有「經久不變的精神和永恆不滅的生命力繚繞在建築物的結構當中」。曾被波斯火炬紋身的雅典衛城，聳立在峭壁之上守衛眾人，即便是經歷了更多磨難後的今天，仍是如此。

連接雅典和庇里猶斯港之間的脛骨部分，兩側的牆相距約五百英尺，這樣的寬度倒也足以容納人、車、動物、貨物，甚至財寶的雙向通行，而且使得防禦行動變得可行。城牆本身也頗為堅固，有十英尺厚、二十五英尺高，只是其外表與它守衛的優雅文明大不相稱。石頭歪七扭八的砌在一起，圓柱破損外露，殘破的墓石遍布各處。官方的解釋，這是為了要緬懷過去。人們行經這座牆就應回想起薛西斯一世給雅典造成的摧殘，躺在地底的無名先烈在在提醒人們要記取教訓。[2]

薛西斯一世為了跨越赫勒斯滂海峽，可以說是萬事俱備，只欠一條大戰略。如果他的軍力能與他的志向相提並論，這兩者間還有什麼好校準的？但是波斯大王得一直等到陸地、海洋、氣候、希臘人，和他們的神諭都找上他來才驚覺他的不足。薛西斯一世深信波斯軍隊在各方面都是強大的，所以他傾盡全力、毫無保留，但是只要一兵敗，其他方面便盡皆如山倒。儘管有九百多艘三列槳座戰船和二十五萬的兵力，他卻失敗了。[3]

與之相反，希臘人深知他們資源不足的問題。波斯帝國幅員遼闊，從愛琴海綿延到印度，希臘人卻僅僅盤據在一個地形崎嶇的小小半島上，這使得半島上的資源難以集中，人們抗拒中央集權。各城邦得靠自己的力量抵禦外侮，不會有眾王之王來保護他們。各城邦之間或許有結盟，甚至擁有殖民地，但是彼此間的義務關係非常模糊，而且他們效忠的對象常常變動。這使得希臘成為對立競爭的溫床，並促使戰略學的萌發。[4]薛西斯一世大敗退走之後，有兩個城邦

i 譯注：普魯塔克（Plutarch），西元四五年至一二〇年，生於羅馬時代的希臘作家。

的表現特別傑出。除了因資源缺乏而各自需要著重特定領域的長處外，這兩個城邦在各個方面皆大相逕庭。

斯巴達VS.雅典

在溫泉關一役中戰至最後一人的斯巴達人，自古就以善戰聞名。他們位於伯羅奔尼撒半島上，本身並不從事農耕勞作，而是由稱為「黑勞士」（helot）的奴隸代勞。斯巴達的策略是建立一支希臘最強大的步兵隊，斯巴達人不事生產，只專心致志地崇武尚勇，以至於連一座供後人憑弔的遺跡也沒留下。斯巴達人是軍事專家，平時就不停的從事軍事訓練以便應付偶發的戰事。西元前四九〇年的波希戰爭，斯巴達人為了要慶祝滿月節而姍姍來遲，沒能趕上馬拉松戰役。但要是斯巴達人一旦點燃起鬥志，他們的怒火可是會超越人數上的不足，就像薛西斯一世進攻溫泉關那次一樣。這就是為什麼即便斯巴達三百壯士在溫泉關全數犧牲，他們還是成功的拖延波斯大軍好幾天的時間，這也是為什麼雅典人仍舊願意將陸地上的抵禦工作託付給斯巴達。當這些手段都失敗了，根據修昔底德（Thucydides）流傳下來的記述，雅典人在被侵略的時候，「決心放棄他們的城市，拆毀他們的房屋，登上他們的船舶，全部人民成為水手」。[5ii]

雅典人很早就成為一支海上民族，他們的貿易網路從大西洋延伸到黑海。雅典人從附屬城邦獲取的貿易利潤和貢款讓他們變得富有，他們還在阿提卡附近開採銀礦。這筆財源讓雅典人能夠維持薩拉米斯的海上艦隊，但在地米斯托克利心中，光是打造禁得起風浪的海上木牆還不夠，他還要打造一道大型的陸上要塞。其成果就是這座將雅典和庇里猶斯港圈在裡面的雅典長城，這道牆將兩座城市化成一座島，既能抵禦陸上的進攻，又能從海上進行一切補給，形成一支威力足以與斯巴達陸軍相提並論的海軍。[6]

斯巴達人和雅典人，好比老虎和鯊魚，各自在自己所擅勝場中稱王。[7]根據常理，人們應該會想為何當時這兩個城邦不相互合作就好？畢竟來自波斯入侵的威脅仍舊清楚明顯。然而，後續發展實在不符常理。雖然希臘人在波希戰爭中將他們的文明拯救下來，又再加以發揚光大，但之後，這份燦爛文明卻又幾乎毀於他們自己之手。[8]

史家修昔底德

雅典、斯巴達及其盟邦之間所打的伯羅奔尼撒戰爭（Peloponnesian War）自西元前四三一年至四〇四年，這場戰爭至少有一點與波希戰爭是相同的，就是伯羅奔尼撒戰爭也有一位偉大的編年史家。只是修昔底德事先做了聲明，他跟希羅多德的作風不同。他所記載的歷史不會為了迎人喜好而「犧牲真相」，因為書中「缺少虛構的故事」，因此「這部歷史著作很可能讀起來不引人入勝」，但他所希冀追求的與日後普魯塔克對雅典遺跡的評論一樣，是為了將時間的

ii 譯注：本書中文版引用的修昔底德著作《伯羅奔尼撒戰爭史》，其中部分引述、人名、地名，引用自：《伯羅奔尼撒戰爭史》，謝德風譯，臺灣商務印書館出版，二〇〇〇年。

影響力保存下來，因此，這是一份「垂諸永遠」的書史。修昔底德自承，對於有人若是「想藉由追求過去的知識鑑往知來，因為人性總是人性，歷史若不是重複上演，則必然會有類似事件再度發生」，而因此研讀他的歷史並從中獲得一點益處的話，這便足以使他心滿意足了。[9]

修昔底德主張過去與未來之間的等同性，與制訂戰略時能力和抱負之間的關係相較，並沒有相差多少，甚且不如說兩者之間互有關聯。關於過去，我們只能從例如記憶等不怎麼完美的源頭來了解。至於未來，除了我們知道是源自於過去並從中蔓生出來的以外，其他皆無從得知。根據修昔底德所說，「類似事件再次發生」跟「歷史重複上演」之間的分別（也就是橫跨各時代重複出現的事件「模式」和隨時間流逝而出現的事件「重演」），都同樣是無跡可循的，因為，只有當我們去解讀歷史（然而歷史的記載又不一定總是完美），我們才能從過去不那麼充分的鑑往知來，就如同能力對於抱負所施加的限制，總是得視情況而定。

因此，知道一件大事或許多小事還不夠，修昔底德認為必然會發生的「類似事件再次發生」，從刺蝟過渡到狐狸的各色人等都逃不掉，而且會重複上演。因此，一個人到底是刺蝟還是狐狸？問這個問題就有如讓一個成功的運動員來斷定他是哪一種人一樣，是無用的。修昔底德不費吹灰之力，就將截然相反的看法融入到他的「頂級智力」當中，讓後人從他所記述的歷史當中一覽數百件這樣的範例。他的寫作不僅橫跨時間、空間，甚至也橫跨了規模，我認為，要說還有誰能從表面上看來無足輕重的事件去發掘重大意義，只有托爾斯泰堪可比擬。

因此我們很容易可以說，修昔底德是在「訓練」他所有的讀者。現代研究修昔底德最了不起的學者（該位人士也曾當過教練）和藹的提醒我們，希臘人雖是古代人，但他們「可能知道我們要不是遺忘不然就是不曾聽說過的事情；而且我們不能否決這個可能，至少，在某些方面他們比我們更有智慧」。[10]

戰略之牆

斯巴達人從來沒建造過城牆，他們認為光靠他們高超的軍事才能就足以阻卻敵人。當斯巴達人聽說地米斯托克利計畫要修築一道防禦要塞，他們嘗試說服雅典人沒有任何一座城市需要這樣的要塞，放棄築牆能促進希臘城邦之間的團結，還能避免波斯人以其為根據地增援來犯。但是修昔底德指出，斯巴達人真正的目的其實是想要壓制雅典發展海軍，雅典的海軍實力在薩拉米斯海戰一役已得到印證。若能想辦法阻止雅典築起城牆，並因此削弱他們的軍力和港口，足以遂其願矣。

地米斯托克利說服雅典人，表面上迎合斯巴達停建城牆，他甚至提議派他本人去斯巴達進行談判。在他動身前往斯巴達時，雅典同時間啟動了一個築牆的閃電計畫。男男女女、大人小孩，全部出動，動用任何手邊現有的工具和材料立即開始築牆，在這個關頭，速度就跟緬懷先烈的心一樣重要，這就能解釋為什麼這道牆是用碎石瓦礫築成的了。正當斯巴達人覺得奇怪為什麼協商怎麼還不開始，地米斯托克利藉口說他在等待同僚抵達，他也感到詫異為什麼他們在路上耽擱了那麼久。等到他們終於來了，許多關於雅典人怪異行動的報告也跟著曝光。地米斯托克利告訴滿心疑惑的斯巴達人，要是他們擔心，不妨派遣可靠的人前去雅典一探究竟。他接著暗地裡指示雅典人，要想辦法耽擱那些從斯巴達來的使節，直到城牆接近完工的時候才能放人。等到大功告成，地米斯托克利即不再用任何託辭掩飾。他宣稱雅典現在有了一道足以保衛其人民的防線，未來任何協商都要基於雅典人的權利來決定他們自己和其他希臘人的利益。對此，斯巴達人並未公開表明他們的怒氣。修昔底德再次指出：「他們的期望落空，這只會使得他們私下惱怒不已。」[11]居然發生這樣的事情，斯巴達人因一道牆而遭人玩弄於股掌上。

小事導致重大後果

以上這起事件發生於西元前四七九至四七八年，距伯羅奔尼撒戰爭爆發大約還有四十五年。這個故事修昔底德是採追述手法，這在他的歷史記述中並不尋常。一場大戰，和一場由斯巴達人的死腦筋和雅典人的詭計交織而成的可笑插曲，無論是否微乎其微，修昔底德希望的是讀者能領悟這兩起事件確實有所關聯。小事也可能導致重大後果。雅典和斯巴達之間的關係並非全無轉圜的餘地，只是兩個盟友會變成用小心翼翼的方式對待彼此，因為他們的關係現已超越不同層次的意義。

舉例來說，建造這堵城牆，到底是一種防衛還是進攻的行動？雅典人建造這座長城，用意是要把兩座城市圈起來，打造成一座「孤島」，以此為基地，加以他們的商業和海軍實力，使雅典能夠取得希臘周邊和更廣大海域的控制權。在斯巴達人眼中，這道牆還沒建造起來之前，他們認為他們是安全的，那是因為斯巴達擁有整個希臘城邦中最強大的軍隊。但這或許就是為什麼雅典需要建造城牆的初衷。想法一旦成形了以後就再也難以改變。

斯巴達人和雅典人都具有戰略性思考，只是，他們都是各自將他們的抱負和能力置於同一條基準線上思考，雙方皆是為了保衛其城邦的安全，只是用的方法不同。斯巴達和雅典皆無法同時成為獅子和鯊魚。理論上來說，只要雙方相互合作，就能保障未來海上和陸上的安全無虞。只是這樣做需要提高彼此信任，可惜此一特質在所有古希臘人的身上均不具有深厚的傳統。

成功施展計謀的地米斯托克利，繼薩拉米斯海戰之後，又一次帶著勝利凱旋歸國。然而這一次，國人已不若多年前般熱烈的歡迎他。到了西元前四七〇年，雅典人對這位成就顯赫的領袖變得猜忌多疑，雅典的公民大會利用其權力將地米斯托克利拒於城門之外。這位一生足智多謀，贏得波希之戰的大功臣在一次適當的時機之下轉而投靠波斯，靠著侍奉波斯國王度過餘生。雖然劇作家艾斯奇勒斯沒有在戲中特別安排，但對於當時相隔沒多久便遭到暗殺過世的薛西斯一世來說，或可說是報了一箭之仇。[12]

伯里克利的願望

伯里克利（Pericles）是希臘悲劇《波斯人》的製作人之一。伯里克利是雅典貴族，雅典就是在其領導之下邁入黃金治世，以至於後世將這個時代稱為伯里克利時代。伯里克利為人謙和有禮，但能輕易使人懾服於其領導魅力。伯里克利身兼多項才華，他不僅是藝術的贊助人，還是成就非凡的軍事指揮官、經驗老到的外交家、精明的經濟家，他也是思慮縝密，總是卓有見地的理論家，發表演說時鏗鏘有力，無人能及。薩拉米斯海戰落幕後，是他重建了今天為後人所知的雅典，這座城市及雅典所發展出的海上霸權，有超過四分之一個世紀的時間是在他的領導之下。[13]儘管如此，卻也是伯里克利本人，比他人更甚的，觸發了伯羅奔尼撒戰爭。伯里克利重建雅典文化，是為了貫徹他們的戰略，卻意外引發戰爭，造成毀滅性的後果。

斯巴達人不需要建立新文化，因為波希戰爭並沒有對其造成太大的影響。但與波斯之間的一連串戰爭卻著實倒轉了雅典人的習慣作風。雅典人在西元前四九〇年的馬拉松之役（斯巴達人沒趕上），和西元前四七九年的普拉提亞（Plataea）之役（這次斯巴達有參戰），展現了他們也具備陸路作戰的能力。但地米斯托克利的「陸上孤島」計畫等於是要讓雅典人放棄這項能力，因為他怕雅典永遠無法與斯巴達的陸軍相匹敵。[14]到了西元前四五〇年代中期，認同這項策略的伯里克利，已率領雅典人完成了環繞雅典和庇里猶斯港的城牆，日後要是發生戰爭，雅典將完全仰賴海洋的力量。這項新戰略本身不無道理，但在修昔底德看來，這項戰略讓雅典人搖身變成完全不同的民族。

傳統上，雅典的生計是靠農民來維持。承平時期，農民在農地、葡萄園上的收成供應了雅典的需要，打仗的時候，他們則充當步兵和騎兵的角色。然而現在城牆建好了以後，農民的產業變得無關緊要，他們的影響力也消失了。如果斯巴達人進攻，他們可能還會變成難民，他們得躲進城內，眼睜睜看著他們的農莊、作物、橄欖樹被敵人摧毀。伯里克利自己也是地主，為了顯示決心，他還放火燒了自己的領地。他假定斯巴達人會因為擔心黑勞士在他們的土地上造反，放棄進攻雅典然後返家，但卻完全不擔心維持雅典社會平穩的農民會不會搗亂。在此同時，庇里猶斯港外運行的船隻會從海外的附屬城邦運送物資，雅典海軍會負責騷擾斯巴達完全沒有防衛的海岸線，這種種因素都會加速斯巴達人撤離。[15]

商船船隊和海軍的花費高昂，而在陸地上作戰，一名雅典重裝騎兵（也就是步兵）只需要一把劍、一只盾牌、一頂頭盔，最低限度的盔甲，還需要站在你隔壁的人具有絕對的信心，因為希臘軍隊的作戰方式是排成一個個方陣隊伍往前推進，要是不隨著隊伍一起行動就會造成災難。至於海軍，則需要港口設施、船隻、船帆，還需要大批划槳手，願意待在船艙底與被自己排泄物弄汙的艙底積水為伍（我想三列槳座戰船不大可能會停下來讓人上廁所），而且還沒辦法看到外面的戰況，要是戰況不順還有可能不幸淹死。得要靠著某個比能親眼見到他們的農莊（雖然這樣東西多數人都無法擁有）吸引力還大的事物，或是舉行軍事演習（這在又臭又濕的密閉空間裡實在極不可行），才有可能讓他們鼓起士氣。[16]

除了划槳手，還有其他人士也很需要激起幹勁。三列槳座戰船是作戰用船隻，將之用於衝撞敵人時才會發生用處。無論是雅典公民個人或由國庫出資建造，出錢的人都很難期待他們的投資能獲得回報，不如說是無形的益處為他們帶來動力。雅典人不能強迫他們的殖民地養活他們，農作物、家畜、魚類的供應，只能靠激勵，無法靠指令來獲得。雅典城邦也不能出錢叫婦女和兒童建造城牆，因為家庭的利益必須和戰略的需求相同才行。大型的機構必須要能提供誘因。必須要有人出來讓每一個人（或幾乎每一個人）看到，此刻的犧牲必能在未來結出甜美的果實。伯里克利心裡所想的犧牲並不是早些年要獻祭給神祇的那種，[17]而是雅典這座城邦為了要成為一個國家，甚至是要發展成一個帝國而要付出的條件。[iii]

這，仍然得要能維繫一個社會才行。如果雅典要靠著民眾的熱情才能維繫，就要鼓舞城裡各階層族群及帝國各民族的認同，就算雅典與斯巴達之間的關係還沒出現裂痕之前也是如此，雖說當時的斯巴達在很多方面而言都還只是一座小小的城邦。因此，這就是為什麼，對伯里克利來說，建立屬於雅典的文化是一件頭號大事。

民主城邦

伯羅奔尼撒戰爭爆發後的第一年年底，伯里克利在雅典的陣亡將士國葬典禮上發表「國殤講詞」，內容闡述他對雅典文化的寄望。他向前來哀悼的人民說道，逝者付出他們的生命，是為了捍衛「雅典特質的普世性」。雅典文化獨樹一格，是所有人都想仿效的對象。對立明顯存在，那麼該如何化解？伯里克利的方法是建立起規模、空間和時間的關聯。雅典文化要訴諸於自己的城邦、帝國，和未來很長的一段時間。幸好伯里克利致詞的時候，有修昔底德（或是某個他信任的人士）在現場做了筆記。[18]

伯里克利上臺好久以前，雅典就已朝民主發展，這個體制他將之稱為「重視多數人而非少數人的意見」。到了他執政的時候，任何成年男性只要不是奴隸，都有權在雅典的公民大會上發言和投票。公民大會一般都有差不多五千到六千人參加，是當時（其實到現在也還是）世界最大的決議團體。[19] 伯里克利在演講中說：「我們的一般公民……能公正裁斷公共事務；雅典與其他城邦不同，我們認為一個不關心政治的人……一無是處。」對於公共事務進行的討論是「任何明智行動所不可或缺的首要前提」。

雅典公民大會運作的要點，是只看個人的美德，不看地位。只要有人有意願參與（此即美德），並不會因為其「身分低微」（此即地位），就受到阻礙。他接著說，任何人只要能協助雅典增強防禦，無論是修理船隻、出力搖槳、付錢雇人來做這些事，或甚至養育兒童讓他們長大後擔任這些工作，都是在報效國家。雅典重視經驗，跟其他社會獨重專精化的技能不同。伯里克利如此誇耀道：「世上沒有其他地方能像雅典那樣，我們每個公民，在生活許多方面，能夠

iii 譯注：古希臘只有大大小小的「城邦」，雅典、斯巴達等都是城邦，並非「國家」。雅典在伯里克利的治理下進入黃金時代，雅典人不斷擴大其勢力和霸權的發展是個順水推舟的有機過程，在後人眼裡看起來很像是在發展帝國，但雅典人並沒有明確的國家意識形態。作者用「國家」、「帝國」等詞來描述雅典，不如將之視為一種讓我們容易了解的權宜方式。

獨立自主，而且又能夠特別地表現溫文爾雅和多才多藝。」

仰賴長城、船艦、划槳手的雅典人，對於是否發動戰爭也採取民主式作風。他們不像嚴守階級紀律的斯巴達人，從小就會被劃分為戰士精英，一生都要接受軍事訓練。但雅典人能有更多戰士，雅典可以仰賴這些人保護並決定其利益。「我們的對手自孩提時代起，即受到最艱苦的訓練，以養成他們的勇猛氣概。而在雅典，我們沒有這些限制，能隨心所欲的生活，但我們和他們一樣，可以隨時勇敢的對付同樣的危險。」

公民大會實行的民主使雅典成為城邦的典範，然而，雅典帝國的典範在哪裡？雅典人除了在陸地上締結盟約，在海上也取得了相當程度的控制權。伯羅奔尼撒戰爭爆發的時候，雅典大約有兩百多個盟友和附庸。[20]但各方的情況、態度，甚至語言多有不同，雅典能夠信任其他文化來維繫自己的文化嗎？

伯里克利指出，雅典城透過「施惠予人」來結交朋友，「我們要繼續對他們表示好感，使受惠於我們的人永遠感激我們。但是受我們一些恩惠的人，在感情上缺少同樣的熱忱，在他們報答我們的時候好像是償還一筆債務一樣，而不是無償的給予餽贈」。即便如此，雅典人在施惠予人的時候「不是因為計較是否於己有利，而是出於慷慨大度的信念」。伯里克利這裡是要說，雅典人要把他們的帝國變得比他們任何一個對手都還要強大、守信用。[21]

這使得民主傳播到不同的國家，由於害怕情勢會變糟，缺乏安全感的城邦出於自由意志而選擇認同雅典。[22]原本只是一個利己的決定，會進一步演化成安心，接著變成欽羨之情。由於這點，一切保持透明開放成為重要關鍵。「我們的城市，對全世界的人都是開放的，從不訂立任何排外法規，防止外國人趁機窺視或觀察。」雅典人能夠「享受外國的東西，正好像是我們本地的出產品一樣」，雖然建了一道長城，但這座城牆使他們成為全球的公民。

伯里克利以緬懷訴諸未來，他說不需為我們表彰的英雄立下紀念碑，因為「他們以整個大地為埋骨之所」。但雅典文明要為他們的犧牲留下紀念物，作為「有力的證據」，那就是雅典城內宏偉的建築和裝飾，在這上面伯里克利毫不吝惜花費大量光陰和財寶。其他還包括文字，像是哲學作品、戲劇、歷史，和他自己的演說，這些古希臘人遺留下來的瓶中信會讓遙遠的後世知曉過去曾存在過這樣一個輝煌的時代。當然還有他們所留下的遺跡，「我們憑著勇敢無畏的精神踏上每一片海洋和陸地，在每個地方，無論是恩澤還是災厄，我們遺留不會消逝的紀念於後世」。

以演講技巧而言，這篇伯里克利的演說只有林肯的蓋茲堡演說能夠比得上。只是林肯用軍事上取得的成功來說明戰爭要付出的代價，而伯里克利則是紀念戰略上的失敗。伯里克利努力打造一個受人欽羨的新式帝國，希望能盡量減輕他國的疑心，[23]但無論如何，伯里克利之所以將斯巴達的陸上優勢與雅典的海上霸權相提並論，就是期望能避免與斯巴達人開戰。只是，一場大戰都已經開打，伯里克利要如何定義這個亟欲避免戰爭的雅典文明？

斯巴達之辯

修昔底德提出了三點解釋。首先，西元前四三五年的時候，遠方一個偏僻小城伊庇丹努（Epidamnus）發生內戰，起紛爭的其中一方向宗主城邦科西拉（Corcyra）求援卻沒有成功，但與科西拉互為眼中釘的科林斯（Corinth）卻同意伸出援手，這樣的結果激怒了科西拉人，情勢便演變成科西拉和科林斯之間的爭戰。科西拉派遣艦隊進入伊庇丹努挑釁科林斯，後者也跟著派出艦隊、陸軍及和談使者，雙方交戰過後，紛紛向雅典爭取協助。雅典後來因科西拉有海軍便與其建立了共同防禦聯盟，並派遣海軍攻打科林斯，包圍科林斯的殖民地波提狄亞（Potidaea）。[iv] 那時候，科林斯已向斯巴達請求進攻阿提卡地區，不過，斯巴達卻決定請科林斯和雅典都派代表到斯巴達，在斯巴達的公民大會面前把他們各自的立場講清楚。雖說斯巴達人均聽取了雙方的說法，但在過程中反倒使他們對「雅典人快速擴增的實力」警戒心大起，最終使得斯巴達人在前四三二年時投票決議宣戰，[24] 此即為修昔底德提供的第二點，也是較為直截了當的解釋。

第一項敘述當中，因果關係較為鬆散，其過程的細節讓人不覺得與開戰有什麼決定性影響。第二項敘述則有明確的連鎖發展，並非只是一連串偶發的事件。然而兩項敘述都沒有點出「巴爾幹半島上到底是發生了什麼蠢事」[25]（伊庇丹努就是今天阿爾巴尼亞的都拉斯〔Durrës〕），而導致一場幾乎要毀滅希臘人的大戰，伯羅奔尼撒戰爭造成的影響規模幾乎等同於十七世紀時歐洲的三十年戰爭（Thirty Years' War），或是二十世紀兩次世界大戰對所有參戰國的影響。[26]我們需要聽聽修昔底德的第三項解釋，那就是伯里克利所說的守信用這回事，並沒有發揮效力。

修昔底德試著還原斯巴達那場辯論的現場，並在其中委婉的傳達了第三種解釋。這事實上是一場「伯里克利的審判」，科林斯是控方，雅典是辯方，修昔底德則讓斯巴達扮演法官的角色。辯論的主題如下：一個獨樹一格的文明能夠，或應該具有多大的普世性？科林斯一開場，即責怪斯巴達輕易就相信地米斯托克利施展的詭計，才使得雅典建成了長城，對於這點雅典所持的說法是，斯巴達「知道但並不在意」。科林斯的代表說道：

> 在所有的希倫人（Hellenes）[v]中間，只有你們斯巴達人很鎮靜的等待事變發生，你們的防禦不是靠你們的行動，而是靠使別人認為你們將要行動。只有你們早期階段中不做一點事來防止敵人的擴張，反而坐等敵人的力量壯大成原來的兩倍。世人常說你們是安全和穩健的，然而，我們只恐怕這是過譽了。

[iv] 譯注：希臘各大小城邦間有如戰國時代，是彼此結盟的，主要有以雅典為首的提洛同盟，和以斯巴達為首的伯羅奔尼撒同盟。科林斯是斯巴達的盟邦，科西拉屬於中立國，但後者建立了先進的海軍。要是科西拉遭到攻克，其海軍就會落入斯巴達同盟之手，影響雅典的海上霸權，因此雅典在這樣的邏輯下選擇與科西拉結盟。問題是雅典和斯巴達訂有三十年休戰和約，雅典派出船艦支持科西拉與科林斯戰鬥，波提狄亞遭到圍城的事件中雅典也有遭到背叛，這中間種種曲折都在某種形式上動搖了雅典和斯巴達的和約。

[v] 譯注：希倫人（Hellenes）即希臘人。

相反的，科林斯代表闡述雅典人是「就算超過了他們人力和物力的範圍，就算是違反了他們的正當判斷，也勇於冒險」。雅典人敏於行動，這使得他們「一旦想要一件東西，就看作是必定會得手」。他們「生來總是馬不停蹄的工作，也不會讓別人享受安寧生活」。基於這些原因，斯巴達應該援助波提狄亞，儘速進攻阿提卡地區。如果不這樣做，「就會迫使我們其餘的人不得不在失望中去另覓同盟者」。[27]

雅典代表的回應以波希戰爭作為開場，「其實我們已厭倦總是要一再重提這個老調」。雖然斯巴達三百壯士在溫泉關一役壯烈犧牲，「但是面對波斯入侵，我們放棄一座已不成形的雅典城在後方，仍然冒著生命危險，憑著一絲些微的希望上前方作戰，因此我們和你們在挽救自己的城邦上面，有相同的功勞」。談到雅典帝國，「我們並非靠武力取得這樣的一個帝國，而是因為你們不願對抗野蠻人到底，這個帝國才歸於我們，那個時候，我們的盟友是發自內心地自願歸順我們，尋求我們的統率」。因此，雅典代表接下來說了任何人都會說的話。「考慮到戰爭中的意外事件會造成廣大影響」，因此，請斯巴達「再三思考」他們應拿出什麼樣的作為。這種錯誤太常見了，人們開始作戰的時候，他們的作為往往順序顛倒，「首先是行動，只有在嘗到了苦果之後，才停下來開始思索」。[28]

斯巴達國王阿基達馬斯（Archidamus）支持雅典人的說法。他提出警告，打一場仗不只是要準備許多武器，還要花費更多金錢，特別是爭戰雙方，一個在陸上稱雄，一個在海上稱霸。國王提出的理由是：「除非我們能在海上打敗他們，或是能剝奪他們的海軍所倚賴的資源，否則我們除了一場災難之外將一無所得。」透過外交抗議是較為明智的手段，就算失敗，斯巴達總還是出兵攻打阿提卡土地的選擇，不至於讓土地的價值因戰爭遭到浪費，這對任何人都沒好處。科林斯人抱怨斯巴達人行動「遲緩」，但他們卻沒想到，遲緩就是慎重，沒先想清楚就貿然投入戰爭，可能會忽略了這場戰爭一打下來要是曠日廢時，其苦果就會「遺留給我們的子孫」。[29]

斯巴達的公民大會要負責做出最後決議，然而當天卻是持相反意見的監察官斯提尼拉伊達（Sthenelaidas）占了上風。雅典人雖出兵與波斯人奮戰，這是好的，但雅典人卻錯待了斯巴達人。他用一種莫名的邏輯辯道，雅典應當受到「加倍的處罰，因為他們過去是好的，現在卻變壞了」。更多的辯解只會造成更多傷害。「因此，斯巴達人啊，表決吧，為著斯巴達的光榮，投票支持戰爭……諸神容許我們勝過冒犯我們的人。」斯巴達的公民大會是用高聲呼喊作為表決的方式，一開始呼喊的聲音並沒有辦法讓人清楚辨別多數人的意見是什麼，斯提尼拉伊達便要求眾人站起來分成兩邊表示正反意見，結果顯示斯提尼拉伊達得到公民大會的支持。在這裡，修昔底德重複了他的看法，「雅典勢力不斷擴張，使得斯巴達的警戒心不斷膨脹，終致一場不可避免的大戰」。[30]

發展一個帝國

伯里克利並沒有出席這場在斯巴達舉行的「審判」，但他想必是謹慎的選擇了他的代言人。雅典代表的辯詞如此地缺乏說服力，著實令人驚訝，就連斯巴達國王都出來提醒大家要考慮戰爭的危險。不過，伯里克利就是靠著他的辯才建立起他的執政生涯和雅典城邦的文化。[31]然而事態發展至此，有些事情必定出了大錯。

或許是因為代理人沒有他的口才，伯里克利堅持他的帝國會充分尊重人性這點沒有人聽進去，大家反而都信了只要是帝國都必定演變成專制暴政這種說法。在科林斯代表激昂的控訴面前，恐怕伯里克利自己都啞口無言，畢竟他們自己就說，與雅典的交涉當中，他們的人性並沒有受到尊重，斯巴達也不需要尊重。也或許，斯巴達的這場辯論突顯出伯里克利的邏輯存在著迴圈，不停的原地打轉。

希臘人認為文化就是品格，也就是在任何規模上都能解釋得通的可預測性，無論是一個城邦、國家，或是民族在各種大事、小事或各種事上的行事作風。[32]斯巴達人很清楚他們的個性和需要，因此他們的作風完全可以預測。他們認為沒有必要改變自己或任何人。雅典人建一座城寨把兩座城市圍起來的策略，則已重新塑造了他們的品格，使得他們得要永無休止的往全世界進發。而且也因為他們自己改變了，他們得要去改變別人，發展一個帝國就是這個意思，但是，要改變多少人？到什麼程度？用什麼方法？包括伯里克利自己，沒人能回答這些問題。

伯里克利與薛西斯一世並不相同。當戰爭的態勢臨近時，他自己承認道：「我擔心我們自己人鑄下大錯，比敵人用的手段更甚。」伯里克利心知雅典帝國不可能永無止境的擴張，他「費盡一切努力調整和克制雅典人日益誇張的幻想」，對此，普魯塔克（Plutarch）解釋：「如果能夠約束斯巴達人，他猜想他們這樣做就已足夠。」[33]然而，就在伯里克利的特使在斯巴達公民大會上發表陳述之後，伯里克利頌揚的雅典帝國的特質，卻即將要使這個帝國縮小規模，甚至毀滅。

我們的受保護者已如此習於在與我們的交往關係中處於平等地位，因此，當我們法庭的判決或我們帝國所授予我們的權力，而使得他們在司法見解上受到挫敗或遇到不利的時候，他們就不感激我們已經給予他們的安泰，反而是感覺不悅了。如果我們自始即把法律拋在一邊，大方的犧牲他們的利益，他們反而不會有這種憤慨。

波斯人統治其帝國子民的方式更加嚴苛，不過那已經是過去式了，「被征服者總是覺得現在是最難以忍受的」，用「被征服者」這個詞來形容與雅典平起平坐的人還真奇怪。如果換成是斯巴達接手統治這個帝國，那麼他們也「馬上會失去因為害怕我們而對你們表示的好感」。[34]

平等，是伯里克利用以緊扣其邏輯迴圈的要素。平等的概念和雅典帝國對於他都是值得讚揚的，但他卻沒怎麼意識到助長其中一項會削弱另一項。他的國殤講詞就反映出這個矛盾，他說到同盟的城邦自願和雅典追尋共同的理想，但是又讚揚雅典人踏上「每一片海洋和陸地……無論是留下恩澤還是災厄」。這樣的講法，要不是在他腦海裡同時存在著完全相反的想法，不然就是彷彿他有分裂人格，化身博士的善良人格在演講中途再也無法壓制體內的惡魔。伯里克利生前最後幾年的行為就投射出很類似的軌跡。

麥加拉法令

看小土丘怎麼樣變成一座大山，就能說明這是怎麼發生的。連結伯羅奔尼撒和希臘主陸之間有一片狹窄陸地，叫做科林斯地峽，這裡的東北方有座小城麥加拉（Megara）。這裡的人民自古與雅典結有世仇，只是麥加拉的實力不足與大城邦相抗衡，他們所能做的就是加入與雅典為敵的同盟，與距離最近的科林斯結盟看來是最有可能的選擇。如果這樣的事態成真，則其他城邦可能會紛紛效法。因此，西元前四三三年，伯里克利說服公民大會取消麥加拉在雅典進行貿易的權利，並禁止他們使用帝國境內的港口。

麥加拉人還有別條路可走。確實，這道禁令看起來實在毫無意義，劇作家阿里斯托芬（Aristophanes）還在他的喜劇《阿卡奈人》（*Acharnians*）中嘲弄這件事，這齣戲在伯里克利死後幾年才搬上舞臺。這道「麥加拉法令」的用意在於嚇阻，並不是真的要餓死麥加拉人。這道經濟封鎖令是一種非軍事手段，目的在於打消其他人日後背叛雅典的念頭。可以想見，這項新式做法使斯巴達產生警覺，斯巴達要求雅典撤回這條命令，作為免於一戰的條件之一。雖然維持這道禁令帶來的好處似乎遠遠小於其風險，但沒人預料得到，伯里克利竟拒絕了斯巴達的要求。

伯里克利如此堅持己見，招致了斯巴達公民大會上的尖酸發言，但即使斯巴達人在西元前四三二年決議發動戰爭，他們的動作仍是不疾不徐。下一年間，斯巴達三次派遣特使前往雅典，要求彼此各退一步，然而伯里克利每一次都予以拒絕。「雅典人有一項原則，我在每件事上都堅守這個立場，這個原則就是，對伯羅奔尼撒人，我反對做任何讓步。」

麥加拉法令也許看起來只是件微不足道的小事，但是在這件事上放手恐怕會招來雪崩式後果。「如果你們讓步的話，你們馬上就會遇著一些更大的要求。」這使得透過外交手段解決的可能性為零，只有戰爭是唯一的選項，雙雄爭端的起因「是大還是小」，此刻已無關緊要。地米斯托克利多年前不是僅靠著很少的資源就打敗了波斯？現在的雅典可不是當年的吳下阿蒙了。「我們應當竭盡全力抵抗我們的敵人，努力的將偉大的雅典絲毫無損的傳承給我們的後代。」35

輪到雅典人要回應斯巴達人，伯里克利可不會浪費任何時間。想必應該是由伯里克利下令，斯巴達最後一次派遣使節來訪，雅典人甚至沒有接待他進城，而是要求他日落之前就要離開阿提卡。據說，這位使節轉頭越過邊境的時候，說：「這一天，是開啟希倫人厄運的序幕。」36

掌舵的方法

伯里克利「變了」，普魯塔克從他的觀察中發現：「他不再像從前那樣親切、溫和，跟人民也沒有那麼熟絡了。他不再是那位能夠聽取人民的聲音，遵照眾人意願，隨著風向調整方向的掌舵手了。」修昔底德也察覺到類似的變化，他說伯里克利「只要遇到跟斯巴達有關的事情就一定反對，甚至還慫恿雅典人與斯巴達開戰」。[37]但，為什麼會發生這樣的變化？

也許，可能只是因為他老了，人愈老愈容易變得固執。也許，伯里克利的傳記作者猜測，雅典在西元前四三〇年代晚期接連不斷遭遇的危機激化了他的情緒，使他不想再做妥協。[38]也或許，作為一位領袖，或者像普魯塔克說的，作為一位「掌舵手」背後的涵義能夠為他的變化提供一種解釋。

掌舵有一種方法，是找到時勢的流向，順流而行。先決定好目的地，架起船帆，鼓起划槳手的士氣，按風向和海流調整你的舵，小心不要擱淺或撞上岩石，準備好偶爾會遇上意料之外的事情，有效率的消耗數量有限的能源。有些事情能夠掌控在手中，有些事情則要兼顧情勢，順勢而行。你會做出妥協，但你心中不會忘記這是為了讓你從出發地成功走到目的地。你得要同時兼具刺蝟和狐狸的特質，就算你是駕駛著一艘船也一樣。當年的伯里克利就是以「一位胸有藍圖的博學之士」之姿來領導雅典人。

隨著光陰流逝，伯里克利開始想要控制時勢的流向。他開始覺得，不管是風向、海流、划槳手、岩石、人民、他們的敵人，甚至是運氣，都會聽從他的號令。因此，他認為他能夠靠著一連串複雜的因果連環關係來解決事情，如果甲事件發生，那麼不只是乙，連丙、丁、戊等事件也會接連發生。在他的認知當中，無論事件多麼複雜，都一定能夠按照計畫實行。年紀大了的伯里克利仍舊為雅典掌舵，但現在的他，彷彿是一隻刺蝟要放牧一群狐狸，現在的雅典人已經變得不一樣了，也變得更難駕馭。

這之間的差異，清楚點出修昔底德一直嘗試要告訴我們的：雅典勢力不斷擴張，引發了外人的疑忌，最終導致伯羅奔尼撒戰爭爆發。然而，一個國家要擴展其實力可以有兩種模式。一種是逐步的發展，腳步隨著大環境調整，大環境也會隨著適應新冒出來的東西。懂得這個竅門的領袖能夠引導這個過程，對他們而言，這是一個慢慢醞釀的過程，有如普魯塔克所說的掌舵手要主導的領航的工作，也就是同步管理各項不同的事務。就好像不管農夫還是園丁，都無法預測也無法控制，播下種子之後到收成之間，會發生什麼樣的事。

另一種發展模式則不考慮外在環境的因素。這種發展是從內部指揮方向，因此對外部因素漫不在乎，不會按照設定方向、速度和目標這種慢慢醞釀的方式來進行。採取這種發展模式的人們並不預期他們會遇到任何障礙，因此他們不會對任何事做出妥協。這種模式有如一隻不受控制的掠奪性動物，一根無法根除的雜草，或到處蔓延轉移的癌細胞，不到為時已晚，人們無法看清事態的發展。它會先耗盡周邊環境的資源，最終要回來反噬自己。[39]

一開始，伯里克利順著時勢的流向來掌舵，他採取勸說的策略。但等到並不是所有人都能聽得進他的勸說，伯里克利開始逆著時勢掌舵，這時候他採取的是正面對峙的策略。無論採取哪一種策略，都是在挑戰現況，試圖告訴世人希臘此後不可能再維持現狀。勸說的策略需要耐心來完成，至少比較接近慢慢醞釀和掌舵手領航的做法，跟伯里克利領導雅典人所進行的對峙非常不同。這兩種策略有著根本性的不同，一種尊重外力的限制，另一種則完全對其視而不見。

也許他是因為看不到其他選擇。一旦勸說的策略失敗，正面與外人對峙看起來也許是維持伯里克利路線的唯一方式。然而，為什麼他要堅持他的路線？為什麼不繞一下遠路，避開沼澤、沙漠和峽谷，就像後世的林肯會做的一樣？伯里克利跟林肯一樣都放眼千秋萬代，伯里克利甚至為後人留下了紀念碑和口信。但他並沒有留下一個正常運作的國家，還要再花兩輪千禧年的時間，民主才再度成為舉世欽羨的政治典範。但這並非基於一位掌舵手的遠見，實情是你的船不小心開到觸礁，等了好久才等到有人來解救。

孤島中的瘟疫

斯巴達於西元前四三一年春入侵阿提卡，雅典人按照計畫撤離農村上的莊園，躲進城內，再次眼見濃煙在地平線上升起，按部就班地實行他們的戰略。這次，雅典人的心情跟半個世紀前地米斯托克利下令雅典人逃離雅典城的時候相比，已經完全不一樣。那時，薩拉米斯海戰很快便取得勝利，但這次卻沒有任何眼見要打贏的跡象。伯里克利的國殤講詞雖撫慰了人心，但卻對於鼓舞士氣沒什麼作用。而且，當西元前四三〇年斯巴達人再次回來的時候，跟隨著出乎眾人意料的盟友。

那年夏天雅典城爆發瘟疫，其起因是什麼到現在仍是個謎，但無疑的，雅典人的「孤島」戰略無形中增強了瘟疫的威力。伯里克利誇耀雅典城對世界開放，但雅典對於其鄰近的周邊事物卻採封閉政策。原本分布於帝國境內各地的細菌在阿提卡地區的人身上找到宿主，隨著這些人進入雅典也跟著進入城內，不料這道封閉的長城剛好讓這些病菌全部聚集在一起出不去，意外的使雅典變成一個致命的大都會。根據修昔底德的回憶，連去啃食屍體的狗和禿鷹都難逃一死，他本人不知怎地倒是逃過一劫。雅典人的產業遭到敵人蹂躪，現在又遇上大瘟疫襲擊，「人們開始譴責伯里克利，認為他是這場戰爭和一切不幸的始作俑者」。[40]

伯里克利一開始拒絕召開公民大會，但後來還是決定面對群眾。伯里克利堅稱他唯一的錯誤是低估了雅典人的決心，「因為馴順的忍受神明所降的災禍，勇敢的抵抗敵人，這是正當的」。城外的難民應該要感謝雅典海軍，因為是海軍保護了人民和雅典帝國，而國家才是人民之所繫。「你們也許認為你們喪失房屋和耕地的時候，受到了很大的損失。但你們應當把這些東西視為是我們偉大命運的裝飾品」，因此，這樣的損失只是「短暫的」。

無可否認的，伯里克利說道：「事實上你們是靠暴力來維持這個偉大的帝國。」過去取得這個帝國「或許是錯誤的，但是現在要放棄這個帝國一定是危險的」。現在，帝國勢力壟罩下的子民痛恨他們的主子，要是他們能選擇，他們會偏好其他選項。「所有那些懷有抱負以統治別人為己任的人，無法逃避遭人仇恨的命運」，但如果一個人是為了追求「偉大的目標」的話，這樣的仇恨是「暫時的」，因為「目前的顯耀和將來的光榮會永遠保存在人們的記憶中」。[41]在此，伯里克利再度借助訴諸於很遠的未來好幫他解套，彷彿他自己和整個雅典人民都能夠等上這麼多年，見證這樣的願景。

強者恣意而行，弱者自須受苦

但是伯里克利卻於西元前四二九年死於瘟疫，給雅典人留下一個進退維谷的尷尬局面。一邊，是他希望能推動成為普世價值的雅典式民主，另一邊，則是靠著不那麼值得稱頌，但卻能讓雅典人成就霸業的暴力手段。要是當時沒有瘟疫、恐懼、不理性、私人野心和欺騙等種種因素來搗亂，伯里克利的繼任者恐怕還能想辦法平衡這樣的矛盾對立。不過，「只要人類的天性維持不變」[42]，修昔底德對此並不抱期望。他的後半部歷史記述了雅典是如何從一個璀璨文明殞落為一個平凡文明的過程。再也沒有哪一段歷史能夠反映出這樣的歷程，前後半部相隔十二年，兩段歷史中，都有划槳手在其中扮演了重要角色。

西元前四二八年，小亞細亞外海的一座小島列斯堡（Lesbos）決議退出雅典同盟，改而尋求斯巴達的支持。雅典害怕這樣的行為變成一個常態，便派兵封鎖當地的重要港口密提林（Mytilene），還派遣一支陸上軍隊包圍這座城市。斯巴達雖承諾要伸出援手，但又一如以往的跳票了。隔年夏天，密提林向雅典投降。那時，雅典權勢最盛的領袖是克里昂（Cleon），認為應實施嚴懲以儆效尤，他主張殺光所有男丁，將婦孺賣為奴隸。他提出他的論點：「假使他們的暴動是正義的，則我們的統治就是錯誤的了。」公民大會同意他的看法，因此，一艘三列槳座戰船便載著這道號令出發前往密提林了。

只是，公民大會接著發展出了第二種意見，克里昂的對頭戴奧多都斯（Diodotus）指出，雅典帝國應當是一個「自由的社會」。如果人民遭到壓迫，起義造反是必然的。「無論理由多麼正當，把他們處死對我們卻不是有利的話」，這樣的決議實在沒有道理。公民大會又進行了一次表決，這一次是戴奧多都斯險勝。因此雅典趕快再派出一艘三列槳座戰船，這次需要強而有力的划槳手，因為他們必須要趕上第一艘船，撤銷前面那道命令才行。

修昔底德寫道，第一艘船的划槳手「擔負著一個這樣可怕的使命」，他們一點也不急著抵達目的地。第二艘船的划槳手則背負著要阻止悲劇發生的任務，有充分的理由急急趕路。他們帶了充足的酒和大麥餅等補給，吃飯的時候槳不離手，睡覺的時候也有人輪班。他們以破紀錄的時間橫越愛琴海。還好抵達密提林的時候，第一艘慢船也才到不久，才剛把原來那道殘酷的命令傳達給雅典軍而已，這道命令還沒執行，大屠殺並沒有發生。修昔底德委婉的說道：「密提林的逃脫危險是間不容髮的。」[43]

接著，西元前四一六年的時候，雅典派遣了一支軍隊前往位於伯羅奔尼撒半島外海的彌羅斯島（Melos）。彌羅斯向來是斯巴達的殖民地，但在伯羅奔尼撒戰爭中保持中立。雅典要求彌羅斯對其稱臣，雅典聲稱兩者之間並不具有平起平坐的資格，不只是因為權利只存在於實力相當的對手之間，更因為，「強者恣意而行，弱者自須受苦」。

彌羅斯人聽到這番主張大感震驚（現代讀者的感受也差不多），彌羅斯人提醒雅典人他們向來是以公平著稱的，如果他們現在自己棄絕了這道原則，則全世界都會「介入調停斡旋」。雅典人回覆說讓他們自己去對付所引起的危險吧，他們想要征服彌羅斯，只是為著彌羅斯的利益著想。

彌羅斯人：我們屈服於你們的統治，怎麼是為著我們的利益呢？

雅典人：屈服了，你們就可以保全自己而免於災禍，我們也不需要毀滅你們。

彌羅斯所要求的，不能有第三條路線嗎？如果他們繼續保持中立路線，能有什麼壞處？雅典人的回應是，作為「海上霸主」，他們要求海上諸島要臣服雅典，他們沒興趣跟誰做朋友。斯巴達以動作慢而聞名，所以雅典知道斯巴達不會急急忙忙的趕來救援。

彌羅斯人不願放棄他們的自主權，相信世界並不是按著雅典人的邏輯來運行，因此他們拒絕向雅典俯首稱臣。西元前四一五年，雅典人派出增援軍，彌羅斯無力抵抗，只好投降。這次，雅典人對於接下來的處置毫無懸念，也沒再派出第二艘戰船。相反的，根據修昔底德的記述，「所有被俘虜的成年男性都被處決，婦女及孩童則都被賣為奴，雅典人派出了五百人移民並定居於該地」。[44]

鬼魂確實是撲朔迷離，修昔底德不像希羅多德那麼在意鬼神。不過，從他的歷史記述中，雅典人在密提林和彌羅斯兩起事件上，都可以看得到伯里克利的遺風。年輕時候的伯里克利，必定會替吃了酒和大麥餅的划槳手加油打氣，因為後者是要去完成一項具有人道精神的使命，而這正是普世民主價值的精神之所在。然而老年時期的伯里克利，由於懼怕再做任何讓步，人概也會贊同對於彌羅斯島的非人處置。在旁冷眼觀察的修昔底德說，戰爭會「使得命運來決定一個人的品格」，[45]即便是最偉大的那位雅典人也不例外。

美國的海上防衛牆

只是為什麼伯里克利要懼怕讓步呢？戰爭可以選擇要打或不打，並非必要。斯巴達人雖在公民大會上投票做了開戰的決議，他們後來仍舊做了避免開戰的提議，伯里克利卻一項都沒採納。伯里克利說服他自己不可以因為一座小山丘（麥加拉法令）讓步，而失去有如山一般高的信用。但是，四分之一個世紀前，他帶領雅典人建長城，為的就是當有一天斯巴達人發動戰爭進攻的時候，他願意放棄整個阿提卡地區，只為了保全雅典和庇里猶斯港。麥加拉為什麼值得他冒這個險？

二十四個世紀之後，美國的一起事件或許能夠提供一個解釋。一九五〇年一月十二日，美國國務卿迪安・艾奇遜（Dean Acheson）宣布，美國此後將仰賴海上和空中的軍力畫下一道包含日本、沖繩、菲律賓等西太平洋諸島的「防衛線」。杜魯門政府經過縝密思考後做出這項決定，看起來似乎是將東亞地區拱手讓給蘇聯、剛宣布建國的中華人民共和國及其附庸。[46]建立這道海上防衛「牆」，美國放棄的是比伯里克利窮盡想像還更多的陸地。

然而，艾奇遜一月才剛發表這段談話，六月二十五日，北韓的金日成就找上史達林聯手入侵南韓，杜魯門總統在一天之內就做出決定，由麥克阿瑟將軍率領美軍進入朝鮮半島捍衛陸上防線。在麥克阿瑟的領軍下，隨即扭轉原本北韓占優勢的戰局，還招引了中國加入韓戰，最後韓戰在雙方僵持不下的局面於一九五三年落幕。超過三萬六千名美國軍人戰死在五個月前美國政府公開宣稱其不具重要性的國家戰場上。[47]

執行「孤島」戰略，你必須要具備遇事不慌亂的特質才行。你得要能看著前不久還在你控制之下的遠方地平線冒起硝煙，你的信心不會受到打擊，或是不讓盟友的信心受到動搖，不讓對手的信心增長。修築長城或是畫下防衛線可以是合理的，因為用有限資源去尋回失土並不合算，但戰略並不永遠是理性思考的產物。

克勞塞維茨在《戰爭論》中寫道，明確知道要從某個地區撤退是「非常罕見」的。更常見的狀況，是軍隊和國家無法分辨什麼是井然有序的脫離戰場和悲慘的投降，或事先預見恐慌情緒出現。

當地民眾會感到不安，或者怨憤他們遭到遺棄，軍隊可能不只對他們的領袖失去信心，對他們自己也會失去信心，而這樣的情緒將會永無止境，防衛後方也只會增強這種恐懼。撤退會出現的種種後果千萬不能輕忽。[48]

這就是伯里克利擔憂取消麥加拉法令會出現的後果。承平時期，不會有人認為這是對雅典人決心的試煉，西元前四三二到四三一年之間，不斷升高的緊張情勢卻使得這樣的試煉變成不可避免。杜魯門也是用類似的思維看南韓危機。北韓本身並不是什麼大問題，但是北韓之所以出兵，這必定是得到史達林的支持才能做到的事，這下就千萬不能大意了。

這就是為什麼領袖自己拆毀原本他們用來區隔重要利益和周邊利益的城牆，戰略的抽象意義和戰略家的情緒永遠無法清楚切割，這兩者只能想辦法取得平衡。而這兩方各自附帶的重要性，會因為情勢而變動。當情緒不斷升溫，其熱度可能會使得花費多年冷靜深思才得到的戰略抽象意義，在一瞬之間融化。接下來的數十年間，則可能再也無法冷靜思考。

雅典的慘敗

很少歷史學家會說杜魯門在朝鮮半島問題上做了錯誤決定，不過伯里克利的傳記作者一直在思考麥加拉法令的問題。[49]伯里克利必須讓雅典人知道他們的信用受到考驗，若不是當時的情勢如此，這項考驗並不會成為考驗。杜魯門卻不需要如此告知美國人民及其盟友，因為他們自己知道。

兩者間的差別很重要。這是敵人能夠在眾目睽睽之下測試你的決心的方式。你可以徵詢他人意見，決定該怎麼辦，你通常也可以決定要何時採取行動。這跟測試國民的決心和你自己的不安全感完全是兩回事，不過這些要做到什麼程度才夠？要怎麼樣才能夠使自己的不安不再投射到公眾的注目之下？如果要維護雅典的安全就必須維持麥加拉法令，為什麼雅典人不壓迫密提林？或是殺掉彌羅斯人？或乾脆和斯巴達海軍同盟的敵人打一場陸路戰？

導致雅典國力一落千丈的轉捩點發生於西元前四二〇年代晚期，西西里島西部兩座自古就結有世仇的城邦厄基斯泰（Segesta）和栖來那斯（Selinus）新近挑起了爭執。西西里島上最大的城邦敘拉古（Syracuse）是栖來那斯的同盟，厄基斯泰便在西元前四一六至四一五年之間向雅典申訴，後者早先曾模糊承諾過會保護他們的安全。厄基斯泰堅持敘拉古一定要受到教訓，不然他們就會奪去整個西西里，這樣的話西西里人就會加入斯巴達同盟，然後滅掉雅典帝國。[50]

這個場景令人聯想起伊庇丹努、科西拉、科林斯之間的三角關係，但是厄基斯泰提出的論點頗難成立。為什麼地中海地區另外一個唯一的民主政體敘拉古會加入獨裁的斯巴達同盟？就算敘拉古站到斯巴達那一邊，雅典要怎麼橫越八百英里的海洋，去打敗一個位於比伯羅奔尼撒還大的島上，跟雅典規模差不多大的城邦？雅典才剛在彌羅斯島屠殺彌羅斯人立威，就算不去幫助遙遠的厄基斯泰，雅典也不會遭人輕看，帝國威名不會受到損害。而且，如果雅典真的去解救這些狀態很不穩定的小城邦，是不是會有更多人來求助？

訴諸以情往往能比抽象的戰略意義更能激起雅典公民人會的支持，這一點只能靠領袖站出來冷卻群眾的激情。而現在，雅典城堪稱領袖的人已經不多了。經驗最老到的將軍尼西阿斯（Nicias）反對讓雅典捲進一場「跟我們毫無關係」的戰爭，但他的意見卻不被公民大會採納。民眾反而受到亞西比得（Alcibiades）的鼓動，要說亞西比得是否具備謹慎清明的頭腦，還不如說他是因為俊美的外表和身為奧林匹克體育健將而留名。這隻驕傲的孔雀宣稱，西西里島上的敵人是一群很容易就能收買的烏合之眾。如果能征服西西里，雅典便能躍升成為地中海的帝國。任何人都不應主張雅典要停止擴張，因為「如果我們不再征服其他人，我們就會面臨被別人征服的危險」。而這點，與伯里克利捍衛麥加拉法令的說詞相同。

現在，面臨亞西比得風采和伯里克利遺緒的雙重夾擊，尼西阿斯無法可想，只好誇大了派遣遠征軍要花的經費數目，但這反倒激發眾人想要發動遠征的熱情。西元前四一五年，雅典的公民大會派遣尼西阿斯率領一支陣容龐大的艦隊遠征西西里，這支遠征隊包含一百六十四艘三列槳座戰船和運輸船、五千一百名重裝步兵、四百八十名弓箭手、七百名彈弓手、三十名戰馬騎手，還有副元帥亞西比得，他圓滑的向眾人說：「無論青年人或老年人，沒有彼此的幫助，都會一事無成的。」[51]

抵達西西里以後，這一老一少兩位將領都沒有成就任何事。尼西阿斯精神不振，不斷生病。亞西比得本人的行為則讓雅典人憶起抗拒酒色等誘惑的重要，因為他居然被敵方誘惑，叛逃到斯巴達。再者，因為用船隻運送馬匹有重重困難，所以雅典人並沒有準備很多，但是他們的敵人卻擁有眾多。西西里人打起仗來異常英勇，就連面對雅典的增援軍也不懼怕。斯巴達人意識到有機可趁，這次竟迅捷的採用了新穎戰術，他們與科林斯人合作派遣了一支艦隊，他們圍捕了雅典船隻，並將雅典船擊沉在敘拉古的雄偉港口裡。

跟薛西斯一世在薩拉米斯海戰吃了敗仗以後不同，雅典人無法逃返家鄉。雅典軍的士氣一落千丈，紀律瓦解，他們無意間洩漏了自己人的暗號口令而輸掉一場關鍵戰役。雅典人缺乏糧食，河川裡沾染了屍體血水的水也爭先恐後的去飲用，他們還把陣亡將士的遺體遺棄在戰場上，這是前所未聞的褻瀆之舉。最後，雅典人沒有任何選擇，只好投降，他們的下場是被監禁在敘拉古的採石場長達數個月，暴露在露天之下毫無遮蔽，也沒有任何飲食，任由死亡者的屍體在四周腐爛。修昔底德悲嘆，「凡是人們所能想像得到的一切痛苦，他們都嘗受了」。[52]

制定戰略時，必須要看清全局，並且將各個環節的重要性納入思考。雅典人在西西里吃了敗仗。他們將帝國超過一半的軍力全數送到西西里，能安全返家的僅剩少數。但在此同時，一位現代歷史學家指出當時雅典面臨的境況，「斯巴達人在雅典城外十三英里的地方紮營，數以千計的奴隸叛離阿提卡，從赫勒斯滂到南愛琴海，都有繳納貢款的盟友蠢蠢欲動，等著要造反」。[53]突然之間不成比例的厄運逼近雅典，在我們暫停之前，不妨複習一下修昔底德對於未來給我們的提醒。

代價高昂的越戰

距雅典人在西西里投降過了兩千三百八十二年後，美國派遣五十四萬三千人的大軍，前往防禦一個季辛吉後來將之說成是「廣大大陸上的一個小半島」的地方。[54]到一九六九年時，每個星期約有兩百名美軍死於印度支那（Indochina）。等到南越政權在一九七五年投降，已有五萬八千二百一十三名美軍死於這場試圖挽救他們的戰爭。[55]這使得越戰成為美國付出代價最高昂的第四場戰事，首先當然是美國毫無疑問的打輸了，而且也是最難給予解釋的一場戰爭。

越戰一開始並不像在朝鮮半島那樣以閃電戰的方式發起。北越有點像是慢慢培養實力的反叛團體，他們只有在美方向後撤退的時候才會採取傳統戰術。越戰也不是一起有強權國家在背後撐腰的代理人戰爭，要怎麼發動戰事，怎麼行動，要在哪裡駐紮，都是北越自行決定，只有蘇聯或中國偶爾提供一些支援，有時候甚至還心不甘情不願。[56]後兩者由於擔心一九六〇年代末期他們之間有可能會發生戰事，兩國很快都要找上華府探詢對方的立場。[57]

在此同時，許多大事在各地風起雲湧的上演。一九六九年，蘇聯的戰略飛彈研發實力超越美國。一九六八年，蘇聯鎮壓了捷克斯洛伐克境內的「布拉格之春」，這是截至當時，自內部發起修正馬克思列寧主義最重要的一場政治改革運動。一九六七年，以色列打敗阿拉伯聯軍並攻占約旦河西岸，自此改寫中東局勢。一九六六年，法國自北大西洋公約組織撤出，東西德開啟外交接觸，中國爆發文化大革命。一九六五年，美國各地爆發種族暴動和反戰示威，其規模是自南北戰爭以來所未見的。而整個一九六〇年代一直籠罩在不安的氣氛當中，蘇聯揚言要將衛星運到距佛羅里達州外海九十英里處的小島上，只不過那不是個普通的衛星，上面裝載著設有核子彈頭的飛彈，能開啟（或者說是結束）第三次世界大戰。[vi]

與其他地區更緊急的要務相比，越南的重要性實在不高，為什麼美國還要為越戰投入那麼多的成本？修昔底德說過，類似事件會再度上演，我認為他的說法能夠提供一種解釋。麥加拉事件或許看起來微不足道，但伯里克利在西元前四三二年就已經告訴雅典人，如果在這件小事情上讓步，則「你們馬上就會遇著一些更大的要求」。一九六三年十一月二十二日[vii]上午，美國總統甘迺迪（John F. Kennedy）出訪德州發表演講時說，「南越政權可能在一夜之間垮臺」，而美國各地的盟友有可能會受到相同的傷害。伯里克利堅持雅典沒有別的選擇，只能「竭盡全力抵抗我們的敵人」。對此，甘迺迪補充說道，「美國仍是自由世界的基石」。[58]

無論這兩起事件相距的時間和規模有多遙遠，這樣的言論在不同規模的事件上時不時地出現。如果信用總是要受到質疑，那麼人們就得要將實力發展到無限大，或者，虛張聲勢就會常常被拿來當成手段了。然而這兩種方式都不能夠長久，因此這也就成為人們想要建造城牆的初衷，人們總是拿不存在的東西來虛張聲勢。就像伯里克利和甘迺迪自己否決了放棄的可能性，當人們一不注意自己推倒了城牆，則恐懼就會變成想像，想像變成推測，推測便會將原本模糊的意象擴展成毫無辨別性的事物。

歷史的類比

西貢淪陷之後沒多久，每一位在一九七五至一九七六學年度派到美國海軍戰爭學院的軍官，都收到一個謎樣的郵包。裡面是一本厚厚的平裝書本，隨信附上一紙命令，規定收件者在抵達紐波特市（Newport）到學院報到之前要全部讀完。所有人都知道，這裡面必定是記載美軍在西貢死傷的紀錄，但沒有人願意談論這件事，當時也沒有任何歷史記載可供閱讀。但我們現在有了修昔底德，而這已足夠。

雖然當時在海軍戰爭學院，我的年紀比我所有的「學生」都還輕，而且我沒有任何軍隊經驗，海軍戰爭學院的校長史坦菲爾德．透納海軍上將（Admiral Stansfield Turner）還是徵召我來共同教授「戰略與政策」這門專題課，他並不是過分在乎學經歷這種事情，但他深信我們能從經典著作中學習到當代事務可供借鑑之處。[59]我們要在課程上討論越戰是他做的決定，畢竟

---

vi 譯注：這裡作者指的就是冷戰期間美蘇之間發生的古巴飛彈危機。蘇聯將設有核彈頭的飛彈部署於古巴，美國試圖加以封鎖，第三次世界大戰的可能性一觸即發，作者說佛羅里達外海九十英里處就是古巴。

vii 譯注：甘迺迪總統就是在這一天遭到暗殺。

我們是一家戰爭學院，而他是這家學校的校長，即便越戰和伯羅奔尼撒戰爭相隔了兩千五百年這麼久的時間，也不成問題。因此，我開始在我的專題課上討論一位古希臘學者的著作，在此之前，他對我來說僅是一尊表情嚴肅的半身塑像。

秉持著修昔底德的精神，我們很快的在課堂討論歷史上的類似事件，一開始我們討論的是比較泛泛的概念，像是城牆、陸軍、海軍、意識形態、帝國等，接著我們更加深入的討論到戰略，是雅典人還是斯巴達人更擅長於調節他們的能力和目標？接著我們開始做類比，這件事是否能給我們在冷戰上帶來什麼教訓？再來我們談到民主，雅典的民主制度是否就是雅典傾覆的主因？以及，雅典人派出軍隊到西西里的時候，心裡可能會想些什麼？課程進行到雅典人在西西里戰情一落千丈的時候，所有人皆沉默不語。越戰的部分我們只有進行討論，連續討論了好幾周的時間。我們所做的，就像是進行創傷後壓力症候群的治療，那個時候這個名詞甚至都還沒有出現，是修昔底德把我們訓練得很好。

數十年後，我才明白為什麼這門課卓有成效。二〇〇八年秋季，我在另一門開給耶魯大一新生的專題課上找到了答案。這群學生非常年輕，當年我在海軍戰爭學院授課的軍官當他們的祖父都不足為奇，他們當然也沒有任何人經歷過戰爭。不過，我遵照透納上將的信念，我要求學生一字一句的讀完托爾斯泰的經典名著《戰爭與和平》。他們不僅照做，而且還在我尚未指派這項功課的時候就先提到這個話題。有次上課，我問同學，安德烈、娜塔莎和經常不得要領的皮埃爾之間有什麼關聯？此話一出，如同當年在海軍戰爭學院曾上演過的一樣，課堂陷入一片寂靜。接著，有三位同學同時說了一樣的話，「他們讓我們覺得並不孤單」。

修昔底德不會說這種話，但我認為，他是在鼓勵他的讀者：「藉由追求過去的知識鑑往知來，因為人性總是人性，歷史若不是重複上演，則必然會有類似事件再度發生」，就是相同的意思。如果不能夠爬梳過去，則未來只能是孤單的，失憶的痛苦是孤寂的。但如果只是用靜態的方式去了解過去——畢竟歷史的斷片會凍結在某個時刻和地點，則研讀歷史就會失去其效用。因為人類是不斷往前推進的時間和空間的後裔，而時間和空間的規模是不斷往復變動的。我們透過書寫家的記述——無論是歷史，是虛構，或是兩者的混合體，能夠明瞭這一點。因此，修昔底德和托爾斯泰之間的差異比你所能想像的還要小，我們很幸運，只要我們願意，隨時都能參加他們的專題課。

第三章

教師與教鞭[i]

距離赫勒斯滂浮橋和雅典長城半個地球以外，有一群對薛西斯一世或伯里克利皆無所知的古代中國人正在書寫指南，教人如何校準抱負和能力之間的平衡。孫子就是其中一人，他的《孫子兵法》[ii]整個編纂期間可能超過好幾世紀，如此說來，孫子比較像是荷馬，比較不像希羅多德或修昔底德。希臘史詩和歷史記載的多半是歷史事件和人物，讓讀者自行從中找尋答案。

孫子則不同，他直接提出讓人能付諸應用的原則，從不同的時間和空間中找出有效可用的原則，並將之與實務結合。因此，《孫子兵法》既非歷史，也非傳記，這本書彙編了許多訓誡和實用步驟，孫子如此堅決的主張：「將聽吾計，用之必勝，留之；將不聽吾計，用之必敗，去之。」

這樣講夠直接了吧，但什麼是「計」？[iii]舉例來說，「水之形，避高而趨下」，孫子又說，「木石之性，安則靜，危則動，方則止，圓則行」。或者更淺顯易懂的，「餌兵勿食」。借用莎士比亞筆下的角色波洛紐斯（Polonius）[iv]說過的話，孫子可能也會建議我們，「不向人借錢，也不借錢給人」。又或者，像行銷學初級班會教你的一樣，要「買低賣高」。

即便如此，我們從歷史上仍舊看到許多向人借錢，也借錢給人的人，結果落得買高賣低的下場。他們從事的實務行為與原則脫鉤，他們無法抗拒敵人送上門來的餌。《孫子兵法》告訴我們的這些看起來像老生常談的東西，事實上有如繫在牲畜脖子上不讓牠們亂跑的拴繩，為的是要約束我們的愚蠢行為，導引我們避免落入知易行難的下場。孫子解釋道，「夫兵形象水」，若能攻其不備，「避實而擊虛」，則「無人能敵」。木與石的比喻則是教我們善用槓桿原理，「如轉圓石于千仞之山者」，好似用一根木棍能舉起大石頭，意思是「要懂得借小力來取得廣大戰果」[v]。談到餌兵勿食，因為「魚咬住餌就會被抓，軍隊吞下誘餌就會遭到擊敗」。[1]

波洛紐斯擅長在主子面前見風轉舵，這就是為什麼哈姆雷特喜歡嘲弄他。

哈姆雷特：你看到遠處的雲了嗎？形狀就像一隻駱駝。

波洛紐斯：這些雲聚集起來就像一隻駱駝。

哈姆雷特：我認為看起來像黃鼠狼。

波洛紐斯：背看起來像黃鼠狼。

---

i 譯注：本章標題是Teachers and Tethers，tether是繫緊動物的拴繩。作者在本章中使用tethers的意思是「約束」人不要往前衝。Teachers and Tethers也有點玩文字遊戲的感覺（押頭韻，念起來音又很像）。中文譯成「拴繩」，無法令人馬上聯想這到底是什麼意思，因此選用「教鞭」，感覺比較相近。

ii 譯注：《孫子兵法》的英文譯本書名叫做*The Art of War*，意為「戰爭的藝術」。曾有學者主張《孫子兵法》不是孫子一人所著，孫子是將多人論述整理集結成書的人，不過近代考古的發現已證明孫子是主要的作者沒錯。

iii 譯注：「計」之原文，作者用的是strategy，即第一章以來一直討論的「戰略」一詞。

iv 譯注：波洛紐斯一角出於《哈姆雷特》，他是哈姆雷特的御前大臣，屬於一個頭腦魯鈍的丑角人物。波洛紐斯這句臺詞的下一句話是說，借錢會讓人同時失去錢和朋友。

v 譯注：作者引用的《孫子兵法》（*The Art of War*）譯本係從注釋本翻譯而來，作者取自英文版《孫子兵法》的引述有某些其實是後人的注解。請讀者留意，本章中譯為白話文的引述係為英文譯本，非出自《孫子兵法》原典的注解。

哈姆雷特：或者像鯨魚。
波洛紐斯：非常像一隻鯨魚。[2]

孫子絕不可能忍受得了這些胡言亂語，他是那種像富蘭克林一樣，會實地在暴風雨中用風箏、線、鑰匙導引閃電的人。他提出的每一條準則都奠基於擲地有聲的現實狀況。他訂下清楚的教條，將之拴繫在光從表面難以參透的情勢：國家要怎麼樣在不拖垮自己的情況下，打贏戰爭？

孫子說道，「計利以聽，乃為之勢……勢者，因利而制權也」，意思是說，將領聽從我克敵制勝的計策，宜審度情勢，根據實際的情況採取有利於我方的措施。這裡孫子強調「有利」的情勢，他所說的計策之「利」取決於「有利於我方」的情勢，將領應想辦法借力使力，讓情勢為我所用。明智的領袖懂得去尋找這樣的方法。他們會順風駕船，而不是逆風行進。他們會繞過沼澤，而不是硬著頭皮跨越。他們懂得避戰，除非他們心裡確知這場戰爭必勝。他們會從人生中不存在的公平競爭環境（這項事物在人為競賽中才可能存在）當中，想辦法讓自己得利，他們了解人生很多事都是徒勞，這些事，就像我的海軍戰爭學院學生所形容的，有如「剷起糞堆往山上去」，意思是不會有任何回報的苦差事。

孫子曰：「兵者，國之大事。」戰爭可是大事，若沒有進行周全的思考，不應輕易發動。波斯國王薛西斯一世和雅典大將亞西比得是沒有思考，阿爾達班和尼西阿斯則是思考不夠周全。

孫子謀定而後動，即便是面對微小的對抗勢力，他也會布下最多能為己所用的計策，花費最少的資源和生命代價，迅速取得成功。《孫子兵法》中諄諄告誡，「知己知彼，百戰百勝」。[3]

難道這意思是說，對情勢還沒有全盤了解之前，什麼事都不能做？薛西斯一世徵詢阿爾達班的意見時，阿爾達班無法回答，不過孫子給了我們答案。簡單能與複雜同時並存，且能為我們指引方向。

> 聲不過五，五聲之變，不可勝聽也。色不過五，五色之變，不可勝觀也。味不過五，五味之變，不可勝嘗也。戰勢不過奇正，奇正之變，不可勝窮也。[4]

沒有人能夠預測所有可能會發生的事，不過要是能先有所感，先行預估問題發生的機率，總是比渾然不覺的好。孫子就是希望透過將有限的原則拴繫在可能有千百種變化的實務應用上，來建立人們對事物的感知，甚或是常識。孫子將原則和實務合併起來運用於當下，就好比在電子合成器上調音，或是在電腦螢幕上調色一樣。孫子能提供給狐狸夠多的選項，也能給刺蝟夠清楚的大方向。孫子的頭腦裡雖存在相互對立的想法，但是他能夠跨越時間、空間、規模，將之投射於遠方的目標。

《孫子兵法》的領導學，是教我們從複雜中窺見簡單的要義。有些現實情況很容易能從掌握《孫子兵法》說的五聲、五色、五味而得，我們透過這些來了解事物的本質。不過，當許多簡單的要素相互混雜在一起，則其組合的複雜性就變得無窮無盡。無論我們做了多麼徹底的準備，意料之外的情況永遠可能會出現。但如果我們能緊抓住原則，則情勢就不會因為意外發生而癱瘓。那麼，我們該如何學習緊抓住原則？答案是要找到好老師，我想，好老師手拿著教鞭，就是為了要好好地把我們拴住不要亂跑。

屋大維

對於一個有很多姓名和稱號的人，蓋烏斯・屋大維・圖里努斯（Caius Octavius Thurinus）、蓋烏斯・尤利烏斯・凱撒・屋大維努斯（Caius Julius Caesar Octavianus）、羅馬皇帝神之子凱撒（Imperator Caesar *Divi Filius*）、奧古斯都皇帝神之子凱撒（Imperator Caesar Augustus *Divi Filius*）、國父奧古斯都皇帝神之子凱撒（Imperator Caesar Augustus *Divi Filius Pater Patriae*），或者，乾脆就用我們一般人最熟知的「屋大維」[vi]好了，這個人的出身並不是太顯赫。他於西元前六十三年生於一個尊貴但重要性並不高的羅馬元老家庭。然而，他二十歲的時候，就已成為「執政三巨頭」（triumvirate）的第三號人物。到了三十二歲，他已一躍而成「西方」世界最有權勢的人物。他於七十六歲安詳去世於他指定的床上，這對那個年代的羅馬帝國領袖來說可是個了不起的成就。屋大維度過漫長的人生，關於他的一生有不少傳說，據說他出生前曾出現不尋常的徵兆，出現了一隻蛇之類的。事實上，除了有一位導師適時的引導之外，這個小孩幾乎是一手打下了他的天下。[5]

希臘神話裡有一隻半人馬獸凱龍（Chiron）扮演阿基里斯和其他史詩英雄的導師，羅馬人屋大維的導師則順理成章的非凱撒（Julius Caesar）莫屬。凱撒所征服之地在二十年內將羅馬「共和」帝國的領土擴大兩倍，[6] 他的事蹟在兩千年後得到很多人的研讀和尊敬。西元前四九年，凱撒率軍越過盧比孔河（Rubicon），消滅了他的敵人，成為羅馬權勢最盛的領袖，並決意要在持續了將近半個世紀的內戰結束後，恢復羅馬的秩序。不過，當時年屆五十的凱撒所剩的時日不多，按照普魯塔克的話，他已無法「超越他過去的成就」。凱撒操之過急，使得他在西元前四十四年三月十五日，淪為歷史上最知名的暗殺受害者。凱撒的生與死都值得後人借鑑，從他的一生，我們能學到什麼該做，什麼不該做。[7]

凱撒並沒有可合法繼承地位的兒子，但他有一位成材的甥孫屋大維，他給予屋大維一個類似「實習執政官」的地位。屋大維的職責是幫助凱撒穩固羅馬執政中心的權力，接著，領軍進入西班牙為凱撒提供馳援，那是凱撒最後一次的軍事行動。這個年輕人將他被賦予的工作做得很好，他從不擅自妄為，總是在一旁安靜觀察，預先揣測凱撒接下來想進行的計畫，低調地累積自己的功績和鍛鍊耐力，因為他的身體並不強健。凱撒在羅馬遭到刺殺，這消息經過了兩星期傳到屋大維這邊來，這時他人正在馬其頓進行訓練，準備帶兵進攻帕提亞人（Parthians）[vii]，

vi 譯注：中文通常將他稱為屋大維，英文裡則稱他為奧古斯都（Augustus，神聖之意），無論凱撒或奧古斯都都是賦予最高領袖的尊稱。屋大維是凱撒的養子，是他終結了羅馬的共和政治並統一羅馬，成為羅馬帝國的開國君王。從他後來得到的稱號奧古斯都可以看出，屋大維的稱號愈到後期有愈尊榮的趨勢。

那時他才十八歲。「我們遲些再談」，小說家約翰・威廉斯（John Williams）想像他在這個震驚時刻，對尚沉浸在哀傷的友人如此說，「我必須先想想這件事情代表的意義」。[8]

他第一個決定就是要返回羅馬，但他不知當時是誰在發號施令，也不知道羅馬眾人將如何待他。當他抵達布林迪西（Brundisium）附近，他才得知凱撒在遺囑中將他指定為遺產的繼承人和養子，此時，他的重要性陡然間提高。屋大維繼承凱撒的名字，當他抵達首都時，他已將他的名字改成「蓋烏斯・尤利烏斯・凱撒・屋大維努斯」[9]，軍團將領看在他們逝世領袖的份上，對屋大維尊崇備至。屋大維如果是個頭腦不靈光的傢伙，他可能會就此搞砸人生的大好良機。但還好他看得出來繼承養父頭銜和精通統御之道兩者之間，是有一段距離的，前者可以在一夜之間發生，後者卻能花上一輩子的時間。

屋大維從來沒解釋過他是怎麼學會這些，不過他有充分的機會近距離觀察歷史上其中一位最偉大的元帥，而他必須表現愚鈍、不露鋒芒。孫子在他的著作被翻譯到歐洲去的十八個世紀以前，就已經為我們說明這應該是怎麼一回事：

> 擔任將領之人，若有智慧，則懂得辨別情勢變化，順勢而行；若言之有信，則其部屬必對其賞罰信而不疑；若有仁義，則能關愛、憐憫他人，感激他人之勤勉和辛勞；若有驍勇，則能果斷占得先機而制勝；若能有嚴，則其率領之軍隊能因畏懼懲罰而有紀律。[10]

至於凱撒，我們看不出來他是否曾經為屋大維解釋過他給屋大維的這些教導是怎麼一回事，[11]這讓屋大維免去知悉他其實是一位繼承人和養子的困擾。這位羅馬的導師是在不讓學生知情的情況下拴住他的學生，凱撒給屋大維的約束，不僅是一種教誨也是一種放任。[12]

馬克・安東尼

除了凱撒舊部，如果屋大維想要得到更多人的擁戴，他就必須兼具兩種條件。他自己的繼父西賽羅（Cicero）是知名的演說家也是家族友人，認為屋大維繼承凱撒的遺產和頭銜過於危險，兩者都不值得。凱撒遭到刺殺後讓整個羅馬惴惴不安的馬克・安東尼（Mark Anthony）[viii]，也試圖阻止這個繼承凱撒名號的「男孩」接受凱撒的遺囑。成為執政官的安東尼利用他的權力扣住凱撒遺贈給羅馬市民的財產，當屋大維前來抗議，他不予理會。

屋大維的應對舉措是運用他有限的資產，他變賣凱撒留給他的財產分給老百姓，不夠的部分他還用借的，好兌現凱撒在遺囑中的承諾。屋大維冒的這個險後來證明是值得的，這讓安東尼看起來小氣吝嗇。屋大維的作為輕易的讓向來以牆頭草聞名的西賽羅見風轉舵。這位

vii 譯注：即中國歷史所稱的安息帝國，這是位於古波斯地區的古典王朝。

viii 譯注：馬克・安東尼（Mark Anthony）即人所熟知的安東尼，是凱撒過去的得力助手。屋大維的崛起自然對他造成很大威脅，他後來成為屋大維的主要政敵。

長輩喜歡別人奉承他，雖說西賽羅也是樂見凱撒死亡的人士之一，屋大維還是樂意滿足他這方面的需求。一方面是因為西賽羅也痛恨安東尼，再說，有西賽羅善用雄辯之才彈劾那位執政官還是很有用的——這裡指的是西賽羅在元老院發表的十四篇氣勢洶洶的演講《斥腓力辭》（*Philippics*），這系列講詞達到的效果高於屋大維本人能做到的。屋大維做了一件重要的事。西元前四十四年夏，他為凱撒之死舉行了紀念運動會，出乎眾人預料的是，天空竟出現了彗星。屋大維立即出面斷定這並非惡兆，他眼明手快的向羅馬人宣布，這是他舅公的靈魂升天成為不朽的象徵。[13]

不過，即使聰慧敏捷，最多也只能讓屋大維走到這個地步，若要長保安泰，還是需要凱撒部屬的效忠，只是他的軍旅歷練卻很有限。安東尼雖然不如凱撒雄才大略，卻有豐富的帶兵經驗。不過他也缺乏屋大維的才幹，屋大維懂得主動採取行動，次序安排好接連的計畫，為自己從中得利。[14]屋大維想到他與馬其頓地區有過一些人情上的關係，便挪用凱撒原本要用於進攻帕提亞的軍費（現在反正也用不上了），派遣使者攜帶津貼去慰勞那些在布林迪西登岸準備歸國的軍人。安東尼不期屋大維居然使出這麼一招，便也急忙趕去布林迪西，但他不是拿出任何獎賞收買軍心，反而大發了一頓脾氣。他下令執行十一抽殺律，以十人為單位，每單位中第十人要被處以極刑。這個流血事件是匡正了軍紀，但卻使得馬其頓軍團心生怨憤，等到日後他們一逮到機會，便立即倒戈效忠另外一位領袖，他們現在認為此人無論是在名號上或是實質上，都等於是下一位凱撒。[15]

屋大維的年紀還不到安東尼的一半，但他遠比安東尼懂得約束個人品行。他避免讓自己犯下這位年長人士具有的種種缺陷，例如欠下巨額債務、淫穢亂性、公開喝醉酒、脾氣容易暴怒等。[16]凱撒的繼承人不是個性容易大驚小怪的人，他也不是沒有自己的脾氣，但他意識到他需要自我控制，安東尼就很少會想到這種事。其實安東尼也不是很確定自己的抱負是什麼。有人計畫要刺殺凱撒，他事先就知情，只是沒有參與。他希望他能統治羅馬，只是他沒有想好假使真的要的話他該做些什麼。他讓自己的猶疑不定和敗德行為離他的目標愈來愈遠。相反的，從凱撒的遺囑揭露了那人的真正身分的那一刻起，屋大維便專心一意，為他的「父親」報仇，努力振興羅馬帝國，並且想辦法不要落得又血染元老院的下場。[17]

掂量自己的斤兩

要完成這些，需要掂清楚自己的斤兩，凱撒就是沒能精通這個技巧，才會發生元老院流血事件，屋大維自己也是吃了苦頭才學會。屋大維從馬其頓返回後不久，誤解了凱撒舊部對他的歡迎，他以為自己也可以像偉大的凱撒之前那樣率領軍隊光榮師返羅馬，但是屋大維還不夠格重新搬演當年凱撒率軍跨越盧比孔河那樣的盛況，他的軍隊拒絕對抗安東尼方面的軍隊，而且羅馬人還沒準備好接受一位還不到二十歲的獨裁領袖。最後，局面演變成一場災難，屋大維顏面盡失，因此，他日後加倍努力，將實力提升到能與熱忱相當的位置。

屋大維自幼時起就知道自己容易生病，不過他幾乎是到了已經太遲的地步才曉得，原來戰爭前夕健康更容易出狀況。[18]或許他的身體健康真的不佳，也有可能是心理問題，總之他看起來就是怯戰。西元前四十三年四月，義大利北部的穆第納（Mutina）發生一場討伐安東尼的戰役，西賽羅說服元老院將當時實力還很強大的安東尼宣布為羅馬的敵人。這是屋大維第一次上戰場。他將他自己的軍隊與支持西賽羅和元老院的軍隊合併成一支，元老院新推選出來的執政官赫久斯（Hirtius）和潘沙（Pansa）都上戰場率軍英勇作戰，結果他們兩位和屋大維不少人馬都戰死沙場。然而，眾人的眼睛都看到，屋大維的身影在開戰的第一天並沒有出現，甚至直到今天，都沒人知道真正的原因是什麼。

屋大維很快意識到這樣子不行。第二天，他趕緊振作起來號令軍隊前進，突破好幾道防線，奪回赫久斯的屍體（此舉順便恢復了這個失落好久的傳統），迫使安東尼撤退。一名執政官已死，另一名瀕臨死亡邊緣，而敵方竄逃。屋大維僅僅憑著意志，就拿下堪與凱撒齊名的勝利。不過，他這次沒有急著返回羅馬接受凱旋式，他停留在原地等待，直到確定死去的赫久斯麾下的軍團轉而效忠於他，撤退到高盧（Gaul）的安東尼有時間重整軍隊。然後，屋大維才帶領景仰他的人馬渡過盧比孔河，現在，屋大維帶領的這支軍隊有了新加入的軍力，讓西賽羅和其他元老有十足的理由感到畏懼。此時，屋大維才從容返回羅馬，接受元老院任命他為執政官，這是羅馬執政圈最有權勢的位置。這個時候，屋大維還未滿二十歲。[19]

站在這個權勢鼎盛的位置上，屋大維還是不能放心，他知道自己仍有弱點。能治理羅馬，還不等於能控制羅馬帝國。安東尼雖在穆第納一役戰敗，但他在高盧仍立於不敗之地。暗殺凱撒的兇手卡西烏斯（Cassius）和馬可斯・布魯圖斯（Marcus Brutus）已逃到敘利亞和馬其頓組建軍隊。凱撒生前政敵龐培（Pompey）的兒子色克都斯・龐培烏斯（Sextus Pompeius）則已奪取了西西里。再加上，羅馬的元老院不嚴密看管不行，畢竟凱撒的暗殺就是這群人一手策畫的，不知道他們還會不會再做出什麼事。已經取得許多勝利的屋大維，給自己做了一個通盤的估量，他認為自己還需要幫手，就算那人是他討厭的人也沒關係。就如同屋大維其中一位傳記作者所說的：「除去一名對手，就是除去一名潛在的盟友。」[20]

西賽羅之死

時間在西元前四十三年秋，地點在穆第納附近一條河的小島上，屋大維先從安東尼開始處理。他率領軍團從羅馬向北進發，安東尼則領軍從高盧一路往南，同行的還有凡事聽他號令的前任執政官雷必達（Lepidus）。[21]後兩者的實力加起來超過屋大維，不過憑著他的實力，雷必達要求要獲得平等的待遇。就這樣，在各人的衛軍站在河兩岸嚴密的看守下，這三名巨頭（其中一人才剛過青春期）在河中央瓜分了他們當時所知的天下。[22]

瓜分的結果在一開始看起來是屋大維占了劣勢。安東尼分走高盧，也就是羅馬世界東部最好的地方，雷必達拿到西班牙，以及西班牙與義大利之間的聯絡通道，屋大維只得吞下撒丁島（Sardinia）、西西里和阿非利加（Africa）[ix]沿岸等西部地方，他在這裡得先平定打算捲土重來的龐培烏斯等反叛勢力。屋大維還放棄了執政官寶座，同意與另外兩人組成「執政三巨頭」[x]共同掌理羅馬。在這個階段，地位的重要性超過了實質內涵。屋大維願意屈居三位中較為弱勢的那一位，畢竟樹大招風，獨自一人占據高位可能會引來其他實力更強大的人的覬覦。而在此同時，還有其他大事待他處理。

在小島上，安東尼、雷必達、屋大維還談妥了有哪些顯赫的羅馬人士需要「處置」，這些人將會被殺、財產充公、家族遭到流放。黑名單上那位最顯赫人士的名字就是西賽羅，這個人總是發表太多意見。雖然他擅長掌握政治風向，不過他的《斥腓力辭》早就觸怒了安東尼。身為執政三巨頭的安東尼不只下令處決這位演說家，他還讓人砍下西賽羅的頭顱和寫下那一系列批判之詞的手，高掛在羅馬廣場的講壇上。[23]

屋大維想來應該是不會下令做這樣的事，不過同樣的，他應該也不會想辦法去反對這件事。西賽羅的立場反覆無常，他曾公開稱讚屋大維是前途無量的青年，但私底下又常忍不住暗示屋大維作為領袖實在經驗不足，有必要的時候隨時可以拋棄他。這些話傳回屋大維耳裡，他只是先記在心裡，等日後再說。[24]而現在，安東尼成為他的盟友，他不需要西賽羅了，無論是他的《斥腓力辭》、他的掌聲，亦或是他的失言，都永不再需要。

執政三巨頭的下一個目標是對付布魯圖斯和卡西烏斯，這就需要靠軍事上的勝利才行。這次行動不知怎的冥冥中跟西賽羅有些關聯，討伐他們的戰役在西元前四十二年秋發生於色雷斯的腓立比（Philippi）。[25]安東尼代表三巨頭擔任出征元帥，雷必達留守後方管理羅馬。而屋大維在馬其頓派出他的軍團後馬上又感到不適，他只能乘坐轎子抵達戰場。至於安東尼，雖然所處位置較為不利，對方又增強了防線，但安東尼所率領的征討路線卻出乎卡西烏斯和布魯圖斯意料之外，把他們兩個逼得接連自殺。三巨頭中唯一有能力號令大軍的將軍大獲全勝。

對自己懊惱不已的屋大維把氣出在別人身上。他不僅羞辱俘虜，甚至還下令處死他們。安東尼為布魯圖斯的遺體舉行榮耀儀式後，據說屋大維打算侮蔑遺體，他派人去把布魯圖斯的頭砍下來，送回羅馬放在他舅公的塑像前面，還好負責運送的船在途中沉沒，此事才沒有成真。他自己返回羅馬後發現羅馬人變得畏畏縮縮，原來是他們很害怕不知他接下來會做出些什麼。年歲增長的屋大維理論上行事應該變得穩重，但他現在的行為反而比較像一位不成熟的暴君。[26]

恢復名聲

不過屋大維重新控制了自己的脾氣，可能是因為怒氣發洩過後變得好一些，部分是因為他得到了幫助，部分也是因為他稍微有節制的訴諸於暴虐行為。討伐腓立比結束之後，安東尼說

ix 譯注：阿非利加（Africa），羅馬行省之一，約為今日的突尼西亞北部和利比亞西部靠地中海沿岸的地區。

x 譯注：屋大維等三巨頭組成的執政同盟史上通稱為「後三雄」，所謂的「前三雄」則是凱撒、克拉蘇、龐培。

他要重拾凱撒討伐帕提亞帝國的未竟之志，找了個藉口就此待在東部，不過比較可能的原因應該是他想要躲避分封土地的責任。將義大利境內土地分給退役軍人向來是個慣例，然而這項工作就這樣落到屋大維的頭上。這是個吃力不討好的差事，無論如何一定會觸怒某一群人，要不是土地被強制奪走的地主，不然就是失望的老兵。而此時，以西西里為據點的龐培烏斯，正好整以暇的施展海盜伎倆，阻礙糧食穀物從地中海各地運往羅馬。

西元前四十一年某天，一場危機突然上演。原來屋大維要與新近退伍的士兵會面，但他遲到了。士兵不滿屋大維遲遲未露面，他們鼓譟起來，還殺了一個試圖維持秩序的百夫長。當屋大維抵達，看到地上的屍體，他沒有立即發作，僅是要求現場的人以後不可再度如此魯莽，接著便上前將配給的糧餉分給眾人。屋大維的冷靜讓這些先前還擁有軍人身分的眾人感到羞愧，因此他們要求要處罰兇手。屋大維同意，但他唯一的條件是行凶者要承認自己的罪行，並要現場眾退役官兵都認可給他們的懲罰。在這個危機一觸即發的局面上，屋大維表現出勇氣和鎮定，這使得他之前因腓立比一役而一落千丈的名聲，現在開始回復。[27]

這使得安東尼的妻子富爾維婭（Fulvia）和弟弟盧基烏斯（Lucius）大為緊張，他們想要趁著屋大維尚未得到多數人支持前將之罷黜。盧基烏斯以義大利中部城市佩魯賈（Perusia）為據點並加強設防，富爾維婭則出錢在羅馬城和周邊招兵買馬。人在東部的安東尼雖知道發生了什麼事，但並沒有趕回去，他又因為別的事情分心了。現在，安東尼宣稱自己是酒神戴奧尼索斯（Dyonysius），他打扮成酒神的模樣，與埃及豔后克麗奧佩托拉（Cleopatra）陷入情網，克麗奧佩托拉曾與凱撒有過一段漫長的情史。安東尼說他待在東部，是為了籌措進攻帕提亞的軍費，同時也是為了確保羅馬的糧食供應不致出現問題，[28]因為埃及擁有豐富的黃金和糧食，不過安東尼這樣做，等於是拱手讓給屋大維一個大好機會。

屋大維現在認清他不是上戰場帶兵作戰的料，他將進攻佩魯賈的任務交給昆圖斯・薩爾維迪努斯・魯佛斯（Quintus Salvidienus Rufus）和馬庫斯・維薩涅斯・阿格里帕（Marcus Vipsanius Agrippa），這兩人自從他還在馬其頓，凱撒遭暗殺的時期開始就一直追隨著屋大維。他們兩人很快的逼迫盧基烏斯投降，富爾維婭的軍隊則很快潰不成軍。屋大維知道這一次勝券在握，他必須要在有把握的地方展現他的威信，而不是在他對自己的能力有所懷疑的時候。[29]

當他遭遇抵抗勢力時，他對該怎麼做沒有任何遲疑。屋大維決心要防止這類反叛再次發生，他將三百名擁有元老身分的囚犯帶回羅馬，宣告他們死刑，然後將他們獻祭於凱撒火化的地點。這個做法已經被廢止很久了，但屋大維打破禁忌，為的是要傳遞兩個訊息。亦即，他將不再容忍日後羅馬城內興起任何叛變，而他自己，藉著羅馬城中心的流血獻祭，也表示這是他為凱撒所做的最終復仇。[30]

掌握羅馬的雙巨頭

羅馬帝國現在實際是掌握於「雙巨頭」之手，雷必達已經被屋大維和安東尼排擠到阿非利加去了。不過這兩人的領導風格大為不同。占據羅馬的屋大維，現在掌握了權力，正在學習如何運用。安東尼則繼續待在東部，雖然腓立比一戰證明了他是比較會打仗的那一位，但他逐漸忘記了他正是因為善戰而聞名。兩個人都不喜歡對方，對彼此的信任也在一點一滴的消失。其中一位，不僅並未忘記他的初衷，而且正一步步採取行動朝著目標邁進。至於另外一位，要說他有採取任何行動的話，不如說他只是被動的回應著。現在兩人之間，已經談不上有什麼競爭可言了。

佩魯賈戰役之後，這樣的態勢逐漸變得明顯。屋大維先是透過分地事件平息退伍軍人的憤懣，恢復羅馬對他的尊敬。接著，他將打仗的任務委託給軍事技巧較為高超的將領而贏得戰爭。最後，藉由公開處決帶頭造反的貴族，屋大維進一步鞏固了自己的權力，他用一樁意圖明顯的流血事件懲罰罪有應得的犯人，以制止未來有更多流血事件發生。屋大維深謀遠慮，他明瞭目前做的決策會如何影響到後續的發展。

安東尼則不，他從最近期的一次瓜分羅馬帝國獲得全部的高盧地區，但他人卻在希臘，準備要進軍帕提亞，這與羅馬是完全相反的方向。未料，安東尼手下的高盧總督竟然驟逝，人在羅馬的屋大維距離高盧比安東尼還要近得多，他聞訊後立即趕去，順便接手了當地十一個軍團的指揮權。這個行為等於直接挑戰安東尼，於是安東尼延後了進攻帕提亞的計畫，下令軍隊回師義大利，並開始與龐培烏斯的軍隊合作建立一支陸上和海上的防線，打算一舉殲滅屋大維的勢力。

然而，安東尼調來的船隻多過他所需，反而是他帶來的人手卻嫌不足，這是因為布林迪西現在也已經被屋大維占領。屋大維照例又在戰爭都還沒開打前病倒，這段時間反而讓雙方軍隊建立起兄弟之誼，他們要求他們的統帥能握手言和。但在此時，安東尼竟捨棄了當初驅使他跨越亞德里亞海的動機，他背叛龐培烏斯，與屋大維議和，承認屋大維在高盧的控制權，然後回去將注意力放回他進軍帕提亞的計畫，甚至都沒有想到他應該先確保新的勢力分配區域（或者他以為他有）再走。安東尼的妻子富爾維婭在政變失敗沒多久便過世，現在他與屋大維聯姻，續娶屋大維親愛的姊姊屋大維婭（Octavia），安東尼說服自己，她跟那個「男孩」只是「名字相似」而已。[31]

屋大維不可能事先計畫好這一連串事件的發展。[32]老兵爆發不滿並殺掉百夫長，富爾維婭和盧基烏斯起義造反竟沒得到安東尼的支持，高盧總督突然死亡，安東尼誤判他的後勤需求，安東尼和屋大維的軍隊拒絕作戰，甚至安東尼竟陣前倒戈還娶了他的姊姊，無論哪一件事，屋大維都不可能事先預料的到。屋大維和伯里克利不一樣，他從沒想過要去推演各項事件的因果連環關係。[33]

和伯里克利相反，屋大維目標清楚，不放過每一次機會。他看得出來安東尼接下來會怎麼樣遭遇失敗。屋大維緊握著手上的羅盤，但他會想辦法讓自己不要陷入沼澤，相形之下使得安東尼看起來簡直就像是自己去找沼澤跳下去，浸在那裡面，過了不久又覺得厭煩了。普魯塔克為安東尼下的評語是，「喜歡空洞的虛名，從未專心追尋過真正的光榮」。[34]

奪取西西里

據說龐培烏斯是屋大維最畏懼的敵人。他的父親龐培最了不起的成就是成功鎮壓整個地中海地區的海盜，龐培烏斯卻看出海盜有助於達成他政治上的野心，只要他有需要，就能在西西里驅使海盜為他所用。這對羅馬來說卻不是個好消息，因為羅馬城及其周邊地區有大量的糧食需要仰賴進口，尤其是從埃及。因此可以說，龐培烏斯有辦法威脅到羅馬人，有句話說受制於人是被掐住脖子，以實情而論，龐培烏斯確實是掐住了羅馬人的胃。

龐培烏斯對安東尼與屋大維重修舊好大感不滿，西元前四〇年，他封鎖了義大利。缺乏糧食的羅馬城內發生暴動，過去因順利安撫憤怒老兵而獲得名望的屋大維，試著想辦法壓下眾人的憤怒。但是這一次，他反遭到人們丟石頭抗議，要不是安東尼趕快派兵來救，恐怕要死於暴民之手。不過要不了多久，將沒人能再質疑屋大維的勇氣了，因為這是他最後一次有機會（不用暗殺作為手段）擺脫掉一個震怒的對手，只是他證明這點卻幾乎要付上生命作為代價，而且還是由於安東尼缺乏先見之明而導致。[35]

找龐培烏斯議和失敗以後，屋大維決定要進攻西西里，以便一勞永逸解決他的心頭大患，並且保證日後糧食的運輸路線不再受制於人。但屋大維對海軍一無所知，龐培烏斯輕易擊敗羅馬艦隊，其中包含屋大維指揮的部隊。這位已經統治半個羅馬帝國的霸主，其船艦在墨西拿海峽（Strait of Messina）靠近義大利這一側觸礁遇難，他跟幾個倖免於難的手下沒有任何糧食飲水，也沒有任何辦法求援，只能點起火堆，期盼奇蹟出現。幸好有一支軍團經過即時救起屋大維一行人，要是再晚一天，就會有暴風雨來臨，讓他的大軍全軍覆沒。[36]

但屋大維並沒有再次病倒，沒有喪志，也沒有要停下來三思奪取西西里的計畫。相反的，他重整軍勢，先鞏固義大利沿岸的防守以對抗龐培烏斯發動突襲，然後他將剛從平定高盧返國的阿格里帕任命為下一次進攻的主將。阿格里帕當時年方二十四，他的航海經驗並不比屋大維多到哪裡去。但當屋大維遇到危機，需要靠他相助，或僅僅只是下一道命令，阿格里帕就能展現跟薛西斯一世不相上下的氣魄。他打破地形的限制，在隱藏於山林裡的兩座湖中訓練水兵，森林不僅提供了木材供他建造戰船，還能夠提供很好的遮蔽不讓龐培烏斯察覺他們的計策，後者只能從外海觀察他們的動向。[37]

阿格里帕花了兩年的時間建軍，到了西元前三十六年，屋大維的艦隊已做好準備出征。屆時，將有三支艦隊航行至西西里會師，一支是屋大維的艦隊、一支是利用安東尼出借的船隻組建而成，還有一支雷必達指揮的艦隊要從阿非利加出發。前兩支艦隊遭遇暴風，只有雷必達的艦隊成功登陸，但雷必達卻倒戈向龐培烏斯。再一次，龐培烏斯的舉動又出乎屋大維的意料之外且讓他顏面無光。屋大維這次是擱淺在西西里海灘上，直到他的軍隊找到他。這是屋大維這麼多年內第三次被人救起。

阿格里帕倒是能維持他的艦隊攻勢，他擊潰龐培烏斯的軍隊，逼得他出逃國外，又一次轉移陣營的雷必達，其勢力則被圈禁在西西里。屋大維好不容易撐了好久後又再次病倒，沒有在這次戰役中發揮任何用處，但還好他即時恢復健康，還能趕上親自宣告一場名義上的勝利。屋大維疑心翻臉比翻書還快的雷必達是不是又重施故技。有一天，他沒帶任何武器，獨自出現在雷必達的軍營外面。屋大維向眾人喊話，卻吃了對方護衛幾個拳頭，流了血，當他只好退返而歸的時候，卻發現對方的人馬轉而追隨於他，因為他們敬佩屋大維有勇氣隻身前來。這一次他不需要有人救了，雷必達只能投降。[38]

無論如何，屋大維在西西里取得了勝利，但這次他比較是靠逞強而不是靠著戰略取勝。雖說有可靠的阿格里帕輔佐，但他好幾次都瀕臨丟掉性命的危險。不過一等他的勢力穩固下來，他馬上又重拾鎮定。這一次，他逼雷必達退出三巨頭，但容許他能保留尊嚴的退出政壇，無須遭到被處決的命運，也不會讓他展示任何肢體示眾。現在，屋大維距離統治羅馬世界，只剩下安東尼這顆絆腳石了。屋大維擁有清明的神智，這一次，他讓他的敵人自我毀滅。

安東尼的自毀

已經說了好多年要進攻帕提亞的安東尼，很難再繼續推託其詞，光說不練。[39]西元前三十六年，屋大維和阿格里帕攻取西西里即將進入尾聲的時候，安東尼開始準備進軍帕提亞。無論是糧食還是軍費資金，安東尼都是靠他過去和未來的情人克麗奧佩托拉供給，如果他並未迎娶屋大維婭，這或許還能算得上是一段佳話。若說是為了國家利益，用政治聯姻的角度來解釋他這兩段關係，只能勉強說得過去，可見安東尼做這些事之前都沒有先設想過後果。克麗奧佩托拉為他誕下雙胞胎就已經使得情況夠複雜了，更別說，根據克麗奧佩托拉所言，她是凱撒唯一親生兒子的生母，這個年輕人有個令人忌憚的名字，他叫做凱撒里昂（Caesarion），亦即「小凱撒」。[40]

如果我們認為安東尼在處理他的情婦、婚姻和政治生命上的表現糟糕透頂，那麼他征討帕提亞的軍事行動也是不遑多讓。他出兵太晚，以至於無法在冬天來臨前結束戰爭，然後又不小心將他的計畫洩漏給敵方的間諜，一路上又沒有先確定他的盟友是否對他保持忠誠，最後，他的運糧車隊因為沒有足夠的守衛而遭到帕提亞人摧毀。安東尼別無選擇，只能下令穿過暴風雪撤退到敘利亞海岸，克麗奧佩托拉雖為他帶來補給裝備，卻姍姍來遲。然而，安東尼回報羅馬方面時卻稱，一切順利。

屋大維心裡不相信，但仍接受了安東尼的說法。他下令羅馬城準備慶祝安東尼凱旋歸來，心知這樣做，會比他期待安東尼落敗更能打擊他的對手。他還將增援軍扣下不放，說既然安東尼遣人送回這樣的口信，表示他不需要援手。不過屋大維確實從希臘送了補給品給屋大維婭，他認為當他姊姊和克麗奧佩托拉都將補給送去給安東尼時，情勢將會進一步複雜化。安東尼接收了補給，但卻下令屋大維婭返回羅馬，這使得安東尼和埃及豔后之間風流韻事的傳言一下子甚囂塵上。屋大維刻意不去平息這些風言風語，他相信性好自我膨脹的安東尼很快就會證實這些謠言。[41]

上述這起事件發生時，有人說安東尼已將遺囑預先存放在羅馬的維斯塔貞女祭司手上，理論上這種東西不能隨便打開，但屋大維要求他們交出遺囑，遭到拒絕後他便強行奪取。這項違反傳統的行為令人震驚，但這是屋大維的豪賭，他認為遺囑打開後其內容會更令人震驚，而他賭對了。安東尼在遺囑中不但承認凱撒里昂是凱撒的兒子，還說如果他死於義大利，他要求要與克麗奧佩托拉同葬於埃及。

在羅馬人眼裡，安東尼已不再是一名羅馬人了，羅馬人害怕如果讓安東尼繼續統治羅馬，羅馬帝國也將不再是羅馬。[42]這是兩人最後一次的鬥智，屋大維設下陷阱，安東尼把自己搞得狼狽不已，最後只能靠戰爭來分出勝負。西元前三十一年九月，希臘外海靠近亞克興（Actium）的地方，兩人發生一場決定性的大戰。安東尼和克麗奧佩托拉將他們的船艦和軍隊布置於港口內和周邊，但屋大維和阿格里帕卻從外將他們包圍，阻卻了任何進行補給的可能性。安東尼手下許多部將紛紛叛逃，損失了大部分船艦，無力再起突圍，他和克麗奧佩托拉逃回埃及，手上沒有任何資源再行抵抗。安東尼放棄了一切，根據普魯塔克的紀錄，「拜倒在她裙下，正是他毀滅的開端，並將於未來成就」。[43]

屋大維並不急著追捕安東尼，到了西元前三〇年夏，他並未遭遇多少抵抗便占領了亞歷山卓城（Alexandria）。安東尼和克麗奧佩托拉先後自殺，安東尼比較狼狽，他用一把匕首自殺，克麗奧佩托拉則優雅的讓毒蛇咬死自己（如果這則傳說是正確的話）。[44]屋大維只剩下要處死不幸的青年凱撒里昂，以及以勝利者之姿遊行這座宏偉的城，接著再以令眾人更加印象深刻的方式凱旋回到羅馬。[45]為了讓歷史有個圓滿的收場，屋大維還到亞歷山大大帝陵寢前謁陵。他將棺木打開，但是這位當今天下的未來統治者要將一頂皇冠放置到經防腐處理的遺體頭上時，不小心撞掉了前輩的鼻子。[46]不過，這個小小的誤算無關緊要。

衡量抱負與能力

屋大維從來沒有將亞歷山大大帝當成模範。[47]亞歷山大大帝是馬其頓人，他透過一次次的失敗學到人終究有極限。他的大軍在瀕臨喜馬拉雅山腳時，無論如何都得告訴他不能再繼續前進。屋大維一步步往上爬時，經常面臨窘境，而當少數幾次他因沒看清全局而失腳，都能很快的自我修正。因此，戰略彷彿自然而生，他很少會誤判他自己的抱負和能力之間的關係。亞歷山大大帝終其一生都在做這樣的事，他很快便明瞭這兩者之間並不能畫上等號。亞歷山大大帝三十三歲時，就因為積勞成疾和失望抑鬱而逝於巴比倫。[48]近乎三個世紀之後，人在亞歷山卓城且與亞歷山大大帝同齡的屋大維，瞻仰著亞歷山大大帝的遺贈[xi]並緬懷他為此城所抹去之人物，其時他才爬到他人生榮景三分之一的位置。

毫無疑問，屋大維是幸運的，他曾多次舊疾復發，並好幾次險些丟掉性命，但最後都能化

[xi] 譯注：亞歷山卓城是亞歷山大大帝所建，亦因此得名。

險為夷，不過他在運用自己的強項和補強自己的弱點時，比亞歷山大大帝更加謹慎小心。懂得採取直截了當或迂迴間接手段的人才能取勝，「先知迂直之計者勝」[xii]，孫子如此寫道，一如以往的為我們提供了所有可實行的做法，但他又很快的執起教鞭，說道：「此軍爭之法也。」意思是說，這就是所謂的謀略。[49]

孫子教導我們，直截了當的手段，只有在能力和抱負差不多相等的時候才能派上用場。如果手上有豐富的資源，要什麼都能隨心所欲，表示不大需要謀略。但大部分時候，能力總是不及抱負，這就是屋大維遭遇的問題。資源不足就需要迂迴之計，因此，就需要謀略上場了：

> 故能而示之不能，用而示之不用，近而示之遠，遠而示之近。利而誘之，亂而取之，實而備之，強而避之……卑而驕之……攻其不備，出其不意。[xiii]

因此，若能在腦中同時掌握兩種完全對立的想法，「此兵家之勝」。這彷彿是孫子和費茲傑羅居然心有靈犀，然而，孫子馬上踩了煞車，告誡我們（和他自己），雖我已透露致勝之道於你，但「不可先傳也」。[50]

勝利要能連成一線才能發揮大效力。勝利無法預見，因為勝利是從無法預料的機會中出現。所以，執行謀略需要事先計畫，還需要一些臨場發揮。小型賽場內獲得的小型勝利是為了要在其他地方獲得光榮勝利而鋪路，讓天生較弱的競爭者磨練自己變得更強。[51]在這一點上，就很值得我們回頭去看年輕的屋大維是如何在糊塗的安東尼身邊迂迴的繞著圈子，運用他有限的資產發揮加倍的效果，直到他終於有實力在亞克興舉行海戰，與安東尼正面對決。

休養生息的奧古斯都

西元前二十九年，屋大維從亞歷山卓城返回不久，「我們已跋涉了千里路途」，一名詩人這樣告訴屋大維。「現在，是時候鬆開大汗淋漓的馬匹身上的轡繩了」。[52]寫下這首〈農業詩〉（*Georgics*）的詩人是維吉爾（Virgil），據說屋大維花了好幾天的時間，全程聽完詩人及其友人朗誦這首全以六步格律寫成，共兩千一百一十八行的長詩。[53]這首〈農業詩〉不像後來維吉爾的長篇史詩巨作〈埃涅阿斯紀〉（*The Aeneid*），許多近代傳記作家對此軼事感到不解，因此都跳過不記。為什麼這個全天下最有權柄的人物會坐著耐心聽完這麼長的指示，教人如何輪流耕種作物，如何培育葡萄，如何養牛、養蜂？早期的英國傳記作家約翰·巴肯（John Buchan）認為，此刻的屋大維已沒有敵人需要對付了，他終於可以放慢腳步看看四周環境，他想要思考他手上的權力能夠做到些什麼。從過去的南征北討，他決定要停下來休養生息。[54]

---

xii 譯注：此段出自第七章〈軍爭篇〉，迂直之計分別意指直截了當和迂迴間接的手段。

xiii 譯注：第一章〈始計篇〉。

屋大維已經花了十五年的時間，用盡心思使出抵禦、收買、智取、抹滅、利用等手段，來對付各式各樣人、事、物給他帶來的威脅，安東尼、西賽羅、卡西烏斯、布魯圖斯、富爾維婭、盧基烏斯、龐培烏斯、雷必達、克麗奧佩托拉、凱薩里昂，還有羅馬的元老院、他們手下的黑幫、他自己的宿疾、暴風雨和船難，甚至彗星也要跟他作對。他運用機巧和策略化解這些威脅，但他沒法按部就班的進行。他總是不斷的計畫、失敗，然後再重啟新的計畫。他不可能長久這樣下去。大汗淋漓的馬不能總是奔跑不休息。

亞克興戰役之後，屋大維開始有辦法掌控情勢，而不再是受情勢掌控了。他推延了任何攻打帕提亞人的新計畫。他任命地方官去掌理一些比較難以管理的行省，例如將猶太人希律（Herod）派去治理猶太地（Judea）就是一例。他將土地分給退役軍人，讓他們生活無虞。為了博取羅馬人的好感，他接受凱旋式，舉辦體育競賽，開始籌建堪與亞歷山卓城相比的建設計畫。不過因深知高傲自大給人帶來的壞處，他同時也偏好簡樸。他滿足人們喜好舉行凱旋式的願望，但他總是很快的舉行完畢，而不是擴大慶祝，他的住所談不上是最富麗堂皇的，每當他出行要返回羅馬，總是掩人耳目，避免人民會出來盛大歡迎他。他鞏固權力的方式就是以退為進，表現出他要捨棄權力的樣子。最戲劇化的一次是在西元前二十七年元旦，他宣布要放棄身上所任的一切公職，此舉震驚了元老院，他們別無他法，只能拒絕這個請求，並授予他「第一公民」（*princeps*）的頭銜，以及新的稱號：「奧古斯都」（*Augustus*）。[55]

屋大維真正想要捨棄的事實上是羅馬的共和體制，他很有技巧的採取漸進式手段，每一次他宣布放棄權力都能讓元老院眾人覺得是他們占了便宜，而且這讓羅馬人有時間適應，甚至是熱烈歡迎他所提議的新局面，而沒有注意到這中間出現了多少改變。[xiv]羅馬人自己成了屋大維一手調養栽培的穀物、葡萄、牛隻和蜂群。跟薛西斯一世、伯里克利、亞歷山大大帝、凱撒（若非其遺贈，屋大維恐怕無法從那麼年輕時起步）等眾人皆不同，現已身負「凱撒·奧古斯都」名號的屋大維，將時間看作是他的盟友。歷史學家瑪莉·畢爾德（Mary Beard）指出，屋大維無需廢黜任何事物，他用時間來培養事物。[56]

其一，他透過憲法協定來恢復元老院的地位和法治，實施的手腕非常柔軟，但實際上裡面包藏的是一顆鐵拳。其二，他讓羅馬境內維持一種帝國式的穩定，奧古斯都宣布羅馬帝國已經夠大了，除了一些邊境上的糾紛需要調解，羅馬不需要再延伸國界。還有一項，是屬於羅馬的國家級史詩。羅馬沒有荷馬（Homer）這樣的偉大詩人，因此「第一公民」親自找來維吉爾幫忙。與《伊利亞德》（*Iliad*）、《奧德賽》（*Odyssey*）不同，《埃涅阿斯紀》是一篇受委託譜寫而成的作品。奧古斯都不僅鼓勵這篇長詩的創作還獎賞了詩人，但維吉爾認為這篇作品並不完美，他死前要求銷毀這首詩，奧古斯都卻將他的手稿裱框收藏起來。

---

xiv 譯注：其實屋大維從來都沒有真正「稱帝」，他是透過迂迴手段將權力慢慢獨攬到自己身上來，最後成為實質的獨裁者。

埃涅阿斯（Aeneas）是特洛伊（Troy）的王子，他逃出被攻陷的特洛伊城，歷盡千辛萬苦，發現了受眾神眷顧的羅馬。接著，羅馬從一座城市發展成宏偉帝國。埃涅阿斯恐怕就是屋大維一路攀上高位的投射，「許多思緒飛快閃過，他在考慮該怎麼做／他的腦筋不斷轉動，彷彿閃爍著光芒」。[57]不過除了這段著名的預言以外，「這位神的兒子，將重現黃金的年代」[58]，維吉爾在詩中並未提到奧古斯都將如何運用他的力量。《埃涅阿斯紀》講述的是羅馬的歷史，它頌揚羅馬的建立和擴展，沒有提到要休養生息。

那麼，為什麼「第一公民」如此重視這首長詩的創作和保存呢？奧地利小說家赫曼·布洛赫（Hermann Broch）讓他筆下的奧古斯都如此對垂死的詩人說道，「詩人的感悟力是無可比擬的，因此，維吉爾，你的偉大就在於你能抓住關於生命的一切……將它濃縮於一種省思、一篇作品、一線凝視之中」。是否，國家戰略和政治手腕也是一種掌握不同事物間相互關係的能力？是否，要先知道自己所在之處，才能曉得自己要往何處去？然而，迂迴間接的手段，無論是像奧德修斯在海上四處打轉，或是屋大維經常性的思考和修正路線，都很難讓我們理解是否真能將奧德修斯送回伊薩卡（Ithaca），或是其他我們想去的目的地。布洛赫筆下的奧古斯都做出正確的結語：「日後我將因你沾光，人們會因為維吉爾的緣故而記得我。」[59]

留給你們一座大理石城

不過，有些事是連身為奧古斯都無法掌控的，其中一項，很遺憾的，是他的子嗣問題。他和他舅公凱撒都知道，放棄共和走向元首制，就無可避免的要面臨是否有後嗣能穩定繼位，不過似乎還是值得一試，因為當時的羅馬對於離婚和領養不像後代的君主政體有嚴格的規定。這讓奧古斯都能想辦法培育和教誨他的繼承人，無須仰賴一定要由誰生下的子嗣才能是合法的繼承人。[60]

然而，在這方面奧古斯都就沒有幸運女神的眷顧了，他在繁殖（這個用詞並不算過分強烈）自己的家庭上並不順利。他娶過四任妻子，但只有第三任妻子為他生下一個女兒朱莉婭（Julia），無論她是如何的傑出有自信，身為女性，她就是不能繼承父親的位子。[61]奧古斯都只能考慮領養，「第一公民」奧古斯都的首要任務是培育一個新的屋大維。他第一個考慮的是他姊姊屋大維婭受人敬重的兒子馬賽琉斯（Marcellus），他是屋大維婭第一段婚姻所生的兒子。[62]奧古斯都讓他娶了朱莉婭，當時朱莉婭才十四歲，但馬賽琉斯卻於二十一歲時驟然過世，尚在寫作《埃涅阿斯紀》的維吉爾，懷著哀傷的心情，將他譜寫成詩中一縷失落的鬼魂。[63]奧古斯都接下來的選擇，是他最後一任也是長期維繫婚姻關係妻子的莉薇亞（Livia），在前段婚姻中生的小孩提庇略（Tiberius）和德魯蘇斯（Drusus）。德魯蘇斯二十九歲時，死於一次因騎馬意外留下的舊傷。提庇略的健康沒有問題，但他和「第一公民」彼此間無法交心，主因是後者對於確保一個繼承人這件事上使出的謀略。

出於能有更多繼承人的期望，馬賽琉斯死後，奧古斯都逼迫朱莉婭嫁給年長很多的阿格里帕，阿格里帕與奧古斯都同齡，是他多次取得軍事勝利的幕後功臣。朱莉婭與阿格里帕生了五個孩子，其中三個是兒子，然而蓋烏斯（Gaius）和魯西烏斯（Lucius）很年輕就死了，阿格里帕‧玻斯圖姆斯（Agrippa Posthumus）卻於青少年時期長成一個素行不良的惡棍。感到無計可施的奧古斯都，命令提庇略與其妻離婚，改娶成了寡婦的朱莉婭，提庇略愛他妻子卻不愛朱莉婭，朱莉婭也不喜歡他。這對相敬如「冰」的夫妻只生了一個孩子，但這孩子還在襁褓時就死了。此後，提庇略（故意違抗奧古斯都）把自己流放到羅德島（Rhodes），他在那裡休了朱莉婭。那時，朱莉婭的荒淫行徑已經誇張到連羅馬人都感到震驚，奧古斯都只好將她流放到義大利外海一個更小、更荒涼的潘達特里亞島（Pandateria）上。西元四年，奧古斯都在他六十七歲的時候，認提庇略和阿格里帕‧玻斯圖姆斯為養子，雖然這兩人皆不是他最理想的選擇，但他只能心存一絲希望。[64]

過了五年，以那個年代而言，人們會認為奧古斯都的年紀已經老得不適合指揮任何事物了，然而「第一公民」卻在那時嘗到了最慘烈的一次軍事敗績。奧古斯都長久以來都反對擴張帝國領土，但這並不排除拉直羅馬的國界線。因此，他准許了將羅馬疆域從萊茵河往東推進至易北河的計畫，原本羅馬在東部是以從北方流入黑海的多瑙河為國界，如果計畫成功，羅馬將不再多是以萊茵河和多瑙河連成一線為國界。[65]這在地圖上畫起來是很好看，但卻需要平定日爾曼尼亞（Germania），這是一片有著濃密森林覆蓋的區域，羅馬人對其知之甚少。這項任務指派給了普布利烏斯・昆克提利烏斯・瓦盧斯（Publius Quinctilius Varus），但他及其率領的三個軍團卻很快的在條頓堡森林（Teutoburg）遭遇一場災難性的伏擊。約有一萬五千名士兵慘遭俘虜或殺害，留存至今日的遺跡能夠看得出來當時的手段有多麼殘酷。奧古斯都幾乎是在一夜之間就失去了十分之一的帝國軍力。[66]

據說他的怒氣維持了好幾個月，奧古斯都用頭撞牆、喃喃自語、拒絕剃鬚、拒絕見任何人，彷彿李爾王般失魂落魄，只差沒有在荒野遊蕩，沒有遇上暴風雨，也沒有一個弄臣安慰他。最後他還是重新振作起來，心知即便他如此長命，他仍舊無法確保他的帝國和繼承人安全無虞。他所能做的，就是斷定阿格里帕・玻斯圖姆斯一點也沒改掉自己的性子後，派人到這個年輕人被流放的小島上，將之殺害，他的懊悔，應該跟近半世紀前殺害凱撒里昂差不了多少。到了現在，我們已經可以確定內心怨憤不已的提庇略將成為（不受拘束的）新一代凱撒。

西元十四年八月十九日，奧古斯都逝世於他七十七歲生日後不久，就在他的親生父親過世的同一棟房子裡，那裡靠近那不勒斯（Naples）。他為臨終那一刻所準備的遺言很符合他的性格：「我來時的羅馬是泥土造的，現在我走了，留給你們一座大理石城。」但接著，彷彿他並未完全放下生命中那些舉重若輕的困擾，他發問了：「我在人生這場喜劇中的表現如何，還過得去吧？」接著他再說了一句，彷彿是莎士比亞為他寫下的落幕終辭：

若我讓您滿意，請誠摯道聲再見
表示您的謝意[67]

在約翰・威廉斯描述奧古斯都一整個人生的偉大巨著當中，他讓朱莉婭回憶她和父親彼此間還有話可講的時候，問她父親：「父親，這值得嗎？……你拯救的羅馬、你建立的羅馬？這值得你所做的一切？」「第一公民」看著她良久，然後別過頭去。「我必須相信那是值得的。」他說：「我們都必須相信。」[68]

深諳孫子治兵之道的羅馬皇帝

也許那真是值得的。奧古斯都留下來的羅馬為世界寫下了難以超越的歷史，即使掌權者的家族很少出現正常人，帝國國界又暴露在外，但以最嚴格的標準看待，羅馬帝國在奧古斯都逝世後仍舊撐持了四又二分之一個世紀。羅馬一直到西元四七六年才「崩潰」，君士坦丁大帝（Constantine）建立的拜占庭帝國[xv]則又維持了千餘年左右。君士坦丁大帝在讓羅馬帝國基督教化上所扮演的角色，跟奧古斯都建立羅馬帝國帶給後世的影響幾乎具有同等的重要性。羅馬帝國殘存的遺緒到了西元八〇〇年發展成為神聖羅馬帝國，其始祖查理曼（Charlemagne）有個稱號就叫「最偉大的奧古斯都」，神聖羅馬帝國又繼續存續了千年之久，直到拿破崙將之征服為止。不過即使是拿破崙，也知道不要去嘗試征討羅馬天主教教會。羅馬天主教教會建立於奧古斯都的時代，延續的時日之久超過任何人可想見，這個體系是由教皇（pontifex maximus）所統治，pontifex maximus是拉丁文，起源於古羅馬時代，在當時是大祭司之意，而這個職位在奧古斯都出生前六個世紀就已經存在了。

帝國能長遠流傳絕不是自然而然就會發生的。大部分的帝國崛起、滅亡，然後遭人遺忘。也許有些帝國留存在人們記憶中，是因為其所開創之傳奇、藝術，或是遺留之遺跡，就沒有什麼別的了。看看薛西斯一世的波斯王國、伯里克利的雅典、亞歷山大大帝的馬其頓，試問，誰今天還會以他們為榜樣來建立一個國家？然而，羅馬則不然，中國也是。羅馬為後世所留下的遺產，包括語言、宗教信仰、政治制度、法律原則、技術創新、帝國行政，即便許多政權曾興起又崩塌了，仍然多次的被後人沿用。如果後冷戰時期真的會出現「東方」和「西方」的競賽，則我們將能見識羅馬文化和中華文化，誰比較禁得起考驗，這兩者都是「精煉思想的帝國化身」，長久以來歷經眾多的危機。

奧古斯都是羅馬技巧最為嫻熟的培育者。他隻手攀上無人能挑戰的權力高位，用手上的權力將一個衰落的共和國扶植成為一個繁茂興盛的帝國（就像維吉爾在詩中教人栽種葡萄

xv 譯注：作者這樣說是因為羅馬並未真的滅亡，而是在五世紀左右分裂成東西羅馬帝國，後來具有較高重要性的即為東部的「拜占庭帝國」。

般），所影響的層面超過我們大部分人所意識到的，即使是到現在也是如此。植物並不會意識到它們是怎麼被培育成熟，但如果讓植物的根長好，給予細心的照顧，則它們不會教你失望。「第一公民」很幸運的擁有做好園藝所需要的時間。他卓有成效的善用這方面的技巧，他在心裡種下一個目標，慢慢醞釀，最後，帶著自我克制收成最後的果實。

最後的時刻，他害怕他會失敗，他了解到他從來沒有像凱撒對他那樣，好好訓練出一個繼位者。如果奧古斯都能預知他的繼承人的濫權行徑，想必會相當震怒。暴君尼祿（Nero）繼位不過就是四十年以後的事情。[69]但當時的羅馬已具有相當強健的體制，足以承受令人害怕的暴虐統治者而不致崩潰，中國也是一樣。[70]分化良好的制度使得治國不需倚靠單一的權力來源，這個體系已長成一個生態系統，就像一個生長良好的花園或森林，會自行繁衍下去。

最有趣的，是奧古斯都根本不知孫子何許人也，卻深諳孫子的治兵之道。可能是因為他有一套具有戰略思想的邏輯，大力地強化了他對他人生偉業的栽培，再加上寬廣的時間、空間、規模作為助力。如此一來，那麼，當遇上不尋常的情況時，則「常識」也可能會是另一種頂級智力的頭腦中同時存在的矛盾想法。將原則付諸實踐時，必須先於原則之起源、表達和組織。也許你就像波洛紐斯一樣望著天上虛無縹緲的雲，這也無妨，重點是你必須兩腳牢牢的踩踏在實地之上。

第四章
靈魂與國家

美國南北戰爭剛結束不久，有一個年輕的美國人跑到西伯利亞的東北部，與那裡的民族度過了兩年的艱苦時光。他的名字叫做喬治・肯南（George Kennan），二十世紀有一個人與他同名，我們叫他喬治・F・肯南（George F. Kennan）[i]，這個人比較多人知道他是誰，因為冷戰的圍堵戰略就是他制定的，這兩位喬治・肯南事實上有遠親關係。十九世紀的那位肯南當時二十歲，他想要在美國與歐洲之間架設電報路線，而跑到西伯利亞進行探查。由於當時海底電纜的技術還不發達，因此，如果能夠經陸路穿越英屬哥倫比亞、當時尚屬俄國領土的阿拉斯加、西伯利亞、歐陸俄羅斯，唯一的海底路線只需要穿過白令海峽（Berling Strait）即可，似乎頗值得一試。然而，後來這個計畫失敗了，因為一八六六年的時候，大西洋就已經成功拉起海底電纜，肯南一直要到好幾個月後才得到消息，他最後落得失去了發展長途電報事業的未來，還換來個人的信仰危機。

肯南將其經歷寫成一本書《西伯利亞野營歲月》（*Tent-Life in Siberia*），在一八七〇年出版。肯南在書中自承，從小在俄亥俄州長老教會長大的他，「差一點變得跟當地人一樣崇拜邪靈，那是各種神祕力量和大自然現象的化身，例如流行病和傳染病、猛烈的暴風雨、饑荒、日月蝕，還有璀璨的極光」。信仰基督教的人在遇到困厄的命運時，沒想到也能輕易被動搖。

沒有人曾與西伯利亞的土著一起生活過，沒有人研究過他們的特性，與他們一同經歷周遭環境給他們帶來的影響，或是讓自己深入與他們相同的處境。經歷過這些，你就不會懷疑他們的神職人員或信徒為何會如此深信不疑，也不會不懂為什麼只有崇拜邪靈會成為他們唯一的信仰。對於身處這種環境的這些人，這是他們唯一行得通的宗教。

俄國人信仰的是屬於基督教一支的東正教，即使是長久浸淫在基督教傳統裡，他們偶爾也會覺得他們被邪惡的力量包圍，神卻距離他們很遙遠。「遭到暴風雨的侵襲，他們就認為這是天譴，然後他們像異教徒一樣用狗來獻祭，為的是要取悅惡靈。」關於人類的行為，肯南下了一個結論，「並沒有多少是取決於他們的智識所相信的，多半是取決於他們所實際領受到的」。[1]

人類對於超出能理解的事物的恐懼，就是根源於我們現今所知的所有偉大文明的宗教。無神論其實在歷史上只占很小的篇幅。但談到多神論的宗教，也就是說，人間每一種災難實際上都是某一位神的怪脾氣所導致，則這樣的信仰對於治理國家就不會造成太大的麻煩。由於眾神耗費許多時間彼此爭吵不休，結果就是祂們無暇顧及人間。像這樣子的宗教，人類想要的時候可以崇拜神明，可以忽視祂們，甚至也可以視需要創造祂們或讓祂們消失，羅馬人特別擅長這項技藝。[2]過去沒有任何信仰曾挑戰過官家的權力。

---

i　譯注：喬治・肯南生於一八四五年，卒於一九二四年。喬治・F・肯南生於一九〇四年，卒於二〇〇五年。英語的習慣裡，當家族中有同名之人的時候，會加上中間名的縮寫作為區分。

猶太人的信仰則不在此限，眾神的紛爭在猶太教是天方夜譚，因為猶太人信的是一神教，這位唯一的神還將事態複雜化，因為祂決定要揀選這個民族去組織一個國家。[3]這位神透過天使、先知和祂指派的人轉達祂的旨意，地上的王、祭司就聽從祂的話語而行，舊約裡甚至還記載有一個老人坐在爐灰中用瓦片刮去他的毒瘡，[4]以色列的建國史因為這些而與其他民族產生很多爭議。近代研究羅馬歷史最了不起的歷史學家愛德華・吉朋（Edward Gibbon）曾說，猶太教是具有排他性的宗教。由於猶太人相信他們是受「揀選」的民族，幾乎不接受改宗皈依者，因此他們所建立的國家並不像羅馬帝國那樣有著帝國式廣納百川的壯志。[5]奧古斯都可以用同一套方式統治高盧、西班牙、潘諾尼亞（Pannonia），不需擔心他是否扶植出一個敵對勢力。

只是羅馬的「第一公民」沒有料到有另一個一神信仰（但這一個是具有包容性的[ii]），在他還在位的期間出現。吉朋寫道：「這是一個純粹而謙卑的宗教，輕柔的溜進人們的心中，靜悄悄的在一群無名小卒之間傳揚開來，原本反對它的人反倒受其感召進而生出熱情，最後，它終於在聖城的遺跡豎立起勝利的十字架。」吉朋小心翼翼的掩飾他內心的激昂情緒，將基督教的興盛歸因於信徒對傳教的熱情，還有基督教不拘泥於儀式、能行神蹟，給人為來生帶來指望，當然也因為「其所傳的教義具有無可動搖的證明……是偉大的神所賦予之命定」。[6]基督教還要花好幾個世紀的時間才真正興盛、傳揚開來，但是基督教是第一個能將其勢力散布到全世界並開花結果的「帝國」，這樣的成就羅馬人難以望其項背。

然而，這裡有一個經常出現的難題：羅馬帝國的子民是應該繳稅給凱撒，還是繳給上帝？[7] 基督教若缺少國家的保護是否還能流傳下來？如果沒有基督教會的批准，國家是否能主張其合法性？[iii] 中世紀和近世的學者花了很多工夫在討論這個問題。是否就像吉朋所認為的，是基督教導致了羅馬的「覆亡」？而從奧古斯都時代延續下來的遺緒來看，我們是否能說是基督教協助留存了羅馬的制度體系？甚至直到今天，我們也很難有一個答案。自那時起，這些相互對立的思想，不只是形塑了今日的「西方文明」，還催生了兩種真正偉大的戰略思想，兩者的目的相同，然出現的時間相差了千年之久，一種是出自於一位最偉大的聖人，另一種出自於一位最惡劣的罪人。

奧古斯丁

奧古斯丁（Augustine）從未視自己為聖人。西元三五四年，他出生於羅馬在北非領地內的一座小城塔加斯特（Thagaste），在他的編年式自傳（這種寫作體制幾乎是他所自創）筆下，他是一個惡劣不堪的人，即使是尚在母親胸前吸乳的嬰兒時期，他也把自己形容成是一隻吸血

ii 譯注：這裡指的是耶穌基督所傳講的基督教，說基督教具有「包容性」，是因為自從耶穌基督出現後才將這個信仰傳揚至非猶太人的外邦人。

iii 譯注：進入中世紀以後，歐洲的皇室或政權需要經過教皇的承認才具有合法地位。

蟲：「若人說嬰兒是天真的，並非因為他們無意作惡，而是因為無力作惡。」求學時期他不願被強迫去學希臘文，他著迷於《埃涅阿斯紀》，卻對算術等學科不屑一顧，《埃涅阿斯紀》裡古迦太基女王狄多（Dido）失戀自盡的故事讓他心痛流淚不已，上帝卻未曾給他帶來過同樣的感動。他虛擲時光，在比賽中作弊，也不顧念為他憂心的父母。他在世俗的事物中追尋逸樂、美麗、真理。他說：「以一個小男孩來說，我是一個大罪人。」[8]

進入青少年時期之後，他發現了性的快樂。「我渾身被欲望所灼燒……我因性欲而發狂……我爛到骨子裡，然而我卻不以為意。」那麼，「再多說一點吧」，多少個世紀以來，他的讀者都曾這麼低聲的說過，所以奧古斯丁繼續說道：

> 在我青春體內流動的性欲是如此勃發，籠罩並蒙蔽了我的心……愛與情欲同時在我體內翻攪……我在滾燙的情欲之海裡面身不由己，惶惶不知所終……有一天，我父親在公共浴室見到我男性的陽剛已經成熟的徵兆，便很高興的告訴我母親……

夠了，別再說下去了！然而，奧古斯丁一點也不難為情，繼續剖心挖肺。他在他的《懺悔錄》（*Confessions*）花了好幾頁篇幅，描述他偷梨子的故事。他和他的狐朋狗友看到一棵梨樹，儘管果實都還沒成熟，並不好吃，但他們卻把樹上的梨子全部搖下來，餵給豬吃。「只是為了遊戲玩笑，我便願意作惡……只消別人說：『走，我們一起去！』我們便羞於退縮了。」[9]

這是猶太基督教傳統中第二出名的關於果樹的故事，而奧古斯丁在他這本不尋常的著作講述了這個故事，說它不尋常，是因為既然這是他私人對上帝的懺悔，為何要將之公諸於世呢？[10]奧古斯丁在他的《懺悔錄》中用這一個和其他許多故事，向這位全能的上帝發問，為什麼祂能容許這麼多不完美的事物出現在祂所創造的世界？羅馬神話當中的眾神之王朱庇特（Jupiter）會「劈下雷電懲罰惡人，但他自己也犯下通姦之罪」，奧古斯丁毫不客氣的指出這一點，他說：「這兩種形象並不適合共存。」[11]那麼，基督教的神又是個什麼樣的形象呢？

奧古斯丁的時代，人們急切的想要尋求這個問題的答案，因為那時，羅馬的文明世界出現重重危機。西元三一三年，君士坦丁大帝讓所有宗教均為合法，這對基督徒來說簡直就像是不可能的神蹟，畢竟基督徒在前任羅馬皇帝戴克里先（Diocletian）的時代遭到殘忍迫害。然而，君士坦丁大帝雖將基督教定為國教，羅馬的命運卻難有起色。羅馬皇帝該由誰來繼位出現許多紛爭，帝國國界線綿延得太長，缺乏充分的守衛。在那個期間，北方民族大舉入侵，來自於廣袤無垠的亞洲的「蠻族」（人們對這些民族的了解大概跟肯南遇到的西伯利亞土著差不多），一波又一波的衝破北方的戍衛點。到了西元四一〇年，其中一支蠻族西哥德人（Visigoths）摧毀了羅馬，當時奧古斯丁五十六歲，再過二十年，他在長年擔任主教的北非港口城市希波（Hippo Regius），於一支東日耳曼部族汪達爾人（Vandals）的圍城期間逝世。[12]

奧古斯丁成為希波主教之後沒多久就寫了這部《懺悔錄》，當時他並不認為他已準備好擔任這項工作。他在二十幾歲的時候曾有多年的時間是一位摩尼教徒（Manichean），試圖想要不靠上帝的力量找尋邪惡的意義。最後，他發現摩尼教教義的解釋過於簡單，他敬畏不已的母親莫尼加（Monica）也不斷的給他潛移默化，再加上他不凡的導師米蘭主教安波羅修（Ambrose）的帶領，奧古斯丁歷經一段緩慢而痛苦的歷程之後終於歸正基督教，這段歷程他在書中有詳細的描寫。即便當時他只是希望能在希波建立一座修道院，但在當地基督徒的強烈期望下，他被按立為神父，最後升到主教的位置。[13]

奧古斯丁被拔擢為主教的過程看起來很奇怪，有點像現代世界的職業運動員的選秀機制一樣，不過從這當中可以看出，當時來自羅馬的統治力道正在消退，為地方上找出合宜的管轄者變得很不容易。主教不只是要擔任當地民眾的屬靈導師，還要扮演地方長官、執法者、地區民間領袖的功能。如此一來，神學方面的訓練其實沒那麼重要，更重要的是該人是否具有堅定的意志，善於勸誘人的口才，以及務實的態度好能順利推動當地事務。變得成熟的奧古斯丁具備這些特質，但他還擁有一項擁戴他的人民沒預料到的特點，那就是他懂得善用機會。在這個傾頹中的羅馬帝國邊陲小城上，身為地方之首的奧古斯丁著手為即將到來的世界，用理性來闡釋這個信仰。這本主動將自我過去的羞愧呈現在大眾面前的《懺悔錄》就是一個開端，讓他後續的著作受到世人的擁戴。[14]

凱撒VS.神

奧古斯丁的代表作品《上帝之城》（*The City of God*）花了他多年的心血，成書後沒多久他就過世了。這本書並非像一般人所以為的是書寫天堂與人間的差別，而是在探討人世間層層疊疊的管轄權。用幾句過於簡單的話來解釋好了，[15]世上只有一位神，也只可能有一位凱撒[iv]，人在地上時必須向兩者付出忠誠，人在這兩者間的抉擇要如何達成平衡，則決定了他是否能得到永生的盼望。然而，來自羅馬凱撒的要求和上帝所要施行的審判，是人們能夠確知的，也能讓人們看清楚他們所處的境地。未知的事物掌握在上帝手裡，奧古斯丁能夠謙遜地順服於這些未知，但是未知之事並非人所能預先知曉。

因此，人必須要能面對未知，因上帝已經將自由意志當成禮物（或說是一種詛咒也可以）賜與人。這是人用原罪換來的，但人也因而擁有了得到盼望的機會，人的存在不再毫無意義，無須是任性善變的神大發慈悲下的產物。人必須向凱撒和向神盡的義務，就因此成為人所肩負的最重要的戰略性任務，人的能力是有限的，人對來生的仰望卻是無限，人因而得要在神和凱撒之間畫下一條平衡線。

---

iv 譯注：「凱撒」也是羅馬帝國統治者的封號，因此此處的「凱撒」是指一國之君主，下文中作者用凱撒也均是用來指涉「國家」或「君主」。

只是，《上帝之城》不像《懺悔錄》說得那般清楚明瞭，它是一本內容鬆散、絮絮叨叨的龐然巨著，有如神學類的《白鯨記》（*Moby-Dick*），裡面充斥著各種大小循環、天使和惡魔、傳說和歷史等元素，全部混雜在一起找不出一個秩序。如果將之視為是一本戰略的教戰手冊，還不如說這本書是教導人尋求救贖還比較說得過去。說奇怪是很奇怪，說神奇也是很神奇，奧古斯丁的文字就算缺乏前後脈絡也完全沒有看不懂的問題，也許某個主題講到某處突然岔到別處，或者沒有進一步敘述，但下一次再回到同一主題上時，仍舊能夠接得上。他的寫作缺乏清晰的邏輯，尤其是寫到戰爭與和平的題目上時特別是如此。[16]

如果一個基督徒被欺負，他不是把左臉送上由別人打，[v]而是與人爭戰，甚至是殺害他人，這要在怎麼樣的情況下才能辯解得過去？信奉基督教的君王為了要捍衛其統治權，應該將怎麼樣的義務加諸於其統治的子民？如果這真有可能，要如何在不危害一條生命的情況下，挽救一個國家？如果就像奧古斯丁所說的，凱撒的帝國已經腐敗不堪，而神國是完美無瑕疵的，則為何還要費心向國家盡義務呢？奧古斯丁自己已經說了他所給的答案並非完美，那麼為什麼他的作品會受人尊崇，甚至從那時開始影響了「正義之戰」（just war）的思想呢？

互相拉扯的力量

奧古斯丁的睿智之處，在於他關注緊張的局勢多過於其源頭，秩序與正義、戰爭與和平、凱撒與上帝。他將相反的兩極對立視為兩股拉扯的力量，但不會試圖說明那是什麼樣的力量。

人能夠做的選擇就攤在這兩極之間，但不會有任何規則教你如何歸納出應該做什麼樣的選擇。每當《聖經》告誡「不可殺人」，奧古斯丁就在完全相反的行為中找出讚揚之意。[17] 遠在後結構主義在二十世紀出現以前，他就已經做到質疑文本作者的原始意圖。在某一個程度上，他面對矛盾能夠泰然自處。

這使得他的教導屬於一種程序而非絕對性的。初代的基督教教義很明顯的受到新柏拉圖主義（Neoplatonism）的影響，奧古斯丁雖尊重這方面的思想，但他告訴我們，現實的世界與理想相比永遠會教人失望，人可以努力追求，但不要期望能成功圓夢。因此，面對一個沉淪的世界，人所能夠做的最佳嘗試就是不斷尋求，其所尋求之物便是他的選擇。然則，並非所有的終點都是正道，並非所有的手段皆為合宜。所以，奧古斯丁追尋的是藉著尊重人所做的選擇，來指引人們做選擇，他所用的方法是訴諸理性，甚至也許有人會說他訴諸的就是常識。

用這個問題來舉例，為什麼國家是必要的？如果上帝是全知全能，為什麼還需要凱撒？如果沒有凱撒，奧古斯丁的回答是，那就不會有基督徒，而那不可能是上帝的旨意。成為基督徒，完全是靠一個人的自由意志決定追隨基督，但如果全部的基督徒都被拿去餵獅子，則也無所謂留下什麼樣的選擇了，羅馬的皇帝其實很少這樣做。從耶穌死後到君士坦丁大帝的這三個

v 譯注：這裡的典故是引用自《聖經》馬太福音5:39：「只是我告訴你們，不要與惡人作對，有人打你的右臉，連左臉也轉過來由他打」。

世紀期間，羅馬帝國意外的提供了一個讓新興宗教發展茁壯的適宜空間。[18]這就是奧古斯丁及其同世代的基督徒，在看到第四、五世紀羅馬帝國逐漸傾覆時，會如此感到不安的其中一個原因。

因此，觀察歷史的發展，我們可以歸結出秩序必須要先於正義存在，畢竟，若人們在常時的恐怖暴政籠罩下，哪還能談及去爭取什麼權利呢？[19]基督徒主張正義的唯一根源是基於這是一個和平的信仰，但若是缺乏外來的保護——無論那是來自於國家政府的寬容允准還是因為君士坦丁大帝將之宣告為國教，基督教也無法繁盛興旺。[20]在罪惡的人間之城裡面，上帝之城是一座脆弱的建築物。

這就是為什麼基督徒決定將權威託付給一雙經過挑選的罪惡之手，即我們稱之為「政治」的東西，奧古斯丁是一名敬虔的基督徒，即便如此，他同時也是一名「政治哲學家」。羅馬的統治力量不斷衰退的時候，他便順理成章的成為當地的威權主教，並且準備好要擁戴「次級邪惡」，或者用他的話說，就是所謂的「仁厚的嚴酷」（benevolent harshness）[21]，以便抵擋更可怕的邪惡。[22]奧古斯丁的目標是那些從正統教義偏離出去的思想，他用近乎列寧主義分子的狂熱攻擊這些歪道，彷彿要追求更高層次的信仰，唯一的方式就是要清除一切雜質。不過，他的思想著作所帶來的影響力，比他自己實際上迫害「邪魔歪道」的作為還要更加久遠，更具有席捲一切的力量，也是最為人道的。

奧古斯丁認為，如果有必要發起戰爭才能拯救國家，則相較於和平，戰爭可以是較不那麼邪惡的手段，也因此，**為了這項必要，這個階段性的先決條件是可以清楚訴說出來的**。國家是否已遭到挑釁？當局是否已用盡所有和平的手段？訴諸於暴力是否是一種經選擇而決定的手段，而非其最終結局？採用武力的花費與其目標相比是否合乎比例原則，因此不會拖垮原本它所要捍衛的？這些由人所做的決定（雖然奧古斯丁不曾質疑過這點）是否能促使我們達到某些神聖的目的？是否因此，上帝之城與人間之城能夠共存以至於能在這個充滿缺陷的世界並行不悖？

發動戰爭的規定

當然，有先例在前，值得我們質疑發動戰爭背後的智慧，阿爾達班、阿基達馬斯、尼西阿斯等人是吃了敗仗，修昔底德所記述的彌羅斯人的故事，則是無止盡的讓人擔憂戰爭一旦開打了之後的後果。在奧古斯丁之前，從沒有人訂下國家必須先符合某種準則，才能夠選擇開戰一途。這只有當你是信仰這個具有包容性的一神教才能做得到，因為基督教認為宇宙中只有一位具有獨一權柄的神，有資格審判地上統治者的靈魂。在奧古斯丁的時代，只有他，具有這般強烈的自信為上帝發表這個立場，這位《懺悔錄》中卑微謙恭的作者，一路走來已經與以往大不相同。

奧古斯丁把他的準則寫得像是一份檢查清單，而非誡命。想必他也知道古時候常有先知出現，厲聲發出禁令，為著一些必要的理由或新發自於高天的指示而扭轉誡命。[23]在他大力拔除異端邪說的努力當中，他偏好用勸誡的方式來談論戰爭與和平，他會用這樣的口氣說話：「你們是否想過這些？」或是「難道這並沒有幾分道理嗎？」他認為在這個領域裡沒有必要用恐嚇的方式，隨著時間過去，這讓他累積了不少追隨者。[24]

那是因為跟誡命比較起來，檢查清單要做調整或修改比較容易。水手要出海之前的準備工作，軍人在計畫作戰任務的時候，都要核對檢查清單來進行。醫生需要按照清單來檢查，確定所有的儀器都已備齊沒有任何遺漏。飛行員在起飛或降落前也都要一一核對清單，以策安全，當然還最好是要在正確的機場起降才行。做父母的照顧他們的小寶寶也會利用檢查清單來確保事情不會出錯。檢查清單所點出的，都是可能會有意外發生的狀況當中的常見問題，其用意就是盡量降低意外發生的機率。

奧古斯丁的告誡最讓人沒有把握的地方在於人間之城裡的靈魂不知是處於何種狀態，因為只有最適者才能進入上帝之城。基督教出現以前，從沒有任何宗教對待信者和不信者有這樣大的差別，就算你是異教徒，你死後的世界跟英雄、壞蛋或任何其他介於其間的人都沒什麼兩樣，或說，是一樣的糟糕。[25]但，基督教的神有不一樣的眼光，你在人間的行為會為你死後帶來很大的影響。所以，發動戰爭是不是有遵照規定就變得很重要，這中間的重要性不可能再更高了。

畫出校準線

不過，奧古斯丁的清單也是有一些問題。如果說，按照規則發動戰爭是具有如此重大的必要，為什麼他要像隻松鼠一樣，把他針對這個題目所寫的大部分文章都給藏了起來？這使得之後好幾個世紀的眾多學者，包括神學家阿奎那（Aquinas）、羅馬皇帝格拉提安（Gratian）、荷蘭學者格勞秀斯（Grotius）、神學家馬丁・路德（Luther）、喀爾文（Calvin）、英國的約翰・洛克（Locke）、德國的康德（Kant），許許多多後世學者窮盡努力想辦法去發掘、整理、編纂他的手稿，將奧古斯丁的看法應用到治國的道理上。[26]奧古斯丁把他的著作給藏起來，這樣是要怎麼拯救國家或靈魂？奧古斯丁的《懺悔錄》顯示了他有能力給迷途的靈魂帶來一盞明燈，他在擔任主教時所宣講的數千次講道更是不在話下，其中有許多還一直受到現代人的引用。[27]但也許，麻煩的地方就在這裡。

奧古斯丁擔任地區主教的後半時期肩負著繁重的責任，因此他都有抄寫員隨侍在側，用速記記下他所講的話，[28]但這接著造成了另一個問題，那就是這些手稿的數量實在太龐大了，誰有這個時間看完全部、進行整理，然後將之變成清楚易讀的版本？因此奧古斯丁的講話紀錄就跟尼克森案龐大的錄音帶資料[vi]一樣，沉沒在一片手稿的汪洋大海之中。因此儘管奧古斯丁的

vi 譯注：這裡指的是美國總統尼克森的水門竊聽案。

檢查清單能夠影響其後好幾百年人們對於戰爭的想法（思想家可以慢慢花時間研究那些晦澀難解的古籍），但其實我們並不清楚，奧古斯丁的教誨到底對於緩和後人的戰爭行為發揮了多少作用。[29]

不過，也許還是有個更大的問題，就算奧古斯丁將他的思想清楚流傳給後世，也是無法可解。那就是奧古斯丁並不真的是全心信仰一神，[30]他崇尚理性跟他崇敬上帝的程度是一樣的，他從未說過上帝有比朱庇特更多的受到理性的制約，「這兩種形象並不適合共存」，奧古斯丁對於這個矛盾就無法感到自在了。

回思源頭，戰爭發生的原因是什麼？當然，戰爭反映出人的罪惡，那是肇因於他們國家的沉淪。但因為上帝是全能的神，戰爭還必須出自於祂的旨意，即使奧古斯丁也說，上帝對人的愛始終如一的透過祂的作為表現出來。所以，戰爭一定會在某個層面上給人類帶來好處的，好比說小孩受到處罰是為他好一樣，或者說亡者雖逝，但他們去到的是一個更好的世界。只是若是如此，為什麼有些戰爭就能算作正義的戰爭，有些不是？為什麼一定要制定準則？奧古斯丁說，準則能照亮我們的道路，引領義人從人間之城走向上帝之城，撇下那些不義的人。

然而，義與不義要如何區分？不是靠和平主義，因為奧古斯丁認為建立軍隊是有必要的，好讓國家得以維繫，沒有國家，基督教就不能生存。以基督徒的身分在軍隊服役也不能享有任何先決條件，奧古斯丁堅持基督教士兵必須服從上級命令，他們也只能期望這些命令符合正義的準則。無論正義與否，也只是讓我們知道一切世事皆是上帝的旨意。因此，即使是不正義的戰爭，如果是以基督之名而戰，也可以變成是正義的戰爭。[31]奧古斯丁是彌羅斯事件上的雅典人，神學領域中的潘格羅斯博士（Dr. Pangloss），[32]他總是在最糟的情況中看見可能發生的最好的狀況。

也或許，妥協之道在於你如何看待奧古斯丁的檢查清單，讓你有一些空間調整自己。當你需要在秩序與正義、戰爭與和平、凱撒與上帝之間做選擇，你可以巧妙的朝某個方向傾斜或閃避，在能力和抱負之間畫下校準線，奧古斯丁所主張的正義、和平與上帝之道屬於第一個類別，而秩序、戰爭、凱撒屬於第二個。

這條校準線，則讓我們看出這些要素是相互倚賴而存在。沒有秩序，就無從獲得正義；和平或許需要打完仗才會降臨；要先能滿足凱撒（或者像君士坦丁大帝那樣，先改信基督教），人才有可能尋見上帝。每一項能力都能夠在伸手可觸及之處讓我們實現該項抱負，這在很大的程度上就像孫子的每一項實踐都受相應原則所約束，但這約束的本質是什麼？我認為是「比例原則」，你所運用的手段必須適宜於（至少不能破壞）你所設想的結局。這就是奧古斯丁巧妙的閃躲，他傾向於採納戰略式的邏輯思維，這凌駕了善與惡之間的時間、空間、文化、情境和差異。

馬基維利

學者長久以來認為馬基維利（Niccolò Machiavelli）是身處於地獄，而且更糟的是，他滿足於此。[33]這種可能性不會發生在奧古斯丁及許多與他同時代的人身上。一四六九年，馬基維利生於佛羅倫斯（Florence），他在此地度過人生大部分時光，佛羅倫斯的地理位置與希波相距並不算太遠，甚至可以說這兩個地方都位處於蓬勃發展的羅馬帝國邊陲地帶。然而到了十五世紀晚期的時候，羅馬的情況已經大為改觀，羅馬的皇帝變成教皇，管理著各個大相逕庭的帝國。當時的情況就像是，一個已經變得太過世俗的人間之城，受到位於義大利中部的教皇國（papal state）[vii]和羅馬天主教會的約束。這個羅馬天主教會理應是一個普世公認的上帝之城，卻尷尬的與橫跨中、西歐的眾多世俗王權共存，在教皇徒具其名的統轄之下，其中有些王國欲將其統治勢力擴張到南亞和東南亞的邊緣，以及很快要以美洲（America）為名的新大陸。

年輕時的馬基維利在佛羅倫斯這個城邦國家擔任公職，當時一路平步青雲的他，其辦公處所位於佛羅倫斯的領主廣場（Piazza della Signoria）高處，能夠清楚俯瞰城裡人為探險家亞美利哥・維斯普奇（Amerigo Vespucci）[viii]舉行的慶典。維斯普奇是佛羅倫斯當地的大家族，馬基維利跟這個家族有交情。馬基維利有一本著作叫做《李維羅馬史疏義》（*Discourses on the First Ten Books of Titus Livius*），他在失去重用後於一五一五年開始撰寫這本書，當中的第一句話就是這樣說的：「發掘新道路和新方法，與出發去探尋新海洋和未知的土地相比，並非較不危險。」危險的原因並不是基於上帝的憤怒，而是肇因於人類的嫉妒。此兩者皆使奧古斯丁擔憂，然而沒過多久便受到監禁和刑求的馬基維利，畏懼人類多過於上帝。[34]

這並非因為他不信或不敬神，他的寫作合乎當時的文化背景，常常提及上帝。但是，馬基維利狡猾的偷偷暗示，上古的神和基督教的上帝可能是同一個。他去教堂望彌撒的次數稀少到足以在他的朋友圈中引起議論，他們甚至會拿他開玩笑。而且，馬基維利從未認為他有必要為上帝說話，也從未嘗試解釋過上帝，這跟奧古斯丁非常不一樣。唯一的例外是《君王論》當中的一句話，他說：「上帝不想包辦一切。」[35]光是這本書就應該把馬基維利送進地獄了。

我們很難看出為什麼這句話的爭議性這麼大，因為下一句馬基維利很謹慎地馬上接下去說：「這樣上帝就不至於奪去我們的自由意志和應該屬於我們的光榮。」人類的自由意志不是上帝希望的嗎？難道這不是要把我們引導至救贖，讓那些獲得救贖的人感到光榮嗎？在奧古斯丁的思想裡，這個問題在他對上帝全能的信仰中曾出現過，自由意志要怎麼出現在一個萬事萬物都已先行決定好的世界裡？奧古斯丁意識到這個矛盾，他雖想給出圓滿的解釋，但卻大大的失敗了。[36]相反的，馬基維利沒有那麼緊張，既然上帝說要給我們自由意志，想必祂一定是認

vii 譯注：教皇國（papal state）：類似於教皇直接統轄的領地，存在時間從八世紀至十九世紀，後由梵蒂岡取代。

viii 譯注：亞美利哥．維斯普奇（Amerigo Vespucci）：佛羅倫斯當地商人和探險家，亞美利哥經過考察後，認為美洲是一塊新大陸，因此美洲（音同亞美利加）是以他的名字命名的。新大陸是哥倫布發現的沒有錯，但他以為那是亞洲的東部。

真的。如果人類硬要試著在理性的範圍裡來解釋祂的能力，豈不是過於自大了嗎？乾脆不要去嘗試，對我們何嘗不是一種解脫？

也許你會從此處得出這樣的結論，跟著以撒．柏林的思路來說，那就是奧古斯丁是隻刺蝟，馬基維利則是狐狸。或許你更可以引用費茲傑羅，說馬基維利能夠兼容兩種截然不同的想法還能駕馭自己，所以他具有頂級智慧，但奧古斯丁，即便他費盡力氣，仍然不得要領。這兩種說法都難成立，但或許我們比較容易看出的是他們在性格上確實存在明顯差異，如果借用米蘭．昆德拉（Milan Kundera）[ix]的概念，[37]那就是馬基維利對於「生命中不能承受之輕」還是忍耐得了，奧古斯丁則不知是否因為年輕時的偷梨事件給他造成太大的創傷，他無法承受。

舉重若輕

什麼是「生命之輕」呢？用我學生的話說，那就是學習不要凡事「緊張兮兮」的。透過好幾個層次，馬基維利的解釋也用了同樣的形容詞：

許多人從過去到現在都抱持著這樣的想法，世間的事物是受到命運和上帝的主宰，以至於人很難利用自己的審慎小心來修正世事。確實，人們對此無法可解，而且因為這樣，有人或許就認定遇事不需要太過緊張，凡事交給機運就可以了。……有時當我想到這一點，我有一部分傾向認同這個想法。

總之，馬基維利拒絕像一片羽毛一樣只能隨風飄向四方。「我認為我們的行為有一半是掌握在命運女神之手，但我也認為另一半，或者幾乎有另一半，是留給我們自己主導。」百分之五十交給命運，百分之五十交給人自己，但交給上帝的只有零。無論人是怎麼樣的靠不住，人都得要靠自己。[38]

馬基維利從試圖將亞諾河（Arno）改道的經驗上學到，當河流發生氾濫的時候會造成巨大損害。不過，人若是具有遠見，能夠修築堤壩以減輕危害，[39]上帝擁有最高的決定權，但祂不可能自己建造水力發電系統。馬基維利指出，國家的運作也是類似的道理，如果治理不佳，人很快會被他們自己的貪念擊垮，無論是遭到由內而起的叛亂或是外來戰事的攻擊。然而，如果管理國家的時候用上「維爾托」（virtù）[x]，這個無法翻譯的名詞的意思是制定計畫，但不倚靠向上帝祈求的力量，[40]則國家能夠（如果不是全面掌控，至少能）限縮命運或機運女神的玩弄。

要做到這點，需要仿效、調整、模擬等技巧。馬基維利盛讚研讀歷史的效用，「既然大多

---

ix 譯注：米蘭・昆德拉（Milan Kundera）：捷克作家，現已歸化法國。其一九八四年發表的小說《生命中不能承受之輕》（*The Unbearable Lightness of Being*）是他最具影響力的著作，小說內容描寫了捷克的民主革命「布拉格之春」及捷克人在蘇聯鎮壓之下的生活，其中富有哲理觀念。「不能承受」和「生命之輕」即說明了兩種同時存在卻截然相反的概念，下文作者不斷提到的「生命之輕」就是一種人如何看待生命的大哉問。

x 譯注：「維爾托」（virtù）：這個詞最相對應的譯法是「德行」（virtue），但馬基維利給它的詮釋並非一般的涵義，比較偏向於「能力」的意思，因此作者說這個詞無法翻譯。

數人幾乎都是走在其他人所踩踏出來的道路上，他們的行為都是模仿別人……，因此精明之人就應永遠依循著偉人所開拓的道路上走，效法那些更為卓越的人的行為，如此一來，就算他們的德行無法使他們成就偉業，至少他們的氣派能與前人相仿」。這就是調整的意思，馬基維利所說的氣派（odor），就是修昔底德所說歷史的「類似事件」和「重複上演」之間的區別，那是由時間打磨過的痕跡。模擬又是什麼意思呢？馬基維利說道，精明的弓箭手因為了解他們弓力所能及的限度，「因此瞄準時會將手臂抬得比目標更高的位置，並不是因為他們要射到那麼高的位置，而是借助抬高手臂，而射中他們想要射中的目標」。[41]因為箭射出後的角度總是有可能會發生偏斜，來自重力的吸引是必然的，或許風向也會有影響，天知道還有哪些其他因素？更別說，目標本身恐怕也會移動。

有一件確定的事是情況永遠會改變，除此以外，永恆的真理跟這些沒什麼太大的關係。馬基維利知道，奧古斯丁也知道，某個情境下行得通的同一件事，在另一個情境下不一定是如此。入地獄也不足惜的馬基維利並不想嘗試解答這之間的差異，而嚮往天堂的奧古斯丁則覺得他有責任解答這個問題。馬基維利雖然歷經患難，但他常常在世事中看見喜劇的成分。[42]相反的，身分尊榮的奧古斯丁卻飽嘗罪惡感的重擔。馬基維利不是不會緊張，但那只是偶一為之，但奧古斯丁卻總是緊張的冒汗冒個不停。

生命中的「舉重若輕」，是一種能力，如果無法在困厄中尋找善，那麼至少讓自己漂浮於困厄之中，也許能想辦法游出困境，也許能想辦法採取一些措施讓自己不受損害。這不是要在厄運中找出一套可行的邏輯，也不是為了要表現出厄運是出於上帝的旨意所以那是為我們好，這樣的想法是屬於奧古斯丁的，他是刺蝟，他是他那個時代講話冗長沉悶的潘格羅斯博士。

《君王論》

即使有這些差異存在，奧古斯丁和馬基維利都同意，要治理一個國家，戰爭有其必要，而且要按照先行制定好的規則進行。他們兩位都明瞭，抱負並不等同於能力，也都偏好透過建立一套檢查清單的方法（不寫成一套誡命），將抱負和能力之間的關係連結起來。[43]不過，奧古斯丁捧著一個鐵飯碗，他可以花上好幾年的時間解釋神的合理習性，馬基維利是個失業的人，而且他要想辦法謀職，所以他的論點必須清晰、簡短，語調必須謙遜。

他在一五一三年從監獄釋放後，馬上寫成了《君王論》一書，他的肩膀應該還痠痛不已，因為他曾經至少六次，以手腕被反綁在背後吊起來的方式受到刑求。這就是他將《君王論》獻給當時的統治者羅倫佐·麥迪錫的獻呈信中所提到他所歷盡的「艱難和痛苦」，不過他在寫給朋友的信中卻用輕鬆的口吻描述他所受到的折磨，[44]身處獄中一片黑暗裡，吹口哨自娛是他的特長。

羅倫佐·麥迪錫大概從沒翻開《君王論》，[45]此人在他那個時代來說，並不是個腦袋多麼靈光的人，而且就算他有讀過大概對他也沒什麼太大好處，因為他一五一九年就死了。馬基維利他自己在一五二七年也步上通往冥府一途，他的《君王論》在五年後，也就是西元一五三二年才出版。在那個時候，基督教在全歐洲已經進入一片混亂，有人說是由於這本書的立論，才導致基督新教的宗教改革（Protestant Reformation）和相應而起的天主教會內部自我改革運動（Catholic Counter-Reformation）的興起。一五五九年，《君王論》被羅馬教廷列為《禁書目錄》（*Index of Prohibited Books*）上頭號禁書。《君王論》不只是啟發了莎士比亞戲劇中諸多譏笑嘲諷，也引起後來英國哲學家約翰・洛克和美國開國元勳的共鳴。無論這是好還是壞，《君王論》是開創當代「政治科學」信條的濫觴。再者，這本書能讓我的學生在夜闌人靜的時候保持清醒，思考這樣的問題：「這（指政治）就是我畢業後想從事的職業？」[46]如果奧古斯丁以一個小男孩來說，是一個大罪人，則《君王論》以一本小書來說，是一本餘波蕩漾的驚世鉅作。

暴力的比例原則

任何人見了都不可能忘記這景象。一五〇二年某天清晨，切塞納（Cesena）的城中廣場上，有人發現了當地總督雷米羅・德・奧爾科（Romirro de Orco）變成兩半的屍體，旁邊放著一把沾血的刀和一塊木頭。馬基維利回憶當時的情景，「這極度凶殘的景象，使得人民既感到大快人心，同時又驚訝恐懼」。切薩雷・波吉亞（Cesare Borgia）公爵是教皇的私生子，但他不甘於進入教會體系輕鬆當個樞機主教度過餘生，因此他脫離教會加入爭權逐利的世俗世界。

他將雷米羅任命為其領地羅曼尼亞（Romagna）的總督，他給雷米羅的任務是平定羅曼尼亞當地的叛亂。雷米羅成功完成任務，但他使用的手段過於血腥，使得他失去了當地人的民心。結果，波吉亞不僅罷黜了他的手下，還將雷米羅抓起來處以死刑，將屍體斬斷公開示眾。這起事件雖說引發了人們的震驚和畏懼，但卻成功的達成目的，波吉亞以犧牲一個人的性命為代價，既籠絡了人心，又讓其他人心生畏懼，不敢再有異心發動叛變，這些人的性命也因而得到保全。馬基維利寫到波吉亞的時候所下的結論是，「我認為他沒有可非難之處」。[47]

我們很容易就能夠推論（但若說有十足把握就不一定了），奧古斯丁一定會提出反對，他會說如果孩子從沒受過父母管教，「誰長大後會讓他人忍受得了呢？」[48]這類「仁厚的嚴酷」為的是更大的益處。行為本身或許是暴力的（對於雷米羅來說是暴力，管教對一個孩子來說也可能是如此），但它不是，或說不應該是，毫無差別的施加在所有人身上。對奧古斯丁和馬基維利來說，這項原則揭示了一個常理，如果你要使用武力，你不應該摧毀了你原來想要保存的東西。[49]

因此，波吉亞將雷米羅的屍體切成好幾段然後公開示眾這項行為，含有相當可怕的比例原則，這樣的想法在《君王論》其他地方也有出現。利用暴力達成目的的統治者，馬基維利加以讚賞，其中包括摩西（Moses）、波斯大帝居魯士（Cyrus）、羅馬的創建者羅慕路斯（Romulus），和傳說中的雅典國王忒修斯（Theseus），但他卻鄙視從平民崛起成為敘拉古國王的西西里人阿加托克利斯（Agathocles of Sicily），阿加托克利斯太喜歡使用暴力以至於他把暴力當成是他的最終目的。「殘殺國民，出賣朋友，缺乏信用，毫無惻隱之心，沒有宗教信仰，是不能夠稱作有德行的；以這樣的方法只是可以贏得帝國的統治權，但是不能贏得光榮。」[50]

奧古斯丁提醒我們，「用言語保持在戰爭狀態，其光榮高過於用劍殺死人」。不過馬基維利指出這個可能性實在微乎其微，「因為一個人如果在一切事情上都想誓以良善自持，那麼，他廁身於許多不良善的人當中定會遭到毀滅」。奧古斯丁承認，這樣的人真的很多，這就是為什麼好人可能需要以流血為手段來追求和平。然而，他們手上擁有更大的特權，就是能夠擺脫「其他人因出於必要而面臨的災禍」。馬基維利同意這一點，但他指出，少有君主能夠得到這種特權，以至於若他想要將權力維繫在手裡，他必須「學會能夠不為善」，並且要能夠熟練這個技巧，或是「不要等到必要時才使用它」。[51]當看到人類的墮落時，奧古斯丁嘆氣。當看到於人性相符的事件時，馬基維利只是簡短的說：「別緊張，繼續往前走。」

這兩位，一位聖人、一位惡人，都視比例原則為一條可行的道路。對奧古斯丁來說，無論統治者落入多大的邪惡之中，比例原則為他們指出了從人間之城返回上帝之城的道路。馬基維利不像許多人，會去「幻想那些從來沒有人見過或者知道實際上存在過的共和國和君主國」，[52]但他確實認真尋求「維爾托」，這個他認為所謂的德行，指的是當有必要時君主應具備的才能和智慧，但又不是完全的倚靠它。這是馬基維利最具獨創性的見解，也是他最大膽的見解。

就如同把馬基維利譯得最好的翻譯家所言：「一個人的精明之智能使他察覺他應該去爭取的東西，或他應該屈服於誰，而正義並不見得能為他所倚靠，**因為談到人的生存及超越於其上的問題的時候，人無論如何都無法仰賴正義。**」[53]這位精明狡黠的佛羅倫斯人恐怕會欣賞英國文豪狄更斯（Charles Dickens）的小說《雙城記》（*A Tale of Two Cities*）在文學上的成就，不過他應該會認為作者安排讓主角雪尼．卡頓（Sydney Carton）選擇用那樣極端的方式結束自己的生命實在太過於草率，他讓卡頓自己走上斷頭臺，聽著織毛線的聲音，以英勇大度的姿態順服其命運的終局。[54]

國家需要戰略

國家無法承受這樣不負責任的態度，這就是為什麼國家需要戰略。根據馬基維利的說法，你不能靠著猜測上帝的旨意來制定戰略，即便只是嘗試，你所得到的充其量不過是「自以為是和有勇無謀」罷了。[55]人必須要自己想辦法，但在這點上，需要有一國之君主，而君主需要大臣。大臣不能告訴君主應當做些什麼，但大臣可以提示君主應該知道些什麼。馬基維利在這裡的意思，是透過改變視角，尋找能夠跨越時間、空間，和位階的行事模式。「正如那些繪製風景素描的人們，為了考察山巒和高地的性質便將自己置身於平原，而為了考察低地便高踞山頂一樣，同理，透徹了解人民的性質的人應該是君主，而透徹了解君主的性質的人應屬於人民。」[56]

在馬基維利眼中，素描能夠傳達複雜事物的實用資訊，素描畫既非現實，甚至也不是繪製完成的風景再現，雖屬於短時間收集到的不完整資訊，但也足以捕捉到精髓。或許不能當成是良好的判斷，但已能夠發揮輔助的功效。就好像奧古斯丁的檢查清單，繪製出來的草圖已足以指出大方向，在有必要在相反的方向間取得平衡的時候，供君主參考，讓他知道如何傾斜、彎曲或閃避。讓人們面對未知的未來時，其行為能夠受到原則的約束，因為過去即已是如此。

征服一個國家，根據馬基維利的論點，你可以「毀滅」它的政權，或是「除掉」統治者家族的「血統」。征服者可以前往駐蹕於該地，親自治理這個國家。或者，你可以允許當地人民「生活於他們自己的法律之下，同時要他們進貢，並且在那個國家建立一個對你友好的寡頭政府」。這是最有道理的方式，「如果君主想要保存一個慣於自由自在的城市，那麼借助於這個城市的市民比依靠任何其他方法容易得多」。[57]

馬基維利並不如現代思維般支持民主政體，但他確實傾向認為取得群眾的心悅誠服，勝過採用暴虐手段。那些「貴人」（他指的是貴族）總是樂意壓迫人民，然而人民並不想受到壓迫。因此，在這樣的對立之下，君主應採取什麼立場？很簡單，馬基維利給了一個可以量化的答案。「如果人民對於君主懷抱敵意，則君主永遠要提心吊膽，無法安心自處，因為人民的數量過多。然而，要是君主與貴人為敵的話就無須擔心，因為他們的人數不多。」[58]

這意思並不是要追求人民的愛戴。大抵而言，「被人畏懼比受人愛戴是安全得多」，這是由於，「愛戴是靠著恩惠這條鎖鏈維繫的；然而由於人性本為惡，只要有機會是對自己有利，人們便會把這條鎖鏈給一刀斬斷。可是畏懼，則會因為人們害怕受到絕不寬貸的懲罰，而持續保持著」。殘酷和凶狠要迅速實施，這樣才能帶來震驚和畏懼的效果，然而利益則要慢慢的分給眾人，「其滋味嘗起來才會更為甜美」。這就是為什麼君主必須學習什麼時候不應為善，時機的掌握是祕訣。[59]

馬基維利擁抱的是一種功利主義式的道德觀，按照你想達到的目的，按比例調節你的行動，而不是漫無目的地從一個城邦前進到另一個，這是因為有些方法已經證明有用，而其他方法則不。[60]奧古斯丁暗地裡並非完全獨尊一神，他很不自在的在上帝和理性這兩個不相容的形象間游移。馬基維利則不顧一切，盡全力將人生無法可解的難題壓縮到最小，大方公開他的一神信仰。如果他讚賞公開欺騙的行為，那是因為這樣做有效，如果你不透過禱告，你要如何在你內心或你的行事原則上化解矛盾？馬基維利一直都是心口合一的，只是他沒那麼圓滑機巧。為馬基維利寫作傳記的一位作家曾這麼說過，馬基維利是「最不馬基維利式（Machiavellian）[xi]的人」。[61]

xi 譯注：馬基維利式（Machiavellian）這個詞在英文引申有權謀、心機的意思。

權力的平衡

那麼，目的又是什麼呢？我認為那就是奧古斯丁所說的正義，秩序必須先行於其他條件。只有國家能帶來穩定，但奧古斯丁的眼光只朝向他的上帝。馬基維利不是無神論者，但在他的版本裡，上帝並不會管理國家。羅馬天主教會是還有一個國家可管——雖說從過去的基督教羅馬帝國時代以來，其版圖已經大幅縮水，這是一個曾引起馬基維利的興趣，曾使他痛苦不已，也曾讓他發笑的國家，不過這個國家不具有未來。確實，馬基維利譴責教會，他認為羅馬天主教會就是使義大利處於分裂狀態的原因，其時，其他地區的國家組成漸漸不再是以城市或地區作為分野，而是基於共通的文化、語言，以及當地新生的文明。[62]

那麼，誰要來管理這些國家？馬基維利的回應是，他們要自己管理自己，在彼此間取得權力的平衡。首先，國家之間要先能達到一個平衡，這個平衡並不同於古代羅馬帝國或天主教傳統所秉持的，要由一個廣納萬有的普遍勢力來維繫。以馬基維利為先驅的國家理論，後世接連出現了法國的黎胥留主教（Richelieu）、奧地利政治家梅特涅（Metternich）、德國鐵血首相俾斯麥（Bismarck），一直到二十世紀的喬治・F・肯南，還有亨利・季辛吉。一六四八年，《西發里亞和約》（Treaty of Westphalia）[xii]簽訂，國家內部的權力配置不再具有那麼大的重要性，自那以後，重要的是國家對外的行為。[63]

不過，馬基維利在一個較為次級和隱約的層次上，闡述了所謂平衡的意義，這層意義他在《李維羅馬史疏義》中解釋得比在《君王論》中明確：

> 受人重視、宣揚的共同之善（common good），只有在共和國裡才有辦法實現。就算有人只留心自己的生活而不關心公眾事務，還是會有很多人因共同之善的實現而受惠，因之而受苦的人屬於少數。[64]

在一個內部形成的均勢當中，競爭會促使這個團體更加鞏固強大，這個概念一直要到後世思想家出現了以後，我們才會再次看到：一七七六年，現代經濟學之父亞當・斯密（Adam Smith）在他的《國富論》（*The Wealth of Nations*）中提出「看不見的手」的理論；一七八七年至一七八八年，美國開國元勳撰寫《聯邦黨人文集》（The Federalist），闡述了透過憲法來進行檢查和制衡的原則；一七九五年，德國哲學家伊曼紐爾・康德（Immanuel Kant）寫作了《論永久和平》（*Perpetual Peace*），將其與共和國的概念相互連結起來（即便兩者關係有點遙遠）。以此為出發點，最終催生了二十世紀對於國際體系的維繫要以秩序和正義為基礎的思想，[65] 雖說奧古斯丁很久以前就已預見了這樣的願景。

這並不是說奧古斯丁啟發了馬基維利，後者導致了《西發里亞和約》的出現，接連著又

xii 譯注：《西發里亞和約》，首次以外交會議訂立和約的先例，這個和約確立了主權國家的概念，形成了歐洲政治的系統。

影響了美國第二十八任總統伍德羅・威爾遜（Woodrow Wilson），歷史並不是直接承襲自哪一起事件的影響。然而，這場歷經一千六百年追尋正義的旅程（一種抱負），是透過秩序的維繫（一種能力）才得以完成，而這個歷程則讓我們看到一個亙古不變的道理，修昔底德想必會認為這就是所謂循環上演的類似事件，因為人性終究是人性。

按著這個道理，這些歷史發展留下來的精華，如果有人能加以清楚辨析並簡潔的表達出來，就能為國家所用，以面對未來。馬基維利就是一個這樣的人，並為我們留下了這本著作：《君王論》。借用潘格羅斯博士的話，《君王論》是有史以來最佳的政策簡報，而且其作者從來沒有把權力誤以為是別的什麼東西。

學習與矛盾共處

老肯南在西伯利亞遇見的土著、聖人奧古斯丁、惡貫滿盈的馬基維利，都想要找出能讓他們獲得救贖的對策。西伯利亞土著害怕暴風雪、地震、疾病、饑荒，還有夜空中閃耀的光芒。奧古斯丁憂心於地上的無秩序和地獄之火。馬基維利考慮的則是那個時代無力勝任其位的統治者，以及在他們的統御下失敗的國家。西伯利亞土著用動物獻祭取悅眾神。奧古斯丁試著從獨一真神身上尋找理性。馬基維利則用有時倚靠神，有時不倚靠神的方式，來尋找理性。西伯利亞人的獻祭儀式靠著口耳代代相傳。奧古斯丁在他的龐然巨著中寫下他的幻想之城。馬基維利則為一位君主準備了一份簡報，可惜那位君主的注意力能集中的時間不及後世的讀者。

他們都制定了步驟，「先做這個，再做那個」；他們都沿用了過去學到的教訓應用到未來，「這樣做有效，值得再試一次」；也都制定了檢查清單，「採取任何行動之前，先確定你知道你要做哪些事，還有你是不是已具備所需要的條件」。不過，一個人不可能有辦法，也不應該做全部的事，所以，你也需要做選擇，「這是我們所能承擔的」，或是，「這才是我們該做的」。你需要按比例原則調整你的抱負，使其與你的能力相符，這是一種相反對立的概念，首先要先擺脫限制，然後要受其約束，而且無論如何兩者間必須要能建立關聯。只有當你能夠同時將兩種想法置於腦中時，才有辦法做到這點。

這並不容易。奧古斯丁失敗了，他無法解釋上帝的全能要如何與人的自由意志同時並存。馬基維利解決了這個問題（他說上帝不想包辦所有事），但他因為過於忽略上帝，卻製造出另一個問題。馬基維利留下的線頭鬆鬆的露在外面，使人渾身不自在，這要到一九五三年，以撒·柏林在一次演講中才為我們提供了答案。[66]後來，柏林將這次演講的內容加以延伸，寫成這篇文章〈馬基維利的創見〉（The Originality of Machiavelli），這篇文章的基礎建構於奧古斯丁的雙城理論，卻一個字也沒提到他。

柏林拋出了一個問題，為什麼這麼多年來，馬基維利會惹惱這麼多人？光是伊莉莎白一世時代的英國人（the Elizabethans），就以印刷品的形式譴責馬基維利至少四百多次[67]，以這點而言，我那些晚上睡不著的學生倒是承襲了這個悠久傳統。馬基維利確實缺乏機巧圓滑，但他在

《君王論》裡面有先警告過我們，他不會「美化」他的文章[68]，他也很少給予讀者不切實際的錯覺。像是英國政治學家霍布斯（Hobbs），就把生命形容成「孤獨、可憐、不快、殘忍，又短暫」。[69]馬基維利也不想粉飾令人不快的現實，但奧古斯丁則說，嬰兒之所以對人無害，是因為他們「無力作惡」。[70]

柏林認為馬基維利大大的冒犯了一項潛規則，因為他說出了每個人都知道但沒人願意承認的事，那就是理想是「不可能」獲得的。這意思是說，治國之術不可能靠著利用理想主義在現實主義上取得平衡，現實主義向來都是彼此競爭的思想。談到治國，政治與道德之間並無相互抗衡的勢力，因為從來只有政治的存在而已。基督教教義所談的拯救靈魂，不會有國家將之當一回事。這種兩者間的不相容性是不可能化解的，如果你不願承認，就等於是「在兩點之間擺盪、妥協，最終落得弱點畢露並敗亡」，[71]柏林在闡述馬基維利的思想時就是這麼說的。

那麼，該怎麼辦？還好馬基維利和柏林都有辦法面對生命中不可承受之輕，他們給了相同的解答：「別緊張！」學習與矛盾共處，柏林指出馬基維利「沒有流露出一絲痛苦」，他自己也是，「避世的修道者」總是能夠「在沙漠中修煉他們的德行」，然而「殉教者卻能於此獲得他們的獎賞」。馬基維利「有興趣的是公眾的事務，他關心國家的安全、獨立和自主、成功、光榮、實力、活力、運勢等這些地上，而非天上的問題。他對過去的思考，與對現在和未來的關切一樣多，他目光看的是現世，而非想像的世界」。[72]

因此，除了那些生活在高柱上的中世紀隱士以外，[xiii]奧古斯丁的上帝之城不復存在於地上。留存下來的人間之城，並無任何一條通道能引領人走向救贖。「對於人要如何生存的問題，若有人認為能夠找到正確、客觀上有效的答案，原則上是有可能被發掘的，」柏林指出，「然而這個答案本身在原則上就並非是真切的。」馬基維利將「西方式思想和生活賴以維繫的基石」一劈兩半，他就是「點燃了致命的導火線」的那個人。[73]

共存

但是什麼東西致命？柏林解釋給我們聽，相信有唯一解的這個想法，已經造成「不分天主教徒和新教徒、保守派和共產主義者，都起來捍衛那些使得平凡人的血液都為之凍結的滔天巨罪」。[74]馬基維利本來就比一般平凡人還冷血，他會去讚賞切薩雷・波吉亞這種人，他自己飽受酷刑，卻拒絕譴責這種手段（奧古斯丁從沒受過酷刑，也採類似立場）。[75]不過，馬基維利並不認為人類能為其惡行輕易卸責，他認為人們應該要先發制人，以對付更巨大的恐怖，例如暴力手段的革命、戰爭中擊敗對手、國家淪落無政府狀態、大規模屠殺，最後一項就是我們今天所說的「種族屠殺」。

xiii 譯注：中世紀時期有些修道士會避居到深山荒野中過著苦行的生活，作者此處指的是一種生活在高柱子上的修道士。

柏林在這中間看見一種「暴力經濟學」，他這樣說的意思是，「永遠要在背後保留使用武力的手段，讓馬基維利和那些受他啟發的古典思想家所提倡的各項德行能夠受到呵護並進一步開花結果，使國家世事能透過這樣的方式有效運轉」。[76]柏林在此把德行（virtues）一詞寫成複數格並非巧合，雖說馬基維利用義大利文寫下的「維爾托」（virtù）直接放到英文裡看起來應該是單數格，但在這裡使用複數型態，暗示了人類所應實踐的德行並非只有一種。

「人類追尋的終極目標可以有非常多種，而人仍舊能完全保持理性」，柏林如此認為：「就是有能力去了解……從彼此身上看見亮光。」若非如此，文明將存在於一個「看不透的泡泡」裡，位於泡泡外的人無法了解。「不同文化之間在時間和空間上所做的相互交流之所以能夠發生，唯一的原因在於，人們能夠理解並認同是什麼使人之所以為人，而這為他們搭起能夠彼此溝通的橋梁。但我們的價值觀終究是屬於我們自己的，別人有別人的價值觀。」

這裡，藏著容忍的根源，「同樣屬於教條式的不同信仰之間，終究無法化解彼此歧見，以及一方壓倒另一方的完全勝利，現實中無論如何是不可能的。從過去一直到現在，能夠明瞭這些而相應而生的想法，就是容忍」。從這裡我們可以延伸得出一個痛苦的推論，個人在面對來自公共事務的要求和期盼保有私人生活領域的時間，必得要經歷一番拉扯，只有自願生活在高柱上的中世紀隱士，才能完全擺脫政治。

也或許，並不是沒有各項原則都能夠和諧共存的其他世界，但，「我們生活的是這個世界，我們所信、所行，都必須是在這裡」。[77]馬基維利打破了人們對於確定事物的渴求，並示範給我們看要如何做。「世界自有了光以來，這個兩難就一直存在著，從來不讓人們平靜過日子」，柏林輕巧的下了一個結論，「但我們已學到要如何與之共存」。[78]

第五章

扭轉歷史的君主

「樞軸」（pivot）這個詞，我查到的意思是「一根針，一個點，或是一根短柄，尾端供放置另一物件使其能借力轉動，或是作為中心，使另一可旋轉或搖擺的物件附於其上」。[1]奧古斯丁和馬基維利兩位被視為「西方」歷史上的樞紐人物，因為他們扭轉了靈魂與國家之間長久以來穩固不變的關係，對後世造成的影響歷久不墜。當然，這兩位都不可能知道他們為後人帶來這麼大的影響。他們死後留下的傑作竟能夠侵蝕他們所侍奉的君主威權，才會令他們感到驚異不已。

對那些君主來說，一輩子無人聽聞是不可能的事。就連最低階的臣民都聽過他們的名字，尊貴自大的地主在他們面前都要洩氣。君主的身體是否健康、心智是否穩定、生殖力是否強大，都有可能使得人們信心大增，或反之使一國傾覆。在那個時代，他們是國際間的名流，這麼多個世紀以來，社會以他們為中心運轉，[2]只是方式不太一樣。

英國某處，時間約在十六世紀晚期，一位年輕的貴族正跑著趕去參加一場宴會，他已經遲到了。尚自氣喘吁吁的他，朝著當晚的貴賓單膝跪下，困窘的低頭行禮，呈上一缽玫瑰水。

他是如此害羞，使得他除了她戴著戒指的手以外，什麼也看不見……但這樣也已足夠。這是一隻纖瘦的手，令人見之難以忘懷，修長的手指總是彎曲著，好似圓形的球或權杖；這是一隻緊張、壞脾氣、病態的手；一隻發號施令的手；一隻只要舉起，便能使人頭落地的手；這隻手，他心裡猜測，附著在一副蒼老的身軀上，味道聞起來像是毛皮大衣用樟腦保存著裝過的壁櫥；一副幾乎披掛了所有錦繡和珠寶的身軀；恐怕深受坐骨神經痛所苦，卻仍坐得挺直；承受著上千種恐懼，但卻從未顯出過退縮；女王的眼珠是淡黃色的。

這裡的她，指的是英國女王伊莉莎白一世，這是一個想像出來的場景，故事裡的主人翁經歷意料之外的性別轉換，青春永駐、永遠不老，他看遍了歷史的流轉一直進入到二十世紀。這個段落出自維吉尼亞．吳爾芙（Virginia Woolf）所寫的半自傳小說《歐蘭朵》（*Orlando*），帶著只能保持在一段距離以外的讀者，靠近觀看一位衰老的偉大女王。[3]

在此同時，西班牙有一位國王駕崩，有人正在他的葬禮上為他誦念追思悼詞，綿綿不絕的唱誦著，好似一臺運轉個不停的紡織機。寫作哀悼詞看似簡單，「但實際上非常困難」。紡布的兩頭要調整和諧，操作紡織機的人目光要專注，腦筋要清楚，因為這些數不清的紡線任何時候都有可能散掉、打結，或是斷開。

這是一個國王的一生，他用手親自寫作，用雙足親自踏上旅途，他的心繫於眾多事務的絲線上，一條繫於佛蘭德斯地區（Flanders），一條繫於義大利，一條繫於非洲，一條繫於祕魯，一條繫於墨西哥，一條繫於英國天主教會，還要與其他基督教國王維繫和平，跟神聖羅馬帝國（Holy Roman Empire）打好關係……跟東印度（Indies）的絲線是否斷掉了？

快把它接上！跟佛蘭德斯的線是否斷了？快想辦法彌補！這樣忙碌的人生，受到這麼多條線的牽絆……如此傑出的帝王典範，無人能及。

這個國王是西班牙國王腓力二世（Philip II），那年是一五九八年，這篇冗長的演講出自於亞基拉．德．帝隆涅斯（Dr. Aguilar de Terrones）的手筆，跟虛構的歐蘭朵的恭敬順從不一樣，他這篇悼詞可是發自真心。[4]不過，對於君主性格的描述，他所用的比喻跟吳爾芙相同，文筆中都暗示了王侯統治從那時出現了開始轉向的分歧點。

腓力二世的一生不斷遭遇一個又一個的危機，他從來沒有停歇過，也從來沒能完全掌控他名下的所有領土，他像是在打地鼠，不停的打，而地鼠從各個地方接連冒出來。與之成為對比，伊莉莎白一世則拒絕匆忙行事。有必要的時候，她就會實施打擊，確實，她只要舉起一隻手，就能夠使人頭落地，不過，時間和地點則是她自行掌握。她拒絕不必要的耗費，無論是資源、精力、名聲，還是童貞（這在皇室實屬罕見）。跟《奧德賽》裡奧德修斯的妻子潘妮洛碧（Penelope）一樣，伊莉莎白一世受到眾多追求者的包圍，但她跟潘妮洛碧又不完全一樣，她編織的不是丈夫的壽衣，而是戰略。[5]

這位西班牙國王是奧古斯丁的追隨者，他將他的帝國視為是一塊將人間之城和上帝之城包裹在一起的裹屍布，任何一個部分都不可以丟失。他曾經誓言：「對信仰或對上帝若出現一絲絲的偏差，我願意失去我所有的領土，若我有一百條性命，我也願意全部失去。」[6]英國的女王，則比較像是馬基維利的信徒，她認為她的國家（當時還未晉升成一介帝國）需要追求的是功績，而不是成為信仰上的聖殿。[7]「各位大可放心，」她在加冕典禮上對倫敦人說道，「我會成為一位好女王，我的職責就是善待你們……為了保全各位的安全和平靜，有必要的時候，我將不惜流血。」[8]腓力二世允諾的是要順從上帝，不是他的子民。而伊莉莎白一世則是為她的子民服務，按照他們的利益來順服神。西班牙的國王崇敬上天，英國的女王腳下則踩著實地，精心算計。此刻，是歐洲即將走進現代世紀的破曉時分，這兩位君主之間的差異，將要測試奧古斯丁和馬基維利的思想如何應用在治國之道上。

腓力二世VS.伊莉莎白一世

這兩位君主都必定在接受天主教教育的時候，學習過奧古斯丁的教導。想必，腓力二世應該是極為熱切，伊莉莎白一世則極不情願（可見她確實是亨利八世的女兒無誤），他們應該也都讀過馬基維利。腓力二世的父親是神聖羅馬帝國皇帝查理五世（Charles V），他曾經細心研讀過《君王論》，雖說這本書是教皇的頭號禁書，他的藏書閣內還是收藏了這個佛羅倫斯人的許多著作。而在伊莉莎白的成長期間，因為翻譯版本有在英國流通，所以馬基維利在英國的名聲極為惡劣，但伊莉莎白精通多種語言，她極有可能讀過馬基維利用義大利文寫成的原版。[9]伊莉莎白和腓力都未曾對此留下任何評論。不過，他們兩位都曾遵循傳統讀過這兩個人的書，應是無庸置疑。

一五五三年，伊莉莎白公主還沒滿二十歲，曾因為被迫要參加異母姊姊兼虔誠的天主教徒瑪麗（Mary）登基典禮後舉行的彌撒，在公眾場合發過牢騷。[10]伊莉莎白自己成為女王之後五年，曾經從她不喜歡的禮拜儀式中偷偷溜出去。假使她留下來聽講道，聽到講得不對的地方還會大聲出言指正。伊莉莎白一世登基後所做的頭幾件事之一，就是取消《公禱書》（*The Book of Common Prayer*）的禁書地位，這本書是坎特伯里大主教湯瑪斯·克蘭默（Thomas Cranmer）所寫，他不僅是伊莉莎白一世的教父，更因為這本書而被瑪麗女王送上火刑柱。伊利莎白和她的親生父親一樣，並不是想要禁止英國人信奉天主教，她想要藉著拒絕承認教皇權威凌駕於她所統治的國家之上，進而讓天主教勢力收歸於國有。畢竟，英國是她所僅有的領土（如果不算上當時很難對付的愛爾蘭殖民地的話）。[11]

神聖羅馬帝國的查理五世約於一五五五年至一五五六年間退位，那時他名下統御的國家已經多到他很難記得清楚：西班牙及其「新世界」的領土墨西哥和祕魯、尼德蘭（the Netherlands，即今日的荷蘭、比利時、盧森堡和法國北部等地）、勃艮地（Burgundy，今日法國中部）、義大利大部分地區、奧地利、匈牙利、波希米亞（Bohemia），還包括分布於北非沿岸，及日後變成菲律賓等地的一些據點。腓力二世成為西班牙的國王，他從父親那裡繼承了大部分的領土，[12]還有一句道歉，因為他父親留給他的，還包括一個龐大的財政赤字。然而，這位新國王不得放棄任何一項，因為「榮譽和名聲」是一切，他不能置之不顧。為了想辦法完成這個幾乎是不可能的艱鉅任務，腓力二世將他的信念置於「最確實之處，就是上帝」，[13]對他來說，這個信念得要崩落，才能找到出路。

一五八三年，腓力二世強行吞併葡萄牙及其海外殖民地之後，製作了一枚勳章，上面鐫刻著這句拉丁文：「世界不夠大」（Non Sufficit Orbis）。[14]這句話可以追溯自亞歷山大大帝，但這句話已不再適用於亞歷山大大帝，因為現在他的帝國疆土屬於西班牙，號稱「日不落國」，在這個帝國之上，日頭永不會降落。一個國王要怎麼統治這麼大的領土？腓力二世名下的領土面積遠超過伊莉莎白一世，他應該比伊莉莎白更輕易的就能找到國王的代理人替他進行治理，然而他們兩位實際上的做法，剛好完全相反。

伊莉莎白能夠氣定神閒的將權力下放，[15]無論對象是她朝廷內的寵兒、殷勤恭順的教士、朱門繡戶的貴族、胸懷遠方的船長，或是，對於她全體臣民的信仰問題，她也能夠忽視其出身和天性等因素。她甚至沒有建造她自己的皇宮，她看到她喜歡的，她就直接接收，或是借用就好了。在這方面，她遵循馬基維利的理念，既然上帝都不想包辦一切，她又何必？讓人民敬畏，給他們設下限制，然後就像奧古斯都（就是屋大維）一樣，她讓事情自由生長，這樣便已足夠，伊莉莎白一世就是這樣盡量巧妙的（有必要時則激烈的）維持她的自主權力。[16]

腓力二世則跟奧古斯丁一樣，認為世事皆有上帝之手干預的痕跡。這樣的思路，使得上帝、國王及其代理人的利益變得無法分開來看。也因此，權力就變得難以分享，雖說當時西班牙的王國領土遍布全球，一紙命令要旅行好幾個月才會有下文。至於皇宮呢？腓力二世親自設計了埃斯科里亞爾修道院（the Escorial），這是一座位於馬德里北部的山丘，史上最雄偉壯觀的皇家修道院。他在此珍藏了許多聖徒遺物，在眾多珍貴文物的包圍下，享受隱蔽的清幽生活，完全沒想到日後相應而生的重責大任將吞噬他，並淹沒在大量的文書工作當中。[17]

有微型國家的統治者用宏觀視野管理國家，因此，就有宏大國家的統治者實施微觀管理。無論是從地理、後勤或通訊的角度來看，這樣的手段都沒有道理。不過，如果思考一下皇族人士的想法，還有他們對於靈魂與國家大相逕庭的主張，這樣就很容易理解了，很快即將籠罩在歐洲人主宰下的世界，也要朝著這樣的分歧傾斜。

伊莉莎白一世的策略

腓力二世曾一度當過英國國王，而他想要再次君臨這個國家。瑪麗女王與腓力二世在一五五四年時結婚，女王想要透過聯姻，生下具有歐洲天主教強權國家血脈的子嗣。當時仍是神聖羅馬帝國皇帝的查理五世贊同這樁婚事，尚未成為西班牙國王的腓力，出於皇家職責所在同意了。然而，瑪麗唯一的一次懷孕最後證實只是因她求子心切而造成假性懷孕，那只是一種看起來像懷孕的生理反應。腓力在英國的權威是透過裙帶關係而得，他本人很少待在英國。瑪麗因為嫁給外國國王而不得人心，她自己的眾多作為則更加深了人們對她的厭惡。瑪麗把數以百計的「異教徒」送上火刑柱，克蘭默大主教便是在這波迫害中喪生。一五五八年的英法交戰中，英國敗給法國，失去了英國在歐洲大陸的最後一個據點卡萊（Calais）。瑪麗本人則在那一年下旬中逝世，很少人為她哀悼。那時，腓力已經成為西班牙國王，統領著領土遍布全球的大帝國，隨著瑪麗的過世，腓力也跟著失去統治一個日頭在其上會落下的小島國的名分。[18]

伊莉莎白的地位在瑪麗還在位的時候就已經非常不穩。她的母親是安・寶林（Anne Boleyn），亨利八世娶進門的合法妻子，但後來被迫下堂，還遭到砍頭的悲慘命運，伊莉莎白的身分使她的王位繼承權變得非常曖昧。伊莉莎白對於瑪麗想要強行獨尊的羅馬天主教不抱什麼敬意。她曉得有人密謀推翻女王，只是她沒有參與。伊莉莎白給瑪麗帶來的主要風險，是她很得人心，這位公主呈現出與她姊姊完全相反的形象，似乎就值得了一切。[19]瑪麗讓她處在非常不好過的境地，有時候親切的接待她，有時候將她軟禁在家裡（其實是城堡裡），將她拒之於千里之外，瑪麗甚至曾有一度將她關在倫敦塔（Tower of London）[i]，讓她非常擔憂她會步上她母親的後塵。

伊莉莎白最具影響力的保護者是腓力。要是瑪麗並不是因莫名的原因而死，或是她跟同時代許多女性一樣因難產而死，[20]腓力屬意的婚娶對象是伊莉莎白，而非當時可望繼承蘇格蘭王位的瑪麗・斯圖亞特（Mary Stuart）[ii]。瑪麗・斯圖亞特在法國長大，與法國國王亨利二世

i 譯注：倫敦塔（Tower of London），有一用途就是作為監獄，特別是關押上層階級的囚犯。

（Henry II）的兒子法蘭索瓦（Francis）很早就訂有婚約，而法國是西班牙最強大的對手。瑪麗女王的健康情況惡化的時候，英國朝廷在來自法國和西班牙的影響力之間舉棋不定。腓力二世很清楚他的選擇。[21]

伊莉莎白又是怎麼想的呢？身分還是公主的時候，她聲稱她非常滿足於保持單身，[22]但自從她於一五五八年十一月成為英國女王以後，眾人皆期待她能學習瑪麗的榜樣，選擇一個夫婿，最好還能誕下一名繼承人。畢竟，他們的父親就是以血統作為王位繼承的優先（且殘酷的）[iii]原則。古羅馬盛行的領養手段，理論上可以省下他不少麻煩，但事實上這個做法已經遭到廢棄很久了。現在，除了幾個少數的例外，[23]合法的繼承人都必須要出於皇室血統才行。

只是，君臨天下的女王比較少見。婚姻對於亨利八世的配偶來說固然是危險的，不過，亨利八世本人從不需要擔心性命之憂，只是對於伊莉莎白來說，懷孕生子仍有可能奪去她的生命。就算她能健康生子，對獨立自主的重視絕不會少於父親的伊莉莎白，仍舊要面對當時妻子應該順服丈夫的普世價值觀。瑪麗雖手握英國絕對的統治權，仍不免同意讓腓力把她捲入法國的戰爭，最後還落得失去卡萊。「容貌」也是一個問題，伊莉莎白喜愛悅人眼目的男子。若她選擇英國夫婿，選了這一個，就不可能不觸怒其他人，雖說與外國人通婚可以避免這個問題，但是遙遠的距離使得皇室伴侶難以在婚約談妥前先見面，就算事先送來肖像畫也可能造成誤導，帶來災難性的後果。亨利八世就有先例在前，他在婚禮前幾天才第一次見到他的第四任妻子克里維斯的安（Anne of Cleves），然而那時已經來不及反悔了。回想及此，伊莉莎白很明智的堅持，她「不信任繪製肖像畫的畫師」。[24]

其實伊莉莎白在英國時就見過腓力，她也知道是腓力在盡力保護她的人身安全，只是她不喜歡承認這一點。[25]瑪麗死後，腓力一點時間也不浪費的立即向她求婚，但是新任女王禮貌的拒絕了他的求婚，指出就算他倆沒有婚姻關係，兩國照舊能按他說的保有和睦的關係。腓力二世真正的目的，按他私底下透露的，是要「防止那位女士改而皈依她心中所想的那個宗教，這是為了事奉上帝」。至於她心中所想，是想要改寫國內的宗教，以期能擺脫羅馬教廷的控制，並取得獨立自主。雙方在想法上的差異，在伊莉莎白繼位後數月內變得清晰，此時腓力轉而向亨利二世的女兒法蘭西的伊莎貝（Isabel of France）求婚，並娶她為妻。[26]

接下來的四分之一個世紀裡，伊莉莎白身邊出現過十幾個追求者，[27]她會盡情享受他們的求愛，不過她與當中每一位程度不一的廝混過後，就會一腳把對方踢開。她的動機何在沒有人知道，或許她恐懼與性或生子有關的事，或許她父親的婚姻史使她內心蒙受陰影，或許她並不想跟任何人分享王位上的權力——即使只是有名無實，也或許她一再推延婚姻大事直至太遲。

---

ii　譯注：瑪麗．斯圖亞特具有都鐸王朝的血統，因此她也有繼承英國王位的名分。

iii　譯注：亨利八世之所以有過那麼多次婚姻，一個主要原因就是他想要生下合法的兒子。

她一直到四十幾歲都還周旋在絡繹不絕的求婚者之間。[28]不過，最有可能的解釋，是伊莉莎白一世懂得以自身為中心來驅動他人的技巧，根據歷史學家蓋略特・馬丁利（Garrett Mattingly）的說法，她的策略是這樣的：

> 將朝臣和顧命大臣布置在她身邊，精心而巧妙的讓歐洲大陸來的外交使節、國王、強權交織成一片相互制衡、消長的關係網，而她置身於其間永遠長保自由之身。[29]

她得到的獎賞，毫無疑問的，是孑然一身。吳爾芙形容她「承受著上千種恐懼」，確實非常中肯。在腓力的心中，他的利益與上帝的利益一致，然而，伊莉莎白的利益，卻與她即將在未來扭轉情勢的小島國相符。

擁有軸心的悲劇

與其說是樞紐，腓力比較像是縫紉用的一只針插，同時承受著好幾根針的壓力。當他在尼德蘭抵擋法國的入侵時，得知了瑪麗的死訊，西班牙也傳來新近遜位的父親查理五世過世的消息。瑪麗的死亡將會左右天主教在英國的未來，腓力也已經太久沒去過問他的母國西班牙的事務，可是戰事還沒有平定前便離開戰場，又會使得荷蘭人士氣大衰。「我人雖就在此處，但對於贏得他們的擁戴並無幫助……我想，他們會歡迎除我以外的任何一位元首。」沒過多久，這個疑問得到證實，荷蘭人削減了給腓力的津貼，腓力擔心遭人恥笑，寫信給在西班牙擔任攝政的妹妹胡安娜（Juana）要求送些額外的資金過來，卻遭到胡安娜斷然拒絕。然而，這位國王堅稱，他作為具有絕對王權的君主，他不需要承認「這世間有任何的勢力超越於他」。[30]

怎麼可能沒有任何勢力超越於他？腓力明明受到許多限制，動彈不得。腓力能夠這麼高高在上，其中一個原因，是因為他來自在歐洲權勢鼎盛的哈布斯堡家族。哈布斯堡家族長久以來，靠著維繫地理、經濟或文化上的相同利益來保持家族的王權不墜，有人就說，哈布斯堡家族是靠婚姻來征服領土。也因此，腓力所統治的（以及靠著他們的納貢賴以維生的）是來自東南西北的不同民族，他們對他懷抱著的忠誠非常有限。[31]他腳下的領土分布在各地，更使得問題變得錯綜複雜，更別提腓力不喜歡將權力分配下去。他的心思可能在同一時間要考慮不同地方的事情，因此要面臨好多個兩難問題，但是他不可能同時分身到好幾個地方去，這連上帝都辦不到。

羅馬帝國統治下的歐洲疆域比腓力的還大，人口組成也非常多元，我們可以說羅馬人的治理效能較佳。不過，羅馬的領土有相互接壤，他們的管理階層在任用代理人的時候不會有宗教情懷上的包袱，而且，羅馬的敵人只有北方的野蠻民族，後者是花了好幾個世紀的時間才將羅馬的國力消耗殆盡。與腓力相互競爭的對手，則有法國人、英國人、荷蘭人、葡萄牙人、神聖羅馬帝國、鄂圖曼土耳其人（the Ottomans）、羅馬教皇，以及最令人神經緊繃的，新教徒的宗教改革運動。當時，被視為異端的新教思想正傳遍幾乎整個歐洲大陸。有這麼多地鼠要打，因此這位西班牙國王在位四十三年間，只有六個月的時間不是在打仗，一點也不令人驚訝。[32]

從世俗的觀點來看，其實他的表現並不差。查理五世留給他的領土，一點都沒有在腓力的手上丟失。西班牙直到腓力死後半個世紀，才放棄了尼德蘭。葡萄牙及其海外領地有六十年的時間保留在西班牙的名下。西班牙在「新世界」的勢力範圍從美洲中部延伸到智利的火地島（Tierra del Fuego），一直到十九世紀初期都還是西班牙的，就算到了一八九八年也還剩下僅存的幾個，這已足以與大英帝國匹敵。[33]講到腓力背負的債務，他經常抱怨此事也經常還不出錢來，即便如此，以今天的標準來看，也並非完全不能處理。[34]

腓力對於自己的評價過於高傲自大。他所尋求的，都是為了事奉上帝，他為帝國服務，皆是為了能為上帝帶來好處。其他的所有目標都不用談，「關上你的耳朵，甚至閉上你的眼睛」，因為那些明顯都是毫無價值的。「相信我，這是最簡單的、最輕鬆、最確定的一條路。」毫無疑問，這需要上帝賜他能達成目標的一切手段。然而，讓腓力感到不解的是，上帝恐怕跟難以對付的荷蘭人一樣小氣。基於一切都仰賴於祂的旨意的信念，腓力在一五五九年時寫道：

> 無論祂樂意為我賜下什麼，我只能等待……我希望祂為我提供一切所需的事物以維繫我的領土，並使我不要失去，因為我缺乏能夠維繫領土的手段。沒有任何事物比失去領土更

使我痛悔，任何人都無法想像，這是最哀傷的事情，若果我因打仗而失去領土，我將更加痛苦。

這位國王如此哀嘆：「我唯一的目的就是導正世事，但當我想得到什麼的時候，我的運氣是如此的不佳……結果總是不順利，世界運作的道理就是如此。」[35]

腓力所想要的，是他的臣民能向他效忠，領地能繁榮昌盛，競爭對手能信守諾言，世人能回歸逐漸消逝的正統信仰，以及一個比較曖昧的願望，他想要一個對他來說永遠「不夠大」的世界。然而他無法理解有些事物是不能兼容的，因此要達成某些目標就必須以其他願望為代價，但這位國王抗拒給他的目標排定優先次序，無視於上帝祂自己也是選擇性的提供他所需要之物。

反而，腓力用奧古斯丁式的焦慮責難他自己。腓力認為他是上帝的代理人，這個世界的運作怎麼可以不利於他？這樣的話，要怎麼（按照腓力所深信的）反映上帝的旨意？上帝不可能像朱庇特那樣說話不算話，也不可能像撒旦那樣邪惡。但是，奧古斯丁也說上帝是教導人的上帝，祂會藉著失敗使人變得更好，無論是在今生或是來世。這成為腓力建立大戰略的基礎，策畫任何事情的時候，不需要採取以某一點為軸心來扭轉情勢的角度，只要學習殉道者般的高尚情操，像一個針插般忍受患難，這樣即可。他在一五六九年時寫下這段悲傷的話語，「我向天國的上帝祈求，願我們的境遇能變得更好」。[36]

最好的陀螺儀

伊莉莎白跟馬基維利很像，她既不抱任何期待，也不需要任何確據。她感謝上帝（卻不是感謝腓力），讓她能保全性命，還能保有公主的身分，不過她成為女王之後，便很少尋求任何人的指教，無論是來自於神還是來自於世間。「她是一個非常奇怪的女人」，西班牙特使斐利亞公爵（Count de Feria）拜見新近登基的女王之後，發現她神色自若，甚至面帶微笑，彷彿能夠看透他的心思，便寫下這樣的句子回報給腓力二世。「她所受的教養完全承襲乃父之風，她已決意不受任何人支配影響」。[37]

斐利亞是第一批跟伊莉莎白一世談過話後感到困惑不已的人的其中一位，他也絕對不會是最後一位。她能夠表現得孩子氣或精明，直率或迂迴，勇敢或規避風險，寬容或懷恨，恬靜或暴烈，甚至陰柔或陽剛。「我有一副柔弱的女兒身，」一五八八年，西班牙派出無敵艦隊（Spanish Armada）攻打英國，伊莉莎白一世親自對她的軍隊說道：「但我有一顆國王的心和脾胃，而且這位國王，是你們的英國國王。」這位愛好矛盾組合的女王，從頭到尾都保持不變的，只有她的愛國心，堅持她的目的要能符合她的手段，還有她絕不屈服的決心，這個決心就是利用樞軸扭轉情勢的條件。[38]

她對宗教的期望反映了這一點。她心知她的國家經歷了很大的動盪，亨利八世的時代，英國與教廷決裂自立英國國教，愛德華六世（Edward VI）在位期間雖短，但卻尊崇新教，瑪麗一世登基後又強行回歸羅馬天主教。至於伊莉莎白，則希望能有一個單一的教會，但能容許不同的敬神方式。她指出，「世上只有一個耶穌基督」，為什麼只能容許有一條路通向祂？神學上的爭論只是「小事」，或是用尖酸一點的話說，「不過就是沙子堆出來的城堡，海浪打過來就散掉了」。[39]

直到這些事終要影響國家的主權。在伊莉莎白一世的統治下，上帝的教會得具有英國血統，無論是「天主教」還是「基督新教」，都沒有對國家的忠誠還來得重要。這在某一方面來說，是寬容，女王不怎麼在乎她的子民要信什麼教，但是，她會像一隻獵鷹一樣監視人民的行為。「在我看來，女王陛下令人恐懼的程度，其胞姊尚有所不及」，斐利亞如此的警告腓力二世，畢竟，前一位女王被人稱作是「血腥瑪麗」，斐利亞說，「我們失去了一個王國，其身體和靈魂皆然」。[40]

外交和防禦是自力更生的手段。幸虧英國是一個島國，不像腓力二世的領土散布在各處，伊莉莎白可以不用花錢養一支常備軍，她的海軍不管是要出來保衛國土或是挑釁敵人，都可以靈活調度，而且她只需要在必要的時候（不需要是常態），跟她的敵人在歐陸上的敵人結盟即可。地理位置是上帝給英國的禮物，對上帝再怎麼虔誠也不會使國土變大，不信上帝也不會使國土消失。

愛爾蘭和蘇格蘭（後者當時還是一個獨立國家）是英國的心頭大患，不管是法國還是西班牙都試圖在這兩個地方挑起動盪。不過，北方的叛亂人士給伊莉莎白帶來的麻煩，還比不上腓力在鎮壓荷蘭人時造成的問題還大。荷蘭人從一五七二年開始起兵造反（伊莉莎白就是在那個時候決定在其背後給予一臂之力）。伊莉莎白一方面想辦法抗拒提供軍事上的協助，另一方面加強振興國內的經濟，這樣的做法使她的國家在她統治下的大部分時期，都能夠保持收支平衡，甚至在第二十年起到第三十年間起還有結餘。伊莉莎白跟腓力完全不同，她從來沒有宣告破產過。[41]

我們通常不會認為財政上的責任和面對生命的舉重若輕有什麼關聯，但是在伊莉莎白看來是有的。這份輕巧讓她有辦法去篩選和過濾，不必像義務般有要全盤接受的壓力，還要付出那麼多的代價，無論面對的是她的追求者還是他們的王國的時候，皆是如此。女王喜愛表演，也喜歡他人在她面前表演，這減緩了來求見她的使節團出現的速度，[42]同時也促成了不少策略性的惡作劇，當國家的資金出現短缺，女王便會允許英國海軍劫掠自美洲返航，滿載財寶而歸的西班牙船隻。或許，當她接到腓力二世的抗議時，她會回答道：他們也深受海盜之害？[43]

女王的舉重若輕也使得她的追求者昏頭轉向，讓她有辦法在其中掌握局面。其中有一個令人印象深刻的受害者，他是牛津伯爵（Earl of Oxford）。[44]有一次，他向女王必恭必敬的行禮鞠躬，卻不小心放了一個很大聲的屁，伊莉莎白沒說一句話，看起來好像沒注意到這件事。但是牛津伯爵羞愧萬分，自己跑去躲起來隱居了七年。後來，等他終於再度回到宮廷，這次他向女王敬禮的時候，靜悄悄的沒發出一丁點聲響。他緊張的侍立於一旁，「伯爵大人」，女王回應道（我喜歡想像這裡她停頓了一下下），「我已經忘記了你放的屁」。[45]

以某一點為軸心轉動事物，需要用上陀螺儀[iv]，伊莉莎白用的是她那個時代最好的陀螺儀。她在眾多要素之間達成完美平衡。她具有堅定意志，能夠運用想像力、詭計、幽默感，還懂得抓住時機，她能夠靠著一個不斷發展中的經濟體，既讓她能以雍容華貴的裝扮出現在世人眼前，更幫助她穩穩的走在鋼索上。至於腓力二世的陀螺儀（假設他有的話），則經常的出問題。她不需要讓人看到她總是汲汲營營，就能讓她內心裡盤算的計畫持續進行下去。而他則是贏了某個地方，同時間就要輸掉另一個地方，把自己搞得筋疲力盡。她巧妙的玩弄她的對手，讓他們彼此對立。他則是笨拙的搞到他的敵人都團結起來對付他。她的國家財政困窘，但在她的管理之下卻頗有富餘。他的國家極其富裕，卻老是在求人借錢。她從未感到她沒有盡到作為人君的責任，但他卻老是擔憂他做得不好。

馬基維利的思考模式就像一只陀螺儀，他給君主的建議，是要當一隻獅子也要當一隻狐狸。前者能嚇跑狼群，後者能嗅出陷阱在哪裡。伊莉莎白較為擅長遵循馬基維利的建議，她既

iv 譯注：陀螺儀，一種感測和維持方向的裝置，其旋轉的時候，轉軸永遠指向同一個方向。

是一隻獅子，也是一隻狐狸，還是一名女性，這樣的綜合體想必狡詐的馬基維利也會讚賞。腓力二世是一頭雄壯的獅子，但他也就僅止於做一隻獅子而已。像這樣的君主，馬基維利曾警告過，他們的專心致志會讓他們掉到陷阱裡。有智慧的統治者「絕不能夠，也不應當遵守信義，因為其他人有可能對他背信忘義，也有可能當初讓他許下諾言的緣由遭到抹滅……一位君主總是不乏正當的理由粉飾其毀棄信義的行為」。[46]腓力二世要向一位全知上帝負責，給他所做的事情找理由擦脂抹粉，這超出他的能力範圍，可能這就是為什麼他總是身穿黑色的衣服。[47]伊莉莎白一世只向她自己負責，卻渾身散發奪目的光采，「歲月不能枯萎她，習俗也不能腐爛／她無限的千姿百態」。[48][v]

女王的覺醒

馬基維利在這段文脈中談論到信義，這並不必然指的是宗教上的信念。他只是想要指出，情勢會改變，君主不應該將舊的許諾強加在新的情勢上。馬基維利並沒有預料到歐洲會出現宗教改革運動，他於一五二七年過世之前，根本沒有機會聽說過馬丁・路德（Martin Luther）[49]這個人。然而，半個世紀之後，治國之道就再也沒辦法這麼簡單的忽略宗教上的歧見了。伊莉莎白一世和腓力二世得要做出判斷，遵守信義的行為什麼時候可以，什麼時候不能，與王侯進行統治所要背負的義務相符。

整個一五六〇年代，他們大多數時候還能好好地畫出一個界線。腓力二世在西班牙鞏固他的地位，保衛地中海地區不受鄂圖曼土耳其的入侵。伊莉莎白一世則努力加強英國在蘇格蘭的影響力，現在，由於法國發生內戰，使得已成為蘇格蘭女王（Queen of Scots）的瑪麗・斯圖亞特失去外部的奧援。要讓英國和西班牙之間的緊張關係趨緩，必須要排除宗教因素才行，然而，尼德蘭地區因新教徒起義而造成的動盪不安正愈演愈烈，這對兩位君主而言都具有極高的戰略意義，但也因為如此兩國要再重拾和諧關係已愈來愈困難。

新教徒起義迫使腓力二世砸下大把銀子發動軍事行動，伊莉莎白一世一方面受到震懾，另一方面也對此事的發展燃起了興趣。要是西班牙成功鎮壓下新教徒，則即將會有一個礙眼的天主教強權國家矗立在英吉利海峽（English Channel）對岸。可是，由於這筆花費非常驚人，若是沒有從美洲運回來的金銀，西班牙是沒辦法打勝仗的。於是，伊莉莎白的海軍便沿著西班牙船隊漫長的航線，中途攔截下他們的財寶，由於路途遙遠，信息傳遞的速度非常緩慢，女王有充足的曖昧空間來決定她是否需要承認她就是背後的主使者。至於比較鄰近英國本土的區域，同樣需要類似的圓滑手段，她則是同意讓荷蘭海盜躲藏在英國港口裡。因而，她有辦法掐住西班牙的喉嚨，這手段雖非致命但也非常擾人，讓腓力努力在保全他歐洲北部據點的同時，受盡干擾。50

v 譯注：若有出自莎士比亞戲劇作品的引述，皆採用梁實秋譯本。

宗教因素也在損害兩國的外交關係。伊莉莎白的西班牙大使，因為嘲笑教皇的舉動以及舉行新教禮拜，遭到西班牙皇室屏退不得進入宮廷。伊莉莎白堅持捍衛外交豁免權，拒絕將其撤換。在這個時候，腓力派遣至倫敦的密使祕密的與瑪麗．斯圖亞特聯絡上，後者的蘇格蘭女王寶座遭到罷黜之後，她現在逃到英國尋求伊莉莎白的庇護。一五六九年，腓力親自向瑪麗．斯圖亞特保證，只要她繼續保持她純粹的天主教信仰（有傳言說她打算改宗），他就會給予她同情和支持。

現在，法國人拋棄了瑪麗．斯圖亞特，腓力不再需要懼怕她與法國結盟。因此，他回過頭去重啟他擱置了十年的計畫：在英國復興羅馬天主教。在過去，他或許是希望能透過聯姻，借助伊莉莎白的力量來達成他的計畫，但現在，他已經將她的名字給一筆畫去，「上帝必須允許……她犯了罪，她不信神，因此，她將要被捨棄」。所以，現在該怎麼做很清楚，「我神聖的信仰賦予我要維繫我的國家的義務，在我完成此工作之後，我必窮盡一切努力，在英國復興天主教並加以保護，如同往日」。[51]

腓力將他的計畫視為是十字軍聖戰再起，只是這次的目標不是要奪回聖城耶路撒冷，而是要解放坎特伯里（Canterbury），這裡不僅是舊教（天主教）在英國的發祥地，也是新教（英國國教）主教座堂的所在地點。奧古斯丁認為人有為國家服務的職責，但這項教條已經被解釋成是要為教皇和教會服務。要在聖地（Holy Land）清除異教徒的使命亦不復見，卻已演變成要屠殺那些抗拒羅馬教廷權威的歐洲基督徒。亨利八世的時代，英國已經成了羅馬教廷的眼中釘。一五七〇年的時候，教皇碧岳五世（Pope Pius V）更是行使他的權力，將伊莉莎白逐出教會，這樣做實際上就是授權讓教皇的忠實信徒，不只是可以推翻她，還可以暗殺她。[52]

阿爾瓦公爵（Duke of Alba）是腓力二世派去討伐尼德蘭地區的總司令，他認為這些想法實在不切實際，「就如正直又虔誠的國王陛下所言，最主要的手段必定由上帝賜下，但我們似乎還是有必要衡量，實現您的願望需要多少人力」。他實在沒有信心，他是否有能力發動跨海進攻，要是可以的話他是否會成功，要是成功，英國的天主教徒是否願意背叛他們的女王，要是他們願意的話，英國人（無論信仰什麼宗教）是否會接受瑪麗・斯圖亞特做他們的新女王。這種種可能性都敲響了阿爾瓦心中的警鐘，畢竟要平定一個比英國小那麼多的尼德蘭地區就已經夠艱難了。然而腓力仍然命令他，無論如何就是要進行，「我心中日夜思想的都是這項進攻計畫，我也深信我們的救主上帝必會擁護我們，因為此事是為祂而行。無人能再勸阻我，我不接受也不相信任何相反意見」。[53]

雖然腓力已經告訴上帝該做些什麼，但他卻看不清楚他該做些什麼，想必要微觀管理一個巨大的日不落帝國很容易模糊一個人的視野。腓力在這件宏大的計畫上轉移了自己的注意力，阿爾瓦是鬆了一口氣，但是碧岳五世卻震怒不已，他的繼任者國瑞十三世（Gregory XIII）更是有過之而無不及。最終，腓力二世在這件事上所達到的成就，不過就是讓伊莉莎白提高警覺，讓她明瞭她不再能寬容以對。當她登基成為女王的時候，她並不像「血腥瑪麗」那般令人膽寒，但她現在曉得她必須讓人懼怕。

報復

伊莉莎白的傳記作家安・薩默塞特（Anne Somerset）如此寫道，教皇發出的敕令使得伊莉莎白無法兼顧「同時成為一個良好的天主教徒和英國人」。[54]有腓力二世和瑪麗・斯圖亞特兩個人分別在一南一北，英國已經受到神學思想上（軍事方面也不遑多讓）的包圍，如獵鷹一般的警戒——甚至是報復，誠屬必要。

伊莉莎白不久便在一五六九年施展了第二個手段。那年，英國北部發生一起反新教的叛亂，幸虧其組織的手段拙劣，很快就遭到鎮壓。自這次騷動之後，伊莉莎白開始實施報復。瑪麗・斯圖亞特遭到軟禁的城堡就在不遠處，由於擔心叛亂領袖會把前任蘇格蘭女王劫走，伊莉莎白轉而以嚴厲手段對付叛亂的追隨者。對於這次叛亂，她下令處決了非常多人，其數目超過了亨利八世或瑪麗女王時代任何單次暴動而遭到處決的人數。伊莉莎白女王說堅持要處死「造反者中更為卑鄙的人士」，他們要為著「其他人的恐怖行徑」付出代價，有眾多人是整起陰謀中的下層人士，因為他們就是聽從發號施令的人才做了這事，女王說：「他們應得死亡的代價。」[55]

提高警覺果然有所回報，一項策畫得最為精心縝密的陰謀在一五七一年遭到揭發，這項計畫是要進犯英國，罷黜伊莉莎白一世並擁立瑪麗．斯圖亞特為王。這項陰謀中，有一名佛羅倫斯的金融家羅貝托．雷道爾菲（Roberto Ridolfi），自願擔任碧岳五世、瑪麗．斯圖亞特、腓力二世、阿爾瓦公爵之間的聯絡管道。阿爾瓦公爵是這些共謀者當中，唯一一位質疑這項計畫可行性的人，而雷道爾菲果然印證了阿爾瓦的猜疑，因為他太大嘴巴，被伊莉莎白的間諜頭頭察覺他們所密謀的事情，並在適當的時機加以揭發。此事爆發之後，瑪麗還能保住項上人頭算她幸運，但自此之後，她的性命隨時可能不保。[56]

領袖人物都喜歡認為他們受人愛戴，伊莉莎白也是，她公開宣稱她將自己的安全置之於度外。[57]這讓她的顧問大臣大感憂心，因為伊莉莎白尚未生下或指定一個繼承人。不過，在這件事上，將權力下放出去證明是有效的。一五七三年，她任命法蘭西斯．沃辛漢爵士（Sir Francis Walsingham）為內政大臣，授權他採取一切必要手段——內容是什麼她不需要知道，只要他能達成保衛女王和國家安全的目的就好。伊莉莎白能夠接受這一點，因為她向來視兩者為相同。

沃辛漢深信「凡事過度恐懼帶來的危險較小」，因此他開始從事反間諜活動，這在當時的英國稱為「斯百里」（spiery）[vi]，並將之擴張到了一個前所未見的規模。透過賄賂、盜竊、誘捕、勒索、刑求等手段，沃辛漢建立了一個橫跨整個歐洲的情報網。很難說他這樣做是否沒有

vi 譯注：「斯百里」（spiery），專指當時沃辛漢從事的間諜活動，這個詞現已不復存在。

必要，畢竟當時的教皇已經變成不斷定期在煽動人去暗殺伊莉莎白，而腓力他自己也允許這件事，只要能夠讓瑪麗．斯圖亞特成為女王即可。[58]

現在，人們喜歡將伊莉莎白的時代稱為「黃金年代」，不過這段黃金年代是透過嚴密監視和恐怖手段才得以成真，這是當時的矛盾之一，令人遺憾的是靠著人們的順從來維持。[59]伊莉莎白女王的天性比她的前任君主都還要仁慈，但是在她的時代，有太多人想要殺她。一位近代的伊莉莎白傳記作家麗莎．西爾登（Lisa Hilton）如此寫道：「伊莉莎白跟她的姊姊不同，她從來沒有因為宗教問題而將誰送上火刑柱。她都是因為叛國罪，才會把人刑求，或是施以絞刑。」[60]馬基維利大概會說，寬容已經對伊莉莎白造成不利。她想要受人喜愛，誰不想呢？但是，對於君主而言，絕對是受人畏懼，才是安全之道。

瑪麗．斯圖亞特之死

一五八〇年的時候，腓力拿下葡萄牙，給了伊莉莎白更多畏懼的理由。葡萄牙從一個世紀以前，就已經率先眾人，踏上海上大探險之途。現在，這個國家的船隊和航海技術都要為西班牙來服務。[61]伊莉莎白的海軍規模雖小得多，但她還是善用這筆資源，讓探險家法蘭西斯．德瑞克爵士（Sir Francis Drake）進行一趟為期三年的環球一周的旅程，這是自葡萄牙探險家麥哲倫（Magellan）之後，第一次有人從事這樣的壯舉，而這也表示一件事，沒有任何一片海域對西班牙的金銀船是安全的。不過，雖說這趟探險能讓德瑞克船長、女王，還有背後的出資者大賺一筆，但是仍舊不能改變這個事實，西班牙的軍隊剛在尼德蘭地區展現強大的實力，而且現在已經由阿爾瓦的繼任者帕爾瑪公爵（Duke of Parma）率領，要是腓力二世結合他的艦隊和西班牙陸軍朝著英國而來，恐怕英國真的要面臨很大的危險。[62]

伊莉莎白回敬以更多的小打小鬧，不過這些手段威力不足，沒辦法扭轉英國屈居於下風的情勢。伊莉莎白拿出更多資金來支持荷蘭的反叛勢力，並首次派遣英國軍隊去歐陸與反叛軍並肩作戰，但這些手段起的作用很小，沒辦法阻擋帕爾瑪。她派遣步兵團與德瑞克船長一起出航至西印度群島，英軍劫掠了不少港口並搶奪了很多戰利品，但都沒能夠攻下任何據點。[63]這個時候，暗殺女王性命的陰謀還在持續活躍，要是這當中有任何一項計畫成功的話，很可能就會注定了瑪麗．斯圖亞特的下場。光是一五八三年至一五八五年之間，沃辛漢的手下就破獲了三起陰謀。[64]

當英國國會明令皈依天主教可能會被視為是叛國行為之後，不斷有教士在英國遭到處決。但天主教反新教徒的勢力仍舊奉瑪麗．斯圖亞特為共主，「危險就是從此而滋生」，伊莉莎白的顧問大臣伯利勳爵（Lord Burghley）這麼形容。瑪麗雖被軟禁在英國北部，但仍沒有放棄她的信仰、她的野心，也尚未失去她對籌畫陰謀的喜好。[65]這使得伊莉莎白處於一個尷尬的境地。

處死一位神父是一回事，處死一位以前曾當過女王，未來仍具有繼承王位資格的貴族女性又是另一回事。伊莉莎白厭惡殺害國君，她曉得英國擁有惡名昭彰的弒君歷史。如果用上這個手段，將會使得她得到比「血腥瑪麗」更加嗜血的名號，畢竟瑪麗並沒有殺害少女時期的伊莉莎白，這也會使得她跟為了主張正統也不惜要暗殺她的教皇落到差不多的道德水平上。而且，還會給王室繼位帶來風險。瑪麗．斯圖亞特的兒子，也就是被擁立為蘇格蘭國王的詹姆士六世（James VI）是受新教的教育長大，若是讓他知道他的母親死得不公不義，那麼要如何勸阻他改信天主教呢？

最終，伊莉莎白極為巧妙的操縱了這件事。她給詹姆士提供津貼，用賄賂的手段讓詹姆士斷絕與其母之間的關係，她也同意英國國會通過禁止日後英國君主信奉天主教的規定。她讓沃辛漢偽造書信，讓瑪麗捲入另一件看似為真的陰謀，而瑪麗非常不明智的吞下了這個誘餌。等到所有的密謀者一舉成擒，伊莉莎白堅持要將所有人公開處決，行刑的過程還要延長舉行才行。接著，她讓瑪麗被控以叛國罪，罪名公布的時候她表達了難過的情緒，還詢問國會是否真有必要處死這位流氓女王。等她確定瑪麗難逃極刑之後，又一再的拖延著不簽署處決令，一直到她的顧問大臣不願繼續容忍下去，把這道命令夾在其他待她簽署的文書當中，雖說她在不經意中簽署了這份文件，但之後她其實曾清楚表明，她完全知道大臣在玩什麼把戲。

大臣擔心伊莉莎白又改變心意，他們把這紙命令快馬加鞭的往北送到佛德林亨城堡（Fotheringhay），也就是瑪麗受監禁的所在地。瑪麗的死刑很快得到執行，那天是一五八七年二月八日。伊莉莎白也很快就得到了消息，她一開始看起來很平靜，但接下來立即上演了一場她人生中在眾人面前演得最好的一場戲，她歇斯底里的哭泣起來，控訴她是受人欺騙才簽署了處決令，還威脅要吊死那些參與這件事情的人，之後有好幾個星期的時間，她都身穿黑衣為瑪麗哀悼。這彷彿是德瑞克劫掠西班牙船隻事件的翻版，她先是默許，但是後來又全盤否認。無論如何，為著更重大的結果，這一次她運用了更多手腕，先是允許整起事件的進行，但事後又否認她的參與。[66]

西班牙艦隊的潰敗

瑪麗．斯圖亞特遭到處決並沒有讓腓力二世準備進攻英國的計畫打退堂鼓。其中一個原因，是腓力成功吞併了葡萄牙，「如果羅馬只是統治了地中海地區，便有辦法號令當時的世界」，國王的御用神父這麼提醒他，「那麼，您認為統治範圍橫跨大西洋和太平洋的人又如何呢？請別忘記，這兩片海洋環繞了整個世界。」另一個原因，是他的海軍上將聖克魯茲侯爵（Marquis of Santa Cruz）在一五八二年至一五八三年間，很輕鬆的就能夠將法國、英國，以及葡萄牙的反叛勢力，從亞速爾群島（Azores）驅逐出去，這樣看起來，發動一場海陸兩棲的軍事行動似乎頗有可行性。不過還有另一個原因，還是來自於教皇，思道五世（Sixtus V）跟幾位前任者一樣，頑固的主張在英國復興天主教是腓力二世的神聖使命。[67]

腓力覺得這股來自教皇的壓力，令人感到愈來愈生氣。難道教皇不認為鎮壓荷蘭地區的反叛勢力也是神聖的工作嗎？上帝應該先幫助他們在當地取得勝利，然後西班牙才能夠征服英國。要同時做所有的事是不可能的。不過，伊莉莎白擴大了她的騷擾。伊莉莎白聽說西班牙即將進攻英國，便授權德瑞克開始劫掠西班牙。德瑞克船長在一五八五年秋曾短暫登陸加利西亞（Galicia），腓力大感震驚，深怕這樣的事將在未來層出不窮。想到未來得要全力防衛伊比利亞沿海的海岸線，腓力說服他自己，要一勞永逸的解決德瑞克的問題，只能攻打他的母國。心裡有了這樣的想法，腓力不再分心，專心準備對付英格蘭。瑪麗．斯圖亞特的死無關緊要，只是進一步的讓他深信，上帝希望他接替伊莉莎白成為英國國王。[68]

再次，上帝的眷顧又落了空，發動這個行動所需要的資源、時運、組織效率都沒能到位。腓力的微觀管理不僅拖慢了整個準備行動，德瑞克不間斷的劫掠行動也添了雪上加霜之勢。由於這起進攻計畫早就已是眾所皆知，因此也消除了任何奇襲之效。沒人知道這次的戰略是什麼，戰場經驗豐富的聖克魯茲侯爵已死，現在改由沒什麼航海經驗的麥蒂納．西多尼亞公爵（Duke of Medina Sidonia）接掌西班牙的「無敵艦隊」，不知道無敵艦隊要如何在尼德蘭與帕爾瑪公爵的軍隊接應以渡過英吉利海峽呢？一五八八年五月，一支史上最龐大的海上艦隊從里斯本出發，但卻馬上遭遇暴風襲擊，被迫要在西班牙北部的港口科倫納（Corunna）登岸，進行修繕和重新補給。腓力絲毫不受打擊，他如此告誡士氣受挫的主帥，「如果這是一場不義的戰爭，確實有人可以把這場暴風雨看作是我們的主阻止人們冒犯於祂的徵兆。但我已將這場行動獻給上帝……振作起來，完成你的職責」。[69]

「這個世界從來未曾如此艱險，也從未曾如今日般充斥著那麼多叛國與背信忘義者」，伊莉莎白一世的寵臣萊斯特伯爵（Earl of Leicester）早在幾個月以前，從尼德蘭寫了這樣一封信給女王。[70]英國的港口多是因應商貿用途而建，較不適合作為防禦之用。女王也不清楚她的子民到底還有多少人私底下仍是天主教徒，而帕爾瑪即將完成尼德蘭的平定大業。伊莉莎白的海軍雖受過精良訓練，但在人數上實在無法與麥蒂納・西多尼亞公爵的大軍匹敵，後者在七月二十九日時出現在康瓦爾（Cornwall）的外海。[71]不管怎樣，女王心中已有一計。

她心知最好是讓她的海軍將領在英吉利海峽迎戰西班牙艦隊，英軍將領也知道此處發生海戰亦為不可避免之事，因此，她先將德瑞克召回英國。在她的計畫中，她希望不要發生像薩拉米斯或亞克興那樣大規模的海戰。相反的，她要她的艦隊尾隨西班牙船隻，一艘鎖定一艘，伺機而動，而腓力的軍隊竟真如伊莉莎白所願，給英軍提供了良機。理論上，麥蒂納・西多尼亞的戰艦應該負責護送帕爾瑪的運兵駁船，讓他們渡過英吉利海峽登陸英國。但是，來自於國王的命令並沒有提到任何與時間相關的指示，沒有說明他的海軍上將和陸軍元帥之間要用什麼樣的方式來相互通訊，也沒有指示風向和海潮會如何走，好讓來自於兩個相反方向的兩支部隊相遇，然後，在一個適當的時機，將他們推送往英國的方向。腓力有很多工作，要寄託於上帝之手。

麥蒂納．西多尼亞於八月六日在卡萊外海下錨，截至當時，一直都還沒接到帕爾瑪的任何音訊。其實帕爾瑪人就在佛蘭德斯岸上，他隔了一天才驚訝的聽說無敵艦隊已經抵達的消息。他趕忙催促他的兵丁登上駁船，但這時才發現伊莉莎白的海軍將領查爾斯．霍華德爵士（Sir Charles Howard），已經在前一天晚上，靠著一陣順風將燃燒著火焰的船隻朝著西班牙船艦送去，迫使無敵艦隊的西班牙士兵在一片慌亂之中砍斷船錨，溜之大吉。第二天，霍華德爵士的艦隊在格萊沃利納（Gravelines）外海重創潰不成軍的西班牙艦隊，帕爾瑪侯爵只能沮喪的站在海岸上觀看這一切慘劇發生。只不過是一夜之隔，英國便重獲了安全，這都是多虧了霍華德爵士臨場發揮的火船戰術，他曉得女王會准許他這樣做。

英軍並沒有擊敗無敵艦隊，實際上只是將他們拖垮，不過這樣的效果其實也等同於前者。西班牙艦隊的航行是靠著好幾個星期前在科倫納所做的補給，但現在已經沒辦法找到願意讓他們停泊的港口。別無選擇之下，西班牙軍隊只能大老遠繞路返航家鄉，他們得要航行橫越北海，沿著昔德蘭（Shetlands），再往下經過毫無掩蔽的蘇格蘭和愛爾蘭西岸。等到第一批船隻抵達西班牙的時候，已經是九月的第三個星期了。七月底自西班牙出發的船隊共有一百二十九艘，現在，他們已經失去至少五十艘船，安全返抵國門的船隻當中，也有許多已不堪使用。啟航去征討英國的西班牙士兵有半數陣亡，大部分都是死於船難、飢餓和疾病，估計死亡人數應有一萬五千人。至於英國方面，他們因為使用火船戰術，在卡萊損失了八艘船隻，陣亡將士約一百五十人。[72]

一切榮歸上帝

「我願上帝並未允准如此之多的邪惡」，關於這場戰役災難性的後果，腓力收到第一份回報時如此寫道，「因這一切都是為了事奉上帝而行」。雖說如此，他很快的又開始計畫下一次征討，[73]深信上帝只是透過逆境來考驗他。「我從事一切必要之務……我挺身而出為上帝做工，必永不失敗。」[74]當然，奧古斯丁過去提出過類似的論述，然而，他認為上帝所考驗的，是目的與手段之間的比例性。奧古斯丁從來不認為可以為了神聖的目的，而未經思考的就任意消耗塵世間的生命和財寶。

「要從海上發動進攻，登陸危險的海岸，既沒能占領任何港口，也沒能得到任何盟友的援助，這樣的作風比較適合那些認為靠錢財就萬事無憂的君主，較不適合充分理解事態的君主。」沃爾特・雷利爵士（Sir Walter Raleigh）在無敵艦隊大敗後，做出了這樣的觀察。[75]馬基維利恐怕會說類似的話，奧古斯丁大概也會，只是會把「錢財」換成「上帝」。那麼，到底是什麼讓腓力二世做事老是顧不上比例原則呢？

歷史學家傑佛瑞・帕克（Geoffrey Parker）是為腓力二世生平寫作傳記寫得最好的作家，他應用二十世紀晚期出現的「展望理論」（Prospect Theory）找到了答案，這項理論指出，領袖會願意冒更大的風險去避免損失而不是獲得更多。[76]腓力二世繼承了一個龐大的帝國，而且他的領土還不斷的在擴大，因此他能夠失去的很多，不過比較奇怪的是，他為了「收回」並不是在他手上失去的領土，卻願意冒險。不管是亨利八世與羅馬教廷決裂，或者瑪麗女王無法扭轉其父之異端，都不是腓力二世的錯。這些不幸事件，加上宗教改革運動，原本是可以將之視為上帝對於教廷好幾個世紀以來的腐敗行徑所施以的懲罰。然而，腓力並非如此看待。他確信上帝將許多重責大任託付給他，不只是不能夠失去任何事物，還包括要恢復教會自古代和中世紀以來受到普世尊崇的地位。

「如果上帝賦予陛下要導正世間各種錯誤的責任，祂必早已將所需的金錢和力量賜給您。」一五九一年的時候，腓力二世的機要祕書這樣規勸過國王，「我知你因我從事的事奉而深受感召」，國王回道：「但你必須理解，你知這些事務並非一個對其肩負的責任具有良心的人所能輕言放棄，你也知我是這樣的一個人……我們做任何事都應優先考慮宗教上的理由。」[77]

這是腓力屢屢訴諸（帕克稱之為）「精神勒索」的手段的其中一次。[78]只要有人想要提醒他，他的目標已經超出他力所能及的範圍，這位國王就會宣稱那些提出預警的人缺乏信心，基本上他就是說上帝會為他們填補不足之處。然而當上帝沒有這樣做的時候，腓力就會堅持就算上帝的注意力漂移走了，他仍舊保持虔誠之心。上帝確實在試驗腓力，但是腓力並沒有將他自己置於這位試驗人的上帝之下。

深植人心的話語

伊莉莎白也試驗了上帝，但她是為了英國人的愛國心，而不是天主教的普世地位。「一國之君的權力，並未燦爛到使人眼花」，伊莉莎白過世前不久，向她的國會如此擔保，「然我們清楚知道並牢記，最終的那一日，我們都要到那位偉大的主宰面前，將我們人世間的一切行為攤開」。她看起來並不害怕那最終的審判，她自承她「欣喜上帝用我做祂的器皿，來維護祂的真理和榮光，捍衛祂的國度」。[79]如果在她的心裡，女王便等同於國家，同理，之於上帝，「真理和榮光」便等同於捍衛「這個國度」。

倉促行事永不可能帶來確據。歷史學家A．N．威爾森（A. N. Wilson）指出：「從伊莉莎白一登基，她的顧問大臣和朝臣，就不斷催促她做決定：要當一名天主教徒或新教徒，要跟某個人結婚，要跟愛爾蘭或低地國家打一場決定性且代價高昂的戰爭。在大部分的事務上，伊莉莎白都躊躇不決，有如哈姆雷特一般。凡事不下判斷，如果這不是最好的策略的話，至少不是錯誤的策略。」因為，「伊莉莎白就跟哈姆雷特一樣，他們都能夠察覺，太過於精確和太過於果決，都會為政治生命帶來不幸的後果」。

第一眼看上去，這兩人很難看出什麼相似之處。莎士比亞筆下的丹麥王子，跟腓力一樣永遠身著黑衣，缺乏像伊莉莎白般的輕巧（除了那些他瘋癲的場景以外），他假扮癲狂，裝出一副不顧所有肩上責任的樣子，讓他的敵人自行現身。伊莉莎白則是凡事拖延，也是看起來好像一副不負責任的樣子，遇到事情都是類似的態度，用來提醒她的顧問大臣要努力為她效命，把她的追求者懸在一邊，好讓這些國家個別的影響力微妙的彼此牽制，當這樣的平衡最後變得要對她不利的時候，她便引誘西班牙派出無敵艦隊進入英吉利海峽。由於她出於信任，將戰場事務交由她的將領全權負責，以至於英國成功的設下一個巨大的陷阱，讓西班牙吃足苦頭。精確和果決，在以上每一項情勢當中，都有可能反過來將她反噬。「克蘭默大主教是善用重言修辭法的神學大師，他的教女深諳雙重思想（double-think）[vii]的精妙之處」，威爾森做出如此的結論。[80]

我的字典裡給「重言」（hendiadys）[viii]的定義是，「用連接詞聯繫兩個詞，來表達一個複雜概念」。或者，用比較籠統一點的說法，兩件事要如何能看成，或合起來變成一件事？舉例來說，一個因英國國王受欲望驅使而誕生的新興宗教，是如何取代另一個數千年來眾人追隨的信仰？或許，是因為這個新誕生的宗教不再是用居高臨下的態度，而是用一般人都能了解的語言對信眾說話。威爾森指出，克蘭默大主教的《公禱書》就淋漓盡致的運用了許多重言的修辭語，為他們當時還在茁壯中的英語語言，創造了令人難忘的清晰語意：

全能最慈悲的父：我們犯了錯，離開了正道，如同失群的羊。我們常隨自己的心思意念，放縱自己的情欲……看啊，我們最仁慈的權柄伊莉莎白女王，願祢賜她健康與財富，願她萬壽無疆。願祢堅固她，使她征服並攻克所有的敵人。願她於來生獲得永恆的福樂。

重言式的修辭法，看起來似乎在重複的講同樣的事情，例如「犯了錯」和「離開了正道」、「健康」和「財富」、「心思意念」和「情欲」、「征服」和「攻克」、「福」和「樂」等，表達的都是相同或類似的概念。然而，重言式的修辭法同樣能夠巧妙的（以至於很難使人注意到）偷渡相互矛盾的概念，例如「全能最慈悲的父」，或是我們「最仁慈的權柄」。

聽到這些重言的詞組，給人們帶來了希望：將有一位父神要寬恕我們一切的罪過，英國要有一位君臨天下的女士，這甚至是一位童貞女王，要拯救這個國家並留下傳奇。這些都是伊莉莎白成功開啟的新希望。同時，她在某種意義上也鼓舞了莎士比亞，不光是發明了許多新詞給他的戲劇和詩詞提味，也運用了大量囉哩囉嗦的冗詞，譬如這一句：「這世界上的事情，由我看來何以如此的厭倦、陳舊、淡泊、無益！」[ix] 根據威爾森的解釋，莎士比亞「延伸和擴張了英語的語言」，讓所有說這個語言的人「擁有更大量的詞彙，因此更能夠用來描述經驗」。[81]

---

vii 譯注：雙重思想（double-think），同時接受兩種相互矛盾或相互違背的想法或行為，這個詞彙是源於喬治．歐威爾的反烏托邦小說《一九八四》。

viii 譯注：「重言」（hendiadys），就是用連接詞聯繫兩個形容詞的修辭法。如果是兩個形容詞直接並列，則詞性要加以變形成副詞，所以作者才說重言法能表達「清晰語意」。也由於宗教改革帶動了方言運動，《聖經》被翻譯成一般人民能夠了解的方言，因此下文中作者才說宗教不再是居高臨下，也才會說當時仍屬方言的英語是仍在成長中的語言。

ix 譯注：《哈姆雷特》，梁實秋譯本。

因此，也能夠用來駕馭經驗。就如同修昔底德兩千年前曾經提出的警告，危機發生的時候，話語將可能失去其意義，「無法用來檢視一個問題的各方各面，完全無法發揮作用」，[82]如果是這樣，則莎士比亞和他偉大的女王就是利用這些多樣的詞語確保他們仍舊能夠傳達他們的意思，有些是重複的，有些是相反的，無論如何，他們所用的話語是如此深植人心，以至於他們自己都沒料到能發揮如此之大的效用。重言詞組讓這個國家的文明，足以抵抗不久後這個世界將要遭遇的癱瘓。

上帝之城、人間之城

「一五八八年，某一個悶熱七月的夜晚，在格林威治的皇宮裡面，一位女士倒臥著死去，刺客的子彈貫穿了她的腹部和胸膛。她的臉滿是皺紋，牙齒都已發黑，死神毫不給她留下任何情面，但她吐出的最後一口氣，其餘音震動了整個西半球。」這紙信息傳到大船隊這邊，麥蒂納．西多尼亞公爵在甲板上踱了一整天步。「接著，他做了決定。蓋倫式帆船、克拉克帆船、槳列船、笨重的貨船……一艘接著一艘的大帆船轉向北方的陸地駛去，他們的目的地是海斯廷（Hastings），數百年前曾經締造歷史的地方。」

腓力二世再次成為英國國王，宗教改革運動在歐洲潰敗，西班牙統治了整個南、北美洲，英國的庫克船長（Captain Cook）在澳大利亞插下了教皇的旗幟。「對有些人來說，過去的這幾年是一段滿足的時期，上帝的創造最後一次開花結果。對另外一些人來說，這是歐洲的另一段黑暗時代（Dark Age），充斥著早該被抹滅和遺忘的事物……整體而言，教皇的手有辦法伸進各地實施賞罰，征戰的教會（Church Militant）仍舊維繫其至高無上的地位。」[83]

契斯・羅伯茲（Keith Roberts）寫於一九六八年的《孔雀舞》（*Pavane*）是一本科幻歷史小說，裡面假設三百八十年前，歷史稍稍的偏了方向，世界可能會變成是什麼樣子。小說設定的時代是一九六〇年代，在他的筆下，英國的交通工具是使用蒸汽拖拉機，用蠟燭提供照明，溝通方式是用旗語，因為羅馬教廷禁止使用汽油、電力、電報系統。無線電被視為是一種通靈術，只有一種祕密的組織才能使用。政治屬於威權體制，教育是僅限於某些人的特權，人們對過去的記憶非常模糊。「伊莉莎白時代殘存下來的少數人當中」，有一個人出乎意料的竟想起《理查三世》（*Richard III*）[x]當中的幾句臺詞，他給其他人解釋道：「我們從前在學校都會學到他。我忘了他的名字，我記得他的作品相當不錯。」[84]

《孔雀舞》的主旨相當反天主教，如果一九六六年還繼續有這樣的事，大概也會登上教皇的《禁書目錄》，事實上書中有另一個人物就這麼說：「切勿鄙視你的教會，因其智慧超越你的理解範圍。」沒想到，羅馬教廷早已擁有一切現代科技，甚至具備核能的知識，但教廷一直阻礙不讓人們碰觸，一直到整個文明的進化已經足以使人們睿智的使用這些科技。「她

---

x 譯注：《理查三世》（Richard III），莎士比亞的戲劇作品。

會處以絞刑或火刑嗎？是的，對有些人是的。但那時沒有貝爾森（Belsen），沒有布亨瓦德（Buchenwald）集中營，也沒有帕森德爾戰役（Passchendaele）。」只有一個古老但真實的世界末日（Armageddon），這些知識都是自此而來。[85]

　　這段最末尾的改編讓羅伯茲的小說具有重言的魅力：誰都沒有察覺到，原來教會精通矛盾論述的技巧，並因此將上帝之城和人間之城連結了起來。當然，這僅僅是一部小說，但與事實相悖的事物就像鬼魂一樣，總是縈繞在研究歷史的人的腦海裡久久不散。我們很有理由說，奧古斯丁上了天堂，馬基維利下了地獄，不過，腓力二世應該去哪裡？如果真的有一位天主教的神，則這位自始至終都保持虔誠信仰的國王，應該可望排名史上最偉大的戰略家前幾名。[86]至於伊莉莎白？至少會有馬基維利永世與她作伴。

第六章
新世界

如果我們說，一五八八年發生於英吉利海峽的真實事件，其餘波「撼動了整個西半球」，[1]可是與事實一點都不相違背。葡萄牙和西班牙所處的位置都不是足以引發震波的地方，但是在前一個世紀當中，葡萄牙人和西班牙人把他們對於船隻、風帆、風向、海流的新知，拿去用來探索並征服了廣闊世界中無限的新奇事物。[2]「世界不夠大」，這句腓力二世在伊比利半島上諸王國及其帝國均歸於其名下後所發出的豪語，確實非常貼切。歐亞大陸（Eurasia），指的是歐洲舊世界及古代各帝國所占據而為人們所知的領域，現在確實已經不夠用了。一五八八那年夏天，無敵艦隊從里斯本啟航，當船隊漸行漸遠，在那些逐漸從陸地上視野消失的人們當中，應該很少人會想到，在當時已經通稱為美洲的土地上，會出現天主教君主政體以外的政府。

上帝怎麼可能「不」與卡斯提亞王國（Castile）與阿拉貢王國（Aragon）站在同一邊？畢竟，這兩個自中世紀以來就已存在於伊比利半島的天主教王國[i]，單單在一四九二年這一年之間，就征服了他們的穆斯林鄰國，驅逐了依附於該地的猶太人，同時間（雖然這幾乎沒有相關）還擴展了世界所知陸地的面積。在接下來的一年當中，他們獲得教皇頒布敕令，承認他們擁有新領土和葡萄牙的所有權。這兩個王國統一成為西班牙之後，花了僅僅三年的時間就征服墨西哥，也沒花多少時間就控制了祕魯，因而確保了源源不斷的金銀供給。他們使用這筆財富，在一個完全陌生的大陸上，建立了與其歐陸母國完全一致的行政系統和建築。他們甚且還為那裡風俗、種族各異的居民，畫出了一條通往救贖的單一途徑。要能夠取得這樣規模的成就，並非僅靠著自信就能夠辦到，他們自認他們得到了，也背負著上帝的旨意。

時間是距離無敵艦隊啟航的兩百三十五年之後，地點是在一個世俗國家的如沼澤般的首都裡，有一名堅定的新教徒政治家，為著他的共和政體主權國家，正撰寫一篇同樣放肆而大膽的宣言。這篇宣言中說道：「因其所取得並維繫的自由、獨立狀態，美洲大陸今後不應再被視為任何歐洲政權之殖民目標。」一八二三年，美國國務卿約翰・昆西・亞當斯（John Quincy Adams）把這份《門羅宣言》（Monroe Doctrine）奉為「美利堅合眾國」（United States of America）的圭臬，然而此時此刻，這個國家缺乏捍衛「新世界」以對抗其「舊主子」的方法。雖其徒具像西班牙處於其鼎盛年代的自信心，但在亞當斯眼裡，這樣已經足夠。[3]

傑佛瑞・帕克提出他的論點：「西班牙無敵艦隊吞下敗仗，致使美洲大陸門戶大開，淪為北歐國家入侵和殖民的目標，也使得美利堅合眾國因此而誕生。」如果這個說法是對的，則一五八八年八月七日的那個晚上，一陣有利的順風、一位聰明的海軍上將、幾艘著火的船，就這樣扭轉了未來的歷史。如果腓力二世贏得這場戰爭，則結果就是他會要求伊莉莎白終止所有英國船隻航向美洲。[4]然而，從他的船長砍斷錨繩逃之夭夭的那一刻起，西班牙就緩慢的走向衰敗，一個新的世界秩序於焉興起。

---

i 譯注：伊比利半島上信奉天主教的諸侯小國相互兼併之後，最後形成卡斯提亞與阿拉貢兩大王國，這兩個國家再經聯姻而合併統一成為西班牙。西班牙透過宗教審判的手段，將伊比利半島上的阿拉伯人和猶太人都趕了出去。西班牙實現統一和哥倫布發現新大陸，都是發生於一四九二年。

英國的擴張

西班牙的無敵艦隊已經在大展威風的時期，英國根本尚未開始朝海外擴張。對英國人來說，所謂的「殖民地」就是指愛爾蘭。位於今天加拿大東部的「紐芬蘭」（Newfoundland），意為新發現之地，這個英國人即將要踏上的土地，對他們來說也就不過是一個可以捕魚的地方。「探險」，則意味著股份合資公司，最初的第一家公司有一個很稱頭的名號，它叫做「探索未知土地及其他之商人探險隊傳奇、公司和協會」（The Mystery, Company, and Fellowship of Merchant Adventurers for the Discovery of Unknow Lands &c）。[5]然而英國探險家為自己設想的使命走錯了方向，當時地球正好處於全球寒化的時期，他們竟是把精力花在試圖穿過位於加拿大的哈得遜灣（Hudson Bay），繞過俄羅斯北部，想要尋找能前往中國的貿易路線。德瑞克船長於一五七七年至一五八〇年繞航全球一周，即便那個時候西班牙都已經把加勒比海、墨西哥和大半個南美洲納入版圖已經近半個世紀了，這樁計畫仍顯示伊莉莎白不是沒有探索廣大世界的好奇心。由沃爾特・雷利爵士贊助而開拓的羅阿諾克（Roanoke），是英國在北美建立的第一個屯墾區，但時間只有短短的一五八四年至一五八五年，這個計畫很快便失敗了，而且還結束得非常難看。[6]

即使有西班牙在前面遙遙領先，伊莉莎白拒絕倉促行事。她不是耗費國家的海軍或國庫資源，而是讓商人用自己的船隻和人員去進行屯墾。她鼓動德瑞克船長駕駛神出鬼沒的英國船去嚇唬西班牙人，但她也不至於會不切實際的幻想，光靠德瑞克的劫掠就能維繫一整個國家的財政。伊莉莎白意識到腓力二世的微觀管理有種種缺陷，因此她要讓英國的海外組織行動能夠自給自足才行。她只有在深信能讓其他人得到利益的時候，才會關心某一項行動，雖非絕對，但主要都是出於商業的考量。這樣的動機因而為英屬美洲的殖民地建立了一套運作的範本，英國在美洲的眾多殖民地好似一團大雜燴，缺乏一個共同目標，彼此之間的聯絡薄弱，反倒是往海外和往英國母國的聯繫還較為緊密，這些殖民地分布於從麻塞諸塞州到喬治亞州的海岸線，而且英國人對這些地方多數管理鬆散，甚至是漫不經心。[7]

至於西屬美洲殖民地，到了一七五〇年代的時候，他們的人口已經是英國殖民地的六倍，還擁有不知道多出多少倍的財富。這些殖民地擁有壯觀的城鎮、通行順暢的道路，以及堪與羅馬帝國相比的標準作業，找不出來哪裡有漫不經心的地方。歷史學家約翰．艾略特（John Elliott）說，要是有一位紳士要從墨西哥市（Mexico City）旅行到利馬（Lima），這趟要往南跋涉兩千六百英里的旅程當中，他能夠全程都感到如在家中般舒適。「各地的市政機構完全一致，敬拜神的形式也完全相同，」這樣的情況在英國殖民地是看不見的，「各地的當地風景、移民動機、宗教信仰都不一致，人們各自在不同的時間點，用不同的方式抵達屯墾區，這樣的移民方式創造出多元族群的混合體。」[8]想像一下，年輕的約翰．亞當斯（John Adams）（他是約翰．昆西的父親，美國的開國元勳之一，也是美國第二任總統）混雜在維吉尼亞州的屯墾民當中的模樣，或者有可能他是南卡羅來納州的某個黑奴主，他所遭遇到的各式文化間的衝擊，想必會跟他去了利馬一樣的劇烈。

西班牙跟羅馬一樣，要在異中務必求同。這能夠帶來驚人的成果，如若不然，這兩個帝國無論是哪一個都不可能擴張得如此快速，這樣做的代價是他們無法真正在當地扎根，只要發生什麼災禍，當權者的地位很快就會受到動搖。[9]英國人散布影響力的速度比較慢，但他們比較能夠輕易的適應於當地，特別是在北美地區。當麻煩到來的時候，隨之而來的是一場以革命為手段來建立共和國的權力轉移，而不是權力的崩解。這個地區的人民所立下的典範，要在接下來的兩個世紀當中，威脅到世界各地的帝國。

異同共存

然而，英國人輕鬆以對（甚至是漫不經心）的態度，怎麼會導致這樣的結果？對於這個問題，我認為是因為他們打下了適合在當地發展的根基。專心致志加上強而有力的外力介入，看起來是有辦法能建立起宏偉的產業，但唯有讓形成障礙的地形慢慢的變平緩（而不是強力剷除），有點像是綜合薛西斯一世的手段加上現代造高速公路的方法，才是真正的祕訣。然而，你不可能用相同招式應付所有的狀況，因為地球上的地形是不規則的，這反映出其本質，陸塊會改變位置、滑動、相撞，還會推擠並覆蓋。預計一切都會保持穩定不變，正是帶來毀壞的其中一種方法。具備韌性才有辦法面對意外。

因此人們就有了理由去抗拒一致性，尊重多變的地形，甚至還有理由優柔寡斷、遇事不決。伊莉莎白一世就是這樣子統治英國，她是善用這種創新手法的先驅，她不結婚，（有限度的）容忍宗教上的異同，而且她還讓一種語言發展出輝煌的內涵。每一項手段都是為了對付不同情勢而做出的回應，沒有哪一項是為了什麼宏偉的計畫。合資公司同樣具有類似的彈性，「英國發展殖民地的早期階段，沒有任何來自皇室的緊密控制」，艾略特這樣說道：

> 這讓殖民地當地的政府型態有很大的空間能自由發展，演化成最適宜於那些積極參與海外組織和屯墾區流程建立的人們，這些人當中也包括組織的金主和殖民地的開拓者，只要他們的活動不超出皇室須予他們的特許範圍即可。

相較於西班牙在「新世界」的殖民地，也相較於法國新近主張獲得（但幾乎都沒有進入屯墾）的領土，包括聖羅倫斯河（St. Lawrence River）、五大湖區（Great Lakes）、俄亥俄河（Ohio River）、密西西比河（Mississippi River）的沿岸地區，英屬美洲「屬於一個其政治和行政機構較可望由下層向上演進的社會，而不是這些制度典章直接由上方強加於人民」。[10]這使得英屬美洲變成一鍋亂糟糟的大雜燴，但同時也是一個組成複雜卻適應力強的體系。

理論學家告訴我們，這樣的體系因為要經常應付無法預知的需求（但這樣的未知狀況也不能太過於頻繁），因此能蓬勃發展。受到良好控管的環境是很能夠使人自鳴得意的，然而當這股控管的力量崩解時，人們就會無力應付，而這個情況遲早都要發生，可要是干擾時不時的就出現一下，又會阻礙環境自我恢復的能力，沒有一時一刻得保健全。所以，自然的世界裡，過程的內化與斷裂之間會自行達到一個平衡，這意思是說，混亂會有一個臨界點，隨之出現適應性的變化——尤其是自體內部形成條理、秩序。[11]新時代政治的運作方式，與此十分類似。

繼任者

英屬北美（British North America）的人們同時要與好幾片臨界點共處：一片浩瀚的海洋，但人們已在其上發現了航路；一片新的大陸，但南方受西班牙控制，北方和西方要面對法國的勢力；來自於家鄉英國，伊莉莎白一世之後的繼位者，終日像隻陀螺般忙碌，卻毫無建樹只會給他們帶來干擾。如果是那位女王，她會很有技巧的散發魅力，或是嚇唬、誘騙、假意聽從、忽視她的國會成員，她不會直接與他們起衝突。[12]斯圖亞特家族的人[ii]接替沒有子嗣的伊莉莎白一世登上英國王位之後，竟還特意開啟了無法打贏的戰端，前任女王為一人之信仰不等同於其行為所畫下的界線，也被後繼的國君給抹煞，其實際的作為就是把英國牽扯進歐洲因宗教紛爭而愈演愈烈的三十年戰爭。到了一六四二年，英國爆發內戰，這場戰爭發生的非常莫名其妙，直到現在歷史學家對於這場戰爭到底是誰與誰打，為了什麼原因而打，都還無法有個定論。[13]七年後，查爾斯一世（Charles I）因為這場他所掀起的紛爭，付出了項上人頭作為代價。

英國的這場暴亂，一踏上美洲即遍地是機會的應許，貿易活動發達，容許人們有不同的信仰且不需忍受專制統治的遠景，在在強化了人們想要移民的動機。即使奧立佛·克倫威爾（Oliver Cromwell）[iii]主政時期曾有過短暫且失敗了的共和體制實驗，國內的專制統治和紛擾使得人們對倫敦沒有什麼期望，只能寄希望於殖民地的「族群混合體」。等到一六六〇年英國王政復辟，查爾斯二世（Charles II）順理成章登基，此時，混入了異質的體系已經橫跨大西洋而建立。[14]

查爾斯二世的統治被形容成是「懶散、長久而淫亂的」[15]，於一六八五年終止。繼位者是他生性頑固的兄弟詹姆士二世（James II），其任期只具有這些特質當中的最後一項。身為一名堅定的天主教徒，他決意要讓英國回歸羅馬教廷，同時他又想學習法國國王路易十四（Louis XIV）的榜樣，把英國打造成「現代化」的中央集權政體，同樣的體制他打算不久後也要在殖民地實施。[16]然而，三年後，詹姆士二世得了一子，這使得英國有可能還是得要迎接一位天主教國王繼位。朝臣大感不妙，所幸詹姆士的新教徒女兒瑪麗（Mary）是嫁給荷蘭的奧蘭治公爵威廉（William of Orange），在他們的暗地安排下，威廉偕同瑪麗回歸英國，成為自一〇六六

ii 譯注：接替伊莉莎白一世繼位的是瑪麗·斯圖亞特的兒子詹姆士一世，此後便進入斯圖亞特王朝，下一位繼位的國王就是下文提到的查爾斯一世。

iii 譯注：查爾斯一世亂政，克倫威爾將其推翻，並廢除君主制成立共和，但後來這股勢力無以為繼，英國才又恢復君主制，即王政復辟。

年的諾曼第公爵威廉一世（William）以來，第二位成功跨越英吉利海峽征服英國的威廉。接著，詹姆士二世被推翻，威廉與瑪麗取代他繼位，美洲殖民地的人們再度逃過一劫。一六八八年的這場「革命」，讓美洲殖民地的體制得到繼續演化的空間，這起事件定下了先例，為日後他們面對已經承諾好的事遭到反悔而挺身站出來抵抗的行動，提供了正當的理由。

一六八八年這場光榮革命留給人們的教訓，這起事件背後的重要思想家約翰・洛克認為，「國家只能有一個最高權力，即立法權，其餘一切權力皆必須從屬於其下」，雖然如此，「人民仍然享有最高的權力來罷免或更換立法機關」。[17]這裡的原則看起來相互牴觸，至高無上的地位怎麼能分享？但在這個疑問當中，現代歷史學家羅伯特・圖姆斯（Robert Tombs）指出，這為英國後斯圖亞特王朝的政治文化立下了基礎：

> 對於烏托邦和狂熱主義者的懷疑、相信常識和經驗、尊重傳統、偏好漸進式的改變，以及認為「妥協」是成功，不算是背叛等等。這些都是從君主專制和神聖共和主義的失敗中衍生而出的，代價高昂而且讓人學到很多教訓。[18]

他們的「氣派」（馬基維利愛用的詞）是伊莉莎白式的，雖說女王陛下不會樂見君主「立憲」政體。反而，她會認為在兩極之間取得平衡才能帶來好處，她自己每天都在練習這項藝術。她必定會認為她的繼位者想辦法消除對立的努力是愚蠢而危險的。她深諳政治界的園藝學：你必須容許各色各樣的植物一起生長，不要每天都去查看根長得怎麼樣了，才能得到一個出色的花園。她或許會贊同艾德蒙・柏克（Edmund Burke）。

讓北美自由

一七七五年三月二十二日，艾德蒙・柏克在英國國會起身發表演說，解釋美洲殖民地的人們是什麼樣的情狀，「他們是新近出現的民族……尚未完全發展成形」，他們所展現的「勤勉和吃苦耐勞」，是承襲自英國的自由精神、土生土長的共和國主義、多樣的宗教信仰、仰賴令人不安但卻利潤豐厚的奴役制度、因廣泛的識字率而生的好訟習慣，以及由於「你們和他們之間相隔了三千英里的大海洋」而導致的自給自足精神。除卻「明智且有益的忽視」以外，他們「需要我們關心的地方很少，或幾乎不需要」。在他們的成就面前，「我認為所有來自於權力的自傲都要沉沒，所有推定是人類耍弄計策的智慧都要融解……我將之歸因為自由的精神」。[19]

十八世紀上半葉，英國在英屬北美當地實施的政策當中確實很少看見「計策」。歐洲戰爭打得拖延不決、曠日廢時，再加上因君權弱化而有傾向鮮明的「政黨」應運而生，英國政壇無暇也無力氣再有野心顧及殖民地的狀況。同時，美洲殖民地的人是這樣的無憂無慮，當他們收到任何指示，也就樂得不去嘗試實行。「我猜想就跟大部分初來此地的年輕人一樣……我應能夠大力實施整頓，但只要有了些與此地人民相處的經驗，並再省思一下家鄉目前的狀況，完全就能防止我犯下這個錯誤。」這是一七三七年，一位心有愧疚的殖民地總督所寫下的字句。[20]

不過，這樣子的散漫很難一直持續下去。殖民地的人口每過二十五年就翻倍一次，一七五一年，班傑明・富蘭克林（Benjamin Franklin）指出：「再過一個世紀，英國人數目最多的地方會是在海的這一邊。」[21]這使得朝西方擴張成了當務之急，但這條路被法國人和他們的美洲原住民盟友給擋住了。一七五四年，喬治・華盛頓（George Washington）當時還是個年輕的上校，因沒能奪回邊境的英軍堡壘，[22]致使一場新的戰役爆發。這場最後歷時七年的戰役，很快擴散到了歐洲、印度、公海。這場七年戰爭最為戲劇性的一段發展，便是一七五九年法國在英軍手上輸掉了魁北克，接著法國勢力被迫退出北美。

《巴黎和約》（Peace of Paris）於一七六三年簽訂，表面看起來像是美洲的盎格魯人獲得了勝利，然而事實上，這紙和約將勝利者分成了兩個陣營。這場戰爭讓官方的注意力集中到了美洲的殖民地上來。英王喬治三世（King George III）的大臣開始提出質疑：難道我們對於戰後殖民地的管理又要再度失焦嗎？經過計算，北美人在所有人當中付的稅金最少，難道他們不該為著他們得到的保護多付點錢嗎？雖說現在有了英格蘭銀行（Bank of England），英國人能夠從自己的央行獲取融資，但難道英國人就可以永無止境的累積債務下去嗎？難道不能有個誰去管管外阿帕拉契屯墾區（trans-Appalachian settlement），防止移入的人口和美洲土著發生衝突嗎？如果我們自己都管不了自己的帝國，還要它幹嘛？[23]

對於早已習慣天高皇帝遠，凡事都自行作主的殖民地人士，這些問題暗示著，母國的魔掌一旦伸入，恐怕就再也不會收回去。[24]人們先是感到困惑，接著是生氣，當一七六五年的《印花稅法》（Stamp Act of 1765）生效時，人們展開抗拒。由於相隔了一個遙遠的距離，幾乎沒輒的英國國會因此放棄實施這條向殖民地人民徵稅的法案，改於一七六六年頒布《公告法》（Declaratory Act of 1766），這項法案是規定英國有權恢復任何遭到廢止的法令。柏克認為立這條法案根本就是在鬧脾氣，他發出苛刻的嘲笑：「立了這條法律，還要立另外一條來實施，這是毫無止境的徒勞無功。每立一條大法律還得要有一條小法律來輔助，就跟騎士上戰場還要有個侍從在旁邊幫忙提盔甲沒什麼兩樣。」[25]

這個問題的重點，在於洛克提出的兩股對立的最高權力：人民要服從政府，但政府要能反映民意。對應到英國的處境來說，英國現在走在一條繃緊的鋼絲上，他們想要把這條鋼絲跨海伸進美洲，但距離阻礙了他們了解殖民地人士的民意，也助長了當地的不服從，這條線太細了。柏克在一七六九年時就已預言了雙方面臨的難題：

> 北美人士發現了一件事，或者他們認為他們發現了一件事，那就是我們意圖壓迫他們。而我們發現了一件事，或者我們認為我們發現了一件事，那就是他們意圖要掀起叛亂。我們的手段愈嚴苛，他們的行為就會變得愈不友善，而我們不知道該如何往前進，他們不知道該如何往後退。[26]

唯一的出路是分攤這些不滿。「所有政府，包括每個人的利益和樂趣、每項美德、每件謹慎的行為，都是建立於妥協和交換的基礎上。不便之處要獲得補償，我們既給予也接受，我們放棄某些權利，好讓我們享受其他……但在一切合理的行為當中，所購買之物必定要伴隨著付出一定比例的代價」，柏克在他一七七五年於國會的演說中，做出如此慷慨激昂的結語：「若是拒絕讓北美人士擁有自由，那麼你們就將打破這條唯一的羈絆，那是從最初即已建立，必須要繼續保護，才能維繫帝國統一的羈絆。」[27]

擁有一個自己的政府

為柏克寫作傳記的大衛・布洛維奇（David Bromwich）提到，喬治三世的首相喬治・格倫威爾（George Grenville）在《印花稅法》事件鬧得沸沸揚揚時曾發表過一場演說，布洛維奇指出其中的論點「前後不合」[28]，格倫威爾的意思是想要表示，一個帝國的權力核心可以將自由賞賜給外圍的附庸，同時也可以限制和束縛他們。伯里克利在其《國殤講詞》當中就表達過類似的說法，他一開頭先表揚雅典人是敬重其殖民地的，但是結尾卻又讚美雅典人運用武力讓殖民地社會順從。[29]在麻煩尚未完結之前，這兩位都忘了他們是怎麼開始起的頭：取得所購買之物必定要伴隨著付出一定比例的代價。

美洲的革命人士比較記得久遠以前的事。他們還記得在學校時教過的經典著作（而且他們讀的應該都是翻譯本），因此他們記得希臘式民主的失敗，以及羅馬共和體制為當前情勢所帶來的教訓。他們尊崇的是最早自盎格魯薩克遜時期[iv]成型的普通法（common law），英國自這段時期起形成的法律系統被諾曼人（Normans）[v]竄用，後來因《大憲章》（Magna Carta）的制定而獲得彌補，斯圖亞特家族當政時期曾一度岌岌可危，雖在一六八八年得到恢復，但如今，在君王、國會和殖民地管理者的敗壞之下又遭逢危機。他們發表的《獨立宣言》（Declaration of Independence）是援引自一七七六年啟蒙運動帶來的知識解放，現在更是再度強化了這些論點，其中包括了亞當．斯密的《國富論》、愛德華．吉朋的《羅馬帝國衰亡史》（*The Decline and Fall of the Roman Empire*），還有最強而有力的，湯瑪斯．潘恩（Thomas Paine）所撰寫的小冊子《常識》（*Common Sense*），潘恩在這本論述中說，在一般人的常識當中，人們是「厭惡理性、普遍的秩序、舊時代的典範，不願去設想這塊大陸還能夠更長遠的臣屬於任何外來的強權」。[30]

潘恩堅決主張，君王之所以興起並不是因其功績，而是因為他們在人們的記憶中存在的時間較久。第一位國王只不過是「一夥躁動不安之徒當中的頭號惡棍」而已，例證當然就是自諾

iv 譯注：盎格魯薩克遜時期，指的是西元四四九年至一〇六六年之間的時期，因此刻英國主要是為盎格魯薩克遜人占領，此時期的法律對英國後來的普通法發展奠下根基。

v 譯注：諾曼人（Normans），就是指諾曼第公爵威廉一世，後文也有提到的「征服者威廉」。

曼第跨海而來征服英國，成為英王威廉一世的「征服者威廉」（William the Conquerer）了，潘恩說他不過是「一個法國雜種，率領一班武裝盜賊而來，不顧當地人的憤怒就自立為英格蘭國王……這毫無神聖性可言」。而且，如果君王的人選真的是來自天命，上天怎麼可能經常「把它變成一場笑話，用一頭蠢驢來接替一位獅王」。是什麼道理讓「一個二十一歲的年輕人（不過喬治三世在一七六〇年登基時已經二十二歲了）君臨幾百萬名比他年歲更長、更有智慧的人，我嚴禁你們這種行為變成法律」。[31]

在羅馬之後出現的共和國，雖然規模較小而且也不常出現，但他們的成果較佳。為了鼓勵平等，這些共和國消除了傲慢，也因此消除了驕傲帶來的健忘症。當其他君王彼此競逐，為他們的國土帶來毀滅性的結果的時候，荷蘭與瑞士自外於這些紛擾，平靜的繁榮、壯大。美洲的居民也是，當他們的殖民地組織演進為採用代表大會的制度時，他們自己也進入共和的體制，因為這塊土地上的人，長久以來都是靠著他們自己的方法來過日子。北美殖民地有活絡的貿易，加上他們缺乏金銀，這能夠「確保我們與全歐洲維持和平和友誼」。因此，「當我們起身反抗這個世界，他們能拿我們怎麼樣呢？」[32]

獨立之所以讓人心生懼意，是因為其架構尚未完全，要如何讓十三個共和國與他們在這塊大陸上的壯志結合在一起？在這點上，潘恩無法給出答案，但他確實知道一件事，「擁有一個我們自己的政府是我們的自然權利」，而這個需求是緊迫的。「自由在世界各處遭到驅逐，亞洲和非洲早已將她驅逐，歐洲將她視作異己，英國已對她下了逐客令。啊，接待這位逃亡者吧，及時的為人類預備一個避難所。」[33]很少有論述家在結束自己的論點之前，能更加響亮的，呼應他們一開頭的話語。

《獨立宣言》

潘恩所著的小冊子有如伊莉莎白火船的文字版，一種煽風點火的工具，意在使敵人喪膽，號召己方挺身而出，然後扭轉歷史的方向。當然，這並不是一次到位。《常識》在一七七六年一月問世，其時，對於要如何確保讓北美殖民地能夠獨立而不只是嘴巴上說說而已，社會上並沒有一個清楚的想法。潘恩所做的，則是扭轉人們的心理。英國就如同一五八八年的西班牙一樣，是當下具有軍事優勢的那一方。然而，他們很快就會發現他們很難再保有自信，深信無論是上帝或歷史、正義或理性，或者單單他們所處的競技場內的優勢，仍舊是倒向他們那一邊。[34]

六個月後，由湯瑪斯．傑佛遜（Thomas Jefferson）起草的《獨立宣言》向世界發表，有如一記重錘，清楚而大聲的喊出殖民地人的心聲：「在有關人類事務的發展過程中，當一個民族必須……，並在世界各國之間依照自然法則和上帝的意旨，接受獨立和平等的地位時，出於對人類輿論的尊重，必須把他們不得不獨立的原因予以宣布。」[35]雖然僅花了短短時間寫就，傑佛遜寫下的字字句句鏗鏘有力，在在使得英國人無可辯駁，只能延續他們前一年在列星頓（Lexington）、康科德（Concord）、邦克山（Bunker Hill）等地即已開展的戰事，後世認為美國獨立戰爭就是起於這一年，即一七七五年。換句話說，英王和英國國會雖然宣稱他們尊重自由，但他們卻是在鎮壓這份自由。

歷史學家喬瑟夫．埃利斯（Joseph Ellis）指出，傑佛遜是個天才，他把矛盾隱藏於抽象的概念當中。這位主張「所有人皆生而平等」的維吉尼亞人抵達費城的時候，是由盛裝打扮的奴隸伺候的。[36]他的宣言中既寫入了普世的原則，還加上了一長串英王喬治三世本人所犯下的過錯，總共有二十七條，看了令人難以置信，這就是為什麼今天要是我們引述這整份文件的內容，不免聽起來會有點可笑。不過傑佛遜也和潘恩一樣，沒辦法告訴大家要用什麼樣的政府來取代英國暴君。細節不是愛國人士的強項。

要是他們善於籌畫細節，恐怕永遠不會有人嘗試追逐獨立的夢想，因為細節會澆熄海上火船所需要的火種，並打斷論述的開頭和結尾。這就是為什麼潘恩和傑佛遜都認為有必要先讓歷史的方向傾斜，然後再從那一個點上開始努力。修辭是他們所用的手段，必須要比真相還要清晰才行，如果有必要，甚至倒轉是非也可以。[37]喬治三世不是暴君尼祿，也沒有差到像詹姆斯二世那樣。不過，傑佛遜在他的控訴中略去了英王支持黑奴買賣這條罪責，因為這樣形同是譴責蓄奴的行為，從而使得這份文件無法得到全員一致通過簽署。[38]

透過種種妥協，這份宣言終能在意識形態上前後達成一致，如若不然，則誕生的就會是一個平淡無奇的「美利堅十三州不合眾之國」，其前後如一的語調也穩妥的捕捉了各簽署人相互分歧的心情，有人帶著愛國者的憤怒，有人懷著哲學式的省思，有人嚴肅地意識到之後將免不了一場浴血，有人確信眾人的目光都集中在他們身上，他們之中，更有一種幾乎好似青少年即將能夠「自己作主」的興奮之情，就如潘恩所形容的，他們「想要重新啟動這個世界」。[39]常常看到別人暴怒而皺眉，卻對自己的壞脾氣視而不見的約翰·亞當斯，當獨立紀念日來到時，總是滿懷著獨立的精神，向上帝獻上感謝完畢後，他要求要「隆重的慶祝」，「在這塊大陸上的這一頭到另一頭，舉行各種娛樂節目、遊戲、運動比賽，還要鳴槍、敲鐘、升起營火、掛起燈飾，從今日到永遠」。[40]

美國人的建國之路

亞當斯在信中寫的是「大陸」而不是「國家」，這並非筆誤，那是因為那些獨立運動的發起人經常的強化他們對於地理的意識。潘恩指出，「有件事非常荒謬，那就是假定一塊大陸永遠都要受一個島嶼治理」。富蘭克林也說過，英國人在一七七五年的戰爭中花了三百萬英鎊的軍費，結果只殺了「一百五十個北佬」，而在那一年中，美國就誕生了六萬人，這樣要花多少年，付出多少代價，才能「把我們全部人殺光」？[41]喬治·華盛頓現在是大陸軍（Continental Army）的總司令，雖並非毫無極限，但他有很大的地理空間讓他能往後方撤退，還有，他的敵人只能著循海路進行補給。他後來曾解釋過，他因此靠的是「時間、謹慎行事，還有讓敵人焦慮，一直到我們能夠更容易取得武器和其他工具，維持部隊的良好軍紀」以確保他們能得到勝利。[42]

他們需要有一個政府才能夠做到這樣的事，但是美國人在一七七六年的時候，並不確定他們想要什麼樣的政府。因此，他們決定各州要有自己的政府，各自代表各州的利益，在《邦聯條例》（Articles of Confederation）的架構之下結合成一個鬆散的組織。在這樣的架構之下，十三州所建立的是一個聯盟，不是一個國家，沒有最高領袖，立法不需經過司法權核可，最重要的是，沒有徵稅的最高機關。[43]彷彿美國人選擇忽視某些事物好符合他們的利益，並把這當成是他們的第一部憲法。不過這種他們在舊大英帝國時代所喜愛的輕鬆散漫，是否還能在新時代繼續投其所好，仍有待觀察。

就算是在陸地上，軍隊仍有可能遭遇陷阱並被迫投降。這就是英軍在一七七七年薩拉托加戰役（Saratoga）和一七八一年約克鎮圍城戰（Yorktown）的命運。英軍遭遇第一次戰敗後，仍勉力堅持一戰，第二次戰敗後才投降。在這樣的情況下，美軍還會繼續打下去嗎？邦聯議會（Confederation Congress）很不情願的為華盛頓提供補給，使得他幾乎要失去一切信心，直到和平終於在一七八三年時來到。華盛頓告誡道：「只有我們作為一個帝國，擁有團結的精神，我們的獨立才會受人認可，我們的力量才會為人器重，我們的榮譽才站得住腳。」[44]

美國人贏得這場戰役的原因，可以利用馬基維利的見解來解釋，一位專制君王在君主立憲體制上所碰的壁，讓他在多年以後，催生了一場共和式的革命。法王路易十六（Louis XVI）

對於法國一七六三年在北美大敗於英軍仍耿耿於懷，因此當北美的叛軍一七七六年派遣特使到巴黎的時候，他給予了熱烈歡迎。美國人對於通商做出的承諾很模糊，但是他們帶來的復仇機會卻令人十分雀躍。法國人對此回應以讚賞，資金上的支持以及「永久性」的軍事同盟。法國艦隊適時的抵達約克鎮外海，終於迫使英軍徹底投降，於是美國歡欣的拋棄了他們的盟友，與敵人的代理人協商一條和約，順利的將他們的疆界往西推向密西西比河。[45]

這個結果使人不知該如何分類。[46]這場勝利該歸功於紀律還是權宜之計？這是靠著聲張人權還是玩弄權術而得到的勝利？是舉重若輕的態度，還是強而有力的統治之手發生了功效？到底是共和國，還是像華盛頓說的，是「帝國」獲得了勝利？如果回答「以上皆是」，就是在逃避問題，但在這個案例上卻未嘗不是個有效的答案。柏克說政府應該分攤不滿的情緒，伊莉莎白一世訂下先例不受前人束縛，馬基維利說要注意比例原則，如果說以上這些皆為正確，那麼美國人在這條建國路上摸索前進的事蹟，就不是他們自己的突發奇想了。[47]就連奧古斯都恐怕都會對於美國領袖接下來所做的感到佩服，他們自己發動了第二場革命，以彌補第一場革命中犯下的錯誤，不過他們做得很有技巧，一直到該發生的事情爆發了以後，他們才以不著痕跡的方式勸服人民，說國家尚未掌握好這件事情。[48]

共和國？

無論他們的矛盾之處為何，美國人在第一次革命前和革命後皆是一樣的強烈不信任政府。

畢竟他們被丟在一邊放任不管太久了，任何英國影響到他們的行為，在殖民地人士眼中皆是邪惡的。歷史學家戈登·伍德（Gordon Wood）就說，「就連最沒什麼要緊的事件，都能突然間一躍而成與一個人基本自由有關的重要憲法問題」。[49]對於極端的厭惡不會輕易消失，而這一點在大不列顛終於在一七八三年接受美國獨立之後還持續了很久。美國人不過就是把這個問題轉移到了他們自己身上。

或許到手的勝利使得忍耐不再是必要。或許這件事突顯了他們至今以來逃避的一個問題，那就是，如果革命幫助他們獲得了機會的平等（也就是面對不平等而挺身站出來的權利），與處境的平等，難道他們不該有義務將之維持下去？或許，英國社會出現的腐敗，就像天花一樣傳遍美國同一層級的人物，讓所有人為之警醒。或許，是因為要是立法權完全不受拘束，總是會導引至暴政，無論是採取國會制還是邦聯制結果都是一樣。或許，人民本身就是不該受信任的。或許，英國人沒有錯，有些美國人心裡也是這樣想只是不敢說，那就是美國人只是不想要有人管，才用以取代了外力的箝制。

從外表上看來，這個國家不斷在茁壯。即使發生過戰爭，但人口就像富蘭克林預測的那樣快速成長，而和平更使得可供開墾的空間擴大了一倍以上。各地一片欣欣向榮。一名南卡羅來納州的人這麼樣寫道：「如果我們完蛋了，我們也會是世界上毀滅的最輝煌的國家。」[50]

然而，因為眾人期望過高，且這個世界並沒有重新啟動，恐懼啃噬了人們的自信。說到美國人心中最深的心結，莫過於他們讓大不列顛王國大大的出了醜，卻還沒法讓別人視他們為強國。如果他們的革命終究只是建立了一個由許多小國組合起來的聯盟，如果權力受到分享的所在沒有一個核心，那麼在其他歷史較為悠久而且擁有權力核心的國家眼中，這個新國家要怎麼讓人家看得起？「與美國各州所訂立的協約無法對其全體有約束力」，為吉朋的著作《羅馬帝國衰亡史》負責編輯工作的謝菲爾德勳爵（Lord Sheffield）在一七八四年如此抱怨道：「我們對日耳曼人聯合起來的效應感到懼怕，對美國各州也是如此，而我們輕視國會和議會所做的決議。」[51]

一座島嶼已經證實了無法統治一塊大陸，那麼一個共和國呢？除了羅馬以外，過去從未有過相同規模的先例，然而羅馬並非最佳的範例。與英國發生決裂，是因為殖民地人民要被一個自己沒有代表權的機關課稅，這件事隔了一片大海洋真的很難辦到。但現在，如果眼前是一片如同海洋一般大的陸地呢？[52]「我們已經跨越了盧比孔河」，一位輿論小冊子的作者這樣說道：

> 現在的問題是，我們是否應該拆散那些分散在各地的氏族和部落？這些部落的規模不成比例，各自聽從一個微不足道的首領或統治者號令。如果這些人膽子大一點，他們就能成為霸占一方的土豪，使得整座大陸經常地處在一片混亂當中……或者，是否應該所有人（或我們當中大多數人）要統一起來，建立一個整體性的效率政府，其涵蓋範圍為一七八三年《巴黎和約》規定讓與美國之領土。[53]

這幾乎彷彿是英國人，隨著他們放棄了國土的疆界，同時也植下了一顆定時炸彈。吉朋為我們所講述的羅馬歷史讓我們看到，一個共和國要怎麼能夠蛻變成一個帝國，而不以專制暴政取代人民的自由為代價？

華盛頓

美國的第二次革命以一種奧古斯都式的風格，始於一系列刻意無法達成結論的會議，而那是一樁漸進式的計謀。第一場會議在一七八五年於華盛頓的宅邸維農山莊（Mount Vernon）召開，名義上是為了解決馬里蘭州和維吉尼亞州對於其共同邊界波多馬克河（Potomac）上航行權的糾紛。而真正的問題所在是內部的關稅問題，與會人士決定要在安納波里（Annapolis）召開一次規模更大的會議，時間是在一七八六年。不過，開了這次會以後，與會人士再度歸納出他們有必要對《邦聯條例》進行一次大幅度的「修正」，為此他們籌畫了一場會議，這場後來實質上變成「制憲會議」的集會於一七八七年在費城舉行。然而這次的閉門會議最後竟是將整份《邦聯條例》掃進垃圾桶，[54]要說這是場政變，則整起事件的發展過於緩慢也太斯文有禮了，不過若要說這是場計畫好的既成事實，倒是十分接近。

那位奧古斯都就是華盛頓，一位最近期的華盛頓傳記作家指出，他在「尋求掌握權力的時候，會本能性的限制自己，從而使他有辦法行使大部分的權力」。他主持了一七八五年的會議，但是並沒有把什麼事往自己身上攬。他讓詹姆士・麥迪遜（James Madison）和亞歷山大・漢米爾頓（Alexander Hamilton）扮演阿格里帕的角色，讓這兩位年輕人站出來在公眾面前擔任領導者，不過他私底下會清楚表示他的立場。「還有什麼能比這些騷動更能證明我們的政府缺乏幹勁？」一七八六年底，因為稅負過重，麻塞諸塞州發生農民起義事件，這位偉人（聽起來有點像喬治三世）如此憤怒的咆哮著。[55]還有一七八七年，華盛頓經人（花費了好一番工夫）說服，才同意擔任費城制憲會議的主席。他人出現在會場，幾乎連一句話都沒說。事實上他也不必，他知道，奧古斯都只要露個面，就能達成目的。[56]

下一年的夏天，會議的代表制定了世界上現存最久遠，但修正篇幅最少的一部憲法，[57]關於後面這一點，簽署人當中只有極為少數感到完全滿意。而這也使得那兩位阿格里帕在約翰・傑伊（John Jay）的協助下，寫成為之辯護的一連串文章，也就是《聯邦黨人文集》，並將之快速付印，以求能為新憲法獲得各州的批准，這份文集的長度是他們想要捍衛的文件的三十四倍。[58]這一系列論述文章注明是「致紐約州人民」，內容包含八十五篇文章，全以一位古羅馬執政官普布利烏斯（Publius）的名字來署名。不過這本文集並未達到作者群想取得的結果，當時這本文集在紐約州以外的地方流通量很小，而當紐約州終於在一七八八年七月批准這部憲法的時候，已經有足以讓新憲法通過的其他十州先行批准了。[59]《聯邦黨人文集》的名聲反而是自別處獲得，它成為自馬基維利的《君王論》以來，最禁得起時代考驗的政治大戰略著作。

美國《憲法》與《聯邦黨人文集》同樣都是在時間的壓力下寫作完成，但是這份壓力並沒有壓縮這兩份文件恆久的重要價值。其核心之似非而是之處是讓我們看到，何謂同時存有相互對立的想法但仍能保有駕馭兩者的能力，而且，還是精彩的駕馭兩者。那麼，其精彩之處又是什麼呢？

有限的能力、遠大的志向

因編纂英文字典而聞名的英國文人賽謬爾．約翰遜博士（Dr. Samuel Johnson），有一句名言：「放心吧，先生。若有人知道他兩個星期後就要被絞死，他的思緒必定容不下其他。」[60]許多人走上絞刑臺時已經魂不附體，雖說富蘭克林博士喜好冷僻的黑色幽默，[61]但美國的開國元勳早就克服了對於這種命運的懼怕。他們所真正面對的景況是，美國是個新興的弱小國家，但要與其他強大又悠久的多個國家競爭，可是他們的社會還不確定要將其統治主權置於何處，理想主義者看不清楚人性，現實主義者又以為他們有辦法改變人性，而鑽研歷史的學生有義務要創造歷史……一言以蔽之，他們必須讓美國有限的能力與其遠大的志向能相互匹配。這就是《聯邦黨人文集》所意欲要做到的。

「這個主題本身就說明了它的重要性。」第一篇文章的作者漢米爾頓在其第一段，即如此開宗明義說道：「因為其後果涉及聯邦的生存，聯邦組成各部分之安全和福祉，以及一個許多方面都是世界上最引人注意之帝國的命運。」而且，似乎有以下重要問題留待本國人民用他們的行為和典範來加以解決：人類社會是否真有能力經由慎思明辨和自由選擇來建立良好的政府，或者是否他們永遠注定要靠著機運和武力來決定他們的政治組織。

要解決這樣一個重大的問題需要「對我們真正的利益進行明智判斷，不受與公共利益無關之事的迷惑和影響」。然而，怕的只是，「此事與其說我們能認真期盼，還不如說我們只能熱切希望而已」。

提供給我們商議的這項計畫會影響到太多特定利益，要革新太多的地方機構，因此，其討論將不得不涉及眾多與其是非曲直無關之事物，並激發與探求真理無所幫助之觀點、情緒和偏見。[62]

眼看著這一切發生的世界，將永不會忘記這幅景象。採取行動的美國人，卻是怠惰又漫不經心。他們能搜集到的手段遠遠不足以達成他們所展望的目標，一場危機現在正在迫近。《聯邦黨人文集》吹出了嘹亮的改革號角，但這個國家的內部卻是矛盾重重。「聯邦」（漢米爾頓還特別將之大寫強調）內部要是發生沉淪，怎麼可能不把其組成「部分」一起拉下水？

過去有哪一個「帝國」的運作不是靠著繼承的機運和用武力取得的正統性？地方上所關心的問題真有辦法全部合併為一體？如果說「此事與其說我們能認真期盼，還不如說我們只能熱切希望而已」，那麼「明智的判斷」又能派上什麼用場？漢米爾頓指出，由於智者經常犯錯，以至於他們會教導那些「經常認為他們所行之事是正確」的人要適度而行，所以如果有人堅持要保持立場前後一致，則這樣的行為是愚蠢的，這就必得改造邏輯本身才行。因此，漢米爾頓跟奧古斯都一樣，用謙遜來消除抗拒的力道。

架構國家的麥迪遜

這使得《聯邦黨人文集》最艱鉅的任務落到麥迪遜身上，某方面來說這可以說是個適得其所的安排，因為麥迪遜是美國開國元勳當中最容易被低估的一位。[63]他成功的完成這個任務，方法是透過連結時間、空間和規模。

歷史讓我們看到，「不安定、不公正和混亂」最終總是消滅了「平民政府」，麥迪遜在以普布利烏斯為筆名的第十篇文章中這麼說道。光僅是獨立，還未能將美國人從這種危險當中解放出來。

> 到處都可以聽到人們抱怨……公共利益因敵對黨派的衝突而不受重視，處置的措施經常都不是按照公正的準則和小眾的利益來安排，而是遭到有利益關係且占壓倒性多數的優勢

勢力所把持。

廢棄自由會是「比該弊病還糟」的處方。但是，要透過平等的機制來治癒這種疾病，又會無法保全所有人。

民主的場景一直以來都是充斥動亂和爭論，與個人安全或財產權並不相符，而且往往由於暴亡而夭折，存在的時間並不長久。

「發生摩擦的原因」往往都是來自於人性，不可能將之消除，但或許可以加以緩和，方法是透過「控制其效應」。[64]

過去的共和國受限於距離，面積都不大，原因是實施共和制需要有代議士，平心靜氣的定期聚集起來參與議事集會，才有可能實現。如果該國之領土幅員遼闊，代議士就無法定期碰面完成這項任務。現在，美國人的共和國已經擴展到這塊大陸的三分之一面積，而且看起來還不像會停止。英國大方送出的這顆定時炸彈，也就是一七八三年他們放棄的這塊如海洋般大的陸地，要怎麼樣讓它不要再次點燃類似的抗議，也就是「沒有代表權，就不納稅」？如果這樣的事件成真，漢米爾頓的「聯邦」要如何自處？

麥迪遜用轉換規模的方式，來解決這些屬於時間和空間的問題。在此，他借用了馬基維利，不過他故意不點破這一點。[65]馬基維利認為只有在共和制度之下，「共同之善」才能夠得到人們「徹底的追尋」。只有擴大受益的人數，才能夠降低少數未能受益的人們的影響力，不需要讓共和國內所有的組成部分都跟著一起沉沒。[66]規模可以是保全大多數人利益的祕訣。麥迪遜指出，這裡面存在著一些危險：

> 如果把選舉人的數目增加得太多，會使代表很不熟悉他們當地的一切情況和次要利益；如果把選舉人數減得太多，會使代表不適當地關注他們，而很少了解和追求重大的全國性目標。

不過當然，還是「有一個方法，使兩者的不便之處找到妥善的安置」。這個方法，就是讓柏克所倡導的黨派能取得數量上的平衡，這樣就能使「不便之處」得到「善用」。

> 把範圍擴大，就可容納種類更多的黨派和利益團體；這樣，全體中的多數具有共同動機去侵犯其他公民權利的可能性就減少了；又，即使存在這樣一種共同動機，所有具同感的人也比較難去察覺自己的力量，並彼此相互採取一致行動。

制憲會議所提議的《憲法》能「在這方面形成合宜的組合，把重大的集體利益託付給全國、地方，特別是州的立法機關」。[67]

麥迪遜透過這樣的方式將規模展開於空間之上，來扭轉時間。自此以後，藉著眾多黨派在各層面上彼此競爭，歷史就能鞏固他的共和國，不至於在國家發展日漸壯大的時候，落入和羅馬相同的命運。[68]沿著《聯邦黨人文集》所創造出來的軌跡，美國在接下來的期間誕生的是一位林肯，而不是暴君尼祿。

人人並非生而平等

如果真是如此，為什麼這個聯邦在林肯的時代面臨了一個災難性的大失敗？若要簡單回答這個問題，那就是沒有任何一樁策略能夠預測到所有後果，所有的解決辦法終究會導致新的問題，這些問題有時候會把人擊倒。這當中比較艱鉅的問題，在我看來是比較接近事實的問題，是開國元勳似乎是想讓這個聯邦自行接受考驗，他們心知這個國家的志向必須調整到與其能力相稱，他們也認知到不可能所有的善都能同時並存，因此，他們選擇拯救這個新生的國家，拯救這個國家的靈魂的工作則留待後代子孫來完成。

奧古斯丁和馬基維利都認為，人們在國家與靈魂的層面上所追求的目標，應該透過比例原則來調節。他們兩位之間的差異在於上帝是否有責任要在這兩者為人們取得平衡。奧古斯丁認為有，而且他極其辛勞的想辦法取得。馬基維利則認為上帝將治國之術留給人類自行解決。美國人的想法是如此多種多樣，幾乎跟伊莉莎白一世一樣沒有個止境，他們對於這項分歧是持觀望的態度。他們有的是像他們早期的領袖一樣冷靜而務實，有的是像信仰復興運動人士一樣抱持宗教的狂熱，還有人是像他們的創業家一樣介於中間地帶。不過，我們清楚知道一件事，那就是在這個年輕的共和國當中，極少有人去質疑（至少不是公開的），當這個國家變得成熟了以後，是什麼使得這麼多人願意付出生命去改變一樁怪現象：美國憲法承諾要為人民建立「一個更加完美的聯邦」，但卻又同時承認蓄奴的合法性。[69]

這項質疑就是《獨立宣言》無法明言的這件事，並非所有人都生而平等。一七七六年時候的人們（裡面不只是傑佛遜而已）害怕如果他們將黑奴跟這個國家一起給解放了，屆時他們將毫無國家可言。憲法要將這份焦慮化為法律字眼，首先是體現在眾議院席位的分配問題上，一派人想要按照「自由人民的總數」，另一派人則想要「加上其他所有人民的五分之三」[vi]來計算。憲法還明訂有二十年的時間禁止限制「這類人民的遷移或輸入，任何現有的各州均應認為妥適並予以承認」。還有，憲法也要求「任何在某一州受約束服勞役的人……即使逃到另一州，……均不可自該勞役中得到豁免」，其實明眼人都看得出來那些人是在指誰，但憲法裡面連個跟「奴隸」有關的字眼都沒提到。[70]

這種逃避的態度使得麥迪遜在《聯邦黨人文集》中要想辦法抓取讓他解套的稻草。「毫無疑問，大家都希望禁止輸入奴隸的權力不要推延到一八〇八年才執行，寧可立刻執行。」這段

話顯得非常無力，不過，隨著時間的過去，

> 如此長久又如此高調的譴責現代政策的野蠻蒙昧的那種貿易，將能永遠終止……如果能在不幸的非洲人面前，鋪設一道同樣是擺脫歐洲兄弟之壓迫的前景，對他們來說將是可喜的事情！

然而，這對麥迪遜而言，卻是一點也不值得慶賀的偽善，因為他在另一篇文章中長篇大論的支持五分之三條款，內容是敘述那些美國的「兄弟」將黑奴同時視為人，也視為是財產的觀點。

> 這就是擁護南方利益的人，在這個問題上可能提出的論點。雖然此一論點在某些部分過於牽強，然而整體說來，我必須承認，我能完全接受，因其能滿足制憲會議上所定的選舉標準。[71]

---

vi 此即「五分之三條款」。蓄奴州想要把黑奴的人數也算進去好獲得更多選舉人票，但自由州不同意，最後雙方妥協「非自由人」用五分之三來計算。

麥迪遜的說詞試圖找出一個平衡點，然而這會讓人持續蓄奴的殘忍行為，因此若是他發現他的論調聽起來很牽強，一點也不意外。但他眼前能有的選項，已經無法繼續和平共存了。早前的美國開國元勳，只能在「聯邦」或「解放」兩者間擇其一，不能兩者都要，至少在他們那一代還不可能。因此，他們選擇了「聯邦」，推遲了「解放」的可能，他們所持的想法（這點不太常有人提）是，等日後有了單一個強大的國家（而不是好幾個弱小的小國），再來實現這樣的願景比較好。[72]這是一場賭博，但這是與上帝還是與魔鬼對賭，端看你個人怎麼想了。

史上人口最豐、最強大的民族

美國開國元勳全力追求的是在美洲大陸上建立一個共和式大帝國，且先不去理會關於黑奴的論辯。在所有人當中，反對黑奴立場最堅定的是漢米爾頓。美國聯邦不斷在擴展，可以想見，他在這當中看見一個機會，美國可望成為「歐洲各國在美洲的仲裁者，並且可以根據我們的利益來左右歐洲各國在世界這一端的競爭結果」。麥迪遜也指出，如果能平衡內部的利益，就能夠進行外部的擴張。[73]傑佛遜擔任總統後修正了他對漢米爾頓近乎病態的厭惡，[74]原因是他想要推動一項具爭議性的路易斯安那購地案，後來在漢米爾頓的斡旋下，竟意想不到的以一筆非常划算的價格從法國手上買到這一大片土地，使得美國國土瞬間變成兩倍。後來為此事辯解時他提到，「如果要因為一絲不苟的嚴格遵守法律卻失去了我們的國家，這跟失去法律沒有兩樣……極為荒謬的，為了維持手段的正當性卻犧牲了我們的目的」。（至於因此事導致與人決鬥身亡的漢米爾頓，無論是在天堂還是地獄，聽到這話必定會露出一抹微笑。）[75]

還有在一八一一年，時年四十四歲的約翰・昆西・亞當斯挺身承擔了一項重任，他向母親說道，現在眼前有兩條路可走，其中一條是，「一大群無足輕重的氏族和部落發動永無休止的爭鬥，僅是為了爭奪一塊岩角或一片魚池，或是想要贏得歐洲主子和壓迫者的運動競賽和虛構謊言」，另一邊則是「一個與北美大陸一樣廣闊無邊的國家，上帝與天地的命定，是要讓她在單一的社會契約之下，成為史上人口最豐、最強大的民族」。[76]這番話，與他父親在一七七六年說希望從海岸的這一頭到另一頭都要燃起煙火慶祝的期許不謀而合。

小亞當斯於一八一七年成為門羅總統的國務卿，此後他陸續完成了多項功績，其中最主要都是讓西班牙付出了代價。腓力二世的帝國版圖，仍舊從中、北美洲延伸到麥哲倫海峽（Strait of Magellan）。法國革命和拿破崙的崛起，以及美國的獨立，都使得西班牙受到影響。[77]小亞當斯就像鯊魚一樣，趁著西班牙實力轉衰的時候得逞。他先從佛羅里達下手。安德魯・傑克森（Andrew Jackson）在當地發兵，然而當西班牙對傑克森具爭議的軍事行動提出抗議時，小亞當斯卻是對其發出最後通牒，他說：西班牙必須派兵保護該地領土，或者「割讓該省予美國，其實際上已為西班牙拋棄，隨時可能遭到美國任何敵人（無論其屬文明或野蠻）占領，而且佛羅里達對該國來說除了作為一個令人生厭的據點以外，毫無實質用途」。[78]

到了一八二一年，西班牙人放棄了佛羅里達，以換取美國承認西班牙在德克薩斯的勢力

（反正德克薩斯很快就會變成是墨西哥的），並同意美國的北部邊界為北緯四十二度線，這條線一直畫到太平洋海岸，只是當時美國對於另一頭的任何一塊土地並沒有清楚的所有權。這樁治國的手段真是厚顏而大膽，[79]無人能及，不過兩年之後，小亞當斯就打破了自己的紀錄。

這一次是在一八二三年十二月，門羅總統預定要向國會發表年度咨文。[80]那時，英國外相喬治・坎寧（George Canning）暗地裡向美國提議彼此相互合作，共同防禦俄羅斯、普魯士、奧地利、後拿破崙時期的法國，利用任何機會恢復西班牙在「新世界」的統治勢力（此時已經不剩多少了）。坎寧所心繫的是英國的商業利益，以這點而言英國海軍必定是盡全力維持，而且，在此時拉攏美國，或許還能彌補雙方在一八一二年的獨立戰爭，以及兩年後英軍攻占還縱火燒毀華盛頓特區等事件所留下的心結。[81]不過，小亞當斯在其中再次看到了機會，透過一份革命性的宣言，他施展了一個聰明的手段。

於此，誕生了使門羅千古留名的那份宣言：「因其所取得並維繫的自由、獨立狀態，美洲大陸今後不應再被視為任何歐洲政權之殖民目標。」這可是一樁內容空洞的說詞？畢竟當時美國的實力還不足以執行這份宣言，但漢米爾頓在《聯邦黨人文集》中所呼籲的抱負可不會受此種想法而局限：要運用「國家的自然力量和資源來追求共同的利益，挫敗歐洲各國因妒忌而聯合起來阻止我們的發展」，簡而言之，就是讓美國成為「歐洲各國在美洲的仲裁者」。[82]

如果麥迪遜沒有在《聯邦黨人文集》說明要如何首先挫敗歐洲各國的妒忌，這種共同的利益恐怕並不存在。一八二〇年達成的「密蘇里妥協案」（Missouri Compromise）之目的就是在於此。這份令人坐立難安的「密蘇里妥協案」，是國會就密蘇里申請成為新的一州加入聯邦而勉強達成的妥協方案，當中就未來要加入聯邦的準州是否要作為自由州和蓄奴州的數目，做了平均的分配。小亞當斯同意在黑奴問題上做成妥協，他相信憲法若是要「在自由和蓄奴制度之間討價還價」，「在道德和政治上是邪惡的，……與我們獨立革命的精神並不相符」，但他也深知，如果堅不妥協，則一場內戰將不可避免，而其結果必定會是：

> 奴隸制度在這整個大陸完全絕跡，而且，即便過程將充滿災難和淒涼，最終的結果卻會是榮耀的。因我終將受上帝的審判，我不敢說這樣的結果非我所願。

然而，年輕的奧古斯丁會說：「並非此刻。」改變立場、進行解放和滿足上帝的期望，都還要再等等。[83]

妥協的精神

不過，一個年紀尚輕的共和國要如何在當時仍舊是帝國當道的時代，成功的在地球這一邊主張她的霸權？也許英國就像是倦怠的父母，早就對小孩各種滑稽動作不會再起波瀾。一八二四年年初，坎寧紓尊降貴的說：「對這個政府而言這是個全新的原則（姑且將之稱為原則好了）。」然而就在三年內，正是這位父母向英國的下議院誇耀說道：「新世界是我們創造的，好讓舊世界平衡發展。」一位憤怒的美國歷史學家控訴坎寧根本就是自己往臉上貼金，就像童謠裡的那位小傑克．赫納（Little Jack Horner），自己挖掉了派裡的李子還洋洋得意的唱道：「我真是個好男孩！」[84]

坎寧心裡真正所想並不只這些。現在，他已知北美並不會分裂成只知道為了一塊魚池爭吵不休的各地氏族或部落，他為長遠做打算，想知道未來可能會有什麼樣的發展。當時，溫斯頓．邱吉爾（Winston Churchill）尚未嶄露頭角。他於一八七四年生於英國的布倫海姆宮（Blenheim Palace），他的母親是美國人。他是自那位偉大女王以來，最了不起的英國人，若是講到政治上的權力制衡和妙言雋語，邱吉爾不是一位你能隨便忽視的人物。一九四〇年六月四日英軍進行敦克爾克大撤退的那一天，他改造了坎寧最常說也最讓人記得的那句話，對下議院發表演說。演說中，邱吉爾誓言他絕不投降，但如果：

> 當我們這個島嶼或其大部分遭到征服並陷於飢餓之中，我們在海外的帝國臣民，在英國艦隊的武裝和保護下還會繼續戰鬥，直到上帝認可的時候，新世界將傾盡全力，拯救並解放舊世界。

坎寧和邱吉爾兩位都意識到歷史的板塊運動正在轉向，外相大臣是從遠方，首相本人則是在英國本土就能感受到。而這次改變與一五八八年某個八月的晚上，在敦克爾克往南幾英里的海岸邊突然改變的風向一樣，具有同等的重要性。[85]

這裡我們發現一個問題，為什麼在十八和十九世紀的時候，僅有一個「新世界」的國家能夠建設足夠的力量來恢復「舊世界」的平衡？而且到了二十世紀的時候，還不是只馳援了一次，而是三次？為什麼這股力量是從一片亂紛紛，人們易怒愛生氣的前英國殖民地冒出來？而不是從南方面積更大、更富裕，更加精心管理的西班牙殖民地產生？自西班牙手上解放南美洲的英雄西蒙・玻利瓦（Simón Bolívar），早在一八一五年的時候就給過了一個答案，他指出：南美洲不可能出現一個拉丁美洲合眾國。[86]

其中一個原因是地理因素，從海港開始統治一個帝國，比從其內地開始容易的多，但這無法讓那個國家準備好統治自己。南美洲內部在氣候、地形、棲地、文化、通訊等方面，本身具有的障礙實在太大了。[87]「就說搜集像這樣一塊土地的統計資料好了，誰有辦法做得到！」玻利瓦如此嘆氣，巴拿馬地峽（Isthmus of Panama）對於他們來說，遠遠比不上「科林斯地峽之於希臘人」！[88]

然而，為什麼南美洲不能像麥迪遜在《聯邦黨人文集》第十篇中說的，豐富多樣也能夠化為力量呢？玻利瓦指出，問題是在於人民的政治素養未臻成熟。西班牙一直在其領土上進行嚴密的控制，使人民處於「永久的幼稚狀態」，無法看重自我。「這裡連誕生一個獨裁政權的能力都沒有，因為從來沒人讓我們學過這樣的事。」[89]當世界上最大的帝國西班牙變得衰弱，都沒人想到要起來取而代之。

因之，代議式的政府制度很難在此處扎根，某種專制式的政府——或許以共和主義作為掩飾，恐怕還比較可行。但是，玻利瓦認為這在南美大陸上這麼大的土地上是行不通的，因為獨裁者本性上就是拒絕與他人合作。只有透過一個「自由」大國的指導和保護，拉丁美洲才有能力培養「要贏得榮耀所應具備的德行和才能」。[90]

與小亞當斯同時代的政治人物亨利．克萊（Henry Clay）因而受到啟發，他熱烈的鼓吹美國不只要支持拉丁美洲追求獨立，還要支持希臘對抗鄂圖曼土耳其的統治。[91]小亞當斯他自己則明瞭美國要是提供這樣的協助，很快就會在資源、物資和道德評價上拖垮自己。美國「無意至海外尋找妖魔鬼怪將之消滅」，他在一八二一年七月四日向眾議院發表演說時說：

> 她為所有人的自由和獨立祝福。她只為自己的勝利而戰……她清楚知道一旦加入其他人的陣營……她將被牽連進與拯救無關的事務，涉入所有利益和陰謀的戰爭，被個人的貪欲、嫉妒、野心拖累。這使得她的旗幟將遭到僭取，自由的準則被篡改。她的原則當中的一切基本準則，將被人無動於衷的從自由改為武力……她可能會變成世界的獨裁者，將不再是自身靈魂的主宰。[92]

這就是那個年代讓人留下深刻印象的特色：妥協的精神，自由先是一種原則，或者該說，是部分人的權利，最後才能得到實踐。無論如何，美國聯邦及其偉大目標必須與有限手段相符的條件，要得到優先照顧。只有能保持自身和平的國家才能拯救自身的靈魂。至少暫時是如此。

第七章

最偉大的戰略家

《戰爭與和平》當中，托爾斯泰描寫到波羅的諾戰役要發生之前，安插了一個奇怪的段落（理查・佩威爾〔Richard Pevear〕和萊莉莎・瓦洛孔斯基〔Larissa Volokhonsky〕的譯本頁七七四），兩位中心人物皮埃爾・別素豪夫（Pierre Bezukhov）和安德烈・博爾孔斯基（Andrei Bolkonsky）步出遮棚，抬起頭來，看到卡爾・馮・克勞塞維茨與另一名軍官策馬經過。其中一人說：「戰爭的範圍務必是要擴大了，這種觀念我實在無法真心贊同。」另一位同意他的看法，說：「因為目標是要消耗敵人，這樣，就無法考慮到私人的損害了。」安德烈聽到這話很氣憤，因為俄法戰爭已經在他的莊園所在的土地上打了好久。他尖刻的向皮埃爾說道：「這些日耳曼人的腦袋裡永遠只想著他們的理論，真正有思想的人才不屑一顧……他們已把整個歐洲讓給了他（指拿破崙），然後現在要來這裡教訓我們了。真是好老師啊！」[1]

在一段短短的距離裡面，托爾斯泰呈現了乘坐於馬背上和站立地上的兩種視角，讓讀者看到「理論」和「實踐」上的差異。這是托爾斯泰多次以微觀事件來呈現宏觀意義其中的一次，這也是克勞塞維茨在他的著作慣常使用的手法。很少有人像那位馬背上的軍士和另外一位描寫他的小說家一樣，會在時間、空間、規模的問題上有如此深入的思考和寫作。

皮埃爾和安德烈在波羅的諾的景象，當然只是托爾斯泰的想像，不過克勞塞維茨是真的上過波羅的諾戰場。當法國於一八一二年揮軍入侵，他便辭去他在普魯士軍隊的官銜轉而投效俄軍，加入這場大戰。[2]生性嚴謹的托爾斯泰於一八六〇年代著手寫作《戰爭與和平》，應該是知道這件事的，他應該也已讀過克勞塞維茨過世後才於一八三二年問世的《戰爭論》。[3] 他筆下的克勞塞維茨偏好抽象觀點勝過實地觀察，直至二十世紀仍舊有很多評論家提出這樣的批評。[4] 有可能托爾斯泰這樣寫並不是在批評克勞塞維茨，而是想要呈現當時俄國人是怎麼樣看待他們新結交的普魯士盟友。托爾斯泰和克勞塞維茨不只是對於戰爭的實踐具有類似的看法，他們都借用了他們自己的軍旅經歷，建立了理論本身有其局限的理論。

克勞塞維茨VS.托爾斯泰

克勞塞維茨在《戰爭論》中寫道：「讓我們陪同一個初次打仗的人上戰場吧！」這句話的語氣顯示他非常了解他所要講述的主題：

> 當我們向戰場接近時，隆隆的槍砲聲愈來愈響亮，夾雜著砲彈的呼嘯，這將開始吸引他的注意。砲彈開始在我們身旁落下，我們急忙跑上斜坡，奔向司令官及其隨從駐紮的所在。在這裡，砲彈和彈殼漫天飛舞，有關生命的嚴肅問題開始讓這位年輕人感到真切。忽然間，你認識的某人受傷了，接著一顆砲彈落在人群中間。你注意到有些人開始騷動，你自己也不再像先前那般沉穩鎮定，就連最勇敢的人都顯得有些心神不寧。現在，我們再往前進入戰場，加入距離我們最近的一個師團，激烈的戰鬥場面在眼前壯觀展開。砲彈有如冰雹般落下，我方的砲火也加入現場的轟鳴。我們再往前到旅長身旁，這位大家公認極有

膽量的軍人，小心翼翼的躲在一片土丘、房舍或樹叢後面尋求掩蔽。一陣巨響，清楚的顯示危險愈來愈加劇。葡萄彈紛紛落在屋頂和地上，砲彈從四面八方飛過，槍彈在我們身邊呼嘯。再往前走，來到火線上，步兵隊在此以頑強不屈的精神已經堅守了好幾個小時。滿天飛舞著嘶嘶作響的子彈，如果子彈近距離擦過，聽起來就像是尖銳的爆裂聲。給人的最後一擊，就是眼看著人們陣亡倒下只剩殘缺的肢體，這樣的景象使人心臟噗通跳動，不由感到畏懼和悲傷。

新手在接觸到上述層層加劇的危險時，無法不意識到，在這個地方，人的思緒是受到其他因素掌控的，理性之光的折射運動與尋常我們在學院裡所做的臆測活動大不相同。[5]

現在，讓我們來看看托爾斯泰所描述的波羅的諾戰役。托爾斯泰本人曾加入俄軍，在一八五〇年代於高加索山、巴爾幹、克里米亞等地打過仗：

他所派出去的侍從官，以及駕下各元帥派來的傳令官，不斷的從戰場上傳回戰情快報。可是這些報告都是虛報，因為戰鬥熾烈，不可能說得出在某個既定時刻發生了什麼事；也因為那些侍從官並沒有到達實際戰鬥的地點，根本只是把從別人那裡聽到的話複誦一遍；又因為當一名侍從官騎了若干英里的馬回到拿破崙那裡時，戰況已經起了變化，所帶回的消息也已經不準確了……拿破崙就依據這些不可避免的錯誤消息下命令，這些命令要不是他下達以前就已經執行過了，不然就是沒有執行、不能執行。法軍的將帥雖然距離戰場比較近，但也像拿破崙一般沒有實際參與戰鬥，只不過偶爾騎入步槍射程以內，沒有向拿破崙請示便自行下達命令，指示從什麼地方、朝什麼方向射擊，騎兵該往哪裡奔，步兵要往哪裡跑。即便如此，他們的命令也像拿破崙的命令一般鮮少得到執行。大部分時候結果卻恰恰與他們所吩咐的相反。士兵奉令往前推進，遭遇到霰彈攻擊便往回退後。雖奉命在原地待命，突然見到俄軍出乎意料的出現在眼前，不是掉頭就跑，就是往前衝。騎兵沒有得到命令，便逕自去追趕潰逃的俄軍。……只要他們離了槍砲和子彈的射程以外，位於後方的上級長官，便立刻重新整隊，要求他們恢復紀律，而在那種紀律的影響下，他們再度回到火網。在那裡，出於對死亡的恐懼，他們再次喪失了紀律，大群的盲目奔逃。[6]

這些段落可以說是再真實不過了。不過，讀這些段落恐怕真的讓讀者覺得，這場戰役實在是一團混亂。除了沒有一個很確定的贏家以外，波羅的諾戰役其實締造了不少成果。這場戰役拖垮了兩方的實力，然而俄國的幅員遼闊，如果俄方棄守莫斯科，他們甚至擁有比美國人還要廣大的空間可以撤退。法國人千里迢迢的遠征莫斯科，拿破崙無法抗拒拿下這座城市的念頭，希望能以此鎮嚇俄國沙皇亞歷山大一世（Alexander I），讓他前來求和。這位自凱撒以來最了不起的軍事天才一廂情願的認為狗的天性就是會去追趕車輛，而且一定會追得上，但當這個希望落空時，你會怎麼做呢？雖然在這個時候，他的士兵大可以提醒他，冬天很快就要來臨。

克勞塞維茨將這個時刻稱為拿破崙的「轉折點」，意思是法國人是自己打敗自己，因為他們將自己拖垮。[7]「亮出報仇之劍」[8]，俄軍現在有辦法將他們從鄉下趕回去。托爾斯泰筆下那位年老體胖又行動緩慢的總司令米亥爾・庫圖佐夫（Mikhail Kutuzov）對這一點的詮釋比克勞塞維茨好，很少有歷史人物出來露面不是想做些什麼事，卻意外達到更好的效果。拿破崙的軍隊傷亡慘重，不到一年半的時間，他連皇位也丟了。然而俄國沙皇卻以勝利之姿蒞臨巴黎，在倫敦受到高規格的接待，甚至還在牛津（Oxford）的瑞德克利夫之家（Radcliffe Camera）用餐，[9]其他的賓客只能在陽臺呆呆的盯著這幕光景。

克勞塞維茨在《戰爭論》中寫道：「戰爭的道理或許自成一格，但邏輯是共通的。」[10]如果能藉助訓練、紀律和優秀的領導力，軍隊能夠暫時擺脫人會逃離危險的本能，從前面克氏關於初上戰場的新手的描寫，我們可以看出戰鬥是違反常識的。不過，隨著時間累積，邏輯終究能圍繞著道理而建立，從而使之變得模糊並加以取代。英雄主義只會耗盡你的精力。當補給線拉長，攻勢就會變緩，撤退還會引得敵人加以回擊。俄羅斯國土廣大，冬季寒冷。追逐車輛的狗從不知道追上了要能幹嘛。為什麼連最愚蠢的人都會記得的事情，卻遭到拿破崙遺忘了呢？

或許常識真的就像氧氣一樣，爬得愈高愈稀薄。每一次勝利都掩蓋了前一次的教訓，拿破崙把他自己的道理當成他的邏輯。就跟凱撒一樣，拿破崙的聲勢衝破了天，使得他不再能看清楚事情的基礎。像他們那樣的飛黃騰達是令人歎為觀止的，就跟那個年代剛升上天的熱氣球一樣，但地心引力並非不存在。

《戰爭論》VS.《戰爭與和平》

克勞塞維茨死於一八三一年，他死前《戰爭論》還未完結，因而留給我們一部內容有諸多矛盾的龐然巨著，我警告我的學生，如果過於細心研讀這本書，可能會使自己迷惘不已，腦中充滿問號，無法肯定他到底在講什麼，甚至開始懷疑自己是誰。托爾斯泰則是在一八六八年完成《戰爭與和平》，但是他也說不清楚他寫這本書是實現了什麼：「這不是一本小說，算不上是史詩，也不是編年史。《戰爭與和平》是作者想要且能夠述說而出的成果，按著它被述說的樣子寫了出來。」[11]以撒．柏林察覺他的閃爍其詞其實是種「折磨人的內在衝突」，存在於「自由意志的虛妄經驗」和「歷史決定論不可避免的現實」之間，[12]這是否跟過於細讀克氏著作的結果很相似呢？

但要是克勞塞維茨和托爾斯泰是刻意要與矛盾搏鬥（恐怕還是自行引戰），而不是真的厭惡這些矛盾呢？[13]他們兩人都將決定論視為法則，不可能會有任何例外。托爾斯泰曾寫道：「如果千百年中在茫茫人海裡，當真有一個人能夠按著自由意志行動，則這個人的一件與法則相反的自由行動，就會摧毀了全人類之存在具有法則可依存的可能性。」[14]克勞塞維茨同意這一點，前提是法則必須容許「這個真實世界具有的多樣性」，則「當原則付諸於應用，做判斷時就能容許更寬廣的自由空間」。這句話說的是「任何規則的例外」，而不是「任何法則的例外」，意味著當抽象的概念接近現實，能夠帶來「更加自由的詮釋」。[15]這一點跟托爾斯泰一致，他在這個層面上尋求推翻所有法則。

克勞塞維茨感到不滿的是，有太多理論太刻意想要成為法則。他引用了一個範例，這是普魯士人關於撲滅火災的規定：

> 如果一幢房子著了火，人們必然首先想到去防護位於左邊的房子的右牆，以及位於右邊的房子的左牆。原因在於，如果人們想要防護位於左邊的房子的左牆，那麼這幢房子的右牆位於左牆的右邊，因而火也在這面牆和右牆的右邊（我們已假定房子位於火災的左邊），這幢房子的右牆比左牆離火更近，如果不先在火燒到受到防護的左牆之前，先對右牆加以防護，則右牆很可能會燒毀。因此可以得到結論，未加防護的物品很有可能被燒毀，而且有可能會在另外一件未受防護的物品之前被燒毀。所以，人們應該放棄後者先防護前者，為了使人牢記這一點，只要記住：如果房子位於火的右邊，就要防護左牆，如果房子位於火的左邊，就要防護右牆。

克勞塞維茨答應他的讀者，《戰爭論》不會花篇幅講這種廢話，而是「把自己對戰爭經過多年思考而獲得的想法，與許多了解戰爭的能人之士的交往和從自己的經驗而得到的觀念」獻給讀者，這些，他會將之「煉製成純質的金屬小顆粒」，講給讀者聽。[16]

這段話聽起來跟馬基維利好像，馬基維利是克氏熟知且崇拜的對象。[17]不過，克勞塞維茨在五十一歲時死於霍亂，使他沒機會縮短《戰爭論》的篇幅並把他的要旨講得清楚一點。這本書並不像純質的金屬小顆粒，而比較像是一堆八腳章魚纏在沉甸甸的漁網裡。所以，就跟奧古斯丁的《上帝之城》一樣，略讀此書得到的益處還大一些，你一定不想變得像邁可・霍華德爵士（Sir Michael Howard）給克勞塞維茨的評語一樣，讀他的書卻陷入「令人火冒三丈的毫無條理」當中。[18]

要略讀《戰爭與和平》比較難一些，因為托爾斯泰的文筆實在引人入勝。不過就算是這樣，這本書快要到結尾的部分，托爾斯泰還是花了長篇大論談論他的英雄無用論和歷史是多麼了無意義來折磨讀者。所以，最好還是先讓他的文字長河攜帶著你漂流過他的獨斷主張，之後再來重遊舊地就好。這裡來舉個例子，來看看托爾斯泰對於近代歐洲史的「理論」：

> 法王路易十四是個極其驕傲、專橫自大的人。他養著某某情婦，又有某某大臣，他的統治糟糕透頂。在路易十四之後繼位的人都昏庸無能，他們治理法國也都朝綱不振。他們同樣也有著某某寵臣、某某情婦。除此之外，當時還有一些人著書立說。到了十八世紀末，

有幾十個人在巴黎聚集，開始談論起所有人都擁有自由、平等。因為這樣，法國全境的人開始相互殘殺。這些人殺害了國王和許多其他的人。就在此刻，法國出現了一位天才，他是拿破崙。他在每一處地方打敗了每一個人，也就是說，他殺了很多人，原因是他是一位了不起的天才。然後為了某種原因，他接著去殺非洲人，殺得如此順利、如此狡詐，又如此精明，因此當他回到法國時，便命令人人服從於他，而人們也都照辦了。拿破崙成了皇帝，他又啟程到外國去，在義大利、奧地利、普魯士等地殺人，殺了好多的人。這時俄國有一位皇帝亞歷山大，決定要恢復歐洲的秩序，於是便和拿破崙開戰。可是到了一八〇七年，他突然和拿破崙恢復友好，但到了一八一一年，他們又發生爭吵，又開始殺了很多人。拿破崙就率領六十萬大軍進攻俄國，攻占莫斯科，然而他倉促逃離莫斯科，俄皇亞歷山大……把歐洲團結起來，讓大家拿起武器對抗破壞和平的人。拿破崙所有的盟友一下子成了他的敵人，揮軍直搗他所組成的新軍。各國盟邦擊敗了拿破崙，進入巴黎，將他放逐到厄爾巴島（Elba），卻沒有剝奪他身為皇帝的尊嚴，在各方面仍舊恭敬待他，儘管在五年前和一年之後，人們都將他看成是土匪和非法之徒。路易十八因此登基執政，不過他卻是法國人和盟邦所笑話的對象……手腕很高的政治家與外交家在維也納舉行會談，這些會談使得幾家歡樂幾家愁。忽然間，外交家和君主起了齟齬，幾乎到了只要一聲令下就要發動大軍彼此屠殺的程度。就在這個節骨眼上，拿破崙率領一個軍團抵達法國，先前非常憎恨他的法國人又立刻向他臣服。盟國君主對此震怒不已，再度和法國開戰。他們把天才拿破崙打敗，瞬間將他貶為土匪，把他放逐至聖赫勒拿島（St. Helena）。這次的放逐，使他遠離他所心愛的人和他所熱愛的法國，在那塊岩石島嶼上緩慢進入死亡，將他的不世功勳遺贈給後代子孫。至於在歐洲，反動發生了，各國君王又開始對他們的子民放肆起來。[19]

我們通常不認為托爾斯泰或克勞塞維茨是愛嘲笑人的人，然而這兩位均能夠奚落理論，這表示他們重視不符常規之事，他們這樣做並非出於想要掩蓋這種事情的衝動。

我認為真正使他們著迷的是「反諷」（irony），這個字在字典裡的定義是「事件出現與先前預料相反的結果」。[20]活在拿破崙時代的歐洲人不可能對其事蹟毫不驚嘆。這種驚嘆在托爾斯泰和克勞塞維茨心中縈繞不去，就像他們見證了與宇宙法則相斥的事件和人類一再出現的特質後所確信的想法（宇宙法則就是說目的可以是無限，然而手段卻永遠是有限的），對於像拿破崙這樣的人物而言，赫勒斯滂是注定要讓他跨越過去的。

戰爭的本質

到了一八一二年六月二十四日的時候，拿破崙已經跨越了相當多障礙，先是尼曼河（Niemen），然後是受法國勢力籠罩的華沙公國（Duchy of Warsaw）和俄帝國之間的邊界，這些都不怎麼讓他掛心。拿破崙的「大軍團」（Grande Armée）除了有超過六十萬名將士以外（比薛西斯一世的人馬還多），還帶了三支浮橋，不過他們還是花了五天的時間讓每一個人渡河。然而當法軍十二月返回的時候，他們只剩下九萬人。[21]看到這樣的折損率，不禁讓我們想要再次提起這個下列各起事件發生時（當波斯人攻打希臘、雅典人攻打西西里、羅馬人進入條頓堡森林、西班牙人嘗試跨越英吉利海峽，還有當英國人攻打進入美洲殖民地）屢屢問過的問題：他們的腦子裡到底在想些什麼？或者，換種方式問，拿破崙是遺忘了什麼？

克勞塞維茨對於這個問題有著敏銳的見解，但我們得要去刨根究底的從他的長篇大論中把答案挖出來，就像奧古斯丁對於正義的戰爭的看法一樣。《戰爭論》的一開頭，可比巴頓將軍（Patton）在以他為名的電影《巴頓將軍》的開頭，大聲的訓斥他的軍隊一般：

> 戰爭是……迫使敵人服從我們意志的一種暴力行為……隨著暴力同時存在的，是一些自我加諸、難以察覺的限制，也就是人們所知的國際法和慣例，這些限制是微不足道的，實質上並不會削弱暴力的力量。暴力即物質暴力，因精神暴力除了敘述於國家和法的概念以外並不存在，所以這是一種戰爭的手段，將自己的意志強加於敵人是其目的。

但接著作者提到這個條件：「理論上，那是戰爭真正的目的」，則其實踐應該為何？「暴力的充分使用絕不排斥智慧同時發揮作用」，克氏如此斷言，「如果文明的民族不殺俘虜，不破壞城市和鄉村，那是因為他們在戰爭的手段中大量的應用了智慧，讓他們學會使用比粗野的靠本能來發洩還更有效的使用暴力的方法」。[22]讀到這裡，讀者開始昏頭了，可是我們才讀到這本厚書的第二頁而已呢。無論你對巴頓將軍有什麼看法，至少他的話比較容易聽得懂。

他是在訓誡他的軍隊要思考些什麼，但是克勞塞維茨是要教我們如何思考。他很肯定一件事，如果不先掌握事物最純粹的形式，我們無法了解任何事情。這個概念出自柏拉圖，但近代最極力提倡的人物，應屬幾乎與克勞塞維茨同一年代的哲學家康德，他主張要先將對立相反的論點完整呈現，才有辦法使之調和一致。漸進式的變化、條件的符合及對立的消滅才會跟著出現。[23]或者，就像克氏自己解釋的：

> 當兩個概念在邏輯上形成真正的對立，……基本上兩者之意義已互相暗示於彼此之間。然而如果我們智力上的限度使我們無法同時了解兩者，並透過此對立在其中一個概念裡去了解另一概念的全貌，則兩者中之任何一者皆無法為我們闡明另一者概念當中的許多細節。[24]

這裡講的方法不適合缺乏想像力的人，他們一下子就會搞糊塗，也不適合怯懦之士，因為這對他們來說太過於震撼。如果克勞塞維茨的目的，像維吉爾給但丁提供了很多靈感那樣，是要帶領我們通過地獄，則這個方法雖令人膽寒，卻正是恰到好處。

拿破崙的落敗

那是因為戰爭在克勞塞維茨的時代已經變成了地獄，相當接近「文明」的民族不應該迫近的領域。法國大革命所宣揚的使命和拿破崙發動的使數百萬人死傷的戰爭，已經在整個歐洲摧毀了廣大的土地並滅絕了許多王朝。光是科技本身無法解釋這些動盪，如同邁可・霍華德指出的，武器沒有任何進步已經有一百年之久了，交通工具更是超過千年沒有進化。然而，政治的光景早就已經完全改觀，而這點燃了戰火。

美國人無意之間推動了整個進程。他們樂見路易十六對他們的獨立戰爭提供協助，這對路易十六和美國人來說都是一種馬基維利式的算計，但是路易十六所得到的回報，卻是美國人主張普世人權，這與馬基維利一點關係也沒有，然而法王那些怒氣一觸即發的子民對此卻比美國人還要認真看待。其結果是，路易上了斷頭臺，法國人宛如脫韁的野馬，政治上發生的革命使法國出現了大規模的軍隊，霍華德寫道：「這種恐怖的工具，法國皇帝拿破崙用來征服歐洲。」[25]

這引導克勞塞維茨得出他第一項也是最緊要的發現：在這個層面上，如果戰爭能反映政治，則戰爭必定要從屬於政治，也因而要從屬於政治的成果，即政策。[26]不然的話，戰爭不過就是毫無意義的暴力，這種康德學派的抽象概念理論上不應存在，但克勞塞維茨卻恐懼其有可能成真。[27]戰爭需要再定義，因此其作為「真正的政治工具，政治交際的延長，用其他種方式持續下去……政治上的目的才是目標，戰爭是實現它的手段，手段永遠不能與其目的分開考慮」。[28]

拿破崙跨越尼曼河的時候，心裡有他的政治盤算，他想要讓亞歷山大一世配合他的大陸封鎖政策（Continental System）。當時，法國在英法海戰中落敗，港口遭到英軍封鎖，因此拿破崙打算讓歐洲各國抵制與英國之間進行貿易。他認為他很快就能打敗俄國，當他大發慈悲的接受對方投降之後，馬上就能夠在冬天樹葉落下之前，自反方向越過尼曼河回國。這樣一來，他能夠保持目的與手段相符，還能夠遵守比例原則。然而為什麼這個計畫沒能成功？畢竟，拿破崙是個天才。[29]

堅持抵抗、戰鬥，然後落敗，拿破崙之前大部分的敵人都是經歷這樣的模式，[30]但俄軍則不然，他們撤退，把所經之地都燒成一片焦土，與歐洲人習慣的模式大相逕庭，這使他們沒有弱點。這就是托爾斯泰筆下的克勞塞維茨所說的，擴大戰爭的空間範圍是為了要拖垮敵人，沒有任何一支軍隊消耗自己的補給線是為了增強實力。撤退則能夠在時間上將戰爭延長，法軍愈往前推進，就要花愈久的時間折返。拿破崙原本可以在這個點上喊停，承認是他誤算，並讓大軍回頭。但他跟薛西斯一世一樣，他拒絕了，「這一切將沒完沒了」。而因此，拿破崙遺忘了他最初開始一切時所採用的戰略：「我的計畫是一場戰鬥，在政治上取得成功」。[31]

他九月初於波羅的諾開啟了他想要的戰鬥，卻沒能獲得成功，除了法軍死傷慘重以外，亞歷山大一世還拒絕與法國協商和談。當庫圖佐夫認為他沒辦法再守住莫斯科，拿破崙竟吞下了這個誘餌，法軍進入莫斯科以後才發現這座城已經燒毀殆盡，只剩一座空殼。[32]這個天才到了那時才開始懷疑自己，比他的軍隊遲了好久。這個發展改變了人們心理上的鎮定狀態，克勞塞維茨告訴我們，軍事上的平衡在這樣子的時刻來到。[33]而因此，這場戰爭確實是發生於時間、空間和規模之上，最後這一項是每一位俄國和法國士兵所害怕且期望的，也是那位唯一的法國皇帝害怕且期望的。「一八一二年帶領拿破崙進入莫斯科的那份自信，同樣也把他遺棄在那裡」，克勞塞維茨做出如此結論。[34]

轉捩點

托爾斯泰在《戰爭與和平》裡捕捉了這個時刻。一名飢餓的哥薩克士兵獵殺野兔，為了追趕受傷的兔子，他跑進森林，竟發現了一大片毫無守衛的法軍營地。對這場戰役無甚期望的庫圖佐夫下令攻擊，俄軍竟出乎他意料之外的大獲全勝，這是他們自從拿破崙入侵以來獲得的第一場勝利。托爾斯泰如此寫道：「在最小的負擔、最大的混亂，還有最不重要的損失之下，這整場行動最了不起的成果竟然就這樣達到了。」這場十月十八日發生的塔魯提諾戰役（Tarutino）給拿破崙的軍隊「推了一把，讓原本僅僅是在當地待命的法軍……開始逃離戰場」。[35]

所以說，歷史之所以扭轉只是因為一隻野兔？或許我們不能這樣說，因為這畢竟是小說的情節。不過，轉捩點的起源處真的常常難以被歷史學家察覺，就算是想像的情節也不會使之降低重要性。畢竟，能夠有什麼文書足以證明一支龐大的軍隊在一夜之間就失掉了自信心？塔魯提諾的血腥程度遠不及波羅的諾戰役，但它正好發生在拿破崙一籌莫展之際。到了那時，他決定要撤退，結果無力預防手下感到困惑，接著是大家開始慌亂，最後是徹底的潰敗。[36]

約翰・昆西・亞當斯擔任第一任美國駐俄大使時，在聖彼得堡（St. Petersburg）曾寫信給父親這樣說道：「費邊戰術（Fabian system）曾在我們打獨立戰爭時發揮很大效用，但或許這項戰術從來沒有經歷過更加嚴苛的測試。現代的這位亞歷山大……或許注定要像他的前任一樣，在他的統治生涯中被塞西亞人（Scythians）給抓捕。」亞當斯家族成員之間的通訊經常充斥著這種經典的字謎遊戲。費邊（Fabius Maximus Cunctator）是古羅馬軍事家，曾經制定費邊戰術，藉著讓漢尼拔（Hannibal）在第二次布匿戰爭（Second Punic War）中入侵義大利，成功耗盡漢尼拔的戰力，而將之打敗。「現代亞歷山大」是指拿破崙，「塞西亞人」則是指俄國人，不是古代亞歷山大大帝曾經擊敗的那支游牧民族。過沒多久，小亞當斯繼續對他母親知無不言：

在拿破崙率領之下進攻俄國的一望無際的大軍，其中至少有十分之九淪為俘虜，或是給蛆蟲啃食的屍體……從莫斯科到普魯士長達八百英里的道路，沿路散落著他的大砲、輜重馬車、彈藥箱、已死的和等死的人，這些人他被迫要丟下，聽任其自生自滅。苦悶而憤怒的敵人在後面追趕，其中包括三支大型正規軍，還有無數由農民組成的民兵，他們因地裡的莊稼和農莊被摧毀而激憤不已，現在在後面急速追趕，希望能夠為了他們自己、他們的國家、他們的宗教對法國人進行報復。

最後，兩名俄國大將，也就是「飢荒」和「霜害」，為這場災難畫上了休止符，「就一切可能性來看，拿破崙四處征戰、攻無不克的生涯就這樣來到終點。法國將不能再號令歐陸……一個新的時代要在歐洲揭開帷幕」。[37]

獲知每一環節的真貌

「軍事天才並非僅具備一項合適於軍事活動的天賦，例如勇氣，並不是其他的心智條件和性情……就與打仗無關。」克勞塞維茨在他的書中寫道，相反的，「軍事天才需要各種要素互相調和而組成，其中或許有這種或那種力量起了主要作用，但不能有一種是與其他條件相排斥」。簡單來說，他需要的是「對環境的感知力」。「負責衡量全局的人必須要在其任務中運用直覺，使其獲知每一環節的真貌。不然的話，各種想法將毫無章法的紛紛跑出來，致命的阻礙那人做出判斷。」[38]

那麼，要如何讓隨便一個人「獲知每一環節的真貌」？克勞塞維茨的答案，是要將你的戰略與想像力連結起來。[39]克氏發現，藝術家挖掘真貌的方式，是「快速辨明」那些「大腦通常會錯失或只有經過長久的研究和深思後才會發現的事物」。他將這樣的能力稱為「慧眼」（inward eye，法文：coup d'oeil）。[40]這就是馬基維利說的繪製「素描」：傳達複雜事物中的實用資訊。[41]要完整描繪一件複雜的事物，需要花太多時間，而且內容包含太多資訊，因此會擾亂我們的判斷。然而若是腦中已有了既定的期望，則我們從該複雜事物所擷取的資訊，不過就是再次肯定我們認為我們已知的事了，對此，我們需要介於兩者之間的某件事物。

當你的軍隊生了病，或是馬的糧草耗盡，或是沙皇不願照你寫好給他們的腳本行事的時候，你將你所知之事物素描下來，然後按著素描的結果想像你還未知之事物，這樣即使遇上意外，也能很快恢復正常並繼續往前走。如此一來，按照克氏的說法，戰略家和藝術家對此事採取一致的作法，我講得那麼簡單，他可是花了相當多篇幅來描述這一點。

做計畫要如何預測意外之事？只有靠與矛盾怡然共處，克勞塞維茨主張：「戰爭裡每一件事都非常簡單，但就連最簡單的事都是困難的。」下面這段話，他做了進一步的闡釋，也很像是托爾斯泰會寫下的段落：

> 想像有一個旅人，天已經晚了，他決定要夜幕低垂之前再趕兩程路。他走在鋪得平坦的公路上，只要換了馬之後再走四、五個小時，這段路應該是不難。但抵達驛站之後，他發現已無新馬可換，或只剩下素質較差的馬。接下來的路程丘陵起伏，路況不佳，天色又已經暗下來，歷經種種挫折後，他終於找到一個可供休息的鋪位，雖然簡陋，但已足以使他慶幸不已了。戰爭差不多就是這樣。

在軍事的道理上，紀律在理論上能夠克服這樣的問題，至於在實踐方面，短時間也是可以的。不過最終會出現摩擦，降低整支軍隊所賴以發揮功能的各部位零件的功效。「當情況變得艱難（當處在危急關頭的時候這種情況是必然的），事情的進展當然就不再像上足了潤滑油的機器那樣順利了」。

當機器開始產生阻力，總司令需要強大的意志力來克服。這股阻力不需要以違抗命令和爭執吵鬧的形式出現，儘管這在個別士兵身上很常出現，卻是指整個部隊的士氣和精力不斷消退之後所帶來的影響，以及目睹死亡和受傷等讓人心膽寒的景象後出現的衝擊，首先總司令本人要先能經受得起，接著是那些所有……將自己的想法和感受、希望和懼怕都託付給他的人。每個人的力量……不再能附和他的意願，部隊全體的消沉將逐漸的加諸在總司令肩上，給他造成莫大的壓力。他必須用他的熱忱重振其他人的決心，用他內心的火炬重新點燃他們的希望。他得做到這個份上，才能夠維繫對他的人馬的統率，讓他們能聽從命令。

會有某件事，或某個人不知道在什麼時刻崩潰，但你不會知道這會在何時、何地，會怎麼發生。而你所能知道的，是由於會出現摩擦的關係，「人們總是會在未及預定的目標之前而瓦解」。[42]

瞭上眼的天才

以某方面而言，克勞塞維茨這裡所說的其實無甚新意。抱負與能力無法達成對稱，總是會使得戰略被限縮，而這卻又是一開始為什麼我們需要戰略的原因。倒是很少人像他一樣，明確指出摩擦為其原因，而且有可能會在各個層面上出現，時間的流逝和空間上的擴大還會提高其出現的機率。[43]或許他曉得，在拿破崙的座車駛往莫斯科的途中，需要有人往車輪不時的潑些冷水以防止過熱。[44]

就像「慧眼」把戰略和想像力連結在一起一樣，克氏的「摩擦」概念將理論和經驗綁在一起，他在著作中前言寫道，這兩者「不應該彼此輕視，更不應該相互排斥，而是相得益彰和互為保證的」[45]。這個說法將不確定性置於一個具有共通性的框架之下。或者，我們用另一種方式說，早在一個世紀多以前，克氏就提出了跟「莫非定律」類似的說法，又或者，我們講得直白一點，鳥事總會發生。[46]

理論上，拿破崙應該是知道這一點的。其實這應該正是他要帶領這麼龐大的軍隊跨越尼曼河的原因，波斯王薛西斯一世跨越赫勒斯滂海峽的時候也做了同樣的事，這兩位領袖都想要靠著嚇唬他們的敵人來克服摩擦這個因素。只不過，這兩位都沒料到，由於他們追趕敵人而付出的代價節節上升，敵人的撤退竟變成了阻力。而這兩位也都由於這個原因，耗損了他們的軍隊機器，以至於進一步的往前推進反倒鼓舞了敵方，而不是他們自己。溫泉關和波羅的諾戰役都顯示出希臘人和俄國人並不怯戰，薩拉米斯和塔魯提諾戰役反倒讓我們看到是波斯人和法國人感到害怕了。

那麼，薛西斯一世和拿破崙到底是哪裡出了錯？克勞塞維茨大概會說，他們的失敗是因為沒能夠「獲知每一環節的真貌」，在他們所遭遇的事件裡，指的就是地景、後勤、氣候、軍隊的士氣，以及他們敵人的戰略。薛西斯一世和拿破崙都沒有注意到他們的士兵早就知道的事情：希臘和俄羅斯是兩個大陷阱，就跟英吉利海峽之於西班牙無敵艦隊一樣。「良將應懂得摩擦發生的道理，才能在它出現時將之克服，而且在這椿摩擦阻礙其軍隊的行動時，不要期望能用同一套方法將之克服。」[47]

但是為什麼薛西斯一世和拿破崙好像拉馬車的馬戴著眼罩一樣，要遮住他們周邊的視野呢？根據克氏的看法，我們能夠找到非常多例子：

> 年輕軍官在官階較低的時候曾表現得非常果斷，但隨著官階升高，他們失去了這種果斷。他們雖然打算要有決斷，但他們意識到決策錯誤可能會導致的後果，加上又並不熟悉現今所面臨的問題，因此他們的頭腦就失去了過去曾有的敏銳。由於他們意識到猶豫不決讓他們陷入危險，因此過去他們有多麼習於當機立斷，現在就會有多麼的畏懼這樣的危險。[48]

因此他們變得只會直直的盯著前方，聽不進任何人的話，害怕別人會讓他們分心，堅持下達那些會給他們帶來災難的命令。高處不勝寒，人在高位的時候，常識的空氣就變得稀薄。疲倦的「天才」也有個愛麗絲夢遊的仙境，在那兒，先是一匹雄壯的馬，然後化成一隻刺蝟，最後變成一隻困惑不解的狗，不知道到底哪兒出了錯，只好迅速的溜回家。

全方位發展

克勞塞維茨接下去寫道：「假使我們要問，具有什麼樣頭腦的人最能展現……軍事方面的天才，從過去的經驗和評論來看，與其說是具有創造力，不如說是具有鑽研精神的人；與其說是專精某一方面，不如說是能夠全方位發展的人；與其是一個容易激動，不如是頭腦冷靜的人，我們願意在戰爭中將子弟的命運託付給這樣的人。」[49]克氏在《戰爭論》就講到這裡，不過托爾斯泰在《戰爭與和平》中，利用拿破崙和庫圖佐夫之間的對比，做了進一步的闡釋。

小說記述了拿破崙與俄沙皇的侍從長亞力山大．巴拉肖夫將軍（General Alexander Balashov）的會面，其中對拿破崙的描繪最能令讀者留下深刻印象。這次會面是一樁真實的歷史事件，於七月一日發生於維爾紐斯（Vilnius），就在法軍橫渡尼曼河後一星期。法國皇帝原以為沙皇是派人來協商談判，沒想到巴拉肖夫傳話說，只要俄國領土上還留有法國的一兵一卒，亞歷山大一世就不會展開談判。此話一出，拿破崙的臉部肌肉扭動了一下，左小腿不停的顫動。「他開始用一種比之前更尖銳、急促的聲音說話」，他愈說就越不能控制自己，他很快的「變得惱怒不已，只能一直一直說話停不下來，只是為了向自己證明他是對的」。

> 如果你們去煽動普魯士來對抗朕……朕就要把普魯士從歐洲地圖上擦掉……朕要把你們趕過德維納河（Dvina），趕過聶伯河（Dnieper）。朕要恢復這道國界，是歐洲的罪惡才讓你們越過來的。是的，這就是你們自找的，這就是與朕故意疏遠得到的下場。

法國皇帝拿破崙繞著房間踱步，不斷拿出鼻煙盒來嗅聞。突然間他停下來，直直地盯著巴拉肖夫的眼睛，語氣帶著威脅又有點可惜似的說道：「貴國皇上統治的是個多麼好的國家呀！」之後，拿破崙邀請他的客人用晚餐，用餐時的氣氛和睦，對於不久前才發生過的事，拿破崙隻字未提。托爾斯泰指出，犯錯與否之於拿破崙再也沒有要緊。「在他心裡，不論他做什麼事都是對的，這並非與事物是好或壞的本質有什麼關係，而是因為是他做的。」就因為這樣，拿破崙最後變成是在「吹捧自己，貶低亞歷山大一世……這正是會面一開始的時候，他最不願意落到的局面」。[50]

托爾斯泰在小說中描寫了庫圖佐夫抵達總司令部的場景，他身體沉重，下馬的時候非常辛苦，一邊上樓梯還一邊發出粗重的喘氣聲。聽說了安德烈剛喪父，他便擁抱了安德烈，接著他要人念他來此聽取的報告，但是他對於他的情婦在隔壁房間發出的聲音還要更感興趣。對此，托爾斯泰做了解釋：「值日將領所說的話，沒有半點兒能使他驚奇，或者引起他的興趣。所要說的一切，他早就知道了。他之所以聆聽只是因為一定要聽而已，就像做禮拜時，任何人都得聽詩班唱詩一樣。」

但是當庫圖佐夫聽說法軍（或許撤退的俄軍也有份）強占了安德烈家族的莊園時，他突然變得憤慨不已，「看看他們把我們逼到什麼樣的境地！」不過，他馬上接著說：「要打贏一場仗並不容易。」對此人們需要「忍耐與時間」。他向安德烈承諾，法軍做了這些事，他要讓他們「吞下馬肉」作為代價！講到這裡的時候，他僅剩的那隻眼睛（另一隻早在許久以前在一場戰役中失明了）閃爍著淚光。

安德烈回到他的軍團，「他覺得十分安心了，對一般局勢的方向，以及大局所託付的那位男子漢」。他知道庫圖佐夫是個不會有什麼創見奇想的人，

> 但是他會聆聽所有事，記住所有事，讓所有事物各安其位，任何有利之事他不會加以阻礙，有害之事他不會容許。他知道有種東西，比他自己的意志更強大、更重要，也就是各項大事必不可免的進程，他會去發掘這些事件，把握其重要性，明白這些事件的重要性，他能夠放棄……他個人的欲望，著眼在別的東西上面。至於，為什麼人們對他有信心的主要原因……是因為當他叫道：「看看他們把我們逼到什麼樣的境地！」的時候，他的聲音

在發抖，還有當他說他要「讓他們吞下馬肉」，聲音都嗚咽了。

庫圖佐夫統率大軍不像拿破崙一樣站在那麼高的位置，這讓他的頭能夠伸出來看看外面的世界。他或許會打瞌睡，但他不會忘記他的初衷。也因於此，托爾斯泰寫道，當要任命庫圖佐夫掌管總兵符的時候，即使沙皇有所質疑，「庫圖佐夫廣得民心……眾人毫無異議，一致贊成由他擔任總司令」。[51]

修剪理論

早在維吉爾帶但丁到地獄一遊許久以前，維吉爾是在指導屋大維各種基本知識，包括養蜂、養牛、輪種作物，還有栽種葡萄。[52]維吉爾似乎認為領袖必須要能夠實事求是才行。克勞塞維茨也有類似看法，他避免在他的寫作中做出缺乏邏輯性的結論。他解釋道：「無論何時，當思考的線變得太細，我傾向將之折斷……就像某些植物不能長得太高，否則結不出果子。所以在實務上，理論的花葉必須要有所修剪，讓植物靠近合宜的土壤，那就是所謂的經驗。」[53]

不過，理論到底該如何「修剪」？克氏對這問題的回答是，要從任何一件特定事實去推論出「能夠解釋每個角度的普世法則，不去考慮偶然事件的影響，確實是過於輕率」。不過，那些從未超越「軼聞趣史」層面以上的論述（也就是孜孜不倦的重複毫無意義的故事），同樣也是無用，因為這些論述全是「按著個別的案例來建構歷史……他們所做的挖掘只不過是為了合乎他們的方便，從來也沒有搞清楚什麼是主導事件發展的一般性因素」。

> 建立理論的目的，是讓他人不必每一次都要從頭開始整理並爬梳手上的材料，而是能提供讓人立即可用，而且還是清楚有條理的要點。理論應該要能讓未來的指揮官能夠學習，或更精確一點說，是指導他能自我學習，不需要有人親自帶著他上戰場。就彷彿是一名高明的教師應該引導帶領並促進學生發展智力，而不需要每次都要手把手的親自帶著他走。

克氏認為理論就有如「訓練」。訓練能夠「鍛鍊人們的肉體好對付艱辛的勞動，堅強人們的心靈好面對困難險境，並且能夠抗拒第一印象的影響，增強自己的判斷」。訓練是減少摩擦的「潤滑劑」，能夠「帶來珍貴無價的特質——鎮靜，從輕騎兵、步槍手，乃至於將軍自己要是都能具備這樣的素質，就能減輕總司令的重擔」。[54]

麻煩之所以出現，原因並不是你像新手般擁抱理論，而是因為麻煩不斷升高的時候，還一直緊緊抓住理論不放，這就是一種「藐視常識」的作為。然後，理論就變成一種藉口，「讓那些智力貧乏和愚昧無知的人……用來為他們與生俱來的無能辯解」。[55]克氏尤其鄙視那些充斥在「高處」的「**各種術語、專門用語、隱喻**」，不過就是一堆「擁護某個陣營的陳腔濫調」，亂無章法，完全不管背景脈絡就任意被訂為原則。「一旦暴露於日光之下，就能看清這些有如垃圾般毫無價值」，使得「理論完全無法付諸實踐，屢屢被那些毫無爭議的具有軍事天才的人視為笑柄」。[56]

克勞塞維茨在普魯士軍事學校裡的一位講師就是一個這樣的範例，他是卡爾．呂德韋．馮福爾將軍（General Karl Ludwig von Pfuel），在一八一二年的戰爭中擔任沙皇亞歷山大的軍事顧問。根據克氏滿懷自信的判斷，馮福爾將軍是個「對實際事物缺乏知識」的男人，所謂的知識是指他根本不知道要怎麼樣部署俄羅斯軍隊才是迎戰拿破崙最好的方式。[57]托爾斯泰不大可能看過這則評論，不過以下這個段落，可以說是清楚的傳達了克氏的想法：

> 馮福爾就是那一類型的理論家，他們是如此的吹捧他們自己的理論，以至於根本忘了理論的目的終究還是要付諸實踐。由於他是如此深愛他的理論，因此他痛恨任何跟實務相關的事情，而且一點也不想要去了解。如果因為只顧著理論不管實踐而不幸導致失敗，他甚至還會感到慶幸，對他來說，這證明了他的理論是正確的。

小說裡面，托爾斯泰安排讓安德烈出場來結束這一幕，他簡直就像是克勞塞維茨詭異的代言人。馮福爾認出了安德烈，後者雖尊敬馮福爾但卻對他懷有深深的質疑，馮福爾則輕視安德烈，書裡將馮福爾形容是「早已知道事情會變得一塌糊塗，但竟然不對此感到生氣」。[58]

托爾斯泰似乎是在替克勞塞維茨的論點收尾，好似熟知彼此的伴侶在對方的話還沒說完之前就能替他接下去，[59]這在《戰爭與和平》當中屢見不鮮。他們兩位各在其著作中闡述了機會在戰爭（還有在人生）當中所扮演的角色，沒有誰能夠比他們講得更清楚了。

洞察、判斷、理解事實、嗅出真相

「所有人類活動當中，沒有哪一件事，是能夠比戰爭還要持續且全面性的由機會所主宰的了。」克勞塞維茨在《戰爭論》中如此寫道。戰爭是由「三種相互矛盾的元素組合而成的混合體」，首先是強烈的情感，這促使戰鬥人員冒著生命的危險投入戰爭，其次是指揮官的才幹，最後是發動戰爭的政治目的。這當中只有最後一項是完全受理性來決定，其餘二者都處於受感情所驅使的混沌地帶，在這種地方，「通常可見的指標物似乎都消失了」。[60]所以，我們需要的是「足以維繫這三項元素使之保持平衡的理論，好似懸浮在三個磁鐵之間保持平衡不動的物體」。[61]

不過有用磁鐵做過實驗的人都會知道，如果有一個擺錘在磁鐵上方自由擺動，置放兩顆磁鐵能讓擺錘有秩序的擺動，但是置放了三顆磁鐵，就會使得擺錘從規則擺動變成隨意亂舞，條理有序和混亂不堪僅僅只是一顆磁鐵的差別而已。用數學的術語來說，就是從原本的線性變成非線性的擺動。[62]因此，克氏的磁鐵理論迫使我們去思考一個問題：各項行為彼此之間看起來是無法形成協調的，理論要如何讓他們形成和諧的關係？

不需要想辦法確保必然性，這是克氏的回答。他將理論分類成規則的一種，因為規則能容許例外的存在，如果是法則就不行。他重視理論，將之視為是解決問題的手段，而不是用來聊天的話題。大量的擷取過去的經驗，盡量不要對未來做肯定的預測。他相信可以把理論用在訓練上面，而不是用來推斷無法預見的事情。他相信「慧眼」，多過於量化的資料，任何將戰爭壓縮成數字的做法，「一刻鐘都禁不起現實的考驗」。他也不認為缺乏理論作為靠山的新手就沒辦法做出判斷，克氏認為人的判斷必須要像「船隻的羅盤」一樣發揮作用，「一丁點的變化」都要時時刻刻記錄下來，「無論海相是多麼惡劣」。[63]

克氏告訴讀者，任何惡劣的海象都有跡可循，只有「身在現場的人才能察覺」[64]，如同磁鐵上方擺錘的運動一樣，現場的狀況就有如西伯利亞人告訴肯南的那樣，極光、暴風雪、地震是否會出現根本難以預測。[65]對於克勞塞維茨而言，戰爭就像這樣：有四分之三的部分被「籠罩在迷霧之中」。要能察覺全貌必須「要能敏於洞察，據此做出判斷……，嫻熟於理解事物，嗅出事實的真相」，這並不是像馬一樣戴著遮眼罩的理論家所建立的理論能夠做到的。

托爾斯泰為我們加了一些說明來強化這個論點，那些過於簡化世情的人就好像被叫來給教堂的牆壁批土的工匠，「因為工頭不在，他就憑著自己一股熱誠，擅自把所有窗戶、塑像、支架都批上了灰泥」，還沾沾自喜的認為，「身為一個好泥水匠，現在一切都變得平整又光滑」。[66]托爾斯泰是最不像泥水匠的小說家，克勞塞維茨也絕對不是這種戰爭理論家，他們兩個跟平整或光滑一點也沾不上邊。當混亂逼近的時候，[67]他們選擇出奇制勝，從不尋常的地方下手，而那就是，或說看起來像是，機遇所在之處。

共同定律

克勞塞維茨覺得他的說明已經足夠，不過有著鬥犬般性格的托爾斯泰可不這麼輕易滿足。他想要再來個最後一擊的心意是如此堅定，因此在《戰爭與和平》的尾聲中，他乾脆把他的小說人物拋在一邊，用冗長的篇幅思索如何在決定論和自由的兩極之間尋找機遇。他的結論如下：

> 史學必須採取的新思想方法，正與舊式史學不斷的分析、分解歷史大事原因的傾向，這種毀滅自己的過程同時完成。
>
> 人類一切科學都沿著這條路子走，科學中最精確的數學，得到了無窮數，或者無窮小，離開了分析，而著手對未知無窮小數統合的新過程。數學放棄了原因概念而找尋定律，那也就是說，去找所有無窮小未知要素共有的特性。
>
> 其他科學家也在各自的思想中，沿著同一條路徑前進，雖則方式各有不同。牛頓發表引力定律，他並不是說太陽或者地球具有吸引的特性。他只是說，所有物體，從最大到最小，都有彼此吸引的特性。……史學也進入了同一項過程。如果史學的主題是研究各民族

與人類的運動，而不是敘述個人的生活和瑣聞軼事，它也會把原因的想法放在一邊，而找尋自由意志中所有同等、無法分離、彼此連結、無窮小要素的共同定律。[68]

托爾斯泰這裡想要說的，我想，應該是：第一、因為一切事物都彼此有關聯，時間、空間、規模無法避免的存在著相互依存的關係（這裡就先不考慮要區別各自獨立和相互有關聯的變數了）；第二、以結果來說，一定總是有我們無法察知的事情，就算將之切成小分子也沒有用，因為總是會有更小的分子存在；第三、肇因於那些我們無法察知之事，我們永遠都會對事物發揮的作用產生錯覺，無論是多麼微小的事情；第四、就算這些微小事物有其遵循的法則，對我們而言也沒有什麼差別，反正我們也感覺不出它們發揮了什麼作用，因此，第五、我們對自由的感知，反映到現實當中，也就是自由本身。

如果我的看法沒錯，那麼托爾斯泰是利用規模來解答一個自古就已存在的這個問題：如果上帝是全知全能，人到底有沒有自由意志？不過，托爾斯泰是托爾斯泰，他對自己的答案並不感到滿意，而且他很快的便改信上帝，過去的他嘲笑信仰不過是原始人的習慣而已。[69]如果我們先思考費茲傑羅說的在腦中同時兼容兩種相反的意見，還能夠駕馭自己，再加上克勞塞維茨所說的，那麼托爾斯泰的論述，對於戰略就會產生重要的意涵，在最廣泛的層面上。

淨評估

先從理論和實踐開始，克勞塞維茨和托爾斯泰都重視這兩者，而且都沒有陷入這兩者的圈套，彷彿在他們的思考當中，抽象和明確可以相互強化彼此，而且沒有先入為主的比重問題。遇到的每一種狀況，需要個人的判斷、經驗，以及從過去所習得和為未來做預備的技能，讓這三項元素達到平衡。

理論會降低歷史的複雜性，將之化為能夠教導給人的素材。這並不是托爾斯泰的泥水匠理論的簡化版，將不規則之物抹平以便尋求可預測性。相反的，理論是從無窮的變化中擷取教訓，因此必須要重視過去才會起作用，就像克勞塞維茨的「慧眼」能在現在這個時刻起作用一樣。根據你所需要知道的，理論為你描繪出概要，也不會告訴你太多資訊，因為要是你的教室是戰場，你不可能會有無限的時間去聽講。所以，理論要為實踐服務，實踐能夠修正理論——也就是為理論家除去馬的遮眼罩，避免讓你踏向懸崖、掉進沼澤，並帶領你走向莫斯科。

畫家在寫生的時候，一定是先看一下景色，再看一下自己的畫板，直到繪畫出現在畫紙上，那是一種描畫前方有著什麼的過程，而不是複製。眼前的景色和畫板導引著畫家的手，不過沒有兩位畫家會用完全一致的方式來畫畫。這是一種相互影響但又特色分明的互惠過程，如果缺少這個過程，現實和重現之間的平衡就無法產生。[70]

為戰略製作寫生的現代用語叫做「淨評估」，[71]這是要喚起我們的注意力去留心環境中的種種因素，而不只是一一寫下列成清單而已，主要用意在幫助我們評估結果。做得好的淨評估，需要考慮：「已知因素」，包括地形、地貌、氣候、自身能力、自身尋求的目標；「可能性因素」，包括敵方的目標、盟友是否可靠、不同文化之間的限制、己方國家承受敵方攻勢的能力；最後，則是對於「未知因素」的重視，前兩項當中都有可能會悄悄出現不在我們掌握之中的事件。

跟克勞塞維茨的磁鐵理論一樣，這幾項因素呈現出的是三角關係，不過這是兩種層次的關係。當你想辦法將已知、可能性和未知因素達成一個平衡，你也是在將時間、空間、規模達成平衡。「戰爭就跟一般的人生沒有什麼兩樣，整體當中的所有部分都彼此有關聯，因此其產生的效應（無論背後的原因多麼微小）都一定會影響到整體……，包括軍隊的行動，並且或多或少（無論多麼輕微）改變了最終的結局」[72]，克勞塞維茨如是說，他講的跟托爾斯泰對於無窮小的因素的見解相同。

但這並不是因為克勞塞維茨會預測未來，而是因為他和托爾斯泰都從過去看見作戰是何面貌。[73]從這當中他們得知，目標永遠不能成為手段，目標很有可能無窮無盡，手段則不幸的有其極限。這就是為什麼戰爭必須要反映出政策，克勞塞維茨是明說，托爾斯泰則是暗示。如果換成是政策反映出戰爭的話，這就表示是某個坐在高位的刺蝟（也許是薛西斯一世或拿破崙），完全愛上了戰爭，並將戰爭本身變成其目標。他們要流血直到無血可流才會停止，因此他們進攻陣勢的終點處，會自我潰敗。

目標和手段混亂不清，會造成過度擴張，拖垮自己，讓敵人有機可趁，一點小小的操弄就能帶來很大的效果。地米斯托克利如果沒有操縱德爾菲神殿的神諭，也不會贏得薩拉米斯戰役。伊莉莎白一世信任她的海軍上將，相信風向會助英軍一臂之力。庫圖佐夫在波羅的諾戰役之後還能安然入睡，就是因為他很確定那些地形、地貌、氣候等拿破崙疏於注意的「已知」因素，絕對會迫使法軍離去，俄軍甚至什麼都不用做。邊界會變成那座敵人想趕快跨越，並引領他們回到家的「黃金橋」（golden bridge）[i]。[74]

庫圖佐夫心裡所想的那座橋可以作為大戰略的黃金準則。如果要讓目標合乎我們現有的手段，那麼要能保持充足的實行力和士氣（也就是可行性和原則）就得要盡可能的耗費最少的資源和性命。漢米爾頓在《聯邦黨人文集》當中寫道，「所設定的目標必須要與損害程度形成適當的比例」[75]，無論克勞塞維茨和托爾斯泰的年代出現多少令人咋舌的事件，而使他們心心念念不已，這兩人都將他們的書視為是提倡回歸比例原則的著作。《戰爭論》和《戰爭與和平》以它們宏偉的篇幅，從未停止過教導讀者在相反對立的事物間達成平衡。這就是適當的比例原則——當矛盾的情況發生時，就要即時去了解。[76]

---

i　譯注：「黃金橋」（golden bridge），意思是引領某人至某地的道路。

理論與實踐、訓練與臨場發揮、計畫與爭執、武力與政策、情況與寫生，專門化與普遍化、行動與無為、勝利與落敗、愛與恨、生與死、坐在雲端中領導與站在地面看清視野，在這些相對的關係之間，唯獨藝術和科學沒有這樣的關係。因此，無論這再怎麼說都不嫌煩，克勞塞維茨和托爾斯泰用豐富、富有創造力和誠實的立論，帶領我們進入這些最高層次的議題，他們是最偉大的戰略家。

第八章

最偉大的總統

約翰・昆西・亞當斯並沒有被寫進《戰爭與和平》裡面，即便他在亞歷山大一世治下的俄國所待的時間，比克勞塞維茨和拿破崙加起來還久。[1] 一八二四年的美國總統大選即將逼近的時刻，有三名莎士比亞筆下的鬼魂浮現在他眼前。第一位是馬克白，他「充滿罪孽的野心」，使他登上了王位卻喪失了靈魂。第二位是哈姆雷特，他說在黑暗時刻死去可是「求之不得的圓滿」。第三位，是《理查二世》（*Richard II*）裡的布靈布洛克（Bolingbroke），他說：「誰能靠了懷想積雪的高加索山而去用手抓火？」小亞當斯雖然盡力不去想，但他卻開始感到恐懼，不知自己殷切期盼的目標會否實現，他在日記裡這樣寫著：「什麼對我們才是最好的，我們所知極微……因之我不知應否期望成功繫於這場選舉最大的不確定性中。」然而，他也說：「我在聯邦政府中所擔的干係比這當中任何人還要大」。[2]

他的意思是他害怕會愧對父母給他的栽培。小亞當斯還不到八歲的時候，父親出外參加獨立戰爭，他母親訓練他要擔起家中重責大任，確保他有目睹了邦克山戰役的流血畫面。還不到十幾歲的年紀，他父親就帶著他閱讀希臘文和拉丁文的經典著作，還要學說法語，他自己後來又學會說流利的西班牙語、德語、荷語（倒是沒有俄語）。年輕時的小亞當斯以二十六歲的年紀出任駐荷大使，三十歲時派任至普魯士，三十六歲成為美國參議員。他還在任職參議員的期間，同時在哈佛大學教授修辭學和演講術。駐俄大使生涯結束後，他參與了《根特條約》（Treaty of Ghent）的協商，那是一八一二年英美戰爭落幕後兩國簽署的條約。在那之後，他續留歐洲擔任駐英大使。一八一七年，他成為美國國務卿，有評論家認為他是有史以來在這個職位上發揮影響力最劇的國務卿，這話可說是無庸置疑的。[3]麥迪遜和門羅都紛紛踏上通往美國總統寶座之路，亞當斯家族的期望自然不會低於此，因此小亞當斯從幼年時期就開始為了他的總統夢做準備。

然而，到了一八二四年，輪到小亞當斯競逐總統寶座的時候，過去美國人民因敬重政治人物而出現的美國王朝（無論是維吉尼亞幫[4]或亞當斯家族）已不復見，取而代之的是猛烈批評。無論是競爭激烈的報紙輿論圈，還是新獲得公民權的選民之間，精英界對於繼續拓展國度疆界的接受度並不佳。小亞當斯認為紳士不應急躁行事，但是不能當上總統，「會遭到國家的譴責，若從我過去擔任的公職資歷來看的話」。[5]言外之意，其父同樣也在嚴密觀察此事，截至目前老亞當斯只擔任過一任美國的最高統帥，仍然在世，還有就是，他是麻塞諸塞人。小心翼翼的想辦法（但不是真要這麼做）懷想美麗的高加索雪山同時用手抓火的華盛頓，成功地在一七八〇年代末領導美國，但現在是一八二〇年代初期，小亞當斯這麼做的成功機率看起來不高。

因此，當一八二四年的總統選舉出爐，美國新一代的軍人英雄安德魯．傑克森[6]於普選票和選舉人票雖獲得最高票，但卻沒能得票過半，小亞當斯乾脆放棄了他的美麗雪山願景。根據美國憲法，當選舉出現這種情況時，將由眾議院負責選出總統，結果，小亞當斯的支持者跟第三名候選人亨利．克萊的支持者站到同一陣營，讓小亞當斯當選了總統，小亞當斯後來則是讓亨利・克萊擔任國務卿。無論背後是不是有人談好了什麼並不重要，總之，這件事已足以使傑克森及其支持者猛烈抨擊是一樁「腐敗的交易」。亞當斯和克萊組成的執政團隊，用歷史學家宣恩・魏倫茲（Sean Wilentz）話來說，就是帶著「政治情報和想像力的大失敗」[7]上路。

當上總統的小亞當斯，決定他要揮軍朝莫斯科邁進來彌補這個失誤。當然，這並不是說他真的要往莫斯科去。一八二五年十二月，他向國會發表的年度國情咨文完全否決了內閣提給他的建議，反而是以一種拿破崙的氣魄錯估了抱負和能力之間的關係。總統被賦予之權力如此之小，只有他才知道小到什麼程度，但他所提的方案簡直包山包海，包括建立一所國立大學、由聯邦出資建造公路和運河、建立標準的度量衡制度、建造更強大的海軍和海軍學院、鼓吹全球商貿、採取更強硬的外交手段推動門羅主義。他的理想甚至高到天上去，提議要建造一座國家級的天文臺，讓美國像歐洲一樣擁有「屬於天空的燈塔」，這一切的一切，為他招來了他的腦袋已經不只是在雲端，而是在星空裡的評語。

他堅稱，如果忽視這些工作，就好比「把賦予我們的才幹藏到土裡去」。而且，「自由就是力量」，「受上天恩賜擁有最多自由的國家，應該要能在數字上相應的呈現她是世上最強大的國家」。如果「順從選民的意思，自我癱瘓」，懶散不去從事這些工作，只會使得美國「注定」要淪落為「永遠的次等國家」。[8]很遺憾，亞當斯的這份國情咨文癱瘓了他僅剩的一點支持度，在他才就職總統不到一年的時間裡，就幾乎篤定了他連任總統的希望應該不可能成真。

或許，小亞當斯放棄他的原則想辦法當上總統，是因為他希望能夠藉著放棄再重新建立他的原則。或許，他一直都在懷疑自己，父母把實現這份野心的責任放在他肩上，但是卻鮮少給他加油打氣。或許，他沒能跟上時代的腳步，因為那時的美國政治即將進入傑克森所鼓吹的權力下放的時代，而不再流行漢米爾頓主張的權力集中、強而有力的政府。或許，他其實走得比他的時代還前面，因為再過一段時間，聯邦主義又要復甦，以打贏一場內戰[i]。也或許，他已經預料到奴隸制度的爭議將點燃一場戰爭，而他希望用一些別的事物擾人眼目，讓那不義之日延後到來，小亞當斯應是認為「密蘇里妥協案」當中所做的妥協其實不堪一擊，但他跟他同時代的人一樣，鮮少人有勇氣提及「奴隸」這個字眼。[9]無論背後的原因是什麼，小亞當斯於一八二九年卸任總統的時候，跟拿破崙一八一二年撤離俄國的窘境很像，兩人都是筋疲力盡，盟友紛紛出走，還有被自己的誤算給擊垮。

不過，小亞當斯用一種在拿破崙身上不會看到的方式捲土重來，他自願降格，同意出來競選麻塞諸塞州的眾議院議員，使他成為歷史上唯一一位於該地擔任民意代表的前總統。輕鬆當選的小亞當斯於一八三一年十二月就任眾議員，在接下來十五年期間，他只做一件事，就是不斷要求國會針對數千份廢棄奴隸制度的請願書，公開進行辯論。雖然他經常得孤軍一人對抗眾

---

i 譯注：這裡指的應是一八六一年爆發的南北戰爭。

議院，眾議院為了阻止這項議題還搞出來一套《禁言法》（gag rule）[ii]，不過，贏得最後勝利的人是他。小亞當斯所提出的論點是，正如同美國憲法保護蓄奴制度，憲法第一修正案同樣應該保障言論自由與「人民向政府請願伸冤」的權利。靠著不屈的毅力、優異的邏輯，還有堅守道德高尚的目標，他讓他的對手啞口無言。

一八四一年三月的時候，已經七十四歲高齡的小亞當斯，在最高法院再次上演了雄辯滔滔的場面。當時的情況是這樣的，有一艘開往古巴的西班牙奴隸船阿米斯達號（Amistad），黑奴在海上發生暴動，他們奪下這艘船自行解放了自己，然而這艘船卻漂流至美國海域被美國海軍給截獲。有一群同情他們處境的律師提出呼籲，將他們遣返回非洲就好，不要施以任何處罰。小亞當斯挺身而出自願擔任阿米斯達號黑奴的義務辯護律師，他在法庭上進行辯論長達八個小時。他提醒法官，請他們看向掛在左右兩邊牆上，裱著框的《獨立宣言》，而他們端坐在這個被《獨立宣言》包圍的房間，他們能有什麼立場不釋放這些黑奴？由於他動人的道德感召、獨創的立論，加上室內所擺設的《獨立宣言》，法官深受感動，出乎意料的同意釋放黑奴。假以時日，這個國家將做出相同的事，雖說是付出了悲劇性的代價。

因此之故，在林肯之前，沒有任何其他美國人像小亞當斯那樣勇於站出來，將美國憲法置於《獨立宣言》（「所有人皆生而平等」）的宣言當中，小亞當斯深知，美國憲法所捍衛的價值，將無法輕易為許多人所接受。

林肯

一八四八年二月二十一日，眾議院正針對一份議案進行表決：是否要給幾位在剛落幕不久的美墨戰爭中服役的軍官表揚感謝，美墨戰爭結束後簽訂的《瓜達盧佩伊達爾戈條約》（Treaty of Guadalupe Hidalgo）才在當天稍早送入了參議院。根據此份條約，美國將從墨西哥手上得到從德州（這塊地方才在戰前於一八四五年併吞）邊界開始延伸到太平洋岸的廣闊領土。雖然小亞當斯早年曾有過跨越洲際的政治抱負，但是他向來反對美墨戰爭，因此他早打定主意要投票反對這項安排，這是說如果他有這機會的話。小亞當斯認為是當時的總統詹姆斯．波爾克（James K. Polk）刻意挑起這場戰爭，好在聯邦當中增加合法蓄奴州的數量。然而，沒想到該項條約竟不是安排要送到眾議院來表決。那天下午，小亞當斯不幸在議場發生中風，兩天後就過世了。當時才在他第一任任期的伊利諾州新科眾議員兼反美墨戰爭人士亞伯拉罕．林肯，說不定目睹了這戲劇性的一幕。[10]

那一刻，不僅正如突遭病魔打擊的小亞當斯努力吐出的遺言所說：「我在世的時候結束了。」他的過世，也正式為所有認識開國元勳的那一代人畫上了句點。林肯一八〇九年生於肯

---

ii 譯注：《禁言法》（gag rule）可以說是小亞當斯的專屬條款，內容規定不准在國會中討論廢奴相關的法案，這是違反言論自由，因此也有違憲之嫌。

塔基邊境一座搖搖欲墜的破敗小屋，同一年，麥迪遜派遣小亞當斯擔任駐俄大使。林肯的母親在他九歲、姊姊十二歲那年撒手而去，父親對他們疏於照顧，姊弟倆總是餓肚子、衣服破爛、頭髮滿是蝨子，而那時，小亞當斯已經當上門羅總統的國務卿，正要替美國取得西屬佛羅里達。當林肯終於有了一個繼母，雖然繼母對他照顧有加，但他仍覺得有必要逃離父親的身邊，反正在學校念了一年書已經很夠了，正值青少年期的林肯和朋友造了一艘平底船，用一根竹竿撐著就這樣順著密西西比河而下（他們根本沒聽過《頑童歷險記》裡的哈克），那年是一八二八年，小亞當斯的總統任期還沒結束。多年以後，當林肯需要說明他的教育程度時，他只寫下「未完成」這幾個字。[11]

其實，那個年代大部分的美國人都是這個樣子的，那麼是什麼讓林肯與眾不同？首先是他的長相，他自己就會這麼說，或者講得精確一點，是他其貌不揚的長相。林肯身高六英尺四英寸，幾乎每個人站在他身旁都會備感壓力。他的手異常巨大，雙臂過長，褲子常常太短。他覺得他臉長太醜，頭髮怎麼梳都不聽話，因為身材瘦長，走路的時候有一種引人注目的笨拙感，好像等一下就要撞到或打翻什麼東西。不過林肯似乎對他的外表不常感到惋惜，他會拿長相自我解嘲，他的力氣之大也令人畏懼，不過他並不常拿來派上用場就是了。林肯意識到他不可能不引人注目，他很早就決定，他可以想辦法討人喜歡。[12]

所以他要將他的「表現」做到完美，沒有人像他那樣能如此渾然天成、反應敏捷的發揮幽默感，而且他很少回收舊笑話重複使用。他講的趣事軼聞雖常難登大雅之堂，但從他口裡說出總是輕鬆又流暢，好似他那個年代，體質不佳的銀行也是輕易就如流水般發行稱為「貨幣」的紙張。他的笑話一定都能博得滿堂采，有人說他「連貓都可以逗笑」。[13]不過，在這副面具的背後，林肯是位堅毅忍耐的宿命論者，彷彿有某件事或某個人（應該不是上帝）[14]在引導他。那有可能是來自童年時期留下的陰影，或是他渴望與之結褵的初戀情人安．洛麗芝（Ann Rutledge）撒手而去給他帶來的打擊，或是他與夫人瑪麗．陶德（Mary Todd）共同生活中各種惹惱他的事，也或者是他的四個兒子中有兩名早逝，讓他難以承受的喪子之慟……誰知道呢？但或許也有可能是種種莎士比亞式的難題，因為林肯這個人，可以找出好多莎士比亞筆下的人物與他相比，不只是讓小亞當斯著了魔的馬克白、哈姆雷特、布靈布洛克，還包括莎劇的著名丑角浮士德孚爵士（Falstaff）、亨利五世（Henry V）、《仲夏夜之夢》裡面仙后愛上的織工波頓（Bottom）、以悲劇了結一生的李爾王（Lear）、《暴風雨》中的魔法師普洛斯帕羅（Prospero），當然還有到後來，他被他的政敵目為凱撒（Julius Caesar）。[15]

年少時的林肯喜愛懶洋洋的躺在河岸邊朗誦莎士比亞。那條河是桑加蒙河（Sangamon），靠近新榭泠（New Salem），那是林肯在伊利諾州第一個落腳的城市。往西，到處空無一物，滿是機會；往東，則充斥著房子、公路、橋梁、法治、企業精神，還有任何人無論源自何方都能享有的權利。林肯在這兩個地理區塊之間遊走，並沒有要投向哪一方的意思。他嘗試做過很多事，包括造船、探勘河流、土地測繪、從軍、劈木條、跟人合營鎮上的雜貨店，甚至還短暫的當過村裡的郵局局長——倒從來沒種過田，一直到他開始以律師為業，並因此走上從政之路。[16]

無論法律還是政治，他都是靠自學而成。林肯如饑似渴般的閱讀，記下實用的知識，靈巧的運用所學。精良的演說技巧讓他從法律跨界到政治這條路平順許多，但也不是完全一帆風順就是了。一八三二年，他在州議會的競選中敗北，後來終於在兩年後成功選上，此後他再也沒輸過任何一場選舉。[17]安德魯・傑克森擔任第二任總統期間，政壇開始吹起組織政黨的風潮。[18]林肯因為尊敬亨利・克萊，因此選擇了輝格黨（Whigs）[iii]，沒有加入民主黨。後來，克萊很有技巧的將小亞當斯的提案重新包裝來進行「國內的改造計畫」。不過對於林肯這位年輕的議員來說，他最緊要的計畫是改造他新搬去的春田市（Springfield），方法是將之定為伊利諾州的首府。這件工作終於在一八三九年達成，而當一八四〇年輝格黨推派的候選人當選總統時[19]，林肯有機會追尋更廣闊的天地。

林肯很明智的按部就班慢慢來。要能選上得要和其他人組成聯盟，在伊利諾州議會，這意思是你得等候，看什麼時候輪到你。所以林肯一直到一八四六年才徵求輝格黨的提名競選眾議員，這也是為什麼他確保了這一席位後，承諾他只會占一任的缺。他在一八四七年十二月抵達首都華盛頓，熱切的想要留下些政績。他向總統波爾克提出質詢，要求對方說明一年半前美墨戰爭最開始發生衝突的地點（spot）到底是在哪裡，因為波爾克聲稱是墨西哥軍隊跑到美國土地上，美國出於自衛才開戰的。林肯要求波爾克交代這些緣由，但波爾克不予理會，結果林肯徒然得到了個「汙點者」（Spotty）的諧音諢稱。他太躁進了，這很不像他的性格，他過去一直都小心避免犯下這樣的錯誤，而他此後也會避免重蹈覆轍。[20]

林肯最終也沒能靠著身分之便在土地註冊處（General Land Office）撈個處長的職位，好讓他能繼續留在華盛頓，他只好在一八四九年時返回春田。他在國會中的表現，除了那個「開戰地點」的議案以外，完全沒能給人留下任何印象。林肯返鄉之後發現他的事務所髒亂不堪，雖然他的合夥人威廉・赫爾登（William Herndon）在林肯不在的期間仍繼續經營他們的事務所，但是林肯要送給選民的種子凌亂的散落辦公室一地，而且還都已經發芽了。當時林肯已屆不惑之年，似乎，距離他自己也要播下種子的時刻也即將到來。[21]

北方與南方

五年之內，林肯就找到了一個使命，他給自己取得一只羅盤，設定了路線。那屬於一個他親眼見證在眾議院會堂走完自己最後時日的老人，他要點醒美國人，建國之初，開國元勳為了

iii　譯注：輝格黨（Whigs），後來因為奴隸問題分裂乃至於解散，其政治力量與地位由後來新成立的共和黨繼承。順帶一提，美國另一大黨民主黨的創黨成員，就是小亞當斯的對頭安德魯・傑克森。

要鞏固自己的國家，不得不先站在一個尷尬的立足點上。先烈先賢之所以容許奴隸制度的唯一理由，僅是因為其尚存在「必要性」，林肯在一八五四年的演說中呼籲，「過了那麼久仍只有這個論點能支持他們」。美國的開國元勳從英國人那裡繼承了憲法的傳統，而他們心知若是廢棄奴隸制度他們無法建國，只能希望奴隸制度能漸漸消失，因此他們在憲法中未曾提及奴隸制度之名，「就如同一個飽受病痛折磨的人因為生怕他會流血過多而死，不敢一次完全割除他的腫瘤或癌……我們的開國元勳謹慎的選擇了一條分際，不及於此的**無法**成事，超過於此的他們**不願**接受」。[22]

然而，實情是奴隸制度並沒有漸漸消失。在合法蓄奴的地方，黑奴創造的經濟利潤愈來愈大。據以規定國會代表席次和選舉人票的「五分之三條款」在全國性政治中占了很大的便宜。美墨戰爭結束後美國西部獲得從墨西哥贏來的廣袤土地，這些申請即將要加入聯邦的準州，是否要透過自願接受或強制規定的方式來適用「五分之三條款」[iv]，這項議題很快引起激辯。最終，國會達成「一八五〇年妥協案」(compromise of 1850)，用以解決這個地區的蓄奴問題，不過一八五〇年的這個妥協案，跟本身就已經根基不穩的一八二〇年密蘇里妥協案相比，還要來得更加不可靠。[23]聯邦政府甚至還立了一條法律容許奴隸主在非法蓄奴的地區追捕逃跑黑奴。林肯在一八五五年的一封信裡這樣譏諷的寫著：「獨立紀念日並不缺乏歡樂的理由，如果是想要放個鞭炮的話，仍舊是個很適合的日子！」[24]

當時伊利諾州有個資深參議員史蒂芬・道格拉斯（Stephen A. Douglas），可以說再沒有人像他那樣給蓄奴爭議火上加油了，雖說他本意是想要解決問題，但他最後反倒弄巧成拙。道格拉斯跟林肯一樣都是來自春田的執業律師，他以作為林肯的辯論對手而留名。雖然他隸屬民主黨，但他支持輝格黨要大力促進經濟發展的主張。道格拉斯和林肯兩人都希望伊利諾州能夠成為連結東部創新之都和西部機會之地的重鎮，而首要任務就是讓橫貫大陸鐵路通過此地。他們兩人都明瞭，這項建設需要聯邦政府的補助、贈地，還需要軍隊的保護。由於這項鐵路計畫得通過蓄奴州密蘇里，想必南方州對此會有他們的想法，因此兩人也都預料南方必定會要求補償方案，不過，只有「道格拉斯法官大人」（林肯給他的稱呼）自認他知道南方人要的是什麼。

當時，整個面積向西延伸至落磯山脈、往北與加拿大交界的堪薩斯和內布拉斯加是兩個即將加入聯邦的準州，為什麼不撤銷所有國會通過的蓄奴限制，乾脆讓這兩個州的拓荒民自行決定他們要什麼？畢竟，「民主自決」是《獨立宣言》中推崇的精神啊，然而，由於地形和氣候的限制，奴隸制度在這塊新領土上是不可能蓬勃發展的。這樣，道格拉斯認為他所打的兩個算盤就都能行得通了。一八五四年五月，國會通過他提案的「堪薩斯—內布拉斯加法案」

---

iv 譯注：這可以看成是蓄奴州和自由州之間的角力，藉由拉攏新州加入己方以擴大在聯邦中的實力。南方蓄奴州經常就蓄奴問題威脅要脫離聯邦。

（Kansas-Nebraska Act），既為蓄奴爭議定下了原則，同時又能便宜他的計畫。[25]

相反的，這套計畫最後是敗得一塌糊塗。《湯姆叔叔的小屋》作者哈莉葉．比徹．史托（Harriet Beecher Stowe）在一次對道格拉斯的側寫中，描述他的演說根本漫無目標，好似一顆炸彈爆發，「朝四面八方胡亂發射又紅又燙的釘子」[26]，連不該攻擊的目標都遭殃。一八二〇年和一八五〇年的妥協案事實上已經喬好了「已知各方的利益」，可是道格拉斯此舉卻是把更多不確定性拉到蓄奴州和自由州的角力中間來，無論是談判模式、選舉結果，還是未知天地新移民的種種不確定性，尤其那又是個政治情勢極度緊繃的年代。然而這還不是最糟糕的，根據林肯指出，道格拉斯的「人民主權論」（popular sovereignty）已經挑戰了開國元勳所留下的政治遺產。

開國元勳將奴隸制度視為必要之惡，在其完全消失之前應圈限在現有的範圍內予以容忍，但道格拉斯等於是在蓄奴議題上表示中立：如果新領土上的居民想要養奴隸，那就應該讓他們養，也許，一直這樣下去也沒關係。林肯的個性向來沉著穩重，但連他都無法忍住怒氣。一八五四年十月於春田市，林肯在道格拉斯也在場的場合上發表演說時，如此說道：

> 雖然有人聲稱不應干涉別人的決定，但我認為，這種漠不關心掩飾了助長奴隸制度擴張的真正意圖，我不得不痛恨這樣的居心。我痛恨，因為奴隸制度本身就代表著極大的不公不義。我痛恨，因為這種心態抹消了我們國家給世界立下的公義典範，這不僅是容許自由

制度的敵人壯大，還是戴上一副貌似講理的面具（其實卻是個偽善者）公然嘲笑我們，致使真正的自由之友用懷疑的眼光看我們。更因為這種心態迫使我們當中許多良善之士，落得公然與公民自由最根本的原則為敵，他們批評《獨立宣言》的精神，還堅稱行事為人不需要講原則，只需要看自我利益就好。[27]

不過，無論是道格拉斯還是任何人，為什麼需要去在意林肯痛恨什麼？反正他結束了他一任國會任期，什麼也不是。他在大眾面前看起來像根瘦長的竹竿，聲音高又尖。林肯對上的道格拉斯，是綽號「小巨人」（這是道格拉斯中意的綽號）的實力參議員，身材雖矮小，但外表得體、聲音宏亮、個性自傲。如果說林肯並不完全是個無名小卒，他也沒什麼事蹟好拿來與這位參議員相提並論。

林肯的演說

伊利諾州的政壇向來習慣弭平衝突不合之事。政客只在報紙上發表演講是不夠的，演講辭篇幅太冗長，印刷字體又很小，而且並不是每個人都識字。倒是，每個人都能去看表演，反正小鎮裡沒太多事情可做。因此，由律師和法官到州內各地去審理案件的巡迴法庭，就成了表演修辭炫技的最佳秀場。[28]這跟戶外政治集會差不了多少，聚精會神的觀眾原地一站就可以站上好幾個小時，而林肯和道格拉斯「法官大人」之間的辯論也差不多就是這樣的意思，又一次，道格拉斯透過幾場辯論幫林肯提高了他的知名度。

林肯的演說起步很慢，一開始看起來，他好似在搜索思緒和遣詞用字，恐怕他也在尋找他自己的手還是腳在哪裡。但他暖好身以後，他的手勢開始表現出意義，他的聲音開始帶著力量，他在他的論點中隱藏了致命的圈套，其效果之強大，連記者都聽得入了神，忘了要記筆記。[29]林肯跟小亞當斯一樣都研讀過希臘數學家歐幾里得（Euclid），只是小亞當斯是在哈佛，林肯是自學。[30]他們兩人都從歐幾里得身上習得無懈可擊的邏輯技巧。這裡舉一個例子，以下據信是林肯為了他在春田市發表演講前做準備而寫下的筆記：

如果甲最終可證明，他可以合法使乙為奴，則為什麼乙不能用相同的論點，同樣證明他可以使甲為奴？如果你說原因是甲是白人，乙是黑人，那就是膚色問題，膚色淺的人有權奴役膚色深的人？請小心，按照這個規則，則你遇到膚色比你白皙的人，你就要受他奴役了。如果你的意思是說，並不完全是因為「膚色」，而是因為白人的「智力」優於黑人，請再次小心，按照這個規則，則你遇到智力優於你的人，你就要受他奴役了。如果你說，問題的癥結在於「利益」，如果你能主張你的利益你就有權奴役他人，很好，如果有人可以主張他的利益，那麼他就有權使你為奴了。[31]

接著，林肯在這篇演講中引述《獨立宣言》裡說的「所有人皆生而平等」。繼續說道，道格拉斯法官大人是否認為奴隸也是人？如果不是，則他們是什麼？想必不是豬吧，因為豬在國會裡並不能代表五分之三的席次。如果說奴隸也是人好了，那麼「人民主權」是否也保障了他們擁有自決的權利？怎麼可能會有任何人選擇自願為奴？人都是逃離奴役、追求自由，不可能有相反過來的情況。最後，林肯很溫和的做了結論，道格拉斯的見解「似乎在他自己心裡並不具有堅實的基礎」。[32]

不過，具備良好的邏輯，也要懂得挑選戰場，有些議題最好延後碰觸。林肯克制自己不去質疑憲法賦予奴隸制度的保護傘，也不去討論五分之三的規定，甚至是緝捕逃跑黑奴的法律。他倒是拿湯瑪斯·傑佛遜來當例子。[33]傑佛遜是《獨立宣言》的起草人之一，道格拉斯的民主黨前身政黨的創始者，同時他也是奴隸主，而同樣也是他，制定了「一七八七年法令」（Ordinance of 1787），這份法令禁止在新領土的西北準州（即後來的俄亥俄州、印第安納州、伊利諾州、威斯康辛州）內進行蓄奴活動，那麼為什麼現在要在堪薩斯州和內布拉斯加州取消禁令？提出這樣的問題並沒有讓林肯看起來像個廢奴主義者，林肯說對手的主張「非常愚蠢」。

任何人只要喊出「正確」的主張，就跟他站到同一陣營，但要是他出了錯就立刻「分道揚鑣」。想要恢復密蘇里妥協案的時候，就和廢奴人士「站在一起」，而當他想要廢除逃跑黑奴法就跳出來「反對」他……這算什麼？反正你都不會錯就是了……在這兩種案例中，你反對的都是危險的極端立場。

這段話的要旨，林肯意在否定對於蓄奴擺出道德中立的態度，將焦點拉回到蓄奴的合法性，開國元勳是為了建國大業才勉強賦予奴隸制度合法地位，也因此，容許奴隸制度的目的，就跟他們的想法一樣，是為了要保全聯邦。「如果能讓數百萬人開心獲得自由，整個世界將起立歡呼，稱我們為有福的。」[34]

道格拉斯的誤算

面對林肯用說理串連起務實主義和原則、理智和激情、對這個國家過去歷史的尊重和對世界未來的願景，道格拉斯顯得局促不安。這位參議員所想的只是要區分他和對手之間的差異，並沒有興趣探索他們之間的對立何在。與之為對比，林肯有辦法從矛盾當中汲取力量，這可能是因為他自己本身就是充滿矛盾之人，不管是身材、智力、道德上來看，他的矛盾之處都相當豐富[35]，這些在他的對手身上是找不到的。道格拉斯無法拒絕與林肯進行辯論，因為他會失去政治信用，但每一次的交鋒，都只是讓那位瘦竹竿的聲勢更旺，讓小巨人徒受損傷而已。一八五八年，林肯決定接受新成立的反奴隸制度的共和黨提名，去競爭道格拉斯的參議院席位，好巧不巧，道格拉斯又因為一次誤算，為對手鋪好了參政的道路。

六月舉行的州級黨代表兼提名大會上，林肯發表演說時指出，堪薩斯—內布拉斯加法案中所「宣示的目標」和「信心的承諾」，原意是要終止「奴隸問題造成的騷亂」。然而，過去四年來，現實情況卻朝相反演變。[36]支持奴隸制度的屯墾民紛紛湧入堪薩斯，群情激憤的在該地和許多自由州聲張他們並不受歡迎的「主權」。這股激動情緒激化了民主黨和輝格黨人，使他們分裂成北方派和南方派，讓共和黨有機可乘。接著，一八五七年，最高法院的一項深受眾人矚目的判決進一步加深了雙方的分歧。在史考特控訴桑福德案（Dred Scott v. Sandford）[v]中，最高法院裁定國會沒有權力規定任何新的準州中是否可實施奴隸制度，法院還很不必要的加了一句：《獨立宣言》中說的「所有人」皆生而平等，其意思不可能包含「非洲人」——不管他是奴隸還是自由人。[37]道格拉斯的盤算可以說是全面粉碎，這一切都不在他的預料之中。[vi]

林肯在一八五八年向伊利諾州的共和黨支持者說：「如果我們能先知道我們的立足點在哪，意欲往何處去，我們就比較好判斷我們該做什麼，該怎麼做。」[38]這就需要一只羅盤，但是道格拉斯將羅盤對準的是他自己的操弄手段，[39]由於他過於頻繁的回頭，還想要掩飾他的足

---

v　譯注：史考特控訴桑福德案（Dred Scott v. Sandford），此為黑奴德雷·史考特（Dred Scott）控告其主人遺孀要求重獲自由一案，此案一直上訴到最高法院備受各界關切，然而最後法官的判決意見竟裁定黑奴不應具有國民資格，因而導致反奴人士得出唯有流血方能解決蓄奴問題的結論。此事件有人認為是南北戰爭的直接導火線。

vi　譯注：簡單來說，屬於北方人士的道格拉斯推動爭議極大的「堪薩斯—內布拉斯加法案」，中間還用廢除密蘇里妥協案作為手段，只是想要換得南方派議員支持他的鐵路方案，但他的行動攪亂一池春水，反而給蓄奴爭議火上加油。

跡，導致他經常一頭撞進前方的灌木叢，或是跌進沼澤和髒水坑。林肯並不是沒有操弄，他也是個政客，但他將他的羅盤對準的是永垂不朽的原則，例如他就引用過《聖經》裡的這句話：「若一家自相紛爭，那家就站立不住。」[40]

林肯的論述接著指出，「美國不能永久忍受這個國家的人是一半自由、一半遭受奴役的狀態」。開國元勳容許這樣的矛盾暫時存在，雖說這情況持續得比他們的期望還要久，然而他們希望奴隸的數量是要隨著時間遞減。道格拉斯所為等於是同意讓蓄奴行為蓬勃壯大，英國政治家柏克或許就會說，道格拉斯的論點根本就是遺忘了這個國家的起點。美國要繼續往前走的幾條道路之間，並不容許妥協的選項，林肯大聲疾呼：「我不希望聯邦瓦解，我不希望我們的家園坍塌，但我確實希望美國停止繼續分裂下去。」

不然，我們的國家會完全變成一種樣子，或完全是另一種樣子。要不是反奴人士會繼續遏止奴隸制度蔓延，然後將之完全撲滅。不然就是支持蓄奴的人士會繼續提倡奴隸制度，讓其在美國各州變得合法，無論是新州還是舊州，北方還是南方。[41]

一八五八年林肯與道格拉斯進行的七場辯論，無論是其長度、內涵，或是辯論人激昂壯闊的辭藻，都讓人留下深刻印象，[42]然而，這幾場辯論卻也不知不覺的使人聯想並開始擔心一種極端的可能性：那就是聯邦有可能會瓦解，要是這個國家最後要完全演變成某一種樣子的話。然而這個想法實在非常具有爆炸性，不宜宣之於口。

林肯轉而專心突顯最高法院的裁定其實不給人留下什麼「自由人權」的餘地，「現在這碗湯不過是用隻餓死的鴿子給燉成的」，淒慘的可憐，林肯如此形容。他質問道格拉斯，那麼現在有什麼方法能讓要進入某個準州的屯墾民合法拒絕奴隸制度進入該州？有如被逼到牆角般的這位法官大人，只能承認唯一的方法，就是停止提供保護給奴隸主及其產業，然而，截至目前，這可是逃跑黑奴法中一項神聖不可侵犯的權利！瘦竹竿先生假裝大為震驚，抓住這個機會猛然來個臨門一腳：難道他的對手變成了廢奴主義者？[43]

道格拉斯的回答無法使任何人滿意，包括他自己，不過伊利諾州州議會的多數民主黨議員還是把票投給他以保住該黨在參議院的席位。[44]輿論認為林肯是辯論的贏家，林肯因這一系列辯論也贏得全國性的聲望，對於共和黨要考慮一八六〇年總統大選的提名人選而言，他一躍而成頗有希望的候選人，即便他還不一定是篤定領先的那一位。

在政治上，林肯展現了一種道德標準的務實性。我這樣講的意思，是他建立了一個外在的參考框架，他所考慮的利益和所採取的行動都是據此而生。與之相反，道格拉斯的框架存在於他的內心，從中反映出了他的利益和行動。林肯的作為並不是出自於信仰，不是出於倫理道德，甚至也不是出自於法律，法律可以說是一種以務實手段追求正義的職業。那些是人生經驗教給他的東西，他再透過自學加以深化，還有邏輯，他善用在他發人深省的演說當中的東西。道格拉斯「法官大人」卻是缺乏道德感，他的是非不分不僅是錯的，而且還違反了大部分常識應具備的條件。

南北不該分裂

林肯的支持者替他取了一個「劈木條的人」的綽號，不過現在，他還得當個政壇上的「裝卸工」。林肯不僅會劈木條，辯論結束後，道格拉斯的政黨也給劈裂了。[45]共和黨第一次推派候選人參加總統大選是在一八五六年，但那一次他們輸了。他們與難以捉摸的民主黨或影響力幾乎所剩無幾的輝格黨不同，共和黨主張反對奴隸制度擴張。[46]不過到了一八六〇年，共和黨在總統大選上面對的問題卻是他們眼前有太多有希望的人選，《哈潑雜誌》（*Harper's Weekly*）替他們列出了十一個人選，其中呼聲最高的是紐約州資深參議員威廉・希瓦德（William H. Seward）。[47]林肯要想辦法贏得共和黨人的支持，但又不能破壞黨的團結。他在三月給人寫信時這樣寫道，「我的名字在賽場上是新掛上去的，我想我不是眾多優秀人才當中的首選。因此，我們的方針是不要冒犯其他人，要讓其他人被我們吸引過來，假設他們被迫要放棄心中首選的話。」[48]

林肯想辦法讓他變成黨內的引力中心。他開始到各地演講，甚至遠至威斯康辛、俄亥俄、紐約州、新英格蘭，並獲得出乎預料的成功。[49]他接著把提名大會拉到位於伊利諾州的芝加哥去開，這樣一來，就變成是他的對手要簇擁著他，而不是他要陪站在一旁。他靜靜待在春田，觀察一切事物環繞著他進行，謹慎的避免任何看似交易的舉動。[50]共和黨的黨內投票一直進行到第三輪，才終於確定是由林肯勝出贏得提名。接著，他在他的辦公室和人們川流不息進出的前院進行一連串現在已經成為選舉慣例的活動，像是授權出版歌功頌德的自傳、擺出專業姿勢讓攝影師拍攝形象照，還有頻繁的與他有希望拿下的州的黨部保持信件和電報通訊，林肯在他那個時代而言可以說是很會善用科技的力量。[51]由於其他政黨持續呈現分裂，十一月的大選結果很明顯的是由林肯贏得過半的選舉人票，若是普選票則無。[52]

成為總統當選人，林肯延攬了眾多其他人的「心中首選」入閣，歷史學家桃莉絲・基恩斯・古德溫（Doris Kearns Goodwin）將這些先前與他競爭提名但落敗的人形容成是「政敵團隊」。林肯邀請他在芝加哥的頭號競爭對手，因落敗而憤慨不已的威廉・希瓦德擔任國務卿；前任俄亥俄州州長、野心勃勃的薩蒙・蔡斯（Salmon P. Chase）擔任財政部長；由來自賓州，雖有貪腐之名但政治上缺他不可的賽門・卡麥隆（Simon Cameron）擔任戰爭部長；來自密蘇里州，可靠而穩重的愛德華・貝茲（Edward Bates）擔任司法部長；而來自康乃狄克州，林肯堅定的支持者基甸・威爾斯（Gideon Welles）則出任海軍部長。林肯跟他年輕的幕僚約翰・尼可雷（John Nicolay）說，這些人搞不好會互相吞了對方，但是他的政府需要最好的人才，因此他要「冒著派系風險，也要阻止國內發生動亂」。[53]

個性外向的前一任總統詹姆士・布坎南（James Buchanan）就是因為不願冒險，面對風起雲湧的黑奴爭議，他採取令人驚恐不已的被動作風，因而導致了在林肯確定當選後，有七個蓄奴州宣布脫離聯邦的後果，他們還強行攻占了聯邦的設施。幾位焦急的參議員如希瓦德、道格拉斯，和肯塔基州的約翰・克里滕登（John Crittenden）見狀，趕忙想方設法尋找是不是有什麼妥協的辦法，但是，在簡短的思考過後，林肯決定要回到他的基本原則：

如果是要助長或是容許奴隸主義在這個國家的土地上壯大，我不考慮妥協。還有，如果是要玩弄任何手段讓這個國家獲取領土，再讓當地政府實施奴隸制度，這跟其他的做法一樣可憎。[54]

林肯看起來確實是低估了南方的決心，「要在受影響的領土上執行美國法律，我看不出來我們會需要超過兩個或三個軍團來做這件事」，他在一八六一年一月向一位擔心的訪客如此說道，「但我不會退縮，無論我們需要多少軍隊。」[55]

在那個短暫的當下，林肯最後一次運用邏輯在他的演說當中，呼籲南北不要分裂。他在他的就職演說中，引用了分離主義分子宣稱他們要捍衛憲法的話語。林肯說，憲法裡有哪一項明文規定的權利遭到否定了？並非是在合法地區蓄奴的權利，也不是重獲逃跑黑奴的權利。並非不尊重最高法院，就算是最高法院也永遠不可能凌駕全體美國人民這個「至高法庭」的裁決。當然，每一位經正當程序選出的總統都要在各州忠實貫徹聯邦法律。因此，真正的問題在於，「我國有一部分人相信奴隸制度是對的，應當予以延續，另一部分人則相信那是錯的，不應予以延續」。

南北方在地理位置上是不可能分開的，要叫一個國家立法自行滅亡是不合邏輯的，要讓許多沒沒無聞的小人物參與這樣前所未見的組織當中，難道國家的分裂是值得的嗎？

在事情還沒嚴重到破壞我們的國家組織之前……把我們這樣做的意圖準確的弄清楚，難道不是明智的嗎？如果你們要躲避的災難可能實際上並不存在，在這種情況下，你們難道還要鋌而走險嗎？如果你即將遇到的災難，比你們想逃避的實際災難更為深重，難道你們還要冒險赴難，鑄成可怕的錯誤嗎？

林肯疾呼，「花點時間」，就不會損失有價值之物。[56]任何分離主義分子都不應懷疑他的立場，「只要你們自己不當侵略者，你們就不會遇到衝突。你們沒有對天發誓要摧毀政府，但我卻要立下最莊重的誓言要『保存、保護和保衛』它」。因此，他說他要等待人們重拾和睦（指的是那些敗在他手下的政敵？），「只要我們本性中的善念再度發動，我相信一定會再次撥動我們的心弦，和諧而美妙的聯邦協奏曲終將再度響起」。[57]

南北戰爭

但是，善念不一定會對邏輯有所回應，分離主義者也是。脫離聯邦的南方州成立了「美利堅聯盟國」（the Confederate States of America，又簡稱邦聯）。一八六一年四月十二日，在南卡羅來納州查爾斯頓港（Charleston）的桑特堡（Fort Sumter），林肯原已宣布不會實施增援，只會重新補給，然而南軍先在此地開了火，南北戰爭就此揭開了序幕。[58]接下來四年，林肯的目標始終都沒有變過，那就是要恢復聯邦，好讓他的國家未來能夠在世界上成為他所夢想的一介泱泱大國，但他同時也相信，若是不能抹除一開始屬於必要的奴隸制度之惡，這樣的願景也是不可能實現的。[59]據我所知，林肯並沒有讀過奧古斯丁或馬基維利關於靈魂與國家之間彼此競逐的需求，但在他們之後很少有人能夠如此熟練的遊走於這兩端，而林肯是其中一人。

有四個州在桑特堡之役後加入了聯盟國。現在的邦聯共有十一個州，他們在內線作戰戰術上占有上風，但是南方以驅使黑奴來進行的農業經濟並不適合現代戰爭。統帥南軍的是羅伯特・李（Robert E. Lee），地理形勢讓這位軍事天才能夠善用各種移動、精妙、突襲的戰術。[60]聯邦在人力、工業、後勤的狀況上具有優勢，但是他們面臨的是外線作戰，讓北軍將領苦惱不已，北軍的移動速度遲緩，必須經常趨避風險。在那樣的位置上發動攻勢容易失敗，亨利・哈勒克將軍（General Henry Halleck）在一八六二年一月時警告林肯說：「我所讀過的文獻當中，這種情況在一百個案例裡面有九十九個都會遭到軍事領袖批評。」[61]

林肯也知道不能只按照教科書上教的來打仗，所以他思考了要如何運用聯邦的實力來對抗邦聯的戰術。他據此提了一個「一般人的想法」（這是說他還沒有要把它變成一道命令的意思）：

> 我們的軍隊人數比較多，他們有比較好的能力，容易在要發生衝突的地點集結軍隊。要是我們不想一個辦法將我們的優勢實現在作戰當中，我們是必敗的。有一個辦法，我們可以在好幾個不同的地點，同時發動優勢兵力威嚇對方；如果對方不改變作戰方針，我們就能安全地攻擊一處或兩處地點。要是對方減少某處的兵力去增援另一處的兵力，我們就要避免攻打有兵力增援的那一處，但就要想辦法攻占兵力較弱的那一處並守住該地，用這樣的方式贏得戰爭。[62]

換個角度想，聯邦面對邦聯在某一個時間、地點集結軍力，有辦法不去同時調派多處軍力加以反擊？聯邦有辦法不去調節他們「比較多的人數」去對抗「比較好的能力」？聯邦有辦法不去思考並在時間、空間、規模的條件內採取行動？[63]

還好林肯沒念過西點軍校，因為光是這些問題大概就會讓他退學了。他的想法違反了軍事學的正統思想，當時的主流思想還停留在軍隊要占領土地、建築防禦工事，還有在固定的地點進行防衛。雖然那個年代拿破崙靈活的作戰手法讓大家驚嘆不已，但南北戰爭發生前的美國軍隊比較擅長於製作計畫而不是戰鬥，美國都還沒有經歷過整個國家都要武裝起來的事件。當時流行的戰略思想是瑞士的軍事家安托萬・亨利・約米尼（Antoine-Henri Jomini），他最為人所知的就是將戰爭視為幾何數學，克勞塞維茨的大作要到一八七三年才被翻譯成英文。[64]

然而，林肯竟憑直覺悟到了克勞塞維茨的軍事理論，但他花了三年的時間才找到與他志同道合的尤利西斯・葛蘭特（Ulysses S. Grant），這位不討人喜歡的驍勇將軍同樣承襲了克氏的思想。[65]林肯總統的戰略是要摧毀敵人的軍隊，無論在何處，只要逮到機會，不管怎樣就是要攻打他們。[66]只要隨時間過去，聯邦在人力、領土、技術上的儲備實力就會超過邦聯，流血能迫使敵人投降，消滅發動叛變的聯盟國。因此，戰爭對於林肯而言——雖然他從沒有看過這一句話，就是「迫使敵人服從我們意志的一種暴力行為」。[67]

手段與目的

沒錯，這句話出自於《戰爭論》的第一頁，這句話結束之後這本書就沒那麼好懂了。林肯沒讀過克勞塞維茨，但他施展的軍事統率，彷彿就是知道無論戰爭有多麼殘忍，戰爭的目的都是要為開展戰端的國家服務，不是要消耗她的力氣。戰爭本身永遠不能當成是目的，但可以是一種手段，讓一個面臨危機的國家拯救自己。林肯看待這個他自願攬上身的內戰，可以讓遭受奴隸制度玷汙的美利堅合眾國，拯救她的靈魂。

不過拯救國家是首要的任務，讓人們明瞭這項要務必須是先知的工作，不是政客。在人人必須要做出犧牲的當下，林肯必須把他這個殘破的聯邦穩當的團結在一起，這就意味著他必須維繫密蘇里、肯塔基、馬里蘭、德拉瓦這四個可以合法蓄奴但未脫離聯邦的州對聯邦的忠誠。如果失去了他們，總統公開說過：「我們不如立即同意分裂算了，連首都也一起投降。」有人說他還加了這一句，他說他「希望上帝跟他站在同一邊，但無論如何他都不能失去肯塔基」。[68]

因為這個緣故，林肯命令北軍將領不可以自行宣告他們抓到的黑奴為自由之身，只有總統能有這個權力，不過那時他還沒做好準備。林肯簽署了一份國會通過的《沒收法案》（Confiscation Act），叛亂地區的財產包含黑奴都應沒收充公作為處分，只是林肯避免真正要執行這項法案，他一直保留到後來才決定要這麼做。雖然如此，但是當北方的支持蓄奴派想要阻止該地徵兵和運輸軍隊到前線時，林肯卻立即鎮壓他們的行動，他將生事者逮捕，移送法院時拒絕給予他們人身保護令（Habeas corpus）[vii]，而最高法院予以駁回時，林肯公然加以拒絕。[69]

在這每一項提到的事件中，林肯的目的是試圖要抵銷法律的力量以提高軍隊的必要性，期望隨著時間過去，北軍獲取愈來愈多勝利，能使局勢穩定下來。「如果奴隸制度並沒有錯，那

---

vii　譯注：人身保護令（Habeas corpus），這是一種保障人權和個人自由的重要救濟手段，任何人遭非司法機關拘押時，可由本人或他人向法院聲請裁定該拘押的合法性。

就沒有任何事情是錯的了」，他在一八六四年寫信時如此寫道：「我無時無刻都是這樣認為，然而，我從來無法了解，總統職位為何沒能賦予我不受限制的權力，代表官方根據這份評斷和感受來發揮作用。」不過，他確實被賦予了一項職責：就算不擇手段，也要保護聯邦。

> 根據一般法律，生命和四肢都要受到保護。但我們截肢通常都是為了要保全生命，並沒有放棄生命以保全肢體的道理。我認為，採取的手段即使違憲，也都可以使其為合法，用以保全我們的國家。對或錯，我用這樣的立場來評斷，而我在此承認不諱。[70]

林肯在這裡講得比克勞塞維茨還清楚，克氏理論的一條中心思想就是：為了挽救一小部分卻失去全部，這是因小失大，一點道理也沒有。所以，其實我們用常識思考一下就能夠得到這個結論，「政治上的目的才是目標，戰爭是實現它的手段，手段永遠不能與其目的分開考慮」。[71]

林肯的視野

歷史學家艾倫·顧爾佐（Allen C. Guelzo）在撰寫《解放奴隸宣言》（Emancipation Proclamation）這段歷史的時候，指出林肯天賦的「慧眼」讓他「能立即全盤了解情勢，馬上就能領悟到該如何進入下一步」。顧爾佐並沒有提到克勞塞維茨是第一個使用這個字眼的人，不過他確實精準的（應該連托爾斯泰都會稱讚）說明了精通這個技巧代表著什麼意義：

那是一種諷刺，而非悲慘的態度，對於代價的計算必不可少，並非僅是重要或興之所至而已。最好是隨事件發展應運而生，它並不是決定性的解決方法……然而，那與僅是表現溫和與節制不同，它具有果斷的意向，不會因專心致志於過程中就被遺忘，甚至就算人們一直將之記在心中，目標也不會輕易就達到……因此，正確之道應是隨著過程進行就要跟著運用這樣的技巧。

林肯沒有忘記計算代價，他不像拿破崙征俄那樣拒之不理，也沒有像北軍那些葛蘭特之前的將領那樣，老是驚懼、害怕，反把自己嚇得動彈不得。林肯倚靠自己從過去不斷累積的經驗來告訴他做什麼會有用，應當說什麼樣的話。他尊重過程，就像具有法律素養的法律人，但是他也知道當利害關係占得過大的時候，這種尊重反而會帶來危險。整個戰爭期間，還有到了尾聲解放黑奴的時候，他都是明確的朝著恢復聯邦的目標前進，而他總能在絕佳的時機採取行動，沒有人像他那樣，選擇性的說出他的主張，而能夠巧妙的堅持他的原則無須與外在妥協。林肯隨時都有辦法精彩的掌握克勞塞維茨所說的矛盾理論：「戰爭裡每一件事都非常簡單，但就連最簡單的事都是困難的。」[72]

喬治・麥克萊倫將軍（General George B. McClellan）是戰爭前半期為林肯服役最久的北軍

將領，但他只看到矛盾理論的後半句就拿來當成他的準則。把自己打扮成「年輕的拿破崙」，也在照片中留下如此英姿的麥克萊倫將軍，打造了一支了不起的軍隊，但卻沒能充分發揮它的實力。歷史學家詹姆士．麥克佛森（James McPherson）評論他是「永遠只差一點但總是沒有準備好能夠移動」。[73]這使得林肯提出同時調動多處軍力的戰略大為受阻，總統在某一次終於忍不住發火，「如果麥克萊倫將軍不想要使用這支軍隊，那麼就讓我跟他借好了」。[74]不過林肯知道他不能一邊打仗一邊治理國家，在歷經了一連串都是這樣叫不動的將領之後，林肯開始嘗試用不同的方法去打贏戰爭。其中一種方法，是終於變成一位廢奴主義者。[75]

如果太早動用這個方法，他可能會輸掉這場戰爭，但是林肯發現，打這場戰爭所經歷的事件，正在轉變這場戰爭的目的，這意味著內含在目的當中的方針也可以加以改變。總統禁止北軍將領自行解放抓獲的黑奴，但他對於他們徵募黑奴工作替軍隊進行補給並沒有意見。為部分黑奴提供武裝，然後徵召他們參加北軍，看起來似乎是頗為合理的做法，畢竟有許多黑奴也自願這麼做。這個情況擴張了北方的軍力，南方見狀開始感到緊張，黑奴起來反叛一直是他們害怕見到的事。而當前黑奴的身分一變，開始替聯邦打仗的時候，北方人就再也不能振振有詞的提倡恢復奴隸制度了，這下子變成是因為實際的需要解放黑奴的，不是因為總統頒布的命令。[76]

林肯知道情勢發生了變化，他沒有試圖阻止，只是小心的不去碰觸這個議題。他一直遲至一八六二年八月，才以公開信向提倡廢奴不遺餘力的著名報人霍瑞斯・葛瑞里（Horace Greeley）闡述他的立場：

> 這場戰爭中我最重要的目標是挽救聯邦，不是為了挽救或摧毀奴隸制度。如果無需解放奴隸就能夠挽救聯邦，我會這麼做；如果必須解放所有奴隸才能挽救聯邦，我會這麼做；如果必須解放一部分奴隸，置其他人於不顧，但卻能夠挽救聯邦，我還是會這麼做……如果我認為我所做的事會損及這個目標，我就會做得少一點，如果我認為我所做的事有助於這個目標，我就會做得多一些。如果發現我做錯了，我會嘗試修正錯誤，而如果我發現某些觀點才是正確的，我便會立即採用新的觀點。

林肯還補充，對各種做法保持開放態度是他的「官方」職責，但是，「我沒有意願要修改我經常表達的個人願望，那就是無論何地，所有人都應該是自由人」。這樣看來，他到底要說的是什麼？林肯的傳記作家理查・卡瓦汀（Richard Carwardine）做了個結論：「他準備採取戲劇性的一步，這是他之前無意要做的。」[77]

不過林肯早就找到一個方法讓他的個人願望成為他的職責，他要宣告廢奴，作為軍事上的必要手段。這一點，他在七月時已私下告知希瓦德和威爾斯兩位閣員，「這對我國的奴隸問題是絕對必要的」。他的提議是，不要透過國會立法程序，而是透過憲法賦予總統這位國家「最高統帥」的「戰爭權」，來採取行動。其實以前從來沒有人申明過這到底是什麼樣的權力，不過，早在二十年前，小亞當斯就已在眾議院主張，總統的權力可以包括「發布總統命令來全面解放黑奴」。小亞當斯可是化成一縷鬼魂，在南北戰爭開始後沒多久在林肯耳邊低語這個可能？不過現任這位總統不像小亞當斯那麼急躁，他有慧眼的天賦，他知道要等候正確的時機。[78]

這個時機最後在九月十七日到來，麥克萊倫將軍在馬里蘭州的安堤耶坦（Antietam）拿下了勉強可算是北軍的勝利。這場戰役跟波羅的諾戰役一樣，血腥、沒有贏家，但由於是麥克萊倫將軍發動進攻迫使李將軍撤退，但南軍根本毫髮無傷（林肯對此感到不滿），所以這算是一場心理上的勝利。這場戰役的結果讓林肯總統在五天之後提出宣言，這次他這樣做並非出於迫不得已，而是出於實力大增的關係：

> 主後一千八百六十三年元月一日起，凡位於反叛美國聯邦的任何一州內，或一州之指名地區內，遭人占有為奴隸之所有人，一律自那時起，永遠成為自由人。[79]

不過林肯的宣言並未擴及忠誠州內的奴隸，因為聯邦並非與這些州處於戰爭關係，因此他難以對其行使戰爭權。[80]不過他也知道這樣沒有關係，因為聯邦軍所流的血愈多，解放黑奴所代表的正義就更強烈，也更名正言順。這份宣言等於是林肯的塔魯提諾戰役，不需花費比提起筆來寫下幾個字更多的力氣，北方就抓住機會占了上風，南方則從此刻起必須採取防禦的姿勢，這是說他們假使還沒準備好要像拿破崙逃離俄國的話。

光明的希望

一八六二年十二月一日，林肯總統將他第二份年度國情咨文送交至第三十七屆國會第三會期。就如同大部分國情咨文，裡面絮絮叨叨的講了很多瑣碎事務：就美國非法攔截在查爾斯頓港的挪威船隻提供補償，與土耳其蘇丹訂立新的貿易協約，稱許郵政的財政狀況得到改善。這份咨文當中還提議要修憲，讓戰時所進行的廢奴永久合法，並以響亮的「慧眼」之聲作結：

> 我們說我們一切都是為了美國聯邦，世人將不會忘記我們說過這句話。我們心知要如何挽救聯邦，世人皆知這並非虛假……藉著賦予奴隸自由，我們就是保證所有人皆為自由，這與我們所給予和保護的是同等的尊榮。我們要不是受人敬佩的保全，不然就是令人遺憾的喪失，世上最後一線光明的希望。[81]

這並不是林肯最新的頓悟。早在一八五二年，他在致亨利．克萊的悼詞中就已經說過：「這世上最光明的希望，即繫於聯邦各州的存續。」[82]他在伊利諾州四處與道格拉斯辯論時，就經常引用放眼世界的這個概念。[83] 還有在一八六一年的時候，當林肯登上克萊和道格拉斯都曾希冀但遺憾落空的總統之位，他就為他的國家所肩負的責任下了一個定義：

在這個世上，維繫政府的形式和本質，其領導目標應提升人民所處的環境和條件：為所有人除去人為重擔；為值得讚賞的使命清除障礙；在人生的競賽當中，為所有人提供公平的起跑線和機會。[84]

由此可證實，林肯那時在私底下還加了這一句應該是不會有錯的，他說：「民選政府絕不是個荒謬的產物。」[85]

什麼是荒謬的呢？這份一八六二年的致國會特別咨文當中，他說，讓聯邦破碎就是荒謬的，因為「我們所擁有的廣闊土地、遼闊家園，是我們的豐富資源」。海岸線上眾多的港口，讓美國人四通八達地通往各大洋。美國港口的數量到一九二五年的時候，已經超過了歐洲。解放黑奴能夠縮短目前的戰爭，讓國家經濟成長，甚至還能相應的增加「國家的財富」。然而，南方的分離運動如果不幸成功，就會使得分離主義不斷蔓延下去，其結果會「有好也有壞」。[86] 我們不確定林肯是否讀過，或是否他是在呼應小亞當斯一八二五年的咨文內容。這兩份總統咨文都傳達了這樣的中心思想，那就是「自由就是力量」，還有，「受上天恩賜擁有最多自由的國家，應該要能在數字上相應的呈現她是世上最強大的國家」。[87]

為了這樣的目標，當林肯看到，因為分離運動爆發而為他掃除了反對全國經濟發展計畫的南方人士，他便趕忙抓住了這個機會。畢竟他在轉而投效共和黨之前就一直是個支持經濟發展的輝格黨員。如果他早生個幾年，他便有可能是個漢米爾頓派的聯邦黨人了。因此，林肯努力爭取並得到了他想要的國內改造計畫，小亞當斯和克萊想必會對他投以羨慕的目光。其中包括了一直開到太平洋岸的橫貫鐵路、便宜拍賣西部的國有土地讓人們進入開墾、補助州立大學、實施保護性關稅、建立中央銀行系統，甚至在戰爭還沒結束時，就實施了聯邦所得稅制度。除了銀行和稅制能帶來軍事方面的效用以外，其餘建設都為美國的實力打下基礎，讓「新世界」在二十世紀的時候，多次拯救「舊世界」，為他們挽回自由。[88]

阻絕外國勢力

我們同樣不清楚林肯是否讀過馬克思，不過因為這位《共產黨宣言》（*The Communist Manifesto*）的作者一直到一八六一年都在葛瑞里的全國性報紙《紐約論壇報》（*New-York Tribune*）擔任倫敦特派員，因此林肯很有可能讀過馬克思的文章。歷史學家凱文．佩雷諾（Kevin Peraino）就想像過這樣的場景：林肯在他髒兮兮的春田市辦公室的沙發上躺臥下來，拿起報紙，隨口念出深具革命論調的段落，讓他的合夥人赫爾登厭煩不已。因此林肯可能看過馬克思寫文章預測北方會贏得內戰（雖然不是輕易到手），原因是北方擁有物質上的資產，而且，南方發生黑奴起義的可能性，同樣不可忽視。[89]

然而，物質利益也有可能阻礙這個結果。開國元勳在他們那個時代想盡辦法嚇阻歐洲列強勢力重返北美，但現在，欣欣向榮的全球棉花貿易讓歐洲人開始蠢蠢欲動。有沒有可能，由於聯邦實施港口封鎖的緣故，工業革命會使他們失去最主要的棉花供應來源——也就是自己獨立出來的邦聯？用來鎮壓分離運動的手段是不是真的能夠贏得國際認可？[90]林肯自己就承認：「我對外交一竅不通，我可能一下子就會鑄下大錯。」[91]

事實上，他並沒犯下什麼錯。就在桑特堡開火事件發生前沒多久，心焦如焚，仍積極想辦法阻止聯邦瓦解的國務卿希瓦德，提議乾脆繞一個彎，前往國外去找西班牙、法國、英國、俄國，爭取外交上的支持。他還說要是總統覺得不能勝任這件事，其他閣員（不排除他自己）可以擔當這項任務。[92]林肯從未對這個異想天開的計畫表示過意見，不過他很清楚的讓希瓦德知道，如果需要做任何事，「必須由我來做」。[93]這一句話，把希瓦德從鑄下多項大錯的邊緣給拉了回來，這起事件之後，兩人從此合作無間。

兩人的搭檔合作中最值得一提的一件事，是在一八六一年十一月，美國船艦聖哈辛托號（*USS San Jacinto*）的船長查爾斯．威爾克斯（Captain Charles Wilkes）自行下令在國際海域攔截一艘英國郵船特倫號（RMS *Trent*），並將其上兩名聯盟國派出前往倫敦和巴黎尋求外交認可的特使詹姆斯．麥森（James Mason）和約翰．史里戴爾（John Slidell）以「偷渡」的罪名帶走。林肯聽到消息起初大為振奮，然而當英國發出強烈抗議，爆發英美戰爭的可能性開始浮現後，他轉而退縮下來。希瓦德出來幫他保住顏面，他將威爾克斯的行為冠上一個「徵役」的法律名詞，說那就好比一八一二年英國就是強行徵役船員，才使得美國起來抗議爭取獨立的。現在，英國和美國都有人出來抗議了，林肯便順水推舟，主張現在沒有理由再發動另一場衝突。或者其實是因為，就像他跟他的內閣閣員說的，「我們一次打一場仗就好」。[94]

在這個時候，法國皇帝拿破崙三世（Napoleon III）（就是偉人拿破崙那位自負好勝的姪子）想要趁機挑美國的弱點下手，他準備發兵墨西哥，甚至想在那裡扶植一位傀儡皇帝，人選是奧地利大公麥克西米連（Maximilian），然而墨西哥根本就不是個君主制的國家。遇到這件事情，林肯面臨不小的壓力，有些是來自他們的支持者，輿論認為他們應該在南北戰爭上進行和談，聲張門羅主義，然後與聯盟國合組聯軍派遣至美墨邊境的格蘭德河（Rio Grande）地區，不過林肯和希瓦德均竭力保持自制，不去採取外交抗議手段。他們兩人都知道，只要聯邦能勝過南方的邦聯，法國和奧地利方面的虛張聲勢很快就會消聲匿跡，這樣他們就能維持只打一場需要打的仗的目標。接著，一八六三年七月，北方聯邦打贏維克斯堡（Vicksburg）和蓋茲堡（Gettysburg）兩場戰役，眼看著勝利不日就要到來。[95]

林肯發表《解放黑奴宣言》雖主要是著眼軍事上的目的，但是隨著其隱含的道德涵義愈來愈顯明，聯邦跟著獲得了道德制高點，[96]林肯的外交難題也就變得簡單許多。就如同北方人不可能再奴役那些為他們打仗流血的黑奴一樣，到了一八六四年年中的時候，不可能再有任何外國政府會出來承認南方邦聯這個擁奴派的政權，更別說是為它干預任何事了。[97]表面上看起來是這樣，歷史學家史文．貝克爾特（Sven Beckert）則認為這是世上人口最多的棉花種植產業上演了一場「農民起義」，即使從其速度和規模看起來並不像。這個因素加速了聯邦的勝利，並確保美國進入一個經過整合的經濟模式，不僅讓美國成為世界的希望之土的表率，也讓某個人對終將發起的無產階級革命萌發希望，那人就是馬克思。[98]

榮耀的結果

林肯的看法是利用戰爭權將違憲的事物變得合憲，解放黑奴是美國史上規模最大的私人財產沒收行動，卻沒有提供任何補償。[99]即便如此，林肯似乎未曾考慮過要取消或延後按憲法規定應舉行的選舉。那時，戰情對聯邦軍並不理想，共和黨擔心他會輸掉選舉。他自己也知道，選民有可能用選票把他換掉，換上一個民主黨的總統（雖說後來他仍舊是擊敗了對手喬治．麥克萊倫將軍，成功連任總統）。總之，一八六四年八月的選戰期間，總統告知其閣員：「我的職責將是與總統當選人合作，在選舉結束到新任總統就職期間繼續保護聯邦。」原因在於，「他只有在保護聯邦的情況下才能保證自己最終能當選」。[100]

軍事上落敗的危險早就已經過去，但是戰爭陷入僵局的危險卻還沒有。北方聯邦軍的將領在多處地點消耗邦聯軍的軍力：葛蘭特在維吉尼亞，威廉．特庫姆謝．薛爾曼（William

Tecumseh Sherman）在田納西和喬治亞北部，菲利普・謝爾登（Philip Sheridan）在申南多瓦河谷（Shenandoah Valley）。不過雖是如此，戰事看起來仍未有盡頭，人力、物力還有政治上付出的代價將難以長久支撐下去。這個光景倒是支撐了麥克萊倫的競選主軸，同時林肯難免感到焦慮，他害怕要是與南方和談，這會拯救黑奴，卻會傷害到聯邦。[101]

不過到了九月二日的時候，薛爾曼成功攻下了亞特蘭大。這不是塔魯提諾也不是波羅的諾戰役，而是伊莉莎白火船計的陸地版本。薛爾曼將軍實施焦土戰術，他下令放火燒毀亞特蘭大，熊熊火焰一路延燒到海上。這下子林肯的信心像濃煙一樣迅速往上竄，兩個月後，他成功贏得選戰，二十二個州當中只輸掉三個州。葛蘭特將軍寫道，「悄無聲息就結束的這場選舉是國家的勝利，其意義大過於我們打贏的勝仗，叛亂地區和歐洲都將得出相同的結論」。[102]馬克思確實如此斷然的看待這個結果，「您第二次當選總統的勝利歡呼聲，代表著奴隸制度的滅亡」。他從倫敦寫了一封信給林肯，「歐洲的工人……認為這預告了新的時代將要降臨，由工人階級之子，真誠專一的亞伯拉罕・林肯擔負這個命運，領導自己的國家進行一場史無前例的奮鬥，解放被奴役的種族，重建新的社會制度」。[103]

林肯還是小孩子的時候，小亞當斯就已經預見到美國要透過一場內戰才能讓「奴隸制度在這整個大陸完全絕跡」，他說過：「即便過程將充滿災難和淒涼，最終的結果卻會是榮耀的，我不敢說這樣的結果非我所願。」[104]要付出什麼樣的代價才會超過小亞當斯能夠接受的程度，我們現在無法得知，不過我們倒是知道林肯承受了什麼樣的代價：北方和南方，總共超過三百萬人穿上了軍服，至少有七十五萬人戰死。[105]一八六一年的時候，他還覺得只要出動「兩、三個軍團」的兵力就可以撲滅這場分離運動，不過最後聯邦軍是出動了超過三千個軍團，顯然他一開始的想法實在是過於天真。此外，他還決心「無論我們需要多少軍隊」，都要打贏這場戰爭。[106]

林肯原本只是想要嚇唬敵人，然而這個想法擴大了他的境界，讓他能夠製造出那個時代足以承受的破壞。他把他的做法局限在當時人們能夠忍受的體能、情感和道德範圍內，讓他可以把廢奴加入到打這場仗的目標當中，不過他是等到他深信這樣做有助於指揮這場戰役之後才這麼做。林肯敏於時勢，擅長帶動周遭事物，連死灰都可以復燃，他打的是一場克勞塞維茨式的戰爭。即便到後來，他能夠動用的手段驚人的增加許多，保護這個國家一直是不變的目標，這為他定住羅盤的方向。[107]接下來一個世紀當中，美國軍隊在能縮編的時候就縮編，當有必要的時候就會立刻如滾雪球般擴增。林肯那個時代，沒有人有辦法預知這樣做會帶來什麼樣的後果，但林肯讓大家看見這是可行的。[108]

林肯看待自己未見得僅是個工人的兒子，而是開國元勳之子，他發表蓋茲堡演說的第一句話就是：「八十七年前，我們的父祖……」不知為什麼，像美國開國元勳那麼傑出的人士，除了約翰．亞當斯以外，竟都沒有自己的孩子。因此，不知是否上天冥冥之中自有安排，要將這個棒子傳給林肯：小亞當斯公開露面的最後一天，林肯人也在場；而小亞當斯過世後，仍舊繼續給予林肯啟發，讓他找到合於憲法的解放黑奴之法。進而讓這個共和國走向「新生的自由」，因而「要使那民有、民治、民享的政府不致從地球上消失」。[109]

常識與規模

為林肯寫作最為詳盡的現代傳記作家下了一個結論，「林肯不知是怎麼做到的，他擁有堅強的意志但並不固執，他能保持公義但不會自以為是，他堅守道德但不流於說教」，因此之故，他具備「美國所有公僕之中無人能及的心理成熟度」。[110] 簡單來說，林肯知道要怎麼去處理兩極化的對立想法，而不是受其控制。但，憑那「未完成」的教育程度，他是怎麼做到的？這個問題的答案，我認為是因為林肯超乎於常人所能的精通於掌握規模、空間、時間，他從中擷取的「常識」，幫助他度過各種困境。[111]

規模會決定過去經驗累積而成的範圍。如果，在事物的發展過程中，將混亂的狀態畫下界線，能讓人想辦法適應；如果，在歷史上，適應能增強保持彈性的毅力；還有如果，在個人身上，保持彈性能讓人做好準備面對未知事物，而不是完全不知變通；那麼，我們有很好的理由可以說，將界線漸次擴大，更能夠幫助領袖面對意外和未知，否則，他們及其夥伴面臨的就會是驚嚇（使他們沒時間去適應，或者他們只懂得沿用舊習）衍生出傲慢和特權。

如果我們把林肯和小亞當斯放在一起比較，就能看出差異。小亞當斯眼前擺著偉大的期許，他深受啟發，心心念念、鍥而不捨的追尋，但卻在重大時刻使他失掉用常識做判斷的能力。外人的過高評價（他自己又加以放大）使得目標遠在他無法觸及之處，他只有透過自我降格，才重新為他的後半生找到目標與肯定。至於林肯，除卻他給自己設下的目標，他並沒有被什麼偉大期許給誘導。他出身低微，人生起步得很晚，他給自己做好了準備以後才開始一步一腳印的往上爬。他看到機會在眼前浮現，才跟著生出雄心壯志，但他致力於將機會和抱負掌握在自己手中，他一直都想讓別人低估他。

空間，是期許和情勢交會的地方。林肯和小亞當斯都領會到，朝西進擴張能讓他們獲得力量，保全自由，但他們同樣也都擔心會帶來風險。麥迪遜在《聯邦黨人文集》第十篇當中就講過，共和國要是把心力花在平衡各方利益就有可能反而走向帝國，而他所指的利益是多重性的地區利益，甚至是意義更狹小的地方上團體黨派的利益。這兩位開國元勳之子，面臨著要如何平衡一項單一利益（也就是是否要將實施奴隸制度的範圍擴張到新領土）的難題，這項利益弄不好就會牽動國家的統一。原應具有的彈性變得施展不開，不管是任何抉擇，對某些人來說，都要付出無法承受的代價。[112]小亞當斯的自願降格，乃至於後來的死亡，讓他可以不必去做出抉擇，然而林肯似乎願意欣然以對。

因此，在戰爭期間，林肯決意利用空間來挽救聯邦。他把正統學說丟在一旁，專心研究地圖，計算他們北方聯邦的能力，讓他們看見北方的強項是在於應用外線作戰的能力，也就是要將電報、鐵路、工業製造的武器等新科技，結合移動力和加強集結兵力等新式戰術思考。林肯需要的是能打仗的將領，還有他們需要能拖垮邦聯軍的時間。之後，他們便能順利掌握北美大陸，就如同開國元勳所希冀的一樣。

最後，是時間。林肯一直把時間的優勢放在他這一方。他很懂得等候，什麼時候才要行動，要在何處尋求再次保證。他在擔任公職之前，差點就要變成不可知論者，不過隨著他的責任不斷變大，他的信仰也跟著成長，但不是我們慣常所指的信仰，[113]用林肯自己的話來講，那比較像是他自己和他的「創造者」之間的對話。林肯曾經問過幾個內心確信的牧師，為什麼上帝向他們透露了祂的旨意，卻未曾「直接對我說話呢」？[114]

林肯相信上帝不是直接給他神聖的啟示，而是透過一連串事件的進程來向他說話。麥克萊倫將軍在安堤耶坦一戰中取勝，林肯告訴其閣員說這是要他們實施解放的一個徵兆。[115]不過因為戰爭拖長，他仍舊非常擔心，南北兩方都「宣稱他們是按照上帝的旨意行事」，他在當時給自己的一張紙條裡這麼寫著，「或許是吧，但一定有一方是錯的。上帝不可能同時對同一件事表示贊同和反對」。不過很快的，他發現他對上帝的不信（這甚至超過他內心的善意）凌駕了世俗的邏輯觀念。「很有可能，上帝的目的跟我們任何一方所想的都不一樣」，或許，「這場競爭是上帝的意思，而祂還沒有要讓它結束」。[116]

不過，一八六五年三月四日，林肯向世人發表第二任總統就職演說時，他說：「假使上帝要讓戰爭再繼續下去，直到兩百五十年來因奴隸毫無報償的勞苦而積聚的財富化為烏有，並像三千年前人們說的那樣，直到受鞭笞而留下的每一滴血盡以刀劍下流的每一滴血為報應為止。那麼我也只能說：『主的審判是正確而公義的』。」[117]其實他清楚的知道，那不會是上帝的旨意，因為，感謝主，感謝總統和他在戰場上奮戰的將領！這場戰爭再過五個星期就要落幕。[118]那麼，這背後到底是誰在主導一切？我敢保證，林肯一定會這樣說：「這我們就不需要知道了。」

托爾斯泰在《戰爭與和平》最後的篇幅中說，時間、空間、規模之間的相互影響會同時反映出選擇和必要性，其發生的作用讓我們產生錯覺，讓我們相信自由意志是存在的，然而在這方面，毫不容情的法則是不容許這種可能的。林肯從沒讀過這些，他同樣也沒讀過包括《戰爭論》在內的很多其他書籍。不過他既然靠直覺領悟了克勞塞維茨的理論，他也沒什麼不能與托爾斯泰神交的理由。那是因為他從歷史的方向中，找到了（或說他認為他找到了）上帝的旨意。這跟托爾斯泰相距不遠，在他偉大的小說當中，歷史反映了超出人的能力所能窺探的法則。在他寫完小說後不久便經歷的信仰危機當中，托爾斯泰將地上的一切現象均歸因於神的視而不見，[119]這個想法可以說是超前了林肯非常多。

對於林肯，他實在有充足的理由在一八六四年寫給朋友的一封信中這麼說：「我說我無力掌控事件的發生，我只能坦白的承認是事件掌控了我。」[120]寫作《戰爭與和平》的托爾斯泰聽了想必會感到滿意，或許，我們也應該感到滿意。

第九章

最後一線光明希望

南北戰爭還在打的時候，某天夜裡，喬琪娜・賽西爾（Georgina Cecil）晚上醒來，發現她的丈夫站在二樓一扇敞開著的窗前，人是睡著的，但是他看起來非常激憤，他彷彿是在等待即將到來的入侵者，「推測應是聯邦的士兵或是起來革命的暴民」。奇怪的是，這裡是英國，這位夢遊者是羅伯特・塔伯特・蓋斯科因—賽西爾勳爵（Lord Robert Talbot Gascoyne-Cecil），伊莉莎白一世極為信任的大臣伯利勳爵的後代。這位賽西爾爵爺繼承了第三代薩里斯貝利侯爵（Marquess of Salisbury）之名，他後來也侍奉了他自己的維多利亞女王（Victoria），擔任三屆英國首相。不過，據他的妻子回憶道，「他從來沒有經受過像那時如此嚴重的煩惱和神經緊張」。

因為美國的情勢把薩里斯貝利侯爵給嚇壞了，為他寫作傳記的安德魯・羅伯茲（Andrew Roberts）如此解釋。薩里斯貝利從沒去過美國，也不認同奴隸制度，但他深深鄙視民主，以致於他同情分離運動，偏袒南方的邦聯，而且他甚至認為林肯遭到暗殺是一樁理由正當的最後反抗行動。不過其中最主要的原因，是薩里斯貝利擔心聯邦透過軍事手段來達到他們意識形態上的目的，會在歐洲這邊喚醒拿破崙當年雄霸天下的那種野心。薩里斯貝利死於一九〇三年，他的噩夢後來並沒有成真，倒是，他預料將會有一場「大戰」降臨，戰壕、坦克、殺戮戰場，甚至是空襲炸彈，這些正是一九一四年至一九一八年第一次世界大戰的場景。他生前最後一年，曾經就南北戰爭寫下這樣的話：「要是我們進行干預，就有可能縮減美國的力量到可以控制的地步。但是我們國家兩次都未能蒙允得到這樣的機會。」[1]

薩里斯貝利終其一生，都將美國人視為是像拿破崙這樣的人。美國在南北戰爭後，渴望趕緊從戰爭的創傷復原——即使這意味著聯邦辛苦奮戰而得的解放黑奴的工作會遭到壓抑，因此，他們返還大部分林肯收緊到中央政府手中的州的權力，解散他們具有世界級水準的軍隊，專心一意的在廣大土地上進行屯墾、開發還有開拓，美國在希瓦德的主導下於一八六七年從俄羅斯手上買下了後來的阿拉斯加，因此國土又擴張了。[2]國家安全不再被視為是個值得擔憂的問題，歷史學家羅伯特・卡根（Robert Kagan）對此指出，那是因為此刻的美國「太大、太富裕、人口太多，就算在世界最強大的國家眼裡，也不再是個值得侵略的目標」。[3]

光是美國變得愈來愈大這回事就讓薩里斯貝利警戒不已，因為這樣的話，英屬加拿大自治領（British Dominion of Canada）與美國隔著一條又長又無防衛的邊界，這該怎麼辦？他可沒辦法完全信任美國人的自我克制。不過，薩里斯貝利是位戰略家，他了解以大欺小（這是強國對弱國做的事）和以小欺大（這是青少年對父母做的事）之間的差別，對後者加以容忍有助於預防前者。「沒辦法讓兩國繼續保持禮貌客套的最大風險，」一八八八年時任外交大臣的他做出這樣的結論，「就是讓華盛頓出現一個全面反英的政府」。[4]

貴為首相的薩里斯貝利，當他看到一八九五年美國格羅弗・克利夫蘭（Grove Cleveland）總統的國務卿理查・奧爾尼（Richard Olney），利用委內瑞拉和英屬圭亞那（British Guiana）

之間長久以來的國界糾紛為藉口，拿來悍然聲張門羅主義，連他都覺得這太過分。「整個歐洲都是實施君主制，」他很不必要的說道：「然而，美國卻擁戴另一種截然相反的原則，他們認為每個人都擁有不能奪走的自我支配的權利……今天，美國已是這個大陸上實際的主權國家。」[5]雖然他這話聽不出到底要批評什麼（邦聯的權利？委內瑞拉的地理情況？），不過無論如何，奧爾尼提出的「二十寸長槍」（那是一封長篇大論回顧英國和委國之間的糾紛和申明門羅主義歷史的信件，克利夫蘭對此極為沾沾自喜）實在是讓薩里斯貝利措手不及。

在此五年以前，沒什麼執政經驗的德國皇帝威廉二世（William II）罷黜了德國的傳奇宰相奧托・馮・俾斯麥（Otto von Bismarck），俾斯麥藉著煽動戰爭促成國家統一，接著又能順利的四處拉攏，平息各方的憤慨以確保和平，[6]可是威廉二世缺乏這樣靈巧的手腕。委內瑞拉危機升高的時候，薩里斯貝利曾提出警告：「小心，他有可能做出沒大腦的事。」[7]在那個當下，薩里斯貝利正想辦法安撫美國人，然而這位德國皇帝卻跑去恭賀南非的布爾人，理由是布爾人阻止了一場有可能是（也有可能不是）英國授意的襲擊。[i]這下子，一把長槍，加上拿破崙式的自命不凡，再加上自從美國南北戰爭後還不曾見過的軍事工業潛力，就這麼突然間在英國不遠處興起，而且還任意朝四周開火了。[8]

突然間在兩個戰場被圍剿，薩里斯貝利決定向其中一個屈服。他是這麼認為的：「並沒有所謂的固定不變的政策，因為政策就像所有有機體一樣，總是處於形成的過程中。」[9]他與他的繼任者開始有條不紊的從單方面去除所有會與美國產生摩擦的源頭。英國做出讓步的地方不只是在委內瑞拉問題上（美國乍然間對此失去了興趣並願意接受仲裁），還包括接下來重要性更高的美西戰爭（英國保持中立）、菲律賓（英國支持美國的併吞行動，但德國做出相同的行為英國就不贊同了）、未來的巴拿馬運河（英國後來自願放棄他們在此地區長久以來的權利），還有阿拉斯加的邊境問題（讓加拿大做出犧牲以換取更大的好處）。[10]這些或許並非出自於姑息主義，[11]但確實為英美關係添加了潤滑劑，就像米亥爾・戈巴契夫（Mikhail Gorbachev）近乎一個世紀以後做的一樣，薩里斯貝利的目的就是要除去敵人的敵人。[12]

薩里斯貝利熟讀歷史，[13]他必定記得一八二六年英國外相喬治・坎寧曾如此說過：「新世界是我們創造的，好讓舊世界平衡發展。」[14]自我吹捧不是薩里斯貝利的風格，但是他可以用更有說服力的方式來贏得口碑。他很有技巧的在一八九七年進行這項工作，這一年是維多利亞女王登基六十周年紀念，薩里斯貝利向女王發表賀辭（其祖伯利勳爵對此舉必定大表贊同）。他在演說的時候說道：

> 起始於另一塊土地上，發生於另一個國家的民主脈動，已經在我們這個時代讓人們感受

i 譯注：布爾人（Boers）是生在南非的荷蘭人後裔，當時布爾人想要爭取南非獨立，因此與英國關係緊張。而由於威廉二世與英國國王喬治五世為表兄弟，理論上德英的關係應該更為交好才對。

到了它的震撼，其權力中心和責任規模所發生的重大改變，以幾乎使人察覺不到的方式進行，為該國的蓬勃發展進程，也沒有造成干擾或阻礙。[15]

這位夢遊者心裡還是對南方邦聯的失敗感到遺憾，這導致他們在北美洲失去制衡的力量。不過，這位戰略家從沒忘記他說過：「我們就像魚一樣，只靠我們自己無法拯救內陸的暴政。」[16]因此，大不列顛王國學到要如何與主宰另一塊大陸的民主國家共處，對此來說，無論薩里斯貝利爵爺心裡有什麼不滿，他都得感謝林肯。

麥金德的預測

一九〇四年一月二十五日的夜晚，就在薩里斯貝利過世後五個月，新任的倫敦政治經濟學院（London School of Economics and Political Science）院長哈爾福德．麥金德（Halford Mackinder），在英國皇家地理學會（Royal Geographical Society）大會上發表他的論文〈歷史的地理樞紐〉（The Geographical Pivot of History）。他在這份論文中指出，未來的歷史學家將會把在此之前的四個世紀稱作「哥倫布的黃金時代」，而這個時代在「進入一九〇〇年後沒多久就落幕」了。航海大探險的年代已經結束，因為已經沒剩多少土地讓人去發現，但是陸地上的探索和發展才正要開始。這個趨勢背後的推手不再是船艦，而是建造鐵路的科技，鐵路行進的速度更快、效率更高。林肯推動的橫貫大陸鐵路線已經在一八六九年完工，加拿大也在一八八五年蓋好了自己的鐵路，從莫斯科綿延到海參崴（Vladivostok），全長六千英里的西伯利亞大鐵路就在麥金德發表演講的同一年通車。他預測，歐亞大陸很快就要「被鐵路網給覆蓋」，讓這塊廣闊土地發揮其「不可計數的巨大潛能」——就像當年馳騁歐亞草原上的蒙古鐵騎一般，這裡要成為「世界政治的樞紐區域」。[17]

從都鐸王朝的時代起，英國發展海上優勢一直都是為了抵抗「大陸上的敵手」，防止他們將海權延伸到超越英國海岸線以外的地方。不過，麥金德現在的論述就是在說「大陸國家的合縱連橫」正在發生，如果這股力量被用在建造海上艦隊，可能會催生一個「世界的帝國」。或許俄國會想要主導，或許德國會與俄國結盟。更有甚者，他還考慮到了日本，「由於其海岸就面對著一個資源豐富的廣闊大陸，在一旁虎視眈眈的俄國還沒有辦法在這塊樞紐區域上取得利益」，因此中國在日本的組織帶領下，這些黃種人可能會一起起來打倒俄國，「讓黃色的禍害危及全世界的自由」。[18]

將話題突然轉移到種族主義和土地及其上之財產，麥金德結束了他的演講，這個模稜兩可的結尾加強了他想要引發的焦慮情緒。他認為就算過去蒙古鐵騎曾經稱霸歐亞大陸，那沒有關係，他們除了調轉自己的馬匹外什麼也沒轉動過。被他認為不重要的還包括艾爾弗德・泰耶・馬漢（Alfred Thayer Mahan），這位美國軍事家不久前才更有系統性的提出歷史上海權的重要性。他也忽視了空權興起的可能性，不過就在一個月前，萊特兄弟製造的飛機在美國的北卡羅來納州試飛成功。他還認定俄國具有像普魯士人那樣的堅定意志，決心要靠海陸軍的力量擊敗日本人，沒料到，不到一年的時間，一場危險而且在日後引發更多餘波的第一次俄羅斯革命「血腥星期天」（Bloody Sunday）[ii]就在聖彼得堡（St. Petersburg）爆發了。

麥金德的論文是一份學術版的「二十寸長槍」，沒有清楚瞄準目標，立論沒有邏輯，但足以使人感到震驚，當時還很少人預見這樣的前景：之前半個世紀的鐵路建設已經串連了歐洲和亞洲，使之成為一塊相連的大陸；英國在接下來的半個世紀中，有可能會失去海權的控制；而這些興衰起伏，將導致不同形式的政府出現，讓全世界進入動盪不安，世上的人們無法和諧共存。[19]

理所當然的保護者

不知道是基於什麼原因，英國外交官艾爾・克勞（Eyre Crowe）決定要對麥金德的難懂論文進行分析，他製作了一份報告，並於一九〇七年進呈給國王愛德華七世（Edward VII），這份報告很快在高層中流傳並引發討論。就如同二十世紀美國外交家喬治・F・肯南在冷戰初期從莫斯科發出的「長電報」（long telegram）一樣，克勞也有一份「克勞備忘錄」（Crowe memorandum），都是在發表於世之前就已經變得非常有名，而且都使得政府當局大受震驚。[20]

克勞的論述從麥金德停筆的地方開始寫起。英國是一個位於歐洲大陸外海的島國，但是擁有「眾多海外殖民地和附屬地」。[21]英國的生存守則繫於其長久以來所維繫的「優勢海權」。這讓英國成為「所有能通往海洋之國家的鄰國」，要是英國不調整其自身利益，以配合「全人類的共同渴望和理想」，這個特質恐怕會引發「嫉妒和恐懼」，看到這裡，我們可以發現顯然克勞也熟讀修昔底德。

> 現今，所有國家的頭號利益就是保護其國家的獨立。因而，英國較其他非島嶼國家而言，更能從維護其他國家之獨立獲得直接而正面的利益，所以，英國應該成為任何威脅他國獨立之國家的理所當然的敵人，也應成為任何弱小團體之理所當然的保護者。

這就是說，要讓英國獲得海上優勢，不只如麥金德所強調的那樣，要平衡陸上國家的勢力，還要再三的讓臨海國家確信，那一個海上強權國家不只重視自己的利益，也重視他們的利益。

克勞指出，英國事實上已經實現這樣的要求，因為英國提倡「在世界性的市場中進行自由交流和貿易的權利」。雖然，伴隨工業化而出現的重商主義並不樂見自由貿易，不過這確實符合英國的利益，而且藉由降低他國對英國海上優勢感到的恐懼，因而能進一步鞏固英國「保持

ii 譯注：「血腥星期天」（Bloody Sunday），這算是一場民心積怨而爆發的暴動，直接導致的結果就是日俄戰爭失敗，俄國在這之後加速進行了一些改革，但最終還是沒能阻擋沙皇王朝滅亡。

與其他國家有利之友誼」。原因在於，如果這些國家無法自己統領海洋，則他們會比較希望看到由「支持自由貿易的英國」接下這件任務，而非「高舉保護主義的強國」。克勞跟伯里克利一樣，認為「確保」和「贏得」海外友誼之間，沒有衝突存在。[22]

然而，為什麼一個想要將勢力伸張到海上去的大陸國家，卻沒有想到要培植與其他國家之間的關係呢？克勞斷言，這是因為那個國家只能靠著吞併其他陸上國家來獲得這樣的能力，這就是讓薩里斯貝利頻頻做噩夢，讓麥金德寫了一大篇論文的根源。這種國家要想達到這樣的目的，就必須吸收其鄰國，或至少讓他們恐懼、害怕。[23]很少有國家自己缺乏控制一個大陸的實力，卻希望別人用鐵、血和恫嚇的手段，來助其做到這件事。

這是俾斯麥早年時做的承諾。[24]克勞生於普魯士，他很懂德國人，他親眼見到一個條頓帝國是如何的透過「主要靠著劍鋒循序漸進的擴張領土」的模式在歐洲興起。借用一句未來世紀才會出現的形容詞，德國的崛起絕對不是什麼「和平崛起」[iii]。對此心知肚明的俾斯麥，想辦法要讓周邊還安全倖存的鄰國安心，他想透露出一種訊息，既然他的新興強國已經完成了霸權，此後德國會與其他國家的利益彼此協調。不過，一個人的胃口要是已經打開了，此後就很難輕易關上。[25]

俾斯麥的對策是讓德國撿取其他列強挑剩的殖民地，不過，就像一隻禿鷹豈願撿人家的剩菜一樣，一介堂堂帝國這樣就能滿足了嗎？現在，俾斯麥已去職，他的繼任者仍然感到飢餓。

克勞代他們說出心底話：

我們一定要擁有真正的殖民地，讓德國移民過去定居，散播我們祖國的理想。我們一定要建造一支艦隊和燃料站，好讓我們能維繫我們必定要取得的殖民地……像德國這樣一個健全而強大的國家，有六千萬名居民，因此我們一定要擴張國土。德國不能原地不動，我們一定要得到新的領土，讓不斷增加的人口能夠移居至外地，繼續當個德國人。

不曉得該在何處止步（或許是因為不想要知道）的德國，在威廉二世的領導之下，似乎存心樂見「全世界與之為敵」。為什麼是全世界呢？原因在於：「能結合最強大的陸軍和最強大的海軍於一國之內的國家，將催促世界各國聯合起來，一起剷除這個夢魘。」[26]

第一次世界大戰

或者說，克勞應用的理論讓他得出這樣的結論。不過，無論是他還是英國當局的任何人，都沒有真正預測到後來歷史上發生的事。俾斯麥使他國安心的方法，是以德國為中心，以巧妙的手法漸次轉移政治同盟的重心，不過在他過世後，這套對策開始變了調，竟出現了兩個關係

iii 譯注：約於二〇〇四年開始出現「和平崛起」（peaceful rise）此一詞語，用來形容中國的崛起。

彼此競爭的軍事同盟[iv]，能夠約束他們的僅僅是動員和運輸的時程表，但這一點都不能使人安心，因為要是這時程表一旦啟動，戰爭本身的行為便與其原因完全脫鉤。[27]這就是為什麼在一九一四年六月二十八日，兩位皇室成員在薩拉耶佛遭到暗殺的事件會一舉演變成為一場大戰，一直到一九一八年十一月十一日才結束，這場戰爭中總共約八百萬至一千萬名軍人和七百萬至八百萬名平民喪失生命。[28]克勞所設想的情景是「世界各國聯合起來對抗這個夢魘」，但後來實際上發生的是歐洲自己分裂，用慘酷的方式對抗他們自己。

這場「大戰」的所有層面，都能看到人們所投射的意圖超越自身能力的現象，這是過去戰爭出現死傷常見的原因。不過，在這場戰爭中，也出現能力超越意圖的情況。美國前國務卿亨利·季辛吉指出，這是因為那些負責指揮統御的人，嚴重低估了他們的號令具有多麼強大的殺傷力。

> 他們似乎忘記了並沒有多久前才發生的美國南北戰爭造成非常慘重的死傷人數，他們還以為只需要很快的結束一場決定性的戰鬥就好。他們從沒想到，他們所建立的同盟若是無法呼應理性的政治目標，就會導致平民的損傷，你以為他們心裡都知道這一點……然而，列強所實行的外交反而注定了毀滅即將到來，他們根本沒意識到他們在做些什麼。[29]

至少美國人還知道南北戰爭是為了什麼而戰。這場新到來的戰爭的參加者得為他們找個該死的目標，彷彿他們都遭受其殺戮。

從薩里斯貝利說出「我們是魚」這句話開始，接著麥金德提出「歐亞鐵騎」，一直到克勞說出「全世界與之為敵」的論點，英國一路下來的演變可以看出這背後的思路。如果像克勞塞維茨所說，戰爭必須要能反映政策，那麼英國是基於什麼政策參加這場戰爭？是為了維護他們的海權優勢？制衡陸上的勢力？還是到各地剷除人們的夢魘？戰爭於一九一四年七月時揭開序幕，不過英、法、俄的「三國協約」是早在一九〇七年時就簽訂了，這份協議並沒有規定簽署國有義務要參戰攻打德國。[30]可是，目的是要與法國開戰的德國，在八月四日時入侵比利時，這場破壞了國際間承認比利時中立地位的侵略行動，不僅使得英國就此對德宣戰，還使他們放棄了幾百年來避免在歐陸進行陸地作戰的潛規則。接下來四年的戰爭當中，英國會打輸，他們戰死的人數超過了美國在一八六一年至一八六五年間北方聯邦和南方邦聯國戰死加起來的總人數。[31]

英國的這個「歐陸承諾」感覺幾乎就像是一個「不經大腦思考」就做出的決定，過去的英國帝國也曾經被這樣講過。[32]不過要是我們把克勞、麥金德和薩里斯貝利所擔憂的事情放在一起檢視，就能看出英國人思考的邏輯。克勞一方面解釋了英國要維持海權並支持民族自決的論

iv 譯注：俾斯麥在外交上長袖善舞，簡言之，他的方針就是藉由讓德國與俄、奧建立同盟以孤立他們的世仇法國。然而在他死後，威廉二世竟沒讓德俄間的同盟關係持續下去，反而法、俄建立了同盟。

點，另一方面他也指出陸權和專制統治之間的關聯，因此這就是說，歐陸上出現的兼併（麥金德也針對這點提出過警告）會威脅到的不只是英國對海權的掌控，自由世界的未來可能也將遭受危害。[33]而從這裡回到薩里斯貝利所說的話，我們就能明瞭，他說過光靠英國自己「無法拯救內陸的暴政」。

或許，英國長久以來對於同盟關係一貫的不信任態度必須要終結了。薩里斯貝利最後一項外交上的成就就是擺脫這項傳統，他在一九〇二年簽訂了《英日同盟協約》。[34]或許，英國也應該要在歐洲做些相應的安排，例如「三國協約」的同盟關係會真的派上用場。或許，英國不再有辦法繼續他們「光榮孤立」（splendid isolation），這話不是英國自己提出的，而是他們在一八九五年至一八九六年間發生的委內瑞拉危機時，其不干預的態度為他們博得這樣的形容詞。[35]確實，在如今彼此聯繫加深的世界上，各大陸上出現的專制君主統治需要有人加以防堵。在這一點上，讓我們回憶起坎寧曾說過的話。

薩里斯貝利如果可以透過拉攏一個在北美大陸稱霸的民主國家，以抵制一個有可能控制整個歐洲的專制政體，那麼他實際上也就是倚賴「新世界」來制衡「舊世界」的勢力。麥金德描繪了一個中亞民族過去騎馬，現在改搭橫貫歐亞鐵路的情景，用以警告他的聽眾要提防陸上強權的興起，但他卻不認為同樣也興建了橫貫鐵路的美國會帶來相同危險，其實抱持的就是相同的想法。如果克勞能夠事先預見到幾個共享相同理念的國家結盟起來對抗另一個貪婪凶狠的國家（事實上將有一個美國總統將這樣的可能性描述的更加具體），其實他就是站在麥金德、薩里斯貝利、坎寧所打下的基礎做出這樣的判斷。當時，所有人都試著想要推斷未來的事，只是那時都沒人能夠說得清。

不在強國體系中的強國

所有人都認為，美國會在某個時間點發揮很重要的主導作用。美國的製造業生產到了一九一四年時，已經超越英、德兩國加起來的總產量。美國的鋼鐵生產幾乎達到德國的兩倍，而光是德國的鋼鐵產量就已經是英、法、俄三國總產量的兩倍了。美國的科技創新無人能敵，糧食生產不僅有餘，還足以大量外銷到歐洲來，貿易帳上漂亮的數字則使他們擁有的黃金準備占世界的三分之一。雖然美國的海軍還不能跟英、德兩國的海軍相提並論，但是就在歐戰開打的那一個月，美國開通了巴拿馬運河，讓世界兩大洋之間的通航能在最短的時間內完成。歷史學家保羅·甘迺迪（Paul Kennedy）指出，美國事實上已躍升強國之林，但還沒能讓自己進入強國的體系。[36]

美國在一八四〇年代贏得美洲大陸上的霸權，並在一八六〇年代時成功維繫了這個霸權，使得他們在進入二十世紀以後，沒有什麼很明顯的需要去承擔更廣大的責任。外在的威脅仍舊是不明確，不然就是不存在。美國雖在菲律賓建立殖民地，但是殖民地給他們造成的麻煩遠超過其價值。實施外交，他們很多事情只需要做做樣子，不用真的給予什麼承諾，譬如說，一八九九年至一九〇〇年，美國在中國的「門戶開放政策」（Open Door）就是一例，美國要求中國「門戶開放」之餘，也要求列強要承諾維護中國領土和主權完整，不過實質上列強並沒有遵守。美國甚至還能夠締造和平，一九〇五年的日俄戰爭，就是在第二十六任美國總統狄奧多·羅斯福（Theodor Roosevelt）的調停之下，邀集兩國到新罕布夏州簽訂《樸茨茅斯條約》（Treaty of Portsmouth）而落幕，然而美國此時的軍隊規模跟保加利亞或塞爾維亞卻差不了多少。[37]以上這些，都讓美國在一九一四年歐洲大戰爆發的時候，無需擔負任何責任。

不過，這場大戰卻比美國人所以為的還要與他們更有關聯。從門羅總統發表宣言和坎寧發表父家長式的宣告之後的九十年間，正好落在一八一五年到一九一四年之間，這個長達一個世紀的期間中，歐洲發生多次大規模戰爭，自由遭到危害。不過，在那之前已經有三起戰事牽扯到美國，包括七年戰爭（Seven Years' War）、法國大革命戰爭、拿破崙戰爭，這三起事件中美國直接參與的分別是一七五四年至一七六三年的英法北美戰爭（French-Indian War）、一七九八年至一八〇〇年的美法短暫衝突（Quasi-War with France）、一八一二年至一八一五年與英國打的第二次獨立戰爭（War of 1812）。接著就是一九一七年至一九一八年和一九四一年至一九四五年的兩次世界大戰了。至於冷戰，則因其從未演變為真正的熱戰，因此應該算是美國在海外參與最久的事件，也許也是因為這個原因，不需要像第一次世界大戰那樣重新命名。

就像是一隻魚在大海裡，不太會去注意到大海是否變大或縮小了。一八二三年到一九一四年這段期間，因為對其無感，美國其實並不怎麼算是身處強國體系之外，林肯和希瓦德當時的作為也可以算是有參與國際的活動了。[38]這個所謂的國際體系是這樣的：自從伊莉莎白一世的時代以來，英國把自身文化散播到世界各地的行動，比在歐洲還要多。[39]這使他們必須要小心制衡歐洲有可能因此產生的敵意，因此他們會對克勞所稱的「靠劍鋒循序漸進的擴張領土」產生恐懼。也基於此，當這個情況真的出現時，英國人在海洋另一頭的後裔不禁提高了警覺，或許有可能是因為他們很有可能會失去全世界最強大海軍的保護？而且，畢竟他們所承自於英國人的語言、制度、宗教、組織、安全都已經緊密的交織在他們自己的血液裡了，無論美國人是怎麼經常無禮的嘲笑他們年歲已高的大家長，再怎麼樣也不可能置之於不顧。因此，當英國人做出這個「歐陸承諾」的時候，無論是好是壞，其實連帶著美國也一起承諾下去了。

我們不再是一方之主

大戰爆發，美國總統伍德羅．威爾遜（Woodrow Wilson）的第一反應是發表了一篇言辭累贅的宣言，他呼籲美國要「實情和名義上」皆保持中立，「思維和舉止上」皆保持公正，還有「要克制我們自己的情感」。[40]不過要是德國贏了，威爾遜對他綽號「豪斯上校」的機要顧問愛德華．豪斯（Edward M. House）說過：「這會改變我們社會文明的發展路線，美國會變成一個軍隊國家。」畢竟是德國人——不是英國，也不是法國人，先破壞了比利時的中立，然後洗劫城市、大學，甚至是無法復原的古老圖書館。這位普林斯頓大學前校長說，這種野蠻會「使我們倒退三、四個世紀」。[41]

不過他作為美國的最高統帥，威爾遜認為美國沒有立即的必要選邊站，全國對此並沒有浮現一個共識。出口到英國和法國的糧食與軍備物資需求迅速暴增，情勢是如此緊急，以至於當進口國已付不出錢來的時候，威爾遜便撤銷了他一開始禁止提高信用額度的命令。當英國海軍成功阻擋德軍的時候，他一邊公開宣稱美國保持中立，但私底下卻慶幸美國在這場戰爭中缺席。[42]延遲發表美國是否參戰能夠讓威爾遜自行選擇適當時機，豪斯向他保證，如果小心得當，那麼他便有能力決定戰爭的結果，這意思不是只是透過部署軍事行動，而是能夠重新設計一套新的國際體系，以取代現在這個無法阻止戰爭發生的舊體系。[43]

有豪斯在一旁提供諮詢，威爾遜設定了幾個假設條件，其中假定的基礎是參戰國必須要上戰場戰鬥。第一，如果美國確定參戰，則其行動必須果斷而確實，因為南北戰爭的規模已經讓外界有辦法預測美國現在能夠部署的軍力。第二，美國參戰有可能會延長戰爭持續的時間，因為戰場上的僵持狀態會促使敵國加強海上封鎖的力道。最後，事實證明，潛水艇能對傳統方式進行的海戰造成強大破壞，就如同鐵路對於先前歐陸上的兼併行動也具有同樣的破壞性。[44]

德國將他們的U型潛艇（U-boat）視為是對付英國在海面優勢的有效手段，不過潛艇的問題是無法在水面下搜尋船艦然後擊中正確目標，他們也無法判斷船上乘客的國籍，早年的海上封鎖戰就是這麼一回事。因此，德國的潛艇作戰危及了中立國與交戰國進行貿易的權利，這項權利是美國在之前的戰爭中所強力捍衛的（連林肯也不例外，雖然在他來說遲來了一點）。還有，美國要藉著這個機會大賺英、法兩國一筆的戰爭財，以及戰後預定要拿回的債款，都會因為貨船遭受損失而蒙上一層陰影。不過最糟糕的，莫過於不少非戰鬥人士因此而喪生。一九一五年五月，一艘英國皇家郵輪盧西塔尼亞號（Lusitania）遭魚雷炸沉，造成船上一百二十八名美國人死亡的時候，此事差一點就要讓威爾遜對德宣戰。[45]

一九一七年四月二日，威爾遜總統終於向國會要求讓美國對德宣戰，德國在盧西塔尼亞號事件後曾一度收斂U型潛艇的作戰，但現在卻將禁令撤銷，全力開啟無限制作戰，這是威爾遜總統決定宣戰的主因。發動無限制作戰對德國來說是一筆賭注，他們想要趁美國真的派軍到歐洲大陸來之前，趕快拖垮英、法，迫使他們求和（這樣就不用對美作戰了）。不過在對德宣戰這一點上，威爾遜不確定公眾輿論會否因「無論有多少美國人在海上喪失生命」都支持開戰，[46]他還需要一點助力。不過，這項必要條件由德國人拱手交給他了，僅僅發生在他發表開戰演說的前幾星期。

德國重拾U型潛艇無限制作戰戰術，是伴隨著一項與墨西哥之間的祕密提議。德國向墨西哥提議，若是美國參加歐戰，則墨西哥便有機會重新奪回德州、新墨西哥和亞利桑那州等領土，德國會提供協助，或許日本也可望來幫一把。不料這封電報遭到英國的情報人員攔截，並轉交給美國政府，威爾遜於是將之公諸於眾。這下子，德國不僅侵害中立，還冒犯了美國保持其領土完整的權利，這項舉措簡直就是給火上澆油。[47]

還有，在三月的時候，《英法協約》（Anglo-French Coalition）的第三名成員國俄國爆發了一場意料之外的工人革命，這一次，俄國的羅曼諾夫王朝遭到推翻。從當時的情勢看起來，這個國家的專制政體將要終結，可望成為美國的盟友。這情況讓威爾遜得到解脫，得以在他的戰爭演說中提出美國要支持「讓全世界安心追求民主」這個極為崇高的任務。他這樣說並不是暗示美國要獨自完成這項工作，[48]而是要宣告：大戰爆發的時候，美國並沒有任何必要表現的像是一個世界強國的樣子，而現在，藉由如此行動，美國將要在這場戰爭，其結果和後續之餘波當中，發揮決定性的影響力。正如威爾遜在其第二任總統就職演說中所宣告：「我們不再只是一方之主。」[49]

成為戰勝國

截至目前，他處理得很好。藉著一邊避免開戰，一邊進行準備，威爾遜早就開始建軍，並小心的沒有去煽動有可能阻止他於一九一六年競選連任的反戰情緒。他耐心等候，讓德國為了出動U型潛艇而很不智的勾引墨西哥，再一次，德國為了自己的軍事計畫反而壞了他們的政治利益，就像之前他們破壞比利時的中立地位一樣。威爾遜把發生在俄國的平民革命轉化成是美國打這一場仗的目標，不讓盟友有任何反對的機會。威爾遜及時的將美軍於一九一八年春送抵歐洲，正好趕上德國在西線的攻勢遭到挫敗，終致在該年秋天全面潰敗，美國因而獲得勝利。

十一月，停火協議終於達成，威爾遜前往大西洋的彼端（他是第一位還在任時訪問歐洲的美國總統），在巴黎、倫敦，還有非常名副其實的在羅馬，接受了可比古羅馬時代凱旋式的熱烈歡迎。[50]

不過，豪斯曾向威爾遜提出警告，他的影響力會在戰爭即將告終的時候達到頂峰，接下來他打算要參與的和談會需要更多外交手段，比要如何處理協議本身還重要，對此威爾遜就顯得準備不足了。畢竟美國長久以來都在國際體系缺席，缺乏懂外交的專家，威爾遜身邊並沒有如俾斯麥、薩里斯貝利，或甚至是艾爾·克勞般的人物，可以向其借重外交長才。他身邊只有豪斯，其才幹充其量就是從德州政界磨鍊出來的而已，而現在他發現他得和總統並肩「重畫世界地圖，好似那掌握在我們手中似的」。[51]

豪斯幫助總統召募了一批學者，組成「調查小組」（The Inquiry）團隊，來協助提出建議，訂定戰後和談的原則。威爾遜將這些建議濃縮成「十四點和平原則」（Fourteen Points），並於一九一八年一月八日向國會提出報告。然而，儘管這十四點原則立意良好，但不管是威爾遜還是國會裡的成員，都沒有人充分思考過要如何讓這些原則遵循歷史、文化，或任何做法先例的脈絡。一位法國外交官回憶當時的情景如此說道，「威爾遜並不了解歐洲政治，他太過於專心建立理論和教條，那和當下迫切需要的沒有什麼關聯」。[52]

舉例來說好了，什麼叫做「外交必須始終在眾目睽睽之下坦誠進行」？還有，「要確保絕對的航行自由，只有採取國際行動時才可以封閉海洋的一部分或全部」？減少軍備「至符合保衛該國國內安全的最低限度」？在殖民地爭議的問題上，「看待當地居民的利益，應與管治權待決的政府所做之合理要求，給予同等的重視」？這些到底是什麼意思？威爾遜致力於追求的目標太過於天馬行空，他手上的手段根本不敷使用，其中最不切實際的莫過於在解決巴爾幹半島敵對國家的問題上，他竟然聲稱只需要「按照歷史上已經確立了的有關政治歸屬和民族界限的原則，通過友好協商加以決定」（問題是，巴爾幹半島問題就是點燃歐戰的導火線）。這些原則，其立意是「期望糾正錯誤並伸張正義」，威爾遜做了一個立論堂堂的結尾，「我們認為我們是所有共同反抗帝國主義的國家和民族的親密夥伴……我們應並肩合作，直到最後」。[53]

這裡其實可以嗅出一股明顯的權宜之計的味道，就像英國首相大衛．勞合．喬治（David Lloyd George）沒多久前發表的演說一樣，威爾遜這番演說是在一九一七年十一月俄國又突然爆發第二度革命之後的兩個月發表的，俄國這次發生革命給英、美、法三國的「帝國主義」戰爭帶來了威脅，因為俄國揚言要退出戰爭，這場布爾什維克政變還鼓動世界各地的「無產階級者」都起來反抗資本家。[54]對此尷尬態勢，威爾遜做了一個含糊的回應，他在十四點原則中呼籲道：

> 在俄國領土上全面撤軍，解決所有影響俄國的問題，該解決方案應獲得世上其他國家最良好和最自由之合作，俾使其獲得不受阻礙和干擾的機會，自行決定其政治前途和國家政

策，並保證該國在其自由選擇的體制之下，仍能獲得自由國度社會的歡迎；除此之外，並給予其可能需要和希望獲取的各種協助。

看到這裡，可能有人會問，他想說的「帝國主義者」到底是指誰啊？在這點上，至少列寧和托洛斯基有膽量清楚的說出來。

該年早先，俄國發生第一次工人革命之後，革命的風潮便如滾雪球般迅速蔓延到各地，威爾遜卻在此刻使情勢進一步複雜化，他派遣美軍進入西伯利亞和俄羅斯北部，假託與他國共同行使任務，實際上是要想辦法在俄國境內罷黜布爾什維克黨人。[55]過後不久，美國便在法國境內擊敗德國，然而此舉卻等於是解救了布爾什維克黨人。蘇維埃政權為了退出大戰，原本與德國在東線戰事上簽訂了割地又賠款的《布列斯特—立陶夫斯克條約》（Treaty of Brest-Litovsk），但隨著德國成為戰敗國，這紙和約等於化為白紙，使他們獲得使敵人遭到徹底毀滅的「迦太基式的和平」（Carthaginian peace）[v]。[56]威爾遜帶領美國參加歐戰用盡了計策，但在俄國退出戰爭後，他也不禁被難倒了。這個發展預示了一個更大的問題，威爾遜的和平原則原本是希望提出一套禁得起時間考驗的價值，但現在變得不僅是被時間給綁架，而且還因為四周瞬息

v 譯注：「迦太基式的和平」（Carthaginian peace）意指以徹底殲滅敵人的方式得到和平。德、俄之間的關係隨著美國參戰打敗德國後可以說是角色互換，俄國在東線戰事其實屬於戰敗國，但是隨著協約國贏得勝利，俄國搖身變成戰勝國，「迦太基式的和平」指的就是後來德國戰敗後簽訂的苛刻條約。

萬變的局勢遭受重大打擊。威爾遜原本是要號召全世界能夠安心追求民主，但現在，為了配合民主，反倒使得世界因為戰爭而失去安全。[57]

戰爭必須反映政策

克勞塞維茨說過戰爭必須反映政策，他為此訂下了準則，而其中的例外，如三十年戰爭或拿破崙戰爭等偏離其明確目標的戰爭，都不應再次發生。《戰爭論》問世後的八十年內，這類戰爭並沒有出現，國與國之間是有戰爭發生，不過都有明確的目標，規模也有限。拿破崙之後流血最多的戰爭是發生於美國國內的戰爭，以及中國的太平天國之亂（Taiping Rebellion）。[58]這場大戰則是一場倒退，所有人都把克勞塞維茨拋在腦後。要是最一開始的參與國能預先知道他們最後要付出什麼樣的代價，他們還會發動這場戰爭嗎？[59]

然而，一九一四年八月的時候，雅典式的即席民主集會四處可見，歐洲各地都瀰漫著期待開戰的歡欣氣氛，想想，伯里克利發表《國殤講詞》，目的並不是為了和平。我們現在無法知道他準備好接受的損失程度到多少，他沒辦法像林肯一樣在一八六五年的時候就已經做了準備，因為伯里克利還來不及做好自己的預測就因為染上瘟疫而去世了。不過我們現在確實知道一點，做為後世民主典範的雅典，最後的結局是他們自己擊倒了自己，原因是在於，相較於探詢發動戰爭是為了什麼樣的目的，他們覺得犧牲人命比較簡單。[60]

威爾遜總統在宣布參戰前三個月向國會發表了「追求和平而非勝利」（Peace without

Victory）的演說，[61]這場演說引起了一些這類疑問。打仗不就應該是為了保衛，而不是消耗或是消滅國家嗎？有沒有可能做些讓步來達成同樣的目的？殺戮能夠讓我們成就什麼呢？不過，威爾遜他自己和其他人所做的調停都失敗了，因為沒有領袖敢告訴他的「民意基礎」群眾[62]，他們打仗所贏得的成果是那麼微小。每一位領袖都在心裡暗自盼望，只要再多一種新武器，再發動一道攻勢，讓士兵再從一道壕溝死命發動一次突刺，就能夠為他們的戰爭帶來顯然並不存在的意義。

美國終於參戰了以後，威爾遜就放棄進行調停了，他早就知道美國若不能爭取全面勝利是不可能加入戰鬥的，然而美國也不可能支持不義的和平。因此，他努力將勝利和正義的精神寫入他的「十四點和平原則」當中，只是結果是使得他的大多數原則充滿了矛盾。不過，他在最後一點提議建立一個仲裁機構，即：「根據專門公約建立一個普遍性的國際聯合組織，目的在於讓大小各國同樣獲得政治獨立和領土完整的相互保證。」[63]

這個想法來自許多根源，[64]其中一個就是艾爾．克勞一九〇七所提出的讓「世界各國聯合起來對抗夢魘」。當時的英國外相愛德華．格雷爵士（Sir Edward Grey）在克勞這份備忘錄一發表的時候，隨即對其看法給予背書。一九一五年的時候，仍任外交大臣的格雷爵士透過豪斯向威爾遜提議英國支持在戰後建立一個多國聯盟，不要再使用調解的手段。格雷爵士斷言，只有加入眼前這場戰爭，才能夠防止未來再次發生戰爭。[65]季辛吉談到這段歷史時指出，「格雷很了解這個人。威爾遜自從年輕時代開始，就認為美國的聯邦機構應該作為『人民的國會』（parliament of man）[vi]的典範」。[66]

若是如此，威爾遜則忽略了美國民主當中一種可以追溯到英國輝格黨傳統的矛盾情結，那就是，成立這種機構的目的是可以拿來大肆行使權力，還是拿來防範權力的濫用？[67]一九一七年四月，美國人願意說服他們自己說只有戰爭能夠讓他們重拾安全，甚至是他們的光榮和自尊心，但這並不一定表示贏得戰爭後，他們願意致力於「保證」其他人的安全。美國式的民主在於追求權力，但也同樣深深的不信任權力。

英法兩國的人民同樣有他們自己的矛盾情緒。由於打這場仗所經歷的痛苦和犧牲，當時的民意強烈要求德國承認發動這場戰爭的「全部責任」在他們身上，還要求德國付出大筆賠款，然而這卻傷害了一八一五年在法國大革命和拿破崙戰爭後，歐洲在維也納會議（Congress of Vienna）當中達成的和平協議。大戰結束後的和談結果，不僅未達成民族自決，威爾遜在「十四點原則」當中明確指出的要「糾正」邊界問題，也落了空，英、法作為殖民帝國的地位絲毫未損。[68]沒有任何人—包括威爾遜自己，準備好要接納德國或是蘇維埃俄羅斯成為新成立的「國際聯盟」（League of Nations）的創始成員，即便他是想要靠著這個組織來導正《凡爾賽條約》（Versailles treaty）當中訂下的不平等條約。[69]

要進行和談的時候，威爾遜曾再次燃起希望，但這次他手上沒有方法來達成他的目標了。

或許他就像伯里克利過世之後的雅典人，把他的能力和期望給搞混了。[70]或許，他過於情願推延他無法解決的問題。或許，他沒有搞清楚狀況，反而讓民意走向反對他們選出來的代表。或許，因為他當時受到病痛愈來愈嚴重的折磨，使他失去了政治上的靈敏度，一九一九年秋，當威爾遜絞盡腦汁想要讓美國支持國際聯盟的時候，不幸發生中風，之後就再也沒能完全康復。雖然他在普林斯頓大學教授了多年的民主，但他有可能從一開始就沒搞懂民意是什麼。其實，他也有可能就是輸了，在他努力要晉升到偉大政治家的行列中途，輸給了常識這股把他往下拉的力量。

無論這背後的原因是什麼，美國參議院拒絕同意《凡爾賽條約》，這代表參議院拒絕授權美國參加國際聯盟。這不僅粉碎了威爾遜的理想，也粉碎了自從坎寧到林肯、薩里斯貝利、麥金德、克勞、格雷、豪斯，還有威爾遜本人一路承襲下來，愈來愈膨脹的期望，那就是「新世界」或許有一天，有能力去制衡「舊世界」的亂象。這跟古時候雅典告訴彌羅斯的正好相反，[71]「強者」這次沒有去做他們所能夠做的來解放「弱者」，甚至，也沒有想辦法按著理論去重整德國和俄羅斯的現況，也就沒能夠防止獨裁專政悄悄的生成。

---

vi 譯注：人民的國會（parliament of man）：此處作者應該是借用英國政治歷史學家保羅．甘迺迪的同名著作，意指聯合國。

自由與力量

一九一七年三月，俄國爆發二月革命[vii]，弗拉德米爾．伊里奇．列寧（Vladimir Ilich Lenin）人在蘇黎世流亡，不過這不是列寧的錯，是當時的時勢不小心導致這樣的結果。不過，他的專長就是將意料之外的事件轉化為事先就決定好的計畫。[72]列寧之所以能有這樣的確信是由於馬克思，後者宣稱資本主義本身孕育的就是自我毀滅的種子，大戰的起始、戰鬥，以及確定要由資本主義者拿下的勝利，就能肯定這個結論。俄國突然爆發工人暴動，接著演變成一場推翻了沙皇王朝的革命，這起事件是個意外，馬克思及其追隨者都沒想到這件事會成真。只有列寧在這個異常事件中看到一線契機。「只要我們還沒拿下整個世界，」他後來這麼解釋道：

> 從經濟和軍事的角度來看，只要我們仍是與資本主義世界相較之下更為弱小的國家，我們就必須懂得如何利用這些帝國主義國家之間的矛盾和敵意。如果我們沒有把握這個原則的話，我們應該老早以前就都被吊死在燈柱上了。[73]

還好列寧沒被吊死在燈柱上，德國把他用火車送回聖彼得堡，那時這個地方不久前才被改名為「彼得格勒」（Petrograd）。正如德國人打的算盤，列寧在那裡發動十月革命，推翻了俄羅斯臨時政府（Provisional Government），帶領俄國退出大戰。德國把列寧送回俄國就是希望造成混亂，解除他們在東線戰事的壓力，不過正如列寧所預言的，「布爾什維克革命領袖對於德國的帝國主義強權和資本主義所帶來的危險，將超過臨時政府裡的克倫斯基（Kerensky）和米留科夫（Miliukov）」。[74]

列寧比馬克思更為了解資本主義者總是垂涎能立即到手的利益，因此這會使他們走偏，遠離他們想要追求的目標。也許林肯會這樣形容吧（至少史蒂芬・史匹伯的電影[75]裡是這樣演的），他們過於著迷於盯著他們的羅盤，反倒使得他們跌進沼澤或是掉到懸崖下。這也是為什麼，革命發生後美、英、法都向俄國施壓，希望臨時政府不要退出大戰，然而這卻醜化了新政府的名聲，進而開啟列寧領導二次革命的契機。此外，資本主義國家也沒有從錯誤中學到教訓，不然的話，德國都已經用《布列斯特—立陶夫斯克條約》大傷蘇維埃俄國的元氣了，為何美國人還要幫助他們解套呢？

同樣的劇情在一九二一年到一九二二年的俄國大饑荒再次上演，美國大資本家赫伯特・胡佛（Herbert Hoover）就承認他所領導的國際救援行動，結果反而是幫助鞏固了布爾什維克政權。列寧實施新經濟政策（New Economic Policy），用意是要將革命深植到俄國各地，但是當俄國捧著這套政策帶來的機會送到美國企業家面前時，他們竟毫不猶豫便一口給咬下。史達林

vii　譯注：俄國使用儒略曆，所以稱二月革命，以公曆計算是在三月。一九一七年俄國發生兩次革命。第一次世界大戰，俄國因為打仗民不聊生，突然間發生工人暴動導致二月革命，進而使沙皇政權被推翻。德國見狀認為讓列寧回國能夠造成更多動盪，因此默許列寧搭火車回到聖彼得堡。後來，列寧果然再次發動第二次革命建立蘇維埃政府。

在一九二四年列寧死後這麼說過：「世界上沒有哪一個國家更適宜幫助俄國。美國擁有無人能及的技術，俄羅斯的需求和廣大的人口能為美國帶來大量的利潤，只要他們合作的話。」[76]

美國還是有些人繼續大規模的做這樣的事。史達林的第一個五年經濟計畫將工廠從美國整座整座的引進俄國，同時還包括配套的大規模生產技術，亨利·福特（Henry Ford）就是其中的領頭羊。美國對蘇聯的出口量在一九二〇年代底之前，已經超過了世上任何一個國家，蘇聯也是購買美國農產品和工業設備最多的國家。[77]不過，哈定（Harding）和柯立芝（Coolidge）兩位總統倒是使史達林意外不已，在他們的領導下，美國政府遵照威爾遜的遺志實施拒絕承認蘇聯國家地位的外交政策，並且對國際共產主義的顛覆性目標給予警告（這並不是反諷），可見物質上的利益並不會永遠決定資本主義者的行為。

在某種意義上，美國國力達到有史以來最高的巔峰，其工業生產已經超過英國、德國、法國、俄國、義大利和日本加起來的總量。但美國對於權力根深柢固到寫進憲法的不信任剝奪了其領袖動用這種權力的可能，就連承平時期也不行。要是列寧，就會將此視為是民主的另一項缺陷，因為要是沒有獨裁政權，就不會有先鋒的出現，無論是在無產階級或是任何人當中。就好像是他們也同意這種看法一樣，當時大多數美國人都不認為美國有制定外交政策的必要。[78]

不過，這個世界不會永久容許他們保有這個餘裕的，美國具有的潛在力量已經在以他們料想不到的方式導引事件的發生。[79]其中一項發生在一個奇怪的地方，那就是戰前德國的野心和戰後德國的憤怒在以一種相輔相成的方式生成當中。阿道夫・希特勒（Adolf Hitler）不像列寧，他打過仗，親身嘗過大戰中待在壕溝裡的滋味。英國的海上實力和美國的陸上雄兵互相結合，讓他確定（再加上愈來愈相信猶太人企圖要併吞世界的陰謀，讓他更加確定）這就是德國戰敗的原因。希特勒深信美國會再次從北美洲出發，排擠掉她的所有敵人，因此當希特勒看到美國戰後在後威爾遜時代從歐洲全面撤出，便認為這是德國最後一次有機會保住其所需要的空間、資源，使德國能與其他國家競爭、生存下來，並勝過其他國家。歷史學家亞當・圖茲說希特勒認為「戰爭必不可免」，「問題不是要不要發動戰爭，而是何時發動戰爭」。[80]

要是希特勒只是停留在策畫一些業餘人士的政變的話，例如說一九二三年他在慕尼黑策動的啤酒館政變，以上那些都不會有什麼要緊。該次政變之後，他只被短暫關在牢裡一段時間就被放出來了。在那之後，他領悟到他必須透過合法途徑，進入政府，穩定的在體制內提升他的政治地位，當時的德國民主在威瑪政府的主政下，日益顯得左支右絀。德國的情況在一九二九年十月紐約股市發生大崩盤的時候進一步惡化，這次股災使得美國和其他工業資本主義國家的經濟面臨災難性的大衰退。當時的胡佛總統才上任不到一年，面對還有至少三年的任期，他跟大部分民主國家的領袖一樣，完全不知道該怎麼辦才好。[81]

「資本主義式的經濟已然破產而且不穩，」史達林在一九三三年一月七日蘇聯的共產黨大會上，報告他第一個五年經濟計畫取得的成功，不過那時才剛過去四年而已。史達林說資本主義「已經過了它的巔峰，現在應該要被另一個更好的蘇維埃式社會主義經濟體系取代」，這種經濟體系「不需擔心經濟危機，能夠克服資本主義不能解決的問題」。[82]三個星期後，希特勒透過憲法手段成功就任德國總理（不過他之後打算要毀棄這套憲法），再過五個星期，在一九三二年大選中徹底擊潰胡佛的富蘭克林．羅斯福（Franklin D. Roosevelt）宣誓就任美國第三十二任總統。現在，林肯久遠以前投射下來的陰影悄悄逼近，即將籠罩在他們所有人身上，林肯所設下的最大賭注現在要留待給他們來考驗，那就是自由與力量是否能同時並存，這件事還從來沒有人嘗試過。

羅斯福

以撒．柏林在後來的時候回憶道：「如果有人在一九三〇年代的時候是個年輕人，而且生在民主國家當中，那麼無論這人的政治信念是什麼，只要他有一點點人性的情緒，他必定會有所感受，就算是極其微弱的社會理想主義火花，或是對於生命任何形式的愛……一切是那麼的黑暗和深沉，人們心裡普遍都被激起巨大的反應，但沒有人奮起，出來反抗任何事。」似乎人們眼前的選項只剩下兩種「絕望的極端：共產主義和法西斯，不是紅就是黑」，唯一的亮光只剩下羅斯福總統提倡的「新政」（New Deal）。他實施新政是不是就是「採取孤立主義的態度，不管外界的世界」，這並不重要，因為孤立主義向來是美國的傳統，也或許正是美國的強項。而真正重要的是，羅斯福「擁有彷彿獨裁者所具備的全部特質、精力和技巧，然而他是站在我們這一邊的」。[83]

經常被人按其英文姓名縮寫暱稱為「FDR」的富蘭克林．羅斯福並不真的是個孤立主義者，他和老羅斯福（狄奧多．羅斯福）總統是遠房堂兄弟的關係，小羅斯福的夫人還是老羅斯福的姪女。他做過威爾遜總統的海軍助理部長，一九二〇年時以支持國際聯盟的立場代表民主黨擔任副總統候選人參加競選，有過這些資歷，很難想像他支持孤立主義。不過，等到他在一九三三年當選總統之後，這位羅斯福總統確實堅持他要把美國放在第一位。當時，銀行一家家倒閉，全國有四分之一的人口失業，美國人的自信受到強烈打擊，促使經濟復甦成了壓倒一切事項的要務。而現在，希特勒在德國已經一步步建立了他的獨裁政權，更別說，日本在兩年前占領了滿洲，而兩年後義大利就要侵略衣索比亞，不管外界如何變化，美國在羅斯福的第一任總統任內並沒有改變其作風，但無論如何，要說有誰更不情願接下任何國際責任的，還是得要說是胡佛。[84]

只除了一件事，一九三三年十一月，羅斯福終於在過了十多年後，在外交上承認了蘇維埃社會主義共和國聯盟（Union of Soviet Socialist Republics）。羅斯福指出，美國過去不承認該國地位，事實上都沒能成功推翻或孤立布爾什維克分子。再者，美國在俄國的投資和對俄出口都在該黨領導之下變得欣欣向榮，史達林現在也出來承諾會去干涉美國國內規模微不足道的共黨分子活動（反正他做的干預幾乎沒什麼用）。這些都是這位新總統在公開場合的說詞，他內心卻有一個目的沒說出口，那就是與蘇聯之間的關係正常化，或許有一天能把蘇聯拉過來，幫助美國對抗納粹德國和帝國主義日本的野心侵略行為。[85]

意識形態上是否保持純正，對於小羅斯福來說沒那麼重要，地理、均勢、建立海軍的要件才是他關注的要點，他雖擔任過威爾遜總統的幕僚，但他心中的偶像仍是老羅斯福。老少兩位羅斯福都是美國軍事專家馬漢的信徒，特別是年輕的這位，視察巴拿馬運河對他來說是一大樂事，只要有機會他就一定會去。[86]他也透過與英國間的戰時聯絡，汲取了麥金德和克勞對於歐亞大陸上發生的兼併情勢所做的分析和警示。小羅斯福上任總統後所做的第一件事，就是改造美國海軍，並以此作為創造就業計畫的一環，他非常小心的進行這項工作。[87]原因是小羅斯福也懷疑美國人是不是真的那麼能夠堅定的再次承擔海外事務，他知道這其實是威爾遜並非刻意留下來的遺贈，美國承擔國際事務是其額外背下來的責任，在可預見的未來當中，國力轉弱的歐洲民主國家必須想辦法靠他們自己再站起來。

德國和日本要是再次進行武裝（看起來非常有可能，而且這兩國都在一九三三年退出國際聯盟[88]），他們很快就會有能力稱霸大部分的歐洲和大部分的中國，甚至有可能挑戰美國在西半球海域的主導地位。[89]至於蘇聯，他們從舊俄羅斯帝國時代以來都一直是這樣，因為缺乏能輕易進入海洋的通道，其稱霸歐亞的可能性沒那麼高，羅斯福對此不需要過於擔心。他甚至在一九三六年同意了史達林的一項計畫，就是在美國的船塢裡修造一艘蘇聯戰艦（最後這艘船是被美國海軍給炸沉）。[90]要是美國能有一個專制政體的盟友，用其龐大的身軀擠進資源吃緊的德國和日本之間，未嘗不是一件壞事。如果德、日兩國想往外移動，紅軍就可以從後方扯他們後腿，如果兩國想往內陸移動，則紅軍就可以像庫圖佐夫那樣將他們擊破。無論是哪一種狀況，大西洋兩岸的民主國家都能受益。

這個想法羅斯福從來沒有對任何人說明過，他隱藏自己意圖的技巧比林肯還要厲害。如果說，有個總統的軍事經歷僅限於參加過一八三二年的黑鷹戰爭（Black Hawk War of 1832），但卻能比他那些念過西點軍校的將領還要靈光，設計出在南北戰爭取勝的戰略，[91]那麼對於大戰期間管理美國海軍的責任主要是落在他頭上的小羅斯福來說，[92]就不能輕易斷定他並不具有相同的才華了。我很確定列寧也會跟小羅斯福一樣做出相同的事。因為他自己也看出專制政體之間的「矛盾和敵意」可以為他所用。誠然，獨裁者仍舊會是「先鋒」。不過，羅斯福知道他和列寧之間的相同點不可能經常出現，也不會永遠持續下去。

保持鎮定

他不是要樹立自己的獨裁政權，所以他不能像史達林所做的，還有希特勒正在做的那樣，將自己的意識形態強加於自己的國民身上。羅斯福的經濟專家對於美國大蕭條（Great Depression）發生的原因也搞不清楚為什麼，因此要是總統要求他們設計一個五年計畫，他們也弄不出來。[93]與其要好好做個計畫，羅斯福決定臨場發揮，如果哪個地方有發展的可能性他就往前推進一點點，要是有必要就往後退，他總是想辦法生出什麼事來做做，從來不因為失望而放棄，而且他在做每一件事的時候，總是謹記著威爾遜疏忽的一點：要是沒有廣大民意的長久支持，無一事能成功。羅斯福有一次就這麼說過：「身為一個領袖，要是你回頭往身後看去，發現沒有一個人在那，這感覺非常可怕。」[94]

他把他的小心謹慎帶到外交政策上。雖然他很擔心德國和日本，但是羅斯福並沒有嘗試阻止國會立法通過美國保持中立，他知道他要是與國會槓上，他一定會輸，而在威爾遜的時代，總統僅止於發表聲明而已。羅斯福會在某一天很堅定的表示他們必須「隔離」侵略者，但是隔一天又收回他才講過的話。不過，他的這個柔軟身段使他的信用分數在英法政府心中大減，沒辦法在英法兩國對希特勒採取綏靖政策時大聲表示反對。一九三七年，他指派約瑟夫・戴維斯（Joseph E. Davies）至莫斯科擔任他的第二任駐俄大使，戴維斯是早餐穀片公司女繼承人形象良好的丈夫。羅斯福交給他的任務是在莫斯科想辦法在外交官員之間製造一種近乎要造反的氣氛，他們在第一任大使威廉・布里特（William C. Bullitt）還在任的時代，就已經開始細心的觀察並記錄史達林為了清洗黨內敵對同志的迫害行動。[95]

所以說羅斯福是個綏靖主義者嗎？想必他一定認為他並不是個強者，他不可能強過他的國家，國家想要施展的實力似乎無意要超出他的足智多謀。國家能允許的能力，有可能會在某個時點基於利益迎頭趕上來，但這要等到美國人再次感受到有危險臨頭，重新振興了他們的經濟，並重拾他們心中的信念，才有可能發生。而在此同時，羅斯福需要盡可能地好好籌畫地緣政治，這就是為什麼他任命戴維斯為駐俄大使。

羅斯福並沒有那麼不信任專家，不過他為他們有限的視野感到惋惜。華盛頓的官員，其中甚至包括他所喜愛的海軍，都會閱讀駐莫斯科大使館外交官員和武官傳來的報告。然而總統感到不悅，他發現他在俄國的代理人幾乎認為史達林比希特勒還糟糕，在總統看來，他們並沒有擴大看事情的角度，因而錯失了更大的可能性。如果說，這個蘇維埃獨裁政權能夠協助美國這個民主國家降低對他們兩國的危險，那麼羅斯福就需要一個像戴維斯那樣懂得做交易的人，或許他的專業素養不夠深，但他具有廣度。專家就是因為懂得太多了，以至於他們無法做交易。[96]

然而，甚至連戴維斯都無法扭轉史達林在地緣政治上想要施展的意圖。民主國家提供的條件都無法使他滿意，史達林自己便與希特勒做了交易，納粹與蘇維埃於一九三九年八月二十三日簽訂《互不侵犯條約》，就這麼直接揭開了第二次世界大戰的序幕。羅斯福對此份密約並不感到驚訝。戴維斯在離開莫斯科之前已經預見到事態會朝這個方向發展，美國大使館在戴維斯離任後，透過一個安排得當的間諜，進而追蹤了解到此事是如何進行的。[97]無論如何，到了現在這個地步，都很難不將蘇聯視為是個「完完全全與世界上其他獨裁政權沒有兩樣的獨裁政權」，總統自己在一九四〇年初，發表一場演講的時候就是這麼說的。[98]

該年春天，希特勒發動的閃電戰（Blitzkrieg）在三個月內就完成了德國皇帝的大軍花了四年都沒能做到的事，丹麥、挪威、荷蘭、比利時和法國統統遭到德國攻克，看起來麥金德和克勞所設想的最糟狀況竟然成真了，一個可怕的夢魇籠罩了歐亞超級大陸。現在，希特勒和史達林聯合起來，他們統治的範圍「從滿洲綿延到萊茵河」。羅斯福有一位心煩意亂的幕僚向他說：「他們好比成吉思汗，沒有什麼東西能攔阻德蘇聯合勢力，或許等他們碰上了喜馬拉雅山還有可能。」[99]

羅斯福倒是能保持鎮定。他曉得史達林很久以前就認為希特勒是個資本主義兼帝國主義者，而希特勒則認為史達林是國際猶太陰謀的代理人。羅斯福暗地裡推測，德國在西部的軍事成就必定讓蘇聯那位獨裁者大感震驚，後者則必定能想像他們接下來會在哪裡遭遇挑戰。這就是說，這兩位獨裁者對彼此的尊重並不深刻，也不會持久。要不了多久，他們就會彼此吞掉對方。因此，羅斯福留了一扇門給史達林，隨時讓他自行上門。[100]有點像是四十年前，薩里斯貝利對美國所採取的手段一樣。

向前航行吧！美國

我認為羅斯福對於其獨裁盟友的預期，有助於解釋為什麼當一九四〇年春歐洲民主國家一個接著一個的倒下時，他的自信心還能夠不斷上升。他曾承諾過若是戰爭爆發他會讓美國置身事外，然而，當戰爭真的爆發了，他並沒有像威爾遜那樣要求美國要在實情上保持中立，在思維上保持公正，還要克制自我的情感。事實上，他早已與英國建立了軍事的祕密聯絡管道，而當英國撐不下去的時候，改與法國保持聯繫。他早就開始實施重整軍備計畫，只是他讓那看起來像是創造就業計畫的一部分。該年夏天，他讓民主黨人「徵召」他（雖然那看起來有點像刻意的鬧劇，不過這不重要）競選前所未見的第三任總統。他欣然面對共和黨提名的黑馬候選人，一名國際主義者溫德爾・威爾基（Wendell Willkie），並在秋天的大選季努力進行競選活動。一九四一年一月羅斯福要就職第三任總統前夕，他在白宮接待了這位在他手下落敗的對手，後者接受總統指派，即將前往倫敦進行一項特別任務。

在這次會面中，羅斯福親筆手書了一段（顯然是全憑記憶）美國詩人亨利・沃茲沃斯・朗費羅（Henry Wadsworth Longfellow）在一八四九年寫下的詩〈造一隻船〉（The Building of the Ship）：

向前航行吧，美國
向前航行吧，強盛、偉大的聯邦！
人們將他們的憂慮
和未來的希望
屏住氣息，繫於你的命運之上！

這是「很棒的禮物」，南北戰爭初期當林肯讀到這首詩的時候，他如此稱讚道，他說：「這能大大振奮人們的士氣。」[101]而現在，這也要作為羅斯福的禮物，透過威爾基帶去贈送給英國的首相溫斯頓．邱吉爾（Winston Churchill）。[102]

就在那八個月前，法國即將要淪陷，英國本土即將要遭到轟炸的時刻，邱吉爾成為英國的首相。那時，拜剛臻成熟的短波廣播技術之賜，就像當年人人都愛上莎士比亞一樣，廣播立刻大受歡迎。邱吉爾透過廣播，用他鏗鏘有力的英語，為英國人民朗讀了羅斯福總統送來的這首詩，他向他的同胞大聲詢問：「要如何回應這位偉人，這位由一億三千萬人的國家，三度選出來的領袖？」在這美國也同步收聽的時刻，邱吉爾說：「你們的回應是什麼，我將代表你們回答。」接著，他放慢速度，用他漸次加強的嘶啞聲量，說出了那句震撼人心的名言：「**給我們工具，我們將完成任務！**」[103]

羅斯福和邱吉爾都認為，最重要的工具是《租借法案》（Lend-Lease），由美國國會在一九四一年三月通過。這份法案授權發動軍事協助，給予總統認為其安全防衛對美國至關重要的國家。英國會是這項法案最主要的受益者，不過羅斯福堅持不要明定接受軍事協助的國家。有人批評難道蘇聯也可以接受援助嗎？雖然這種可能性看起來非常低，不過這項法案的反對聲浪並沒有引起什麼太大的效應。羅斯福此時已經收到不少報告，這次是從美國駐柏林大使館傳來的，消息指出希特勒即將在春天入侵蘇聯。他事先知會過邱吉爾後，便將此情報透露給史達林在華盛頓的大使，不過就算他和他的主子感激美國給他們的警示，他們也沒有表露出來。相反的，史達林他自己仍舊一廂情願地認為，他可以簽訂另一份互不侵犯條約，這一次，是與日本。

也因為這樣，史達林讓他自己在德國於一九四一年六月二十二日進犯蘇聯的時候，完全毫無防備，並付出了慘痛且毫無必要的代價。羅斯福和邱吉爾一點也不意外，同時他們開始思考一種終極的意識形態不潔之物：與魔鬼進行交易。或許是因為他們想起二十世紀初的教訓，威爾遜和勞合・喬治事後必定感到後悔，因為一九一七年三月革命發生後，他們棄次級魔王尼可拉斯二世（Nicholas II）不顧，才演變成今天的局面。因為受到驚嚇一開始無法動彈的史達林，很有效率的迅速重整旗鼓，他也讓意識形態付出了代價，但他知道該上哪尋找幫助，那就是他心目中的惡魔：資本主義民主國家。這一切，彷彿德蘇之間的協議從來沒發生過。

羅斯福對於外交和軍事行動還是有不少擔憂，但他先把這些問題丟在一邊。他指派兩位特使到莫斯科進行交易，後來成為他的豪斯上校的哈利・霍普金斯（Harry Hopkins），以及艾夫瑞爾・哈里曼（W. Averell Harriman），他是鐵路大亨，一九二〇年代時曾在高加索經營錳礦的特許事業。同時，羅斯福總統要求戴維斯趕緊印刷一本叫做《莫斯科使節團》（*Mission to Moscow*）的書，這本書寫的是關於他一九三七年至一九三八年擔任莫斯科大使的紀錄，內容經過消毒不過廣受流傳。做好了種種準備，並得到史達林沒有打算要投降的消息後，一九四一年十一月七日——布爾什維克政變發生二十四年後，同時也是日本偷襲珍珠港前一個月，羅斯福宣布，蘇維埃社會主義共和國聯盟的安全對於美國至關重要。截至那時，世界局勢波濤洶湧，但沒有人注意到到底發生了什麼事。[104]

戰略從來不潔白無瑕

「我們終究是贏了！」邱吉爾記得當接到從夏威夷傳來的消息時，他狂喜不已。「美國參了戰，他們同樣面臨危急存亡的生死關頭。」他說，「蠢人」才會認為美國人太軟弱、太會講話，因為他們的政治制度的關係才會導致他們癱瘓無力，使美國人看起來不過就是「地平線遠方的一處模糊身影，不知是敵還是友」。

> 但我研究過美國的南北戰爭，他們打仗直到退至最後一寸土地。我體內流著美國人的血液。我想起愛德華・格雷三十多年前曾經對我說過的一番話，他說美國就像是「一座巨大的鍋爐，要是你真的在下面點起了火，其爆發的力量是沒有極限的」。

因此，「我心裡充滿著歡欣和激動的情緒，上床去睡了一場得救和感激的好覺」。[105]

圓滑老練的邱吉爾並沒有提到，在格雷的時代，那把火在戰爭勝利之後就出乎意料之外的熄滅了。要重新點燃這把火，得要花四分之一個世紀的時間，還要來一場比一九一七年更嚴重的危機，以及一位謹慎按照目標調整手段（做得比威爾遜好）的總統。這位總統就是羅斯福，他需要花時間慢慢來，邱吉爾只能耐心等候（其實是舉國上下都在等），英國參戰的六十八個月當中，有二十七個月都在等。

羅斯福在等的有三件事情。首先，是美國要重整軍備，這有助於重振美國經濟繁榮，讓美國能夠選擇性的支持他們選擇的盟友，並且讓他們維持一線不會真正參戰的希望（總之他們永遠不會把話講死）。第二，是確定蘇聯能夠撐下來，這樣才能夠作為他們在歐亞大陸上的一個盟友，去制衡其周邊較小的德、日等國家所造成的更大威脅。由於史達林所做的錯誤選擇，俄國這個威權國家變得別無選擇，必須要由他們進行大部分的戰鬥，來解救美國和英國的民主。最後，羅斯福想要一個他自己的桑特堡戰役，若是美國遭到攻擊，能使他取得道德的制高點，並立即平息國內要求保持和平的聲音。最後，他等到了兩個機會，日本偷襲珍珠港，以及四天後，希特勒終於對美宣戰。

接下來的四年當中，羅斯福比任何人都更能稱得上是民主和資本主義的救星，雖然不是在每一個地方和每一個層面，但是他充分的穩定了這兩者，使其雖在二十世紀前半期間受到挫折和打擊，但不會在後半個世紀中出現倒轉和後退。羅斯福帶領美國在地球上相反的兩個角落打仗，但卻幾乎同時取得勝利，美國人所犧牲的生命占二戰中所有參戰人數不到百分之二。[106]二戰期間，美國的製造業生產力占全球的一半，黃金準備是全球總量的三分之二，全球投資的資本額有四分之三來自美國，美國還擁有全球規模最大的海軍和空軍，以及世界上第一顆原子彈。[107]這些當中，有些不免存在著與魔鬼進行的交易，然而，戰略就跟政治一樣，從來就不是潔白無瑕的，正如歷史學家哈爾・布蘭茲（Hal Brands）和派屈克・波特（Patrick Porter）所指出的，「如果這稱不上是成功的大戰略，那麼就沒有別的能冠上這個稱號了」。[108]

他全然無所畏懼

這位總統過世十年後，以撒・柏林寫下了下面這段文字。他說，富蘭克林・羅斯福是位「英俊、富有魅力、個性爽朗、富有才智、討人喜歡、極為大膽的人」，他的批評者說他有很多缺點，譬如說，他很「無禮、不擇手段、不負責任」，而且還「背叛了他的階級」。他身邊盡是「投機人士、油滑的機會主義者和只會搞密謀的人」，所以他「無情的玩弄……性命和別人的人生」。他們說他「用嘲諷和厚臉皮的方式做出承諾」，他會用他「難以抗拒的公眾魅力」去彌補他的不負責任。「這些都有人說過，有些或許還頗有公道之處。」不過，羅斯福具有「一種少見的激發人心的特質，足以抵銷他的缺點」。

他心胸寬廣，擁有廣闊的政治視野和迅捷的想像力，他了解他身處的時代，他了解二十世紀新出現的幾股發揮作用的力量會朝哪個方向發展，無論那是有關於科技、種族、帝國主義，還是反帝國主義。他擁戴生命的價值，他贊成變動，他主張要盡量慷慨的滿足最多數人的願望，他不喜歡凡事小心翼翼、緊張後退，或是原地不動。一言以蔽之，他全然無所畏懼。

因此，這在他的國家或任何其他國家的領袖身上都不容易見到，他似乎「對未來全然無所畏懼」。

威爾遜總統雖於戰後在巴黎、倫敦、羅馬受到了英雄式的歡呼，但他也表達了類似的想法，只是較為簡略：「歡欣的情緒很快就消失，只留下一種可怕的破滅感。」威爾遜屬於這種領袖：「心頭縈繞的全是一個始終如一的美麗夢想，對人和事都不了解」，因此，「他就會忽視發生於自身以外的大量事件」。弱者、立場輕易動搖的人可能會覺得跟隨這種領袖，能讓他們感到「寬心、安穩、堅定」，對於這類的領袖人物，「所有問題都很清晰，他們的世界全是用原色組合成的，幾乎不是黑就是白，他們總是直直的朝他們的目標走去，既不朝左也不會朝右看」。不過，在這類人當中，「也會有為惡的人，例如希特勒」。

羅斯福則與威爾遜具有懸殊差別。他是那種「身上配備著隱形天線的政治人物，能夠感知最細微的變化，讓他們能夠察覺各項事件、感受、人類活動外圍的輪廓是如何的變動」。由於具備這項天賦，這種人「就連最瑣碎的想法都會記在心頭」，他們有辦法從「那些難以察覺而又瞬息即逝的微小細節」當中獲取豐富的感觸，就跟藝術家一樣。

如果他們要達成他們的目的，這類政治家知道要在何時做哪些事。他們的世界裡通常不會只存在著他們自己內心的想法，他們也不會把自己的感受藏起來。不如說是他們的世界是一目瞭然的，他們的內心總是不斷在活動，他們想要弄清楚他們大多數同胞的想法和感受，然而是透過暗地裡的，不讓外人察覺到但卻是恆常不間斷的方式來進行。

這就使得這類型領袖有辦法傳遞給國民知道，他「能了解他們的內在需要，能夠回應他們最深層的念頭，最重要的，僅他一人，就足以重整他們只能憑著本能不斷探索的世界的邊緣」。一路論述下來，柏林的結論是說，羅斯福讓美國人「比過去更自豪於當個美國人，他提高了美國人在自己眼中的地位，不僅如此，還大幅的提高了世界其他地方的人對美國人的評價」。

原因在於，羅斯福讓世人看到：「力量和秩序不是……教條學說用來約束人的手段，……讓個人的自由（這大致的體現了社會的組成）和組織與權威最低限度的必要存在之間，有和諧共存的可能。」讓這完全相反的兩項事物彼此共存的，「就是羅斯福最偉大的前輩曾經闡述過的：『世界上最後一線光明希望』」。[109]

下一步

日期是一九四〇年五月二十六日，地點是科羅拉多州千里達（Trinidad）城外的聖塔菲古道（Santa Fe Trail）上。當時正值黃昏，日頭已經落到山後面去了。一輛車靠邊停了下來，裡面坐著兩個人，正在轉動收音機。其中一人三十九歲，另一人二十二歲，他們正開車橫越美國。[110]有幾個當地人靠近他們，問說能不能一起聽，對於車子裡的人來說，這些人是所謂的「墨西哥佬」，過去這裡視線所及的一切恐怕都是歸他們的祖先所有。所有人都點起香菸，聽著收音機裡傳出他們都很熟悉的聲音，打破廣播訊號的嚓嚓聲：「親愛的朋友……」[viii]

這兩個人，其中一位是貝納德・狄沃托（Bernard DeVoto），他是哈佛的英語講師，原想當小說家但沒當成，反而是靠釀私酒賺了一筆，後來他成為了一個卓有成就的歷史學家。另一位是他的助理兼司機，叫做亞瑟・史雷辛格二世（Arthur Schlesinger, Jr.）。狄沃托在猶他州長大，他現在正開著車，重新讓自己認識美國的西部，這段旅程結束之後，他將要完成他的史詩著作《一八四六：決定性之年》（*The Year of Decision: 1846*），這本書在一九四三年問世。不過在那天晚上，他們就跟「墨西哥佬」一樣，心裡頭都有別的念頭在打轉。

---

viii 譯注：他們聽的節目就是羅斯福開創的「爐邊談話」，羅斯福透過廣播定期向美國人發表談話。後文中這個故事的主角才會說，廣播是傳播民主的很好的工具。

在那個當頭，法國就快要淪陷，英國可能會是下一個，正如史雷辛格幾天後寫給他父母的信中說的那樣：「一直以來，我準備好要過活的那個世界已然消失。」大戰中曾在法國服役的狄沃托，則已經見識過這一切，他說：「我們生在戰爭的時代，接著有人開始稱我們是失落的世代，然後我們進入蕭條的世代，現在我們要回歸到我們最一開始的名分。」狄沃托在《哈潑雜誌》上寫專欄，他們兩人都讀了《哈潑雜誌》六月號上的一篇文章〈迎接原子威力的時代〉（Enter Atomic Power），[111]這篇文章並沒有提到原子科技要如何應用在軍事上面，這兩人一邊開車，一邊忍不住開始討論「不知道一杯汽油……能不能開得動一輛坦克」。

然而，隨著他們開車橫越美國，這個國家愈來愈確立了他們的信心。修築得穩固的房子綿延兩千英里，到處可見維護得很好的草坪，美麗的花朵……「為了防止時間的侵蝕而種起來的防風林，根都深深的伸到地下緊緊地抓著土」。學校看起來比過去還美觀，人們「已經習慣和平」，毫無例外的都非常和藹親切。狄沃托發誓，他「再也不會瞧不起廣播了」，他聽著節目，「從一連串早餐穀片、刮鬍膏的廣告當中，你突然發現這是一個促成民主的好工具」。這一次，沒有人能夠再批評「美國人不知道他們參加了什麼，或為了什麼而參加」了。

羅斯福這天向國人發表的廣播談話並不是他講得最好的一次。關於重整軍備的數據已經講過太多了，而且，當美國參戰後，焦點很快就要轉移到國家達成了多麼偉大和了不起的目標。總統主要想讓美國人知道的，是美國的安全不能再單單的仰賴大海的保護，受科技發展之賜，新時代的「船」——那種可以在海裡浮上浮下，還有航行在海洋表面上的，已經使得美國不可能再孤立了。然而，在美國領土的界線內，國家會做任何事保護人民的安全。

> 超過三個世紀以來，我們美國人已經將這塊大陸建造成一個自由的社會，人們的偉大精神都能在這裡實現……我們建造了一個很好的社會。[112]

總統結束他的談話時，車子裡瀰漫著煙霧，出現了片刻的安靜，有個「墨西哥佬」打破了沉默說道：「嗯，我猜美國可能很快就要宣戰了吧。」狄沃托附和道：「我猜也是。」接著，「我們便朝他們揮手道再見，繼續往千里達開去」。

第十章

以撒・柏林

「做任何事我都不喜歡突然中斷，」一九三六年，以撒・柏林寫給他的朋友，小說家兼詩人史蒂芬・史班德（Stephen Spender）的時候這樣說。「用這樣的講法只是要說，我做事情上軌道的速度比較慢，而且我不喜歡改變生活的方式……，因此，我熱烈的捍衛各種小型的群體、固定不變的紀律等等。只有這些才能解釋我對我理想中溫暖小窩的熱愛（能看到美麗風景，只屬於我自己的小窩這類的）。」[1]但是，當三年後大戰爆發，連柏林任教的牛津大學都讓他患上幽閉恐懼症。柏林出生時手臂所受的傷使他不適合到軍中服役，他的拉脫維亞和俄國血統也使他被排除在情報工作之外。法國淪陷後，他自己說：「個人生活的世界裡已經有許多地方毀壞了，我非常希望能用某種方式在這個歷史洪流當中出一點力。」[2]

這是他寫給費里士・法蘭克福特（Felix Frankfurter）之妻瑪麗安（Marion Frankfurter）的信。費里士・法蘭克福特是前任哈佛法學教授，一直是富蘭克林・羅斯福很親近的顧問，羅斯福不久前才將費里士任命為最高法院的大法官。柏林會認識法蘭克福特夫婦是因為他們曾去牛津待過一年。[3]但由於他根深柢固不喜改變生活環境的習慣（還有或許出於財務上的理由），他一直都還沒去美國看看過。等到三十二歲的他終於在一九四〇年的夏天到了那裡，彷彿就像哥倫布發現新大陸，不過他此番踏上美國土地，是經歷了一趟驚險的海上航程和出於誤算而導致的結果。

他的另一個在英國外交部工作的朋友蓋・伯吉斯（Guy Burgess），說替柏林在莫斯科的英國大使館覓得一份工作。柏林會講流利的俄語，又急切的想要為國效力，因此他答應接下這份工作。七月中旬，他倆搭上一艘開往魁北克的船，因為要躲避德國的U型潛艇，這艘船得在大西洋上彎彎曲曲的航行。他們的船先在紐約短暫的靠岸，兩人打算改搭取道日本和西伯利亞的船前往目的地。然而，這位做事很不靠譜的伯吉斯（那時已經知道他是個酒鬼，哪知戰後過了很久之後，人們才知道他根本是蘇聯間諜[4]），並沒有先向英國駐蘇聯大使史塔福德・克利普斯爵士（Sir Stafford Cripps）取得柏林這份職位的批准。當克利普斯爵士聽說他們兩人已經在路上的時候，他說這兩人他一概拒不接見。伯吉斯的上司命令他返回倫敦，不要管柏林了，因為「他並非國王陛下政府中的一員」，被困在美國的柏林，可以自由去做「他想做的事」。[5]

柏林寫信給朋友時說：「我必須自己找到工作，我自己不敢說，但我恐怕真的很不擅長。」[6]為此他開始建立人脈，以這點來說他倒是非常擅長。他先從法蘭克福特家開始，他在主人家認識了一位客人，美國的神學家萊茵霍爾德・尼布爾（Reinhold Niebuhr）。柏林用好話哄騙他，請他幫忙寫信給克利普斯爵士改變他的主意。接著，柏林透過牛津朋友的幫忙，在華盛頓找到了住處，然後他很快的用他的口才說服蘇聯駐美國大使與他共進午餐。他問這位蘇聯大使，為什麼蘇聯不久前要併吞拉脫維亞呢？那是波羅的海那邊的「新約定」[i]，這位政府要員咕噥

---

i 譯注：這裡有可能是指德蘇之間於一九三九年簽訂的互不侵犯條約，兩國約定瓜分波蘭，並且不干涉彼此的侵略行動。蘇聯在這之後併吞了波羅的海國家。

道，他還同意簽發柏林這次會面主要希望拿到的簽證。[7]不過結果他並不需要這份簽證，因為克利普斯爵士並沒有讓步，也因為有份工作自己找上了柏林。

「我從來沒見過他……也沒聽過以撒的大名，」在英國大使館工作的約翰．惠勒—班尼特（John Wheeler-Bennett）後來這麼承認道：「但是當我們拿著飲料，一起坐在花園露臺上聊天時，我馬上被他非凡的智力給迷住了。」哪怕柏林只在美國待了短短的幾天而已，但是他流露出一種「彷彿一生都待在這個國家」的見識。

他似乎一直滔滔不絕，但他也從不讓我們感到無聊生厭，即便我們有時候的確聽不懂他的口音……他神采奕奕，渾身上下彷彿散發著光芒，但是我們這些聽他講話的人，沒有一個人覺得受不了或是覺得被遺忘在一旁。以撒有一項最珍貴的特質，就是他能激發出其他人的天賦才華……，讓別人覺得他們比自己以為的還要更聰明、更出眾。

敦克爾克戰役過後，邱吉爾引用那句古老的預言，在演說中說：「直到上帝認可的時候，新世界將傾盡全力，拯救並解放舊世界。」[8]惠勒—班尼特和他的同事都知道他們的新首相說出了這樣的一句話。他們見到柏林後，便祕密商討要如何將這個人留在海洋的這一頭，他們覺得這個人的出現，簡直就是上天「回應了他們的禱告」。[9]

他們想要讓柏林負責向「舊世界」解釋「新世界」是一個什麼樣的世界。等到珍珠港事件發生之後，柏林要負責撰寫「每周政治簡報」，每一則的長度大約數百字，主要（但不限於）說明華盛頓這邊發生的事，然後用郵包送到倫敦，有必要時則直接發電報傳過去，這些機密報告適時的填補了公開新聞和高度機密通訊之間存在的斷層。[10]他的報告提供了極為必要的事件脈絡，柏林高超的社交技巧在這項工作也派上了很大的用場。因此，從現在起，柏林可以安心的，而且又是為了國家取勝做出貢獻，愛參加多少宴會就儘管去。

勝利的代價

「我們必須……永遠基於一項假設，那就是將美國人視為外國人，美國人也同樣將我們視為外國人，」柏林在他一九四二年初最一開始的報告中這麼寫道。英國在戰時暫停了政治活動，從一九三五年到一九四五年之間英國都沒有舉行過任何普選，然而美國「仍舊大量的繼續從事跟從前相同的事」。羅斯福仍舊任命不同人去做類似的工作，國會議員仍舊忙著投票通過法案。地方議題和政黨傾向對於選舉跟外在世界情勢帶來的影響差不了多少，就連珍珠港事件發生後，繼續支持孤立主義也不是什麼丟臉的事情，因為「選民當中有一半曾做過一樣或更糟的事情，另一半則根本沒聽說過這樣的事」。[11]

同時，「這塊大陸上豐富的生產力仍舊不斷在提高其優勢、速度和成效，這能夠從美國施展在部分美國人民的力量上感受得到」，現在，有人認為「捲入一場戰爭中可能是因為運氣不佳，但是要被捲入兩場戰爭看起來是因為國家體系出了問題」，要如何解決問題？現在則還不清楚。在這個眾聲喧譁的國家，美國人會否追隨「國家孕育的自由派改革者」如他們的副總統亨利・華萊士（Henry A. Wallace），走向沒有國界、種族、階級之分的全球化「新政」？還是他們會擁戴傳媒大亨亨利・路思義（Henry Luce）[ii]所說的「經濟帝國主義」呢？路思義已經宣稱二十世紀是「美國的世紀」。不管是哪一種，柏林認為，羅斯福都會「運用他極致非凡的政治技巧領導美國，但他不會像威爾遜先生那樣，將道德的力量強加於人」。[12]

並不是因為他需要跟蘇聯打交道，至少威爾遜還不必。「我們確實可以說史達林是個會破壞即將到來的和平的惡魔，」柏林在報告中指出，「但是美國認為他們具有高度的警戒心，不必害怕與魔鬼共進晚餐」。美國必然會想辦法避免極端狀況發生，譬如說讓俄國「在他們眼前大肆席捲歐洲，在各地建立共產主義」，或是「在他們自己的國境邊界止步，然後與德國和談」。不過，無論是這些情況或是進行讓步，都不會給「俄國強烈覬覦的小國家」留下太多喘息的空間。[13]

因此，勝利必須讓正義被剝奪作為代價，因為伸張正義的代價會是勝利遭到剝奪。柏林用一個令人膽戰的傳言確認了這一點：

可靠消息指出，希臘大使曾說過他上一次與總統會面時，後者告訴他美國政府對於波羅的海國家被併入蘇聯的事情不會小題大作……希臘大使接著問那波蘭會怎麼樣呢？根據我們的情報來源，總統做了一個表示絕望的手勢，他說他對波蘭問題已經徹底感到厭煩，他也已經清楚的這樣告知波蘭大使，並且警告他個人要小心國內的躁動，要是一直還不能平息下來的話，不知會帶來什麼影響。

上下普遍的情緒，可以從新聞中看得出來，從年輕但「意志堅決」的華盛頓和其他重要官員的對話中也都可以感受得到……，那就是俄國身為一個崛起中的大陸強國，正在做一件唯一算得上明智的事情，美國所擁有的資源讓她能採取如此行動，另外，若是站在一個強硬、不講情面的基礎上來看，這兩個國家在進行幾道冷酷艱險的過招之後，將能夠彼此達成某種協議，而且他們不會需要英國或任何「舊時代」的強國來做調解人，因為這些國家的時代已經過去了。他們也不會否認……威爾遜的理想已不合時宜，不過既然俄羅斯想要這樣做，那麼這或許是世界未來不可避免的走向，而且，誰還要是繼續有空閒在俄國面前以理想之名舉起警告的旗子，就會被視為愚蠢之舉，因為美國知道他們並不會提議要用武力來實踐這些理想。

堪薩斯的阿爾夫·蘭登（Alf Landon）州長（他是一九三六年總統大選共和黨候選人，

ii 譯注：亨利·路思義（Henry Luce），全名為Henry Robinson Luce，是《時代》、《生活》等知名美國雜誌的創辦人，東海大學的路思義教堂就是他為了紀念其父路思義牧師（Henry Winters Luce）而建。

敗給了羅斯福）據說不久前打電話給國務卿柯德．赫爾（Cordell Hull），問他為什麼沒有在一九四三年十月舉行的莫斯科會議（Moscow Conference）中，為波蘭爭取保證條款。赫爾則是建議他不妨自己去莫斯科，用來自美國大中西部代表的身分替波蘭人向史達林元帥提出他們的要求。蘭登問赫爾，他是否真的認為這能夠解救波蘭？赫爾則說，要是俄羅斯後來證明他們真的很固執，要堅持他們的做法，而且美國的陸、海軍都明確表示同意要就該起事件提供協助的話，那麼就拜託蘭登無論如何絕對不要忘了要向共和黨爭取清楚承諾，為了維護波蘭的領土完整立即開戰。蘭登聽了他的話之後開始認真思考，據說這段反話讓他受傷不小，然後自己就默默的回堪薩斯生氣去了。[14]

要是上面這些報告讀起來太令人沮喪，柏林也是有想辦法讓它看起來輕鬆一點：

一名參加完華盛頓誕辰晚宴的民主黨員，據他說：「林肯誕辰的慶祝宴上他（指羅斯福）說他認為他是林肯，今天他又說他是華盛頓，請問耶誕節的時候他會說他是誰？」羅伯特．麥考密克（Robert McCormick）上校（主張孤立主義，《芝加哥論壇報》（〔*Chicago Tribune*〕發行人）……打算要鼓吹美國與澳洲、紐西蘭、加拿大、蘇格蘭、威爾斯等地合併。這個計畫的娛樂價值想必很高，因為我們知道上校絕對是認真的。

華萊士熱切想在一九四四年總統大選讓黨再次提名他當副總統候選人，這在美國歷史上是非常少見的。在旁觀察這個奇觀會是種痛苦還是種享受，端看觀察者是否具有同情心。加州參議員海勒・強森（Hiram Johnson）得到喬治亞州參議員沃爾特・喬治（Walter George）委婉的支持，後者說的是喬治亞當地的方言和比較溫和的言詞。羅斯福的溫和手段經常是他被逼到牆角的時候，用來擺脫困境的方法，但似乎給他認真的追隨者造成很大的包袱。[15]

不過柏林採用相同手段並不會對他在倫敦的讀者造成相同效果，他的輕鬆文筆讓他們至少在努力想辦法爭取救星和自由的嚴峻局勢中，得到一些短暫的調劑。

有一位讀者的感激意外造成一場戰爭期間因為搞錯身分而鬧出來的有名烏龍。一九四四年二月九日，邱吉爾邀請這位「每周政治簡報」的作者I・柏林（寫成英文就是I. Berlin）到首相官邸唐寧街十號共進午餐。然而當天，首相見到他的客人時不禁感到困惑不解，因為他身邊坐的是同樣摸不著頭腦的聖誕名曲〈銀色聖誕〉（White Christmas）的作曲家[iii]。這則插曲稍後傳遍四處，為他寫作傳記的麥可・伊格納提夫（Michael Ignatieff）形容說，柏林享受了一陣「因誤會而造成的小小名氣」。[16]

iii 譯注：這位作曲家叫做Irving Berlin，若使用縮寫姓名他也叫做I. Berlin，因此與以撒・柏林（I. Berlin）鬧出同名笑話。

安娜．阿赫馬托娃

藉由寫作每周政治簡報，柏林一下子從狹小擁擠的牛津跳進了一個地大物博的共和國所提供的社交圈子，在這個全國上下進入戰爭戒備的國家中，他進入了一個比在牛津還要寬廣遼闊的天地，當然，借助的是他如鷹眼般的銳利目光和華麗的口才。他在寫給父母的信中說：「誰會想得到，我竟會變得如此熱衷美國政治？」或許，美國是牛津放大好幾倍的版本，這兩個地方的機構都不是為了經營個人關係而存在的，「其運作的模式……總是讓我著迷不已」。無論原因是什麼，當柏林想起他在華盛頓的年月時，他將之比作「最後一塊綠洲……在那之後我的青春歲月終於畫上句點，回到普通的平凡人生活」。[17]

他最後終於在一九四五年九月時踏上莫斯科，這次他就真的有先取得英國外交部的批准了。據柏林告訴友人，外交部希望這次將他送去俄羅斯的「精心策畫」，能夠讓他帶回「永永遠遠指引英國政策的建議」。[18]然而事與願違，柏林發現他沒辦法像在美國那樣發揮他的作用，祕密警察跟蹤他去所有的地方，約束他的行動，監聽他的對話，有時候他們出現似乎是要刺探他的想法。柏林對於俄國的了解不過就是擴大了他們對他的疑心罷了。[19]

柏林第一次嘗到舌頭打結的滋味。他能聽懂別人講的話，但是他自己不敢說話，因為他怕讓對方惹上麻煩。他回去見家族親戚，家人只敢在他耳邊悄聲低語幾十年來遭受的清洗迫害和戰爭痛苦。詩人、劇作家、藝術家、電影工作者，還有小說家，這些應該是塑造了當代俄羅斯文化的人群，看起來卻好似在鯨魚肚子裡待了很久的約拿[iv]，面色慘白、筋疲力盡，雖然還活著但卻吃盡了生活的苦頭。[20]聊天時的流言蜚語，講出來不再不用負責任，而是很有可能會致人於死。光是能夠活下來，似乎就使人感到抱歉。

史達林統治下的俄國，人們一片噤聲不語，可以斷定這對像柏林這麼一個難得安靜的人來說，造成的衝擊跟美國的刺耳嘈雜一樣巨大。十一月的一個下午，柏林信步走入列寧格勒（Leningrad）一家書店，他隨手拿起安娜・阿赫馬托娃（Anna Akhmatova）的一本詩集，在這之前，他從來沒聽過這個詩人的名字。柏林只是隨口問問：這位詩人還在世嗎？店裡的人告訴他，她還活著，而且就住在附近而已，你想要見她嗎？有這個機會，柏林當然想見。有人幫他打了電話，女詩人邀請他去她家，接著，兩人相談之下欲罷不能，柏林在詩人家作客從那天晚上直到隔天早上。[21]這是柏林一生最重要的回憶。[22]

阿赫馬托娃是俄國革命前就已在西方成名的詩人，但是她從一九二五年起開始就無法獲准發表重要作品。她的第一任丈夫在列寧時代遭到處決，第二任丈夫和他們的兒子被關在古拉格勞改營很多年，她自己能在列寧格勒大封鎖當中存活下來，完全只是因為史達林不讓她挨餓而死。從史達林下令全城撤退的時刻起到那時，她都一直住在一幢樓梯公寓裡的一個簡陋的單人房裡，完全無法期望這種磨難何時才會終結。

iv 譯注：典故出自《聖經》，約拿因為不順服神的話，被鯨魚吞進腹中三天三夜才被吐回岸上。

柏林發現其實她內心藐視這一切，她整個人看起來有如「悲劇皇后」。她自己說，自從第一次世界大戰以來，除了柏林以外她只見過另一個外國人。比她年紀小二十歲的柏林，除了要勉強應付她的好奇心以外，還要想辦法掩飾其實他根本沒讀過她的詩作的事實。這兩人在彼此眼中，彷彿來自一個他們無法踏足的世界。他來自歐洲，一個她已經被切斷了聯繫的大陸；她來自俄國，他自幼時便已離開了的國度。柏林多年後回憶起這次會面，他說他所聽到的，「其慘痛超過任何人用話語能夠描述的任何事」。[23]她則將他寫到詩裡，寄語未來：

> 他不會成為我摯愛的丈夫
> 但我們所成就的，他與我，
> 將撼動二十世紀。[24]

馬基維利或許會將他們那天晚上形容成是他們在繪製「素描」，想辦法至少能描畫出他們沒時間全盤得知的事物的輪廓。克勞塞維茨則會從他們兩人身上看到「慧眼」，他們試著要抓住需要長久思量才能發掘的真相。但只有托爾斯泰才有辦法描繪出，這個在不同的生命中同時出現的同一個轉捩點：那就是塔魯提諾戰場上，出現的一隻真的（不是想像出來的）野兔。

對阿赫馬托娃來說，那一個晚上保證了她生命中的下一個十年，隔離和孤立仍會持續，那個房間裡存在著一個隱形人，就是史達林他自己，他的情報人員當然鉅細靡遺的通報了這件事情。對柏林來說，這次會面則扭轉了他對即將來臨的冷戰的道德判斷，他原先認為冷戰不過就是兩個強權大國總是會用來對付彼此的方式。但他現在能夠看出，美國和俄國並不同，不是只有地理、歷史、文化或國力等方面，而是人們身處環境的必要條件。美國容許異見、百花齊放，另一個國家則要求絕對的噤聲。

馬克思

「蘇聯國內所發生的一切……是言語無法形容的悲慘和可憎，」柏林一九四六年十一月寫信給友人的時候這麼說道，「他們施加在詩人和音樂家身上的緩慢折磨，比直接乾脆開槍射殺了他們還要惡劣」。[25]不過，俄國的藝術家不是總是在專制暴政下受苦嗎？是的，柏林後來勉強承認了這一點，但由於沙皇壓抑人們發揮創造力，反而激發了創造力。俄國在沙皇統治的時代，反而成了各種思想的溫室，「不同的思想不僅被人嚴肅看待，同時也比在其他地方發揮了更大、更明確的作用」。[26]他所知道的歷史和他所親見的現狀存在如此大的差異，這股震撼在他心中揮之不去，因此柏林開始研究十九世紀的俄國，他想要知道其與「現代世界和人們一般處境」之間存在著什麼樣的關聯。[27]

其連結就是二十世紀的馬克思主義，其代表即為馬克思本人及眾多俄國的革命人士。無論具有見地與否，傳統的批判性評論方式都至少要先衡量他們所帶來的各種優點，而非緊抓著先入為主的成見，「這樣無法發掘任何事實，也根本無關緊要」。信奉馬克思主義的人主張：「要事先知道一個人的看法是否正確……只要看他的社會或經濟背景就可以」，而且他們已經假定「這項理論本身即無可反駁之處」。[28]柏林很快的發現他必須將法西斯主義納入一起研究，才能拓展他的討論基礎，他指出法西斯主義是「神祕難解之愛國主義達到頂峰之後破滅」，就是這個因素點燃了歐洲十九世紀的民族主義狂熱，並在他的時代引發兩件巨大的破壞：第二次世界大戰和冷戰，這是由於極權主義者決定要「透過除了說理和論述以外的方式」[29]來剷除異己，因而導致了這樣的結果。

理性主義者長久以來認為矛盾本身就能夠生出解決矛盾的方法。保守主義者則發現隨著時間流逝，解決矛盾的辦法就會自然而生，只要把矛盾置入新出現的情勢當中，舊的爭議就能夠消滅，俾斯麥和薩里斯貝利就是這類傳統的代表人物。自由主義者則會在他們迎合反對意見方的計畫或架構當中看到矛盾發生，威爾遜的「十四點原則」就是這個類型中的範例。自由主義者認為，正反兩方理所當然地都共享這個信念：只要「在所有人都具有充足智力因此而能夠理解的真相的基礎上，有意識地運用理智」，一定能夠解決問題。然而這種想法，卻「過於顯而易見而難以具體實踐」。[30]

然而，如果時間流逝的太慢怎麼辦？如果「真相」並不存在怎麼辦？或者真相確實存在，但卻無法察知該怎麼辦？這些顛覆性的問題是十九世紀俄國激進分子用來腐蝕二十世紀的手段，那意思其實就是：「為了達成革命的目的，所有的一切，包括民主、自由、個人的權利都可以為之犧牲。」柏林希望相信馬克思是因為過於「歐洲化」，而不至於走到這麼激化的地步，但是列寧就沒有這些良心上的問題了：

> 群眾是極其愚昧和盲目的，因此不能容許他們朝他們自己選擇的方向前進……只有具有能力，知道如何將被解放的奴隸組織成理性而有計畫的系統的領袖，用冷酷無情的命令，才能夠解救他們。

因此，這些「滔天大罪」（這是柏林一九五三年教授馬基維利的時候用的詞），「使得平凡人的血液都為之凍結」。還有，所謂的「能力」是從哪裡來的？就是從馬克思費盡心力所構思出來的：一種歷史的規則，只有參透其祕密的人才能得到永遠不需要懼怕未來的自信。[31]

最偉大的領袖

然而，這也是柏林在一九五五年時會給予富蘭克林·羅斯福的評價，這樣子說一點都不是要暗示這位先總統甚至也曾翻閱過〈論辯證唯物主義與歷史唯物主義〉（Dialectical and Historical Materialism），由史達林撰寫，一九三八年出版的《蘇聯共產黨（布爾什維克）黨史簡明教程》（*History of the All-Union Communist Party (Bolsheviks): Short Course*）的其中一章。羅斯福不是如俾斯麥般的保守主義者，也不是像威爾遜那樣的自由派，他不曾信仰馬克思或列寧主義，他更不是納粹。他這個人只是，極度肯定他自己：

> 這個世界瀰漫著灰心、沮喪的氣息，分裂成兩個陣營，一邊是邪惡足以致人於死，目標要毀滅一切的狂熱分子，另一邊是不知所措、忙得焦頭爛額的人們，有心要維護崇高理想卻又不是特別積極熱心，做事也不得要領，在這些人當中，他相信自己的能力，只要讓他掌控大局，他就能阻擋這股邪惡狂潮。

這使得羅斯福成為柏林眼中「二十世紀民主國家最偉大的領袖，社會進步最了不起的勝利者」[32]，而他這股自信又是從哪來的呢？

我很確定，絕對不是像莎翁筆下的丑角波洛紐斯那樣從天空中雲的形狀尋找，也不是透過將就他人不同的意見或是剷除異己的方式。羅斯福這人既尖酸但同時又很有人情味，兩種方式都不是他的風格。不過，或許他是那種「隨時學習如何活下去」的領袖，這是柏林用的形容詞，他像馬基維利那樣，「在公眾領域和私人生活之間能夠做出截然不同的選擇」。[33]羅斯福自己在一九四二年的時候說過：「我是個兩手同時玩雜耍的人，我絕不讓我的右手知道我的左手在做什麼。」[34]

總統的顧問則對此感到頭痛，甚至認為他太不正經了，有些歷史學者因此同意這種看法。[35]但讓我們仔細思考這個比喻，你要怎麼不讓一隻手知道另一隻手在做什麼，畢竟下指令的都是同一顆大腦？「或許我的個性就是徹底的前後不一致，」羅斯福接著解釋道，「**只要這能幫我們贏得戰爭，那就無所謂**」。[36]國家戰略當中的前後一致性，當要考慮到規模的時候，邏輯並不是個那麼重要的問題，對下屬毫無意義的事情有可能對他有極大的意義。他能夠比任何人看得更清楚每一件事與其他每一件事之間的關聯，然後他會隱藏在心裡不告訴任何人。外人恐怕難以想像，他能夠散發出一種顯然毫不費力的泰然自若，羅斯福是美國史上做得最久的總統，然而他人生最後三分之一的時間裡，若是無人協助，他無法控制自己的腿和腳[v]。[37]

一九三三年三月八日，接近傍晚的時候，一輛豪華轎車停在喬治城（Georgetown）一幢宅邸前面。前不久才宣誓就職的美國總統接受他人的協助下車，坐著輪椅進去，並搭電梯來到圖書室。剛退休的最高法院大法官奧立佛·溫德爾·荷姆斯二世（Oliver Wendell Holmes Jr.）正在他的臥室中小憩，好從那天稍早才舉行的他九十二歲的生日宴會恢復精神。費里士·法蘭克福特（那時他還不認識以撒·柏林）為他安排了一項驚喜。「別傻了，小子，他怎麼可能會來拜訪我。」對著來叫醒他的舊日書記官，荷姆斯這麼衝口而出。不過總統真的來了，在圖書室裡耐心等候著。因此這位曾在林肯主導的戰爭中三次受過傷的退伍老兵重整儀容，出去接待那位偉大的解放者最新產生的繼任者。兩位接下來的閒談雖令人愉悅，卻沒什麼值得記下來的。只除了一件事，等到羅斯福告辭離去後，老法官說：「智力二流，但性格是一流！」[38]

---

v 譯注：羅斯福患有脊髓灰質炎，俗稱小兒麻痺症。

智力、性格、天才

克勞塞維茨寫道：「任何複雜性活動，若是想要精湛的將之完成，需要恰當的智力和性格。如果這些事做得漂亮，達成了傑出的成就，則其主事者就會被稱為『天才』。」[39]我舉出這句話，是想要給「智力」更多的說明，「智力」能夠決定「性格」，而「性格」會決定「智力」要如何獲得。就如同從來沒有哪一國政治是純潔的，國家的「大戰略」也從來不會因為未預見到的事情而不受影響。

為什麼表演走鋼索的人手上一定要拿一根長桿？因為那能幫助他保持穩定，在他朝著對面的目標邁出每一步時發揮不可或缺的功能。但是，讓這根桿子發揮作用靠的是手感，不是思考。心裡一直想著這根桿子，很有可能讓你掉下去。我認為，性格在執行戰略時發揮的作用就很類似，那不是羅盤（羅盤是智力），而是陀螺儀，一個內在的耳朵，與克勞塞維茨的慧眼（內在的眼睛）能形成相輔相成的效果。就像走鋼索時拿著的長桿一樣，適當的性格能夠決定你是否會跌跤，或是安全抵達終點。

波斯王薛西斯一世無法克制他的野心，他的大臣阿爾達班無法克服他的恐懼，兩個人都輸給了性格（只是透過不同的方式）。伯里克利用一篇演說，將他的立場從寬容轉移到實施鎮壓，讓雅典人立刻追隨了他。屋大維之所以能夠在權力鬥爭中崛起，是因為他教會自己如何自我控制，安東尼會失敗就是因為他遺忘了這一點。奧古斯丁和馬基維利留下遺贈，讓腓力二世和伊莉莎白一世分別學會如何用強力和輕柔的統治之手，建立兩個截然不同的新世界。拿破崙沒弄清楚他的能力和抱負之間的差距，因而輸掉了他的帝國，然而林肯則因對他的能力和願望有清楚的分析，才能拯救他的國家。威爾遜是個開創者，但他讓他的世代失望了，羅斯福這個懂得玩雜耍的人最後的成就，甚至超越了他自己原先的期盼。用美國前總統雷根（Ronald Reagan）關於一匹小馬的故事來換句話說，[40]就是：某個地方一定藏有一種模式。

或許答案就藏在學者菲利浦・泰特洛克提出的想法當中，人類之所以能夠生存下來，就是因為結合了柏林拿來做比喻的兩種動物的習性，狐狸能夠輕易的適應飛快的變化，刺蝟在和平穩定的年代則較能蓬勃發展。[41]這個論點並能夠進一步延伸費茲傑羅所說的「頂級智力」，極端的差異同樣能夠表現在同一個人的「外在行為」和「內心想法」上。而這便回到了泰特洛克的看法，他認為「優秀的判斷」是一種「抵銷性行為」，需要我們「反覆測度事物的核心假設」，但同時「卻不能失去我們的世界觀」。[42]或者乾脆用簡單一點的話講就是，不管你身處哪一個層級，千萬別忘了要運用常識。

消極VS.積極

然而，這樣說就是假設我們好似在走一條道德的鋼索，跌落下去對不管哪一邊來說都同樣令人感到遺憾。但是，柏林在一九五〇代初期的時候，就已經得出政治就是兩極化產物的結論，其兩端對於自由具有無法畫上等號的概念。[43]

其中一端認為人需要擁有自由，因為人要利用自由來做出選擇，並將這些選擇交給某些更高的權威，無論那是一個群體、一個黨、一個國家、意識形態，或甚至一種理論。另一端，則認為個人要保留自行做出不受他人干涉的選擇的自由。柏林將第一種自由稱為「積極的自由」（positive liberty），這樣說並不是一種褒獎。這種自由如果被用到最極端，就會引發暴政，用消音的方式來剷除矛盾。第二種，則是「消極的自由」（negative liberty），這種主張不受他人干涉的自由，這種自由會培養出矛盾，帶來眾聲喧譁，誰都不聽誰的世界。這種自由缺乏一只羅盤，它會造成漂流，視野狹隘的地域主義，最終甚至導致無政府主義。

在本書中，積極的自由就是刺蝟想辦法要率領狐狸。老年時代的伯里克利、凱撒、奧古斯丁、腓力二世、英王喬治三世、拿破崙、威爾遜，還有二十世紀的極權主義統治者，這些人完全清楚明白世界運行的道理，但他們偏偏就是要用蠻力剷平自己眼前的天然障礙，來迎合自己的喜好。人們遭到剷除，結果僅僅是讓少數幾種不同程度的「自由」出現，最好的情況是幻想破滅或所有物遭到剝奪，最糟的情況則是受迫為奴或遭到滅絕。

消極的自由就好比帶著羅盤的狐狸，譬如年輕時代的伯里克利、屋大維、馬基維利、伊莉莎白一世、美國的開國元勳、林肯、薩里斯貝利，還有尤其是羅斯福，他們都懂得心懷謙卑，不會輕易斷定前方會出現什麼樣的事物，他們也都擁有彈性，能視情況做出調整，有足夠的聰明才智去接受（或甚至懂得去利用）前後不一致的事物。他們尊重天然的地理障礙，在允許的範圍內為自己創造選擇，他們還會細心的衡量做出選擇之後的結果。

這兩種自由需要彼此跨越到另一方，就像走鋼索一樣（或是渡過浮橋），沒有哪一種跨越是不帶著風險的。積極的自由說是已經降低了這些風險，或至少是推延了這些風險的發生，反正不管怎麼樣，積極的自由都認為他們所追求的新世界是應許之地。消極的自由並不認為風險不存在，凡事都有極限，因此要降低期望，並且偏好使用證明有效的方法去達成觸手可及的目標。積極的自由不要求要先在理論以外的範圍得到確證，因為若是目標並不誇張，則手段必定也是水到渠成。消極自由不會去想目標是否合理，也不會去想船到橋頭會否自然直，但卻重視過去的經驗，會運用理論來進行修正。

這樣，就需要柏林所說的「多元主義」（pluralism）[44]，多元主義不只認同人類的惡魔（奧古斯丁或許會將之稱為人類的墮落）永遠都會存在，同時也認為一股為了制衡而出現的良善力量（馬基維利或許會回答這就是人的習性）也會存在。只要我們不要太害怕與矛盾共存就好，在這點上，柏林也確實說過，這些矛盾「從來不讓人們平靜過日子」。[45]

大戰略派上用場之處

日期是一九六二年二月十六日，地點是日惹（Jogjakarta）的印尼大學（University of Indonesia），美國司法部長羅伯特・甘迺迪（Robert F. Kennedy）正在回答學生關於墨西哥戰爭（Mexican War）的提問，他說：「有些來自德州的人可能不同意我說的，但我認為美國當時並沒有正當理由。我想這是一件我們無法感到自豪的事。」確實有許多德州人對此有爭論，他們反對情緒之高昂，使得羅伯特．甘迺迪得答應兄長，他日後會跟當時的副總統一起親自督導該州的輿情狀況。[46]幾個月後，有一位德州大學奧斯丁分校的研究所一年級生，就是我，看了一部耶魯大學外交史學家山謬爾．富萊格．貝米斯（Samuel Flagg Bemis）的錄影講座，這位學者擁有清晰的視野，他很懂得過去與現在之間的關係。貝米斯無法抗拒不去評論甘迺迪的說詞，他一開始講得還算溫和，最後他講了一句令人印象深刻的話：「但你不會願意全部還回去，對吧？」

嗯，沒錯，如果我們真的誠實以對——大部分人都不會，即便在今天這個較為政治正確的時代裡。若是要在這個事件上實踐正義，則不只是現在和未來會變得一團混亂，過去也是。難道說墨西哥也要把土地全部還給西班牙？然後西班牙得還給他們大批殺害的原住民？數千年前他們從西伯利亞穿過陸橋進入美洲而帶走的花和草，也都要還回去？所以說，這個主張是荒謬的，但卻只是因為這樣的想法並沒有正視時間和空間上矛盾同時並存的問題，因此，這就能解釋柏林所說的，並不是所有值得讚揚的事情都有辦法同時可行，而學習如何在這種狀態（讓我們將之稱為歷史）下過活，需要我們學會去適應彼此間無法相容的東西。

這就是大戰略派上用場的地方。艾德蒙．柏克一七七五年在國會裡發表演說時說過：「在一切合理的行為當中，所購買之物必定要伴隨著付出一定比例的代價。」[47]比例原則就是出自大戰略的本質，抱負可能永無止境，然而能力則必定是有限的，在這兩者之間畫下的校準線就是大戰略。而至於「合理」是什麼？我會這麼解釋，當你為了追求自由，而折彎那條校準線的時候，就是你想要的合理，如果是柏林來說的話，他會說是為了「消極的自由」。

這也是為何克勞塞維茨要將「戰爭」從屬於「政策」之下的用意了，全然的暴力哪有可能生出自由？還有這也是為什麼奧古斯丁要努力追求「正義之戰」，以及，孫子竟用少見的溫和口吻說出：「怒可以復喜，慍可以復悅，亡國不可以復存，死者不可以復生。」[48]

生與死之間，是我們所能面對最大的矛盾，在人的理智或心靈上皆是如此，無論我們身處的是哪一個時代，也皆是如此。那條鋼索兩端的所有人（嗯，幾乎所有人），都應得到彼此的尊重。

February 17, 1962; "Robert Kennedy Bows in 'War' with Texas," *New York Times,* March 5, 1962；並請見：Arthur M. Schlesinger, Jr., *Robert F. Kennedy and His Times* (Boston: Houghton Mifflin, 1978), p. 568。

47 見第六章。

48 Sun Tzu, *The Art of War,* translated by Samuel B. Griffith (New York: Oxford University Press, 1963), pp. 142-43.

31 出處同前釋注，pp. 364-66；以及Berlin, "The Originality of Machiavelli," in Berlin, *The Proper Study of Mankind,* p. 310。

32 Isaiah Berlin, *Personal Impressions,* edited by Henry Hardy (Princeton: Princeton University Press, 2014), pp. 41-42, 46；並請見Noel Annan的著作對柏林的介紹：*The Proper Study of Mankind,* p. xxxv；關於史達林所著之簡短教程，請見：*Stephen Kotkin, Stalin: Waiting for Hitler, 1929-1941* (New York: Penguin Press, 2017), pp. 569-79.

33 Berlin, "The Originality of Machiavelli," in Berlin, *The Proper Study of Mankind,* pp. 324-25. 這並不是「巧合」，就像馬克思主義者以前喜歡講的，早期研究羅斯福的領導風格最好的著作是這一本，其書名的靈感便是來自馬基維利：James MacGregor Burns, *Roosevelt: The Lion and the Fox* (New York: Harcourt, Brace, and World, 1956)。

34 引述出自：Warren F. Kimball, *The Juggler: Franklin Roosevelt as Wartime Statesman* (Princeton: Princeton University Press, 1991), p. 7。

35 出處同前釋注，pp. 8-19. 並請見：Wilson D. Miscamble, C.S.C., *From Roosevelt to Truman: Potsdam, Hiroshima, and the Cold War* (New York: Cambridge University Press, 2007), 特別是 pp. 79-86。

36 Kimball, *The Juggler,* p. 7. 強調符號為另加。

37 Geoffrey C. Ward, *A First-Class Temperament: The Emergence of Franklin D. Roosevelt, 1905-1928* (New York: Vintage Books, 1989), chapters 13-16.

38 出處同前釋注，pp. xiii-xv。

39 Carl von Clausewitz, *On War,* edited and translated by Michael Howard and Peter Paret (Princeton: Princeton University Press, 1976), p. 100.

40 這個故事的其中一個版本是，一名小男孩在聖誕樹下面看到一堆馬糞，他很興奮的大叫：「這裡某個地方一定有一隻小馬」，然後開始挖掘。這個故事的出處請見：www.quoteinvestigator.com/2013/12/13/pony-somewhere/。

41 Philip E. Tetlock, *Expert Political Judgment: How Good Is It? How Can We Know?* (Princeton: Princeton University Press, 2005), pp. 214-15；第一章有深入討論。

42 Tetlock, *Expert Political Judgment,* p. 215. 費茲傑羅的引述：p. 67。

43 Isaiah Berlin, "Two Concepts of Liberty," in Berlin, *The Proper Study of Mankind,* pp. 191-242.

44 這裡我是按照Noel Annan對於柏林的「多元主義」的解釋，出處於其前言，出處同前釋注：pp. xii-xiii，走鋼索是我發明的比喻。

45 Berlin, "The Originality of Machiavelli," 出處同前釋注：p. 324。

46 "Robert F. Kennedy Shocks Texans by Questioning Mexican War," *New York Times,*

注，pp. 157, 172, 263。

14 柏林簡報：一九四三年十二月二十九日、一九四四年一月十七日和十八日，出處同前釋注，pp. 288, 307, 309。

15 柏林簡報：一九四三年二月二十八日、四月二十五日，及一九四四年一月十八日、二月二十日、十二月二十四日，出處同前釋注，pp. 155-56, 184, 309, 319, 485-86。

16 Ignatieff, *Isaiah Berlin,* p. 126. 柏林自己對這個部分的記述出自：*Berlin Letters, 1928-1946,* pp. 478-80。

17 柏林致Marie and Mendel Berlin，一九四三年八月十六日，出處同前釋注，p. 456；柏林致 Katharine Graham，一九四九年一月，出自：Isaiah Berlin, *Enlightening: Letters, 1946-1960,* edited by Henry Hardy and Jennifer Holmes (London: Chatto and Windus, 2009), p. 73。

18 柏林致Stuart Hampshire，一九四五年六月六日，*Berlin Letters, 1928-1946,* p. 569。

19 Ignatieff, *Isaiah Berlin,* pp. 138-39.

20 出處同前釋注，p. 137。

21 除了被喝醉酒的藍道夫·邱吉爾（Randolph Churchill，首相邱吉爾的兒子）粗暴的叫去幫他翻譯如何冰鎮魚子醬給飯店人員之外，其他更多是最好遺忘的事情。

22 Ignatieff, *Isaiah Berlin,* p. 168. 這裡我主要是參考該書作者的記述於pp. 148-69，還包括柏林於一九八〇年寫的回憶錄，發表於他所寫的：*The Proper Study of Mankind: An Anthology of Essays,* edited by Henry Hardy and Roger Hausheer (New York: Farrar, Straus and Giroux, 1998), pp. 525-52。

23 出處同前釋注，pp. 541, 543, 547。

24 *The Complete Poems of Anna Akhmatova,* translated by Judith Hemschemeyer (Boston: Zephyr Press, 1997), p. 547.

25 柏林致Philip Graham，一九四六年十一月十四日，出自：Berlin, *Enlightening,* p. 21。

26 Isaiah Berlin, “Russian Intellectual History,” written in 1966 and reprinted in *The Power of Ideas,* edited by Henry Hardy (Princeton: Princeton University Press, 2000), p. 84.

27 *Berlin Letters, 1928-1946,* pp. 488-89；並請見：Ignatieff, *Isaiah Berlin,* p. 131。

28 柏林致Alan Dudley，一九四八年三月十七日，出自：Berlin, *Enlightening,* pp. 46-47。

29 Isaiah Berlin, “Political Ideas in the Twentieth Century,” *Foreign Affairs* 28 (April 1950), 356-57.

30 出處同前釋注，pp. 362-63。

Innocent Beginnings, 1917-1950 (Boston: Houghton Mifflin, 2000), pp. 168-71, 232-35。

111 John J. O'Neill, "Enter Atomic Power," *Harper's Magazine* 181 (June 1940), 1-10.

112 Radio address, "On National Defense," May 26, 1940, at: www.docs.fdrlibrary.marist.edu/052640.

第十章 以撒·柏林

1 柏林致史班德，一九三六年二月二十六日，出自於：Henry Hardy, ed., *Isaiah Berlin: Letters, 1928-1946* (New York: Cambridge University Press, 2004), p. 152 [以下稱：*Berlin Letters, 1928-1946*]。柏林崇拜美國詩人佛斯特（E. M. Forster）和吳爾芙，但他說他們令人生畏。[出處同前，pp. 70-71, 166]

2 柏林致瑪麗安·法蘭克福特，一九四〇年六月二十三日，出處同前釋注，p. 306；並請見：Michael Ignatieff, *Isaiah Berlin: A Life* (New York: Henry Holt, 1998), p. 10。

3 出處同前釋注，p. 82。

4 最近期的伯吉斯生平傳記請見：Andrew Lownie, *Stalin's Englishman: Guy Burgess, the Cold War, and the Cambridge Spy Ring* (New York: St. Martin's, 2015)；以及Stewart Purvis and Jeff Hulbert, *Guy Burgess: The Spy Who Knew Everyone* (London: Biteback, 2016)。

5 Editorial note, *Berlin Letters, 1928-1946*, p. 319；及Ignatieff, *Isaiah Berlin,* pp. 97-99。

6 柏林致Mary Fisher，一九四〇年七月三十日，*Berlin Letters, 1928-1946,* p. 322；並請見：p. 319。

7 Ignatieff, *Isaiah Berlin,* p. 98.

8 二〇一七年克里斯多夫·諾蘭（Christopher Nolan）執導的電影《敦克爾克大行動》（*Dunkirk*）動人的重現了邱吉爾的演說。

9 John Wheeler-Bennett, *Special Relationships: America in Peace and War* (London: Macmillan, 1975), pp. 87-88.

10 柏林在此介紹了報告的格式內容：H. G. Nicholas, ed., *Washington Despatches, 1941-1945: Weekly Political Reports from the British Embassy* (Chicago: University of Chicago Press, 1981), pp. vii-xiv.

11 柏林簡報：一九四二年一月十二日、二月四日、三月二十日、八月十六日，出處同前釋注，pp. 12, 18, 26, 71；以及柏林的簡介，pp. x-xi。

12 柏林簡報：一九四二年五月十四日、十一月二十一日及一九四三年三月十四日，出處同前釋注，pp. 38-39, 116, 160。

13 柏林簡報：一九四三年二月二十八日、四月三日、十月二十二日，出處同前釋

98 美國青年大會（American Youth Congress）演講，一九四〇年二月十日，請見：www.fdrlibrary. marist.edu/_resources/images/msf/msf01314。

99 Adolf Berle, quoted in Dallek, *Franklin D. Roosevelt and American Foreign Policy,* p. 215.

100 Glantz, *FDR and the Soviet Union,* pp. 54-57.

101 Robert E. Sherwood, *Roosevelt and Hopkins: An Intimate History*, revised edition (New York: Grosset and Dunlap, 1950), pp. 233-34. 林肯所說的話引自一篇一八七九年的文章：Noah Brooks, "Lincoln's Imagination," republished in Harold K. Bush, *Lincoln in His Own Time: A Biographical Chronicle of His Life* (Iowa City: University of Iowa Press, 2011), p. 176；並請見：Henry Wadsworth Longfellow Dana, "Sail On, O Ship of State!," *Colby Library Quarterly* 2 (February 1950), 1-6。

102 Susan Dunn, *1940: FDR, Willkie, Lindbergh, Hitler—the Election amid the Storm* (New Haven: Yale University Press, 2013), pp. 278-79. 這本書出色的描寫了前一段落中我簡述的各項事件。

103 邱吉爾的廣播演說，一九四一年二月九日，請見：www.youtube.com/watch?v=rJuRv2ixGaM。

104 這三段當中，我主要是根據以下資料：Maddux, *Years of Estrangement,* pp. 128-55；並請見：Glantz, *FDR and the Soviet Union,* pp. 71, 77-87; MacLean, *Joseph E. Davies,* pp. 76-77；和我自己的著作：*Russia, the Soviet Union, and the United States,* pp. 145-47。

105 Winston S. Churchill, *The Second World War: The Grand Alliance* (New York: Bantam Books, 1962; first published in 1950), pp. 511-12.

106 我的計算基礎是，美國在戰爭中的死亡人數是四十萬人，二次世界大戰的參戰人數是兩千三百萬人。這些數字並未計入平民的死亡人數。詳細內容，請見：www.en.wikipedia.org/wiki/World_War_II_casualties。

107 Thompson, *A Sense of Power*, p. 230.

108 Hal Brands and Patrick Porter, "Why Grand Strategy Still Matters in a World of Chaos," *The National Interest,* December 10, 2015，可見於：www.nationalinterest.org/feature/why-grand-strategy-still-matters-world-chaos-14568。

109 Berlin, *Personal Impressions,* pp. 39-44, 48-49.

110 這個故事是從羅伯特・卡普蘭（Robert Kaplan）那裡聽來的，他在二〇一五年踏上美國公路之旅並寫下後來的書就是從這個故事得到啟發：*Earning the Rockies: How Geography Shapes America's Role in the World* (New York: Random House, 2017)。狄沃托的記述請見他的著作："Letter from Santa Fe," *Harper's Magazine* 181 (July 1940), 333-36；並請見：Arthur M. Schlesinger, Jr., *A Life in the 20th Century:*

"Roosevelt Through European Eyes," *The Atlantic* 196 (July 1955), 67-71。

84 Conrad Black, *Franklin Delano Roosevelt: Champion of Freedom* (New York: Public Affairs, 2003), pp. 126-27, 254-55; Alonzo L. Hamby, *For the Survival of Democracy: Franklin Roosevelt and the World Crisis of the 1930s* (New York: Free Press, 2004), pp. 129-35.

85 Gaddis, *Russia, the Soviet Union, and the United States,* pp. 118-21；以及Thomas R. Maddux, *Years of Estrangement: American Relations with the Soviet Union, 1933-1941* (Tallahassee: University Presses of Florida, 1980), pp. 11-26; Mary E. Glantz, *FDR and the Soviet Union: The President's Battles over Foreign Policy* (Lawrence: University Press of Kansas, 2005), pp. 15-23。

86 Black, *Roosevelt,* pp. 21, 60, 65-66；並請見：Alonzo L. Hamby, *Man of Destiny: FDR and the Making of the American Century* (New York: Basic Books, 2015), pp. 54-55；及www.fdrlibrary.tumblr.com/post/94080352024/day-77-fdr-visits-the-panama-canal。

87 Robert Dallek, *Franklin D. Roosevelt and American Foreign Policy, 1932-1945* (New York: Oxford University Press, 1979), pp. 75-76；並請見：David Kaiser, *No End Save Victory: How FDR Led the Nation into War* (New York: Basic Books, 2014), pp. 22-23。

88 德國最終得以在一九二六年加入國聯，日本則是創始成員國。

89 Dallek, *Franklin D. Roosevelt and American Foreign Policy,* pp. 75, 175-76.

90 Maddux, *Years of Estrangement,* pp. 85-88.

91 請見第八章。

92 當時的海軍部長Josephus Daniels自願放棄該項責任。請見：Hamby, *Man of Destiny,* pp. 73-81.

93 David M. Kennedy, *Freedom from Fear: The American People in Depression and War, 1929-1945* (New York: Oxford University Press, 1999), pp. 56-57, 106-7, 120-24.

94 Samuel I. Rosenman, *Working with Roosevelt* (New York: Harper, 1952), p. 167.

95 Dallek, *Franklin D. Roosevelt and American Foreign* Policy, pp. 101-68; Thompson, *A Sense of Power,* pp. 145-50；最後一點請見：Gaddis, *George F. Kennan,* pp. 101-8.

96 Maddux, *Years of Estrangement,* pp. 90-91; Glantz, *FDR and the Soviet Union,* pp. 33-35, 43-52。並請見：Elizabeth Kimball MacLean, *Joseph E. Davies: Envoy to the Soviets* (Westport, Connecticut: Praeger, 1992), pp. 24-26, 45；及David Mayers, *The Ambassadors and America's Soviet Policy* (New York: Oxford University Press, 1995), pp. 118-19。

97 MacLean, *Joseph E. Davies,* p. 67; Charles E. Bohlen, *Witness to History, 1929-1969* (New York: Norton, 1973), pp. 67-87.

52；以及，Neu, *Colonel House,* pp. 214-15。
66 Kissinger, *Diplomacy,* p. 223.
67 請見第六章。
68 Kissinger, *Diplomacy,* pp. 78-102；以及Erez Manela, *The Wilsonian Moment: Self-Determination and the International Origins of Anticolonial Nationalism* (New York: Oxford University Press, 2007)。
69 請見：Berg, *Wilson,* p. 585。
70 Robert B. Strassler, ed., *The Landmark Thucydides: A Comprehensive Guide to the Peloponnesian War,* a revised version of the Richard Crawley translation (New York: Simon and Schuster, 1996), 4:65.
71 出處同前釋注，5:89。
72 請見：Robert V. Daniels, *The Rise and Fall of Communism in Russia* (New Haven: Yale University Press, 2007), pp. 32, 48。
73 列寧演說，一九二〇年十一月二十七日，Jane Degras, ed., *Soviet Documents on Foreign Policy* (New York: Oxford University Press, 1951), I, p. 221。
74 引述出自：Catherine Merridale, *Lenin on the Train* (New York: Metropolitan Books, 2017), p. 195。
75 請見第一章。
76 引述出自：Stephen Kotkin, *Stalin: The Paradoxes of Power, 1878-1928* (New York: Penguin, 2014), p. 612。關於這一段和下一段，請見：Gaddis, *Russia, the Soviet Union, and the United States,* pp. 98-116。
77 Robert Gellately, *Lenin, Stalin, and Hitler: The Age of Social Catastrophe* (New York: Knopf, 2007), pp. 163-65.
78 Thompson, *A Sense of Power,* pp. 110-11, 127-31. 列寧對於獨裁政權才能創造先鋒的概念，出自其一九〇二年寫的小冊子《怎麼辦？》（What Is to Be Done?），請見：www.marxists.org/archive/lenin/works/1901/witbd/index.htm。
79 Tooze, *The Deluge,* pp. 515-16.
80 Adam Tooze, *The Wages of Destruction: The Making and Breaking of the Nazi Economy* (New York: Penguin, 2007)，特別請見：pp. xxiv-xxvi and 7-12；以及Timothy D. Snyder, *Black Earth: The Holocaust as History and Warning* (New York: Tim Duggan, 2015), pp. 11-28.
81 Tooze, *Wages of Destruction,* pp. 12-33.
82 史達林的報告請見：www.marxists.org/reference/archive/stalin/works/1933/01/07.htm。
83 Isaiah Berlin, *Personal Impressions,* edited by Henry Hardy, third edition (Princeton: Princeton University Press, 2014), pp. 37-39, 41。柏林討論羅斯福的文章首見於：

52 說此話者為Paul Cambon，該引述出自：Berg, *Wilson,* p. 534；並請見：Cooper, *Woodrow Wilson,* p. 419。此事件的整體分析請見：Gaddis Smith, *Woodrow Wilson's Fourteen Points After 75 Years* (New York: Carnegie Council for Ethics in International Affairs, 1993)。

53 這裡和下一段中我引用的「十四點原則」演說，可見於：www.avalon.law.yale.edu/20th_century/wilson14.asp。

54 對此近期最詳盡的敘述請見：Sean McMeekin, *The Russian Revolution: A New History* (New York: Basic Books, 2017)；並請見：Arno J. Mayer早期但具影響力的著作：*Wilson vs. Lenin: The Political Origins of the New Diplomacy, 1917-1918* (Cleveland: World Publishing, 1964; first published under the subtitle by the Yale University Press in 1959)。

55 此事件最佳記述仍是喬治・F・肯南在普林斯頓大學出版社出版的兩本著作：*Soviet-American Relations, 1917-1920: Russia Leaves the War* (1956)及*The Decision to Intervene* (1958)。

56 我在此有討論過這個矛盾：*Russia, the Soviet Union, and the United States: An Interpretive History*, second edition (New York: McGraw Hill, 1990), pp. 71-72。關於德國東線戰事的勝利及其後續餘波，請見：Adam Tooze, *The Deluge: The Great War, America and the Remaking of the Global Order* (New York: Penguin, 2014), pp. 108-70。

57 Runciman, *The Confidence Trap,* pp. 74-75。這裡提出了類似論點。

58 請見：Jonathan D. Spence, *God's Chinese Son: The Taiping Heavenly Kingdom of Hong Xiuquan* (New York: Norton, 1996)。

59 這點是肯南所提出：Kennan, *The Decline of Bismarck's European Order,* pp. 3-7。

60 請見第二章。

61 對此精闢的評論請見：Thompson, *A Sense of Power,* pp. 76-79。

62 這裡用的「民意基礎」(democracy) 一詞，是指每個交戰國所仰賴其國內支持戰爭的民意，不是「民主和平」(democratic peace) 論者對「民主」(democracy) 一詞所採用的比較嚴苛的定義，以說服別人相信民主政體不會彼此打仗。此處有簡要說明：Bruce Russett, *Grasping the Democratic Peace: Principles for a Post–Cold War World* (Princeton: Princeton University Press, 1993), pp. 73-83。

63 請見注解53。

64 Paul Kennedy, *The Parliament of Man: The Past, Present, and Future of the United Nations* (New York: Random House, 2006), pp. 3-8.

65 Keith Robbins, *Sir Edward Grey: A Biography of Lord Grey of Fallodon* (London: Cassell, 1971), pp. 156-57, 319-20; Howard, *The Continental Commitment,* pp. 51-

34 Roberts, *Salisbury,* pp. 812-14.
35 請見：Christopher Howard, "Splendid Isolation," *History* 47, 159 (1962), 32-41。
36 Kennedy, *The Rise and Fall of the Great Powers,* p. 248. 本段中的對照是取自於：pp. 200-202；同時也請見：Robert J. Gordon, *The Rise and Fall of American Growth: The U.S. Standard of Living Since the Civil War* (Princeton: Princeton University Press, 2016), pp. 27-318。
37 Kennedy, *The Rise and Fall of the Great Powers,* p. 248.
38 請見：Walter Lippmann, *U.S. Foreign Policy: Shield of the Republic* (Boston: Little, Brown, 1943)，特別是pp. 11-26。
39 這點是引用於：Michael Howard, in *The Continental Commitment,* p. 9；並請見：Thompson, *A Sense of Power,* pp. 41-43。
40 引述出自：John Milton Cooper, *Woodrow Wilson: A Biography* (New York: Random House, 2009), p. 263。
41 Charles E. Neu, *Colonel House: A Biography of Woodrow Wilson's Silent Partner* (New York: Oxford University Press, 2015), pp. 23, 142. 豪斯並不是一名真正的上校，這是一八九三年德州州長James Stephen Hogg給他取的綽號，主要是因為他任公職所做出的貢獻。
42 David Milne, *Worldmaking: The Art and Science of American Diplomacy* (New York: Farrar, Straus and Giroux, 2015), pp. 95-96.
43 Neu, *Colonel House,* p. 142；及Cooper, *Woodrow Wilson,* pp. 263-66。
44 請見：Katherine C. Epstein, *Torpedo: Inventing the Military-Industrial Complex in the United States and Great Britain* (Cambridge, Massachusetts: Harvard University Press, 2014)。
45 Cooper, *Woodrow Wilson,* pp. 285-89；及Erik Larson, *Dead Wake: The Last Crossing of the* Lusitania (New York: Broadway Books, 2015)。
46 Neu, *Colonel House,* p. 270.
47 Thomas Boghardt, *The Zimmermann Telegram: Intelligence, Diplomacy, and America's Entry into World War I* (Annapolis: Naval Institute Press, 2012).
48 Cooper, *Woodrow Wilson,* p. 387；及David Runciman, *The Confidence Trap: A History of Democracy in Crisis from World War I to the Present* (Princeton: Princeton University Press, 2013), pp. 39-40。
49 Cooper, *Woodrow Wilson,* p. 380.
50 出處同前釋注，pp. 341-42, 462-66；及A. Scott Berg, *Wilson* (New York: G. P. Putnam's Sons, 2013), pp. 515-23。
51 Neu, *Colonel House,* p. 384; Cooper, *Woodrow Wilson,* p. 421.

20 克勞備忘錄一直到一九二八年才發表於世，其背景請見：K. M. Wilson, “Sir Eyre Crowe on the Origin of the Crowe Memorandum of 1 January 1907,” *Historical Research* 56 (November 1983), 238-41; also Zara S. Steiner, *The Foreign Office and Foreign Policy, 1898-1914* (Cambridge: Cambridge University Press, 1969), pp. 108-18；關於克勞持續發揮的影響力，請見：Jeffrey Stephen Dunn, *The Crowe Memorandum: Sir Eyre Crowe and Foreign Office Perceptions of Germany, 1918-1925* (Newcastle upon Tyne: Cambridge Scholars Publishing, 2013)。我曾在著作中討論過「長電報」，請見：*George F. Kennan: An American Life* (New York: Penguin, 2011), pp. 215-22。

21 Memorandum on the Present State of British Relations with France and Germany, January 1, 1907, in *British Documents on the Origins of the War, 1898-1914,* III, pp. 397-420，網路上可見於：www.dbpo.chadwyck.com/marketing/index.jsp，以下所有引述皆取自於此。

22 請見第二章。

23 關於這個論點的一九五一年版本，請見我為肯南所著傳記：*George F. Kennan,* p. 415。

24 Steinberg, *Bismarck,* pp. 180-81.

25 關於俾斯麥的殖民地政策，請見：Kennedy, *The Rise of the Anglo-German Antagonism,* pp. 167-83。

26 強調符號為另加。

27 這段歷史最經典的敘述請見：Barbara Tuchman, *The Guns of August* (New York: Macmillan, 1962)；並請見：Christopher Clark, *The Sleepwalkers: How Europe Went to War in 1914* (New York: HarperCollins, 2013); Margaret MacMillan, *The War That Ended Peace: The Road to 1914* (New York: Random House, 2013); Sean McMeekin, *July 1914: Countdown to War* (New York: Basic Books, 2013)。

28 維基百科上對這複雜的數據做了詳細的說明。

29 Henry Kissinger, *Diplomacy* (New York: Simon and Schuster, 1994), p. 200.

30 Howard, *The Continental Commitment,* pp. 30-31.

31 英軍（其中包括自治領和殖民地）的死亡總人數，超過九十萬人（www.1914-1918.net/faq.htm）。南北戰爭估計死亡人數最高是七十五萬人，第八章當中有提到過。

32 Sir John Robert Seeley, *The Expansion of England: Two Courses of Lectures* (New York: Cosimo Classics, 2005; first published in 1891), p. 8.

33 麥金德在他的著作中討論了這個想法：*Democratic Ideals and Reality: A Study in the Politics of Reconstruction* (New York: Henry Holt, 1919)，不過這本書產生的影響力不如他的論文。並請見：Blouet, *Mackinder,* pp. 164-65。

Doctrine: Empire and Nation in Nineteenth-Century America (New York: Hill and Wang, 2011), pp. 201-8，這裡詳述了事件的前後脈絡。

6 經典的描述請見：Henry Kissinger, "The White Revolutionary: Reflections on Bismarck," *Daedalus* 97 (Summer 1968), 888-924. 並請見：Jonathan Steinberg, *Bismarck: A Life* (New York: Oxford University Press, 2011), pp. 441-50。

7 引述出自於：Paul Kennedy, *The Rise of the Anglo-German Antagonism, 1860-1914* (London: Allen and Unwin, 1980), p. 220。

8 Roberts, *Salisbury*, pp. 619-26; Kennedy, *The Rise of the Anglo-German Antago- nism,* pp. 464-65；並請見：Paul Kennedy, *The Rise and Fall of the Great Powers: Economic Change and Military Conflict from 1500 to 2000* (New York: Random House, 1987), p. 201。

9 引述出自：Roberts, *Salisbury,* p. 610。

10 全面性的記載請見：Bradford Perkins, *The Great Rapprochement: England and the United States, 1895-1914* (New York: Atheneum, 1968); Stephen R. Rock, *Why Peace Breaks Out: Great Power Rapprochement in Historical Perspective* (Chapel Hill: University of North Carolina Press, 1989), pp. 24-63; Charles A. Kupchan, *How Enemies Become Friends: The Sources of Stable Peace* (Princeton: Princeton University Press, 2010), pp. 73-111。

11 請見：Roberts, *Salisbury,* p. 633。另一種見解，請見：Michael Howard, *The Continental Commitment: The Dilemma of British Defence Policy in the Era of the Two World Wars* (London: Ashfield Press, 1989; first published in 1972), pp. 29-30。

12 這句話出自俄國學者Georgi Arbatov，引述出自於：Jean Davidson, "UCI Scientists Told Moscow's Aim Is to Deprive U.S. of Foe," *Los Angeles Times,* December 12, 1988。

13 Roberts, *Salisbury,* pp. 51-52.

14 請見第六章。

15 引述出自：Roberts, *Salisbury,* p. 662。

16 出處同前釋注，p. 512。

17 H. J. Mackinder, "The Geographical Pivot of History," *The Geographical Journal* 23 (April 1904), 421-44；並請見：Brian W. Blouet, *Halford Mackinder: A Biography* (College Station: Texas A&M University Press, 1987)；關於鐵路帶來的大變革，請見：Christian Wolmar, *Blood, Iron, and Gold: How the Railroads Transformed the World* (New York: Public Affairs, 2010)。

18 Mackinder, "The Geographical Pivot of History," p. 437.

19 Blouet, *Mackinder,* pp. 118-20.

110 Burlingame, *Lincoln I,* p. xii. 這本林肯傳記於一九七六年出版共兩卷，作者的「結論」出自於第二頁一開頭。
111 這裡我擴大了解釋這位作者的論點：McPherson, *Lincoln and the Second American Revolution,* pp. 93-95。
112 在這方面，如果我們對照《聯邦黨人文集》第十篇和約翰·凱爾宏（John C. Calhoun）關於憲法的學說，可以得到更多收穫，後者認為所有的妥協都要付出代價。請見：Merrill D. Peterson, *The Great Triumvirate: Webster, Clay, and Calhoun* (New York: Oxford University Press, 1987), pp. 409-13。
113 請見：Carwardine, *Lincoln,* pp. 221-35。
114 出處同前釋注，p. 228。
115 Guelzo, *Lincoln's Emancipation Proclamation,* pp. 171-72.
116 "Meditation on the Divine Will," September 1862, in *Lincoln Speeches and Writings II,* p. 359.
117 出處同前釋注，p. 687。
118 一八六五年四月九日，李將軍在維吉尼亞州阿波馬托克斯（Appomattox）投降。
119 請見：Rosamund Bartlett, *Tolstoy: A Russian Life* (Boston: Houghton Mifflin Harcourt, 2011), pp. 251-93。
120 林肯致Albert G. Hodges，一八六四年四月四日，出自：*Lincoln Speeches and Writings II,* p. 586。

第九章　最後一線光明希望

1 Andrew Roberts, *Salisbury: Victorian Titan* (London: Phoenix, 2000), pp. 46-50, 170. 我偏好用「大戰」這個詞，因為「第一次世界大戰」要到很多年後才有人這麼說。
2 Walter Stahr, *Seward: Lincoln's Indispensable Man* (New York: Simon and Schuster, 2012), pp. 482-504. 關於地方分權的模式，請見：John A. Thompson, *A Sense of Power: The Roots of America's Global Role* (Ithaca: Cornell University Press, 2015), pp. 38-39。
3 Robert Kagan, *Dangerous Nation: America's Place in the World from Its Earliest Days to the Dawn of the Twentieth Century* (New York: Knopf, 2006), p. 302；及C. Vann Woodward, "The Age of Reinterpretation," *American Historical Review* 66 (October 1960), 2-8。
4 Roberts, *Salisbury,* pp. 105-6, 436-37, 490.
5 奧爾尼這封七月二十日的信件存放於美國國務院，*Papers Relating to the Foreign Affairs of the United States, 1895,* vol. I, pp. 542-63. Jay Sexton, *The Monroe*

96 Richard Overy, *Why the Allies Won* (London: Pimlico, 1995), pp. 282-313，作者還特別指出了近代幾個戰爭的道德至高點。

97 Peraino, *Lincoln in the World,* pp. 207-15; Guelzo, *Lincoln's Emancipation Proclamation,* pp. 253-54. 另，這是年代較早但極為全面的解說，請見：D. P. Crook, *The North, the South, and the Powers, 1861-1865* (New York: Wiley, 1974), pp. 236-55。

98 Beckert, *Empire of Cotton,* pp. 265-67；並請見：McPherson, *Lincoln and the Second American Revolution,* pp. vii-viii, 6-7。

99 出處同前釋注，pp. 17-18。

100 Memorandum on Probable Failure of Re-election, August 23, 1864, in *Lincoln Speeches and Writings II,* p. 624. 林肯寫下這份備忘錄，承諾他即使在選戰中敗北仍舊會完成職責交接給下任總統，這封信他要求內閣成員簽名，但在之後才讓他們過目，更多相關內容請見：Burlingame, *Lincoln II,* pp. 674-76。

101 McPherson, *Tried by War,* pp. 231-44.

102 引述出自：Burlingame, *Lincoln II,* p. 729。

103 國際工人協會致美利堅合眾國總統亞伯拉罕・林肯信函（Address of the International Working Men's Association to Abraham Lincoln, President of the United States of America），由馬克思執筆寫於一八六四年十一月底，並於一八六五年一月二十八日交給美國駐英大使查爾斯・法蘭西斯・亞當斯（Charles Francis Adams），網路可見於：www.marxists.org/archive/marx/iwma/documents/1864/lincoln-letter.htm。

104 引述請見：Edel, *Nation Builder,* pp. 157-59。相關背景請見第六章。

105 J. David Hacker, "Recounting the Dead," *New York Times,* September 20, 2011. 軍團數目的資料取自於：www.civilwararchive.com/regim.htm，服役人數取自於：www.civilwar.org/education/history/faq。整件事寫得最好的記述請見：Drew Gilpin Faust, *This Republic of Suffering: Death and the American Civil War* (New York: Knopf, 2008)。

106 請見注解55。

107 McPherson, *Lincoln and the Second American Revolution,* pp. 23-25, 41-42.

108 Weigley, *The American Way of War,* pp. xxi-xxiii；及Paul Kennedy, *The Rise and Fall of the Great Powers: Economic Change and Military Conflict from 1500 to 2000* (New York: Random House, 1987), pp. 178-82。

109 Gettysburg Address, *Lincoln Speeches and Writings II,* November 19, 1863；出處同前釋注，p. 536; Edel, *Nation Builder*，作者特別強調林肯所承襲的這一句出於：pp. 297-99。

76 Guelzo, *Lincoln's Emancipation Proclamation,* pp. 83-90; McPherson, *Tried by War,* pp. 158-59.

77 林肯致葛瑞里，一八六二年八月二十二日，*Lincoln Speeches and Writings II,* p. 358; Carwardine, *Lincoln,* p. 209。

78 Charles Francis Adams, *John Quincy Adams and Emancipation Under Martial Law (1819-1842),* in Adams and Worthington Chauncey Ford, *John Quincy Adams* (Cambridge, Massachusetts: John Wilson and Son, 1902), pp. 7-79；並請見：Guelzo, *Lincoln's Emancipation Proclamation,* pp. 123-27；及Witt, *Lincoln's Code,* pp. 204-5。

79 初步解放黑奴宣言（Preliminary Emancipation Proclamation），一八六二年九月二十二日，*Lincoln Speeches and Writings II,* p. 368。

80 Guelzo, *Lincoln's Emancipation Proclamation,* p. 173.

81 年度國情咨文，一八六二年十二月一日，*Lincoln Speeches and Writings II,* pp. 393-415。

82 致亨利．克萊悼詞，一八五二年七月六日，*Lincoln Speeches and Writings I,* p. 264。

83 範例出處可見前釋注，p. 315, 340。

84 致國會特別咨文，一八六一年七月四日，*Lincoln Speeches and Writings II,* p. 259。

85 引述自Burlingame, *Lincoln II,* p. 167。

86 *Lincoln Speeches and Writings II,* pp. 409-11.

87 見注解8。

88 Edel, *Nation Builder,* p. 298; Kagan, *Dangerous Nation,* pp. 258-64, 269; McPherson, *Lincoln and the Second American Revolution,* pp. 39-40.

89 Peraino, *Lincoln in the World,* pp. 183, 187.

90 Beckert, *Empire of Cotton,* pp. 242-65; Witt, *Lincoln's Code,* pp. 142-57.

91 引述出自：Burlingame, *Lincoln II,* pp. 119, 167。

92 Peraino, *Lincoln in the World,* pp. 66-69; 及Walter Stahr, *Seward: Lincoln's Indispensable Man* (New York: Simon and Schuster, 2012), pp. 269-73.

93 林肯致希瓦德，一八六一年四月一日（這封信顯然沒有寄出），*Lincoln Speeches and Writings II,* p. 228。

94 Witt, *Lincoln's Code,* pp. 164-69；並請見：Burlingame, *Lincoln II,* pp. 221-29；及Peraino, *Lincoln in the World,* pp. 123-62.

95 關於這段經常被忽略的故事的描述，請見前釋注出處：pp. 224-95。無視於聯邦取得勝利和拿破崙從墨西哥撤軍，麥克西米連還是去了墨西哥，他最後的下場是在一八六七年遭到行刑隊槍決。

60 Russell F. Weigley, *The American Way of War: A History of United States Military Strategy and Policy* (New York: Macmillan, 1973), pp. 97-127.

61 亨利・哈勒克致林肯，一八六二年一月六日，引述於：McPherson, *Tried by War,* p. 70；並請見：Weigley, *The American Way of War,* p. 83；及Mark Greenbaum, "Lincoln's Do-Nothing Generals," *New York Times*, November 27, 2011。

62 林肯致哈勒克和Don C. Buell，一八六二年一月十三日，出處：*Lincoln Speeches and Writings II,* p. 302。

63 請見：Weigley, *The American Way of War,* p. 95；及McPherson, *Tried by War,* pp. 70-71。

64 Weigley, *The American Way of War,* pp. 77-91; Peter Paret, *Clausewitz and the State: The Man, His Theories, and His Times* (Princeton: Princeton University Press, 1985; first published by Oxford University Press in 1976), pp. 152-53; Christopher Bassford, *Clausewitz in English: The Reception of Clausewitz in Britain and America, 1815-1945* (New York: Oxford University Press, 1994), pp. 56-59. 普魯士人法蘭西斯・李柏（Francis Lieber）所寫的戰爭法則的文章對林肯有很大的影響，而李柏是克勞塞維茨的用功學生，他讀的是克氏的德文原著。請見：John Fabian Witt, *Lincoln's Code: The Laws of War in American History* (New York: Free Press, 2012), pp. 185-86。

65 McPherson將失敗的將軍列於此：*Tried by War,* p. 8。

66 出處同前釋注，p. 142；並請見：James M. McPherson, *Abraham Lincoln and the Second American Revolution* (New York: Oxford University Press, 1991), pp. 68-72。

67 Carl von Clausewitz, *On War,* edited and translated by Michael Howard and Peter Paret (Princeton: Princeton University Press, 1976), p. 75.

68 引述出自於：Burlingame, *Lincoln II,* p. 154；並請見：林肯致Orville H. Browning，一八六一年九月二十二日，*Lincoln Speeches and Writings II,* p. 269。

69 Allen C. Guelzo, *Lincoln's Emancipation Proclamation: The End of Slavery in America* (New York: Simon and Schuster, 2004), pp. 31-33, 46-59.

70 林肯致Albert G. Hodges，一八六四年四月四日，*Lincoln Speeches and Writings II,* p. 585。

71 Clausewitz, *On War,* p. 87；並請見：McPherson, *Tried by War,* pp. 5-6。

72 Guelzo, *Lincoln's Emancipation Proclamation,* pp. 3-4; McPherson, *Lincoln and the Second American Revolution,* p. 91. 克勞塞維茨的矛盾理論請見：*On War,* p. 119。

73 McPherson, *Tried by War,* p. 52.

74 引述的出處同前釋注，p. 66。

75 McPherson, *Lincoln and the Second American Revolution,* pp. 85-86.

39 道格拉斯一直到最後一刻才把「堪薩斯—內布拉斯加法案」中最惹人激憤的條款加進去，該條款等同於是要廢棄密蘇里妥協案，原因是因為南方派國會議員將之作為他們支持法案的交換條件。請見：Wilentz, *The Rise of American Democracy,* p. 672。

40 這句是耶穌說的話，出自馬可福音第三章第二十五節。

41 *Lincoln Speeches and Writings I,* p. 426.

42 其大量的文字紀錄出處同前釋注，pp. 495-822。

43 出處同前釋注，pp. 769, 814。

44 當時參議員不需要由公民直選才能當選，這要到一九一三年憲法第十七條修正案通過後才改過來。

45 我這裡是借用了別人的說法：J. H. Hexter, *On Historians* (Cambridge, Massachusetts: Harvard University Press, 1979), pp. 241-43。此出處則說明了林肯這個綽號的來由：Burlingame, *Lincoln I,* pp. 598-99.

46 還是有少數例外，請見此：Carwardine, *Lincoln,* pp. 93-94。

47《哈潑雜誌》當時刊登的他們的圖片，請見此：Goodwin, *Team of Rivals,* pp. 1-2。

48 林肯致Samuel Galloway，一八六〇年三月二十四日，請見：*Abraham Lincoln Speeches and Writings, 1859-1865* (New York: Library of America, 1989), p. 152 [此後提到均稱：*Lincoln Speeches and Writings II*]。

49 請見前釋注，pp. 29-101, 111-50。

50 他必定還記得當年就是那些「腐敗的交易」的指控，毀了約翰．昆西．亞當斯的總統任期。

51 Kevin Peraino, *Lincoln in the World: The Making of a Statesman and the Dawn of American Power* (New York: Crown, 2013), pp. 7-8.

52 完整敘述請見：Burlingame, *Lincoln I,* pp. 627-83。

53 引述出自：Goodwin, *Team of Rivals,* p. 319；並請見：Burlingame, *Lincoln I,* p. 720。

54 林肯致希瓦德，一八六一年二月一日，出自：*Lincoln Speeches and Writings II,* p. 197。關於林肯對妥協的想法，請見：Burlingame, *Lincoln I,* pp. 745-53。

55 Parmenas Taylor Turnley, *Reminiscences, From the Cradle to Three-Score and Ten* (Chicago: Donohue and Henneberry, 1892), p. 264。這句話的引述在以下出處的引用是錯誤的：Burlingame, *Lincoln I,* p. 903。

56 這裡呼應了雅典人在斯巴達的發言。

57 *Lincoln Speeches and Writings II,* pp. 215-24.

58 James M. McPherson, *Tried by War: Abraham Lincoln as Commander in Chief* (New York: Penguin, 2008), pp. 20-21.

59 Carwardine, *Lincoln,* pp. 24-26.

21 出處同前釋注，pp. 296-310。

22 林肯的皮奧里亞演說，一八五四年十月十六日於伊利諾州皮奧里亞（Peoria），出處為：*Abraham Lincoln Speeches and Writings, 1832-1858* (New York: Library of America, 1989), pp. 337-38 [後皆稱為：*Lincoln Speeches and Writings I*]。本出處來源的強調符號皆為原文所有。

23 一八二〇年的妥協案就是讓密蘇里以蓄奴州身分加入聯邦，不過其北邊和西邊遠至落磯山脈的領土則被定為是自由州。美墨戰爭結束後的一八五〇年妥協案，規定讓加州成為自由州，新墨西哥和猶他的蓄奴問題則視該州公民是否支持來決定。

24 林肯致George Robertson，一八五五年八月十五日，出處見於：*Lincoln Speeches and Writings I,* p. 359。關於奴隸制度創造的經濟利潤，請見：Sven Beckert, *Empire of Cotton: A Global History* (New York: Knopf, 2014), pp. 105-20。

25 關於道格拉斯這個人及其行事動機的詳細分析，請見：Lewis E. Lehrman, *Lincoln at Peoria: The Turning Point* (Mechanicsburg, Pennsylvania: Stackpole Books, 2008), pp. 71-99，並請見Burlingame, *Lincoln I,* pp. 370-74。

26 引述之出處同前釋注，p. 374。

27 *Lincoln Speeches and Writings I,* p. 315。這是林肯於一八五四年十月四日於春田發表的演說，他於十月十六日在皮奧里亞發表這場演說時，道格拉斯也在場。不過，只有皮奧里亞的這個版本得到發表。Lehrman的著作 *Lincoln at Peoria* 為這場演說的出處、內容及涵義做了最佳的解釋。

28 Burlingame對於巡迴法庭的描述請見：*Lincoln I,* pp. 322-32。

29 出處同前釋注，p. 418。

30 出處同前釋注，pp. 333-34。關於亞當斯研讀歐幾里得的紀錄，請見他的日記，一七八六年三月二十六日。

31 *Lincoln Speeches and Writings I,* p. 303.

32 出處同前釋注，pp. 322, 328-33。

33 Lehrman, *Lincoln at Peoria,* p. 107，這裡作者將之評為好似「劫持」一般，不過卻是頗為「真誠和聰明」的舉動。

34 *Lincoln Speeches and Writings I,* pp. 308-9, 316-17, 320-21, 323, 337, 340.

35 類似的論點請見：Goodwin, *Team of Rivals,* p. 103。

36 *Lincoln Speeches and Writings I,* p. 426；並請見：Wilentz, *The Rise of American Democracy,* pp. 677-715。

37 史考特控訴桑福德案，請見：Don E. Fehrenbacher, *The Dred Scott Case: Its Significance in American Law and Politics* (New York: Oxford University Press, 1978)。

38 *Lincoln Speeches and Writings I,* p. 426.

message-regarding-congress-american-nations。其迴響，請見：Traub, *John Quincy Adams,* pp. 322-27; 以及：Fred Kaplan, *John Quincy Adams: American Visionary* (New York: Harper Collins, 2014), pp. 404-5。

9 這些解釋（按順序）可見於：Edel, *Nation Builder,* p. 188; Traub, *John Quincy Adams,* p. 294; Walter Russell Mead, *Special Providence: American Foreign Policy and How It Changed the World* (New York: Knopf, 2001), pp. 218-63; 及 Robert Kagan, *Dangerous Nation: America's Place in the World from Its Earliest Days to the Dawn of the Twentieth Century* (New York: Knopf, 2006), pp. 265-300.。亞當斯對於「密蘇里妥協案」的態度請見第六章。

10 根據美國國會議事紀錄*Congressional Globe*在一八四八年二月二十一日的記載，該議案進行兩次投票，亞當斯和林肯兩次都投反對票。議事紀錄寫著，第二次投票後便緊急休會，因為「虛弱的約翰・昆西・亞當斯……在他座位上倒下，看起來極度痛苦」。並請見：Traub, *John Quincy Adams,* pp. 525-28。

11 Michael Burlingame, *Abraham Lincoln: A Life,* vol. 1 2 vols. (Baltimore: Johns Hopkins University Press, 2008), pp. 4, 26-27, 43-44, 172. 馬克吐溫的《頑童歷險記》要到一八八五年才問世。

12 Burlingame, *Lincoln I,* pp. 1, 41-42；並請見：Richard Carwardine, *Lincoln: A Life of Purpose and Power* (New York: Random House, 2006), pp. 50-51。

13 Burlingame, *Lincoln I,* pp. 53-56；並請見：Doris Kearns Goodwin, *Team of Rivals: The Political Genius of Abraham Lincoln* (New York: Simon and Schuster, 2005), p. 50。

14 Carwardine, *Lincoln,* pp. 39-40.

15 Fred Kaplan, *Lincoln: The Biography of a Writer* (New York: HarperCollins, 2008)，特別是pp. 30-59。

16 Burlingame, *Lincoln I,* pp. 51, 66-71, 75-81. 林肯去從軍是在一八三二年的黑鷹戰爭（Black Hawk War）當志願軍人，這段經歷他應該覺得並不光采。他與人合營新榭冷鎮上的雜貨店，但沒多久便倒閉，他擔任郵局局長的時候，花在跟人講話比送信的時間還多。至於劈木，我跟我的學生解釋過，是指劈砍蓋房子要用的長條木材，跟鐵路無關。

17 出處同前釋注，pp. 71-75, 81-85。

18 這段進程詳細的說明請見：Wilentz, *The Rise of American Democracy,* pp. 482-518。

19 當選該任總統的威廉・亨利・哈里森（William Henry Harrison）在就職後短短一年就於一八四一年過世了，由其副總統約翰・泰勒（John Tyler）繼任總統之位，然而，他是一位祕而不宣的南方民主黨人。

20 Burlingame, *Lincoln I,* pp. 264-70.

90-100.

72 Clausewitz, *On War,* p. 158.

73 這本書當中的解釋很好：John Keegan, *The Face of Battle: A Study of Agincourt, Waterloo, and the Somme* (New York: Penguin, 1983)。

74 Lieven, *Russia Against Napoleon,* p. 259.

75 *The Federalist,* Modern Library College Edition (New York: Random House, no date), *#28,* p. 171.

76 Clausewitz, *On War,* p. 523.

第八章　最偉大的總統

1 亞當斯自一八〇九年到一八一四年間在俄國擔任大使，不過他還在青少年時期就已經在一七八一年到一七八二年之間擔任美國駐俄大使法蘭西斯・丹那（Francis Dana）的法語翻譯，丹那當時努力尋求俄女皇凱薩琳二世（Catherine II）認可其駐俄大使的地位，但不幸未能成功。這本書是近代關於這段歷史寫的最好的：James Traub, *John Quincy Adams: Militant Spirit* (New York: Basic Books, 2016), pp. 28-30, 160-82。

2 John Quincy Adams diary, May 8, 1824, Massachusetts Historical Society online edition, at: www.masshist.org/jqadiaries. 並請見：Charles Edel, *Nation Builder: John Quincy Adams and the Grand Strategy of the Republic* (Cambridge, Massachusetts: Harvard University Press, 2014), pp. 194–96。亞當斯日記約有一萬四千多頁，共五十一卷，年分在一七七九年到一八四八年之間，中間有一些中斷。若想直接閱讀新版節錄本，請見：*John Quincy Adams: Diaries,* edited by David Waldstreicher, two volumes (New York: Library of America, 2017)。

3 請見：Samuel Flagg Bemis, *John Quincy Adams and the Foundations of American Foreign Policy* (New York: Knopf, 1949)，特別是pp. 566-72。

4 當過總統的華盛頓、傑佛遜、麥迪遜、門羅都是維吉尼亞人。

5 Adams diary, May 8, 1824.

6 傑克森被目為戰爭英雄是因為他在一八一五年一月於紐奧良一役打敗了英軍，但那時候亞當斯與進行和談的代表團已經在一八一四年十二月二十四日談成《根特條約》，只是消息還沒傳到大西洋這一頭來。

7 Sean Wilentz, *The Rise of American Democracy: Jefferson to Lincoln* (New York: Norton, 2005), p. 255. 並請見：Edel, *Nation Builder,* p. 192。

8 亞當斯的國情咨文全文（日期：一八二五年十二月六日），可見於維吉尼亞大學（University of Virginia）米勒公共政策研究中心（Miller Center of Public Affairs）的網站：www.millercenter.org/the-presidency/presidential-speeches/december-6-1825-

42 出處同前釋注，pp. 104, 119. 關於托爾斯泰關於旅人、驛站和計畫未照預期進行的段落，請見：*War and Peace,* pp. 347-49。

43 此處有詳盡討論：Paret, *Clausewitz and the State,* pp. 197-99。

44 Roberts, *Napoleon,* p. 596.

45 "Preface to an Unpublished Manuscript," in Clausewitz, *On War,* p. 61.

46 深入討論請見：Hew Strachan, *Carl von Clausewitz's* On War: *A Biography* (London: Atlantic Books, 2007), p. 153; Howard, *Clausewitz,* p. 25; 對於衍生自最後兩項原則極其全面的討論，請見：Fred R. Shapiro, *The Yale Book of Quotations* (New Haven: Yale University Press, 2006)。

47 Clausewitz, *On War,* p. 120.

48 出處同前釋注，p.103。

49 出處同前釋注，p. 112。

50 Tolstoy, *War and Peace,* pp. 618-27.

51 出處同前釋注，pp. 738-45。

52 請見第三章。

53 "Preface to an Unpublished Manuscript," in Clausewitz, *On War,* p. 61.

54 出處同前釋注，pp. 122, 141, 374.

55 出處同前釋注，p. 142.

56 出處同前釋注，pp. 168-69。強調符號為原文所有。

57 引述自：Stoker, *Clausewitz,* p. 109。

58 Tolstoy, *War and Peace,* p. 640.

59 皮埃爾和娜塔莎在《戰爭與和平》的尾聲時就是這般，pp. 1174-77。

60 Clausewitz, *On War,* pp. 85-86.

61 出處同前釋注，p. 89。

62 請見Alan Beyerchen, "Clausewitz, Nonlinearity, and the Unpredictability of War," *International Security* 17 (Winter 1992-93), 特別是pp. 61-72。

63 Clausewitz, *On War,* pp. 107, 135.

64 出處同前釋注，p. 595。

65 見第四章。

66 Tolstoy, *War and Peace,* p. 1203.

67 詳見第六章有更多相關討論。

68 Tolstoy, *War and Peace,* pp. 1212-13.

69 A. N. Wilson, *Tolstoy* (New York: Norton, 1988), pp. 297-301.

70 這則很好的論點請見：Paret, *Clausewitz and the State,* p. 338。

71 請見：Paul Bracken, "Net Assessment: A Practical Guide," *Parameters* (Spring 2006),

Howard, *Clausewitz,* pp. 13-14; Peter Paret, "The Genesis of *On War,"* in Clausewitz, *On War,* pp. 2-3, 15-16.

24 Clausewitz, *On War,* p. 523.

25 Howard, *Clausewitz,* pp. 4, 18-19. 關於美國人扮演的角色，請見：R. R. Palmer's classic *The Age of Democratic Revolution: A Political History of Europe and America, 1760-1800* (Princeton: Princeton University Press, 2014; first published in two volumes in 1959 and 1964).

26 克氏所使用的是「*Politik*」，其相對應的英語取自於：Bassford, *Clausewitz in English,* p. 22。

27 冷戰時期有人害怕核子大戰會爆發，屆時將沒有退路可走，因此在後二戰時期，學界重燃對於克勞塞維茨的興趣，一個極具影響力的範例是：Bernard Brodie, *War and Politics* (New York: Macmillan, 1973)。

28 Clausewitz, *On War,* p. 87.

29 此處有詳細記載，Roberts, *Napoleon,* pp. 555-79。

30 例外是指攻打西班牙和葡萄牙的半島戰爭。

31 引述出自：Roberts, *Napoleon,* p. 595。

32 庫圖佐夫棄守莫斯科的過程，請見：Dominic Lieven, *Russia Against Napoleon: The True Story of the Campaigns of* War and Peace (New York: Viking, 2010), pp. 209-14。

33 Clausewitz, *On War,* p. 97.

34 出處同前釋注，p. 161。克氏對於心理狀態的想法，請見：Jon Tetsuro Sumida, "The Relationship of History and Theory in *On War:* The Clausewitzian Ideal and Its Implications," *Journal of Military History* 65 (April 2001), 337–38。

35 Tolstoy, *War and Peace,* pp. 993, 1000-1001.

36 Roberts, *Napoleon,* pp. 612-34；及Lieven, *Russia Against Napoleon*, pp. 252-57。

37 約翰・昆西・亞當斯致約翰・亞當斯，一八一二年八月十六日，及約翰・昆西・亞當斯致Abigail Adams，一八一二年十二月三十一日，以上引述於：Samuel Flagg Bemis, *John Quincy Adams and the Foundations of American Foreign Policy* (New York: Knopf, 1949), pp. 177-78。

38 Clausewitz, *On War,* pp. 100, 112.

39 Sumida, "The Relationship of History and Theory in *On War*," pp. 345-48.

40 Clausewitz, *On War,* pp. 102, 109. 這一點我認為與以下描述的極為相近：Malcolm Gladwell, *Blink: The Power of Thinking Without Thinking* (New York: Little, Brown, 2005)。

41 請見第四章。

and Donna Tussing Orwin, eds., *Tolstoy on War: Narrative Art and Historical Truth in "War and Peace"* (Ithaca: Cornell University Press, 2012), pp. 115, 143-44。

4 Michael Howard, "The Influence of Clausewitz," in Carl von Clausewitz, *On War,* edited and translated by Michael Howard and Peter Paret (Princeton: Princeton University Press, 1976), pp. 32-41; also Christopher Bassford, *Clausewitz in English: The Reception of Clausewitz in Britain and America, 1815-1945* (New York: Oxford University Press, 1994).

5 Clausewitz, *On War,* p. 113. 強調符號另加。

6 Tolstoy, *War and Peace,* pp. 799-801.

7 Clausewitz, *On War,* p. 467.

8 出處同前釋注，p. 370。

9 Mikhail Kizilov, "The Tsar in the Queen's Room: The Visit of Russian Emperor Alexander I to Oxford in 1814," 無日期，可見於：www.academia.com。

10 Clausewitz, *On War,* p. 605.

11 "A Few Words Apropos of the Book *War and Peace,*" in Tolstoy, *War and Peace,* p. 1217.

12 "The Hedgehog and the Fox," in Isaiah Berlin, *The Proper Study of Mankind: An Anthology of Essays,* edited by Henry Hardy and Roger Hausheer (New York: Farrar, Straus and Giroux, 1997), p. 458.

13 克氏早在第二章就已用角力來作為類比。*On War,* p. 75.

14 Tolstoy, *War and Peace,* p. 1200.

15 Clausewitz, *On War,* p. 151. 強調記號另加。

16 "Author's Preface to an Unpublished Manuscript on the Theory of War," 出處同前釋注，p. 61。

17 Peter Paret, *Clausewitz and the State: The Man, His Theories, and His Times* (Princeton: Princeton University Press, 1985: first published by Oxford University Press in 1976), pp. 169-79.

18 Michael Howard, *Clausewitz: A Very Short Introduction* (New York: Oxford University Press, 2002), p. 41. 邁可爵士懷疑，就算克勞塞維茨有幸度過長壽一生，也不可能精簡他的著作（頁二一）。

19 Tolstoy, *War and Peace,* p. 1181.

20 Dictionary.com.

21 Andrew Roberts, *Napoleon: A Life* (New York: Viking, 2014), pp. 577-80, 634-35.

22 Clausewitz, *On War,* pp. 75-76.

23 雖有過度簡化，此處我是按照以下：Gallie, *Philosophers of Peace and War,* p. 52;

82 *Federalist #11,* p. 65.

83 引述來自於亞當斯的日記，一八二〇年三月三日，引述自：Edel, *Nation Builder,* pp. 157-59. Edel 運用以撒・柏林所說的無法解決、無法相容的說法（第四章討論過），分析了亞當斯的兩難。

84 Charles H. Sherrill, "The Monroe Doctrine and the Canning Myth," *The Annals of the American Academy of Political and Social Science* 94 (July 1914), 96–97. 並請見：Wendy Hinde, *George Canning* (Oxford: Basil Blackwell, 1989), pp. 345-74, 422.

85 引述取自於演說的逐字稿：Churchill Archive, CHAR 9/140A/9-28, at: www.churchillarchive.com. 關於背景資料，請見：John Lukacs, *Five Days in London: May 1940* (New Haven: Yale University Press, 1999)。

86 "Reply of a South American to a Gentleman of This Island [Jamaica]," September 6, 1815, in *Selected Writings of Bolívar,* translated by Lewis Bertrand (New York: Colonial Press, 1951), I, p. 118.

87 玻利瓦的說法與Jared Diamond相互呼應，此書作者認為跨越緯線把不同的地區組織起來，比要跨越經線容易地多。請見其著作：*Guns, Germs, and Steel: The Fates of Human Societies* (New York: Norton, 1999), pp. 176-91。

88 Bolívar, "Reply," pp. 109, 118. 希臘人並沒有建立一個國家，詩人濟慈在其詩中將「英勇的柯提斯」置放於達里恩山的山巔，或許玻利瓦也想要仿效這種詩詞的情懷，就拿巴拿馬來做類比。

89 Bolívar, "Reply," p. 111.

90 出處同前釋注：p. 122。

91 前後脈絡請見此：Sexton, *The Monroe Doctrine,* pp. 36-46。

92 請見：www.millercenter.org/president/jqadams/speeches/speech -3484。

第七章　最偉大的戰略家

1 Leo Tolstoy, *War and Peace,* translated by Richard Pevear and Larissa Volokhonsky (New York: Knopf, 2007), p. 774. 關於這個段落的更多討論，請見：W. B. Gallie, *Philosophers of Peace and War: Kant, Clausewitz, Marx, Engels and Tolstoy* (New York: Cambridge University Press, 1978), pp. 117-19; 及Lawrence Freedman, *Strategy: A History* (New York: Oxford University Press, 2013), pp. 98-99。本章部分段落是改寫自我的文章："War, Peace, and Everything: Thoughts on Tolstoy," *Cliodynamics: The Journal of Theoretical and Mathematical History* 2 (2011), 40–51。

2 Donald Stoker, *Clausewitz: His Life and Work* (New York: Oxford University Press, 2014), pp. 94-128.

3 Alan Forrest和Andreas Herberg-Rothe分別討論了這項可能性，收錄於：Rick McPeak

67 *Federalist #10,* pp. 60-61. 柏克所謂的「不便之處」，請見他在一七七五年三月二十二日在英國國會的演講，前面有討論過。

68 關於憲法另一項類似的爭議，請見：Daniel M. Braun, "Constitutional Fracticality: Structure and Coherence in the Nation's Supreme Law," *Saint Louis University Law Journal* 32 (2013), 389–410, 不過與羅馬的類比是我自己的看法。

69 Akhil Reed Amar做了非常簡潔的說明於：*America's Constitution: A Biography* (New York: Random House, 2005), pp. 19-21。

70 憲法的最新官方版本中，美國國家印刷總局（Government Printing Office）, 一如尋常謹慎地保持中立，稱此排除為一種「對一七八七年同盟共識下仍未解決的地區分裂幾乎不做任何隱瞞」的「努力嘗試」（"Historical Note," *The Constitution of the United States of America, as Amended* [Washington, D.C.: Government Printing Office, 2007], p. vi.）。麥迪遜可能影響了編輯者，但他並未被提及。

71 *Federalist #42, #54,* pp. 272-73, 358.

72 該選項簡述於：Ellis, *American Creation,* pp. 18-19。

73 漢米爾頓的論點請見：*Federalist #11,* p. 65，有趣的是，這一篇是接續於麥迪遜所寫的知名度較高的第十篇後面。漢米爾頓關於黑奴的看法，請見：Chernow, *Hamilton,* pp. 210-16。

74 Ellis, *American Sphinx,* pp. 154-55.

75 湯瑪斯・傑佛遜致John B. Colvin，一八一〇年九月二十日：Founders Online edition of the Jefferson papers at: founders.archives.gov. 美國這次取得的領土，在南方是從密西西比河延伸到德克薩斯，在北方是到落磯山脈與北緯四十九度線交界。

76 約翰・昆西・亞當斯致Abigail Adams，一八一一年六月三十日，引述於Samuel Flagg Bemis, *John Quincy Adams and the Foundations of American Foreign Policy* (New York: Knopf, 1949), p. 182。

77 這個過程敘述於：Elliott, *Empires of the Atlantic World,* pp. 369-402。

78 約翰・昆西・亞當斯致美國駐馬德里大使George W. Erving，一八一八年十一月二十八日，引述於：Bemis, *John Quincy Adams,* p. 327. 並請見：Charles N. Edel, *Nation Builder: John Quincy Adams and the Grand Strategy of the Republic* (Cambridge, Massachusetts: Harvard University Press, 2014), pp. 138-54。

79 詳細記載於：William Earl Weeks, *John Quincy Adams and American Global Empire* (Lexington: University Press of Kentucky, 1992), 其中詳述了佛羅里達爭議和《橫貫大陸條約》（Transcontinental Treaty）的協商情形。

80 門羅向國會發表的談話就是後來演變為美國總統所做的國情咨文演說，不過在十九世紀時還不是由總統本人親自演說。

81 Sexton, *The Monroe Doctrine,* pp. 49-50.

52 要從密西西比河抵達美國東岸，在還沒有火車之前，跟汽船出現之前要橫越大西洋所花的時間差不多。

53 *Thoughts upon the Political Situation of the United States of America in Which That of Massachusetts Is More Particularly Considered,* attributed to Jonathan Jackson (Worcester, Massachusetts, 1788), pp. 45-46, quoted in Gould, *Among the Powers of the Earth,* p. 133.

54 關於這樁漸進式計畫，請見：David O. Stewart, *Madison's Gift: Five Partnerships That Built America* (New York: Simon and Schuster, 2015), pp. 18-25。

55 Chernow, *Washington,* pp. 313, 356, 518, 607-10. 波士頓「茶黨」(tea party) 事件是較早發生的麻塞諸塞州人抗議徵稅的事件，在此之後英國加大壓迫的力道，迫使華盛頓站出來起義反抗[出處同前釋注，pp. 198-201]，但謝斯起義（Shays' Rebellion）事件當中，華盛頓的角色卻是相反過來。

56 華盛頓在這方面跟現今美國導演伍迪・艾倫（Woody Allen）很像。

57 請見：www.comparativeconstitutionsproject.org/chronology/，以上是根據：Zachary Elkins, Tom Ginsburg, and James Melton, *The Endurance of National Constitutions* (New York: Cambridge University Press, 2009)。

58 未包含修正案的美國憲法約為四千五百字，《聯邦黨人文集》則約十七萬字。

59 Chernow, *Hamilton,* pp. 261-69.

60 James Boswell, *Life of Johnson,* edited by R. W. Chapman (New York: Oxford University Press, 1998; first published in 1791), p. 849.

61「我們一定會一起上絞刑臺，或至少最確定的一件事是，我們會分開行刑。」[資料來源未知之引述：Jared Sparks, *The Works of Benjamin Franklin* (Boston: Hilliard Gray, 1840), I, p. 408]。

62 *The Federalist,* Modern Library College Edition (New York: Random House, no date), *#1,* pp. 3-4. 強調符號為自行加入。

63 請見：Lynne Cheney, *James Madison: A Life Reconsidered* (New York: Penguin, 2014), pp. 2-8。

64 *Federalist #10,* pp. 53-58. 強調符號為原來就有。

65 麥迪遜文章的線上版本，只有指出三處地方是直接引用馬基維利，但都並不具體。The link is: www.founders.archives.gov/about /Madison.

66 *The Discourses on the First Ten Books of Titus Livius,* translated by Leslie J. Walker, S.J., with revisions by Brian Richardson (New York: Penguin, 1970), p. 275 及第四章。如要參閱較為近期的完整討論，請見：Alissa M. Ardito, *Machiavelli and the Modern State:* The Prince, *the* Discourses on Livy, *and the Extended Territorial Republic* (New York: Cambridge University Press, 2015)。

mon Sense: A Political History (Cambridge, Massachusetts: Harvard University Press, 2011)。

35 美國國家檔案和記錄管理局，《獨立宣言》抄本，見於：www.archives.gov/exhibits/charters。強調符號另加。

36 Joseph J. Ellis, *American Sphinx: The Character of Thomas Jefferson* (New York: Random House, 1996), pp. 11, 27-28.

37「比真相還要清晰」這句話是出於：Dean Acheson, *Present at the Creation: My Years in the State Department* (New York: Norton, 1969), p. 375。

38 Ferling, *Whirlwind,* p.164.

39 Paine, *Common Sense,* p.39.

40 約翰・亞當斯致信Abigail Adams，一七七六年七月三日。Adams Family Papers: An Electronic Archive, Massachusetts Historical Society: www.masshist.org/digitaladams/. 亞當斯誤以為慶祝活動是在七月二日簽署日舉行，事實上是七月四日，大陸會議通過宣言的日子。

41 Paine, *Common Sense,* p. 21; Benjamin Franklin to Joseph Priestley, October 3, 1775, *The Papers of Benjamin Franklin,* Digital Edition, XXII, 217–18. 並請見：Hodgson, "Benjamin Franklin on Population," pp. 653-54。

42 喬治・華盛頓致信約翰・亞當斯，一七九八年九月二十五日，引述於Chernow, *Washington,* p. 208. 並請見：Ellis, *American Creation,* pp. 4-5。

43 Eliga H. Gould, *Among the Powers of the Earth: The American Revolution and the Making of a New World Empire* (Cambridge, Massachusetts: Harvard University Press, 2012), pp. 10, 142.

44 引述之出處同前釋注，p. 127。並請見：Ferling, *Whirlwind,* pp. 235-38, 320-21。

45 George C. Herring, *From Colony to Superpower: U.S. Foreign Relations Since 1776* (New York: Oxford University Press, 2008), pp. 26-34.

46 請見：Gordon S. Wood, *The Creation of the American Republic, 1776-1787* (Chapel Hill: University of North Carolina Press, 1998; first published in 1969), p. ix。

47 此處我對於這本書作者在這裡所說的持反對意見：Ellis, *American Creation,* p. 18, 我認為他與他的書中頁九所說的相反。

48 類似的事件，請見：Wood, *Empire of Liberty: A History of the Early Republic, 1787-1815* (New York: Oxford University Press, 2006), p. 54。

49 Wood, *The Creation of the American Republic,* p. 16.

50 引述之出處同前釋注，p. 395. 這幾個段落的論點是基於Wood書中第十章的分析，並請見作者之簡述於：*Empire of Liberty,* pp. 14-20。

51 引述自：Gould, *Among the Powers of the Earth,* p. 128。

Burke, III, edited by W. M. Elofson (Oxford: Clarendon Press, 1996), pp.118, 124。David Bromwich提供了脈絡和分析，請見：*The Intellectual Life of Edmund Burke: From the Sublime and Beautiful to American Independence* (Cambridge, Massachusetts: Harvard University Press, 2014), pp.228-61。

20 Gabriel Johnson致信Lord Wilmington，一七三七年二月十日。引述於James A. Henretta, *"Salutary Neglect": Colonial Administration Under the Duke of Newcastle* (Princeton: Princeton University Press, 1972), p. 324。

21 "Observations Concerning the Increase of Mankind," 1751, published in 1755, *The Papers of Benjamin Franklin*, Digital Edition, IV, 225–34. 並請見：Dennis Hodgson, "Benjamin Franklin on Population: From Policy to Theory," *Population and Development Review* 17 (December 1991), 639–61。

22 細節詳述於：Ron Chernow, *Washington: A Life* (New York: Penguin, 2010), pp. 78-116。

23 Bunker, *An Empire on the Edge,* pp.17-18; Tombs, *The English and Their History,* p.348。並請見：Colin G. Calloway, *The Scratch of a Pen: 1763 and the Transformation of North America* (New York: Oxford University Press, 2006), pp. 11-12。

24 此論點請見：Bromwich, *The Intellectual Life of Edmund Burke,* pp. 190-91。

25 國會演說，一七六七年五月十三日。*Burke Writings and Speeches,* II, edited by Paul Langford (Oxford: Clarendon Press, 1981), p. 59。

26 國會演說，一七六九年四月十九日。出處同前釋注，p. 231。

27 國會演說，一七七五年三月二十二日。出處同前釋注，III, pp. 157, 165。

28 Bromwich, *The Intellectual Life of Edmund Burke,* p. 193.

29 見第二章。

30 Thomas Paine, *Common Sense* (Wisehouse Classics, 2015), p.21。並請見：Trevor Colbourn, *The Lamp of Experience: Whig History and the Intellectual Origins of the American Revolution* (Indianapolis: Liberty Fund, 1998; originally published in 1965), pp.26, 237-243; Bernard Bailyn, "1776: A Year of Challenge — a World Transformed," *The Journal of Law and Economics* 19 (October 1976), 特別是pp. 437-41。

31 Paine, *Common Sense,* pp. 13-14, 23.

32 出處同前釋注，pp. 19, 23-24。

33 出處同前釋注，pp. 25-26。

34 潘恩造成的影響，請見：Joseph J. Ellis, *American Creation: Triumphs and Tragedies at the Founding of the Republic* (New York: Random House, 2007), pp. 41-44; John Ferling, *Whirlwind: The American Revolution and the War That Won It* (New York: Bloomsbury, 2015), pp. 141-143; 及此書論述潘恩的章節：Sophia Rosenfeld, *Com-*

Global History of Exploration (New York: Norton, 2006)。

3 Jay Sexton, *The Monroe Doctrine: Empire and Nation in Nineteenth-Century America* (New York: Hill and Wang, 2011), pp. 3-8.

4 Geoffrey Parker, "The Repulse of the English Fireships," in Robert Cowley, ed., *What If? The World's Foremost Military Historians Imagine What Might Have Been* (New York: Berkley Books, 1999), pp. 141-42.

5 J. Hamel, *Early English Voyages to Northern Russia* (London: Richard Bentley, 1857), p. 5.

6 Fernández-Armesto, *Pathfinders,* pp. 218-22，伊莉莎白對海外探索的好奇心，請見：A. N. Wilson, *The Elizabethans* (New York: Farrar, Straus and Giroux, 2011), pp. 183-84; 關於全球暖化，請見：Geoffrey Parker, *Global Crisis: War, Climate Change, and Catastrophe in the Seventeenth Century* (New Haven: Yale University Press, 2013).

7 J. H. Elliott, *Empires of the Atlantic World: Britain and Spain in America, 1492-1830* (New Haven: Yale University Press, 2006), pp. 23-28.

8 出處同前釋注，p. 177。

9 很像林業會使用的單一栽培法。請見：James C. Scott, *Seeing Like a State: How Certain Schemes to Improve the Human Condition Have Failed* (New Haven: Yale University Press, 1998), pp. 11-22.

10 Elliott, *Empires of the Atlantic World,* p.134，並請見：Nick Bunker, *An Empire on the Edge: How Britain Came to Fight America* (New York: Knopf, 2014), pp.13-14。

11 這一段落是出自這本書*The Landscape of History*（p.87），其出處又是來自：M. Mitchell Waldrop, *Complexity: The Emerging Science at the Edge of Order and Chaos* (New York: Viking, 1992), pp. 292-94.

12 Anne Somerset, *Elizabeth I* (New York: Random House, 1991), pp. 188-91.

13 請見：Robert Tombs, *The English and Their History* (New York: Knopf, 2015), pp. 224-45。

14 Elliott, *Empires of the Atlantic World,* p.177。並請見：Tim Harris, *Restoration: Charles II and His Kingdoms, 1660-1685* (New York: Allen Lane, 2005), 特別是pp. 46-47。

15 這句話出自於Daniel Defoe，引述於：Tombs, *The English and Their History,* p. 252。

16 Elliott, *Empires of the Atlantic World,* pp. 150-52; also Steve Pincus, *1688: The First Modern Revolution* (New Haven: Yale University Press, 2009), pp. 316-22, 475.

17 John Locke, *Second Treatise of Government,* 1690, section 149.

18 Tombs, *The English and Their History,* p. 263.

19 "Speech on Conciliation with America," in *The Writings and Speeches of Edmund*

71 這裡和下文使用的日期是屬於新曆，是當時歐洲使用的曆法。伊莉莎白時代，英國使用的曆法約晚了十天。

72 Hutchinson, *The Spanish Armada,* p. 202; Parker, *The Grand Strategy of Philip II,* pp. 269-70.

73 腓力在一五九六年和一五九七年兩次派遣規模較小的無敵艦隊，但都發生暴風致使他們無法進入英吉利海峽。

74 Parker, *The Grand Strategy of Philip II,* pp. 270-71. 並請見：Parker, *Imprudent King,* pp. 324, 367-68.

75 出處同前釋注，p. 369。

76 Parker, *The Grand Strategy of Philip II,* p. 283，並請見：Barbara Farnham, ed., *Avoiding Losses/Taking Risks: Prospect Theory and International Conflict* (Ann Arbor: University of Michigan Press, 1995)。

77 Parker, *The Grand Strategy of Philip II,* pp. 275-76.

78 出處同前釋注，p. 276. 及 *Imprudent King,* p. 369。

79 Speech of November 30, 1601, in Elizabeth I's *Collected Works,* p. 339.

80 Wilson, *The Elizabethans,* p. 371.

81 出處同前釋注，pp. 366-68. 定義亦出自 Dictionary.com。

82 Robert B. Strassler, ed., *The Landmark Thucydides: A Comprehensive Guide to the Peloponnesian War,* a revised version of the Richard Crawley translation (New York: Simon and Schuster, 1996), 3:82.

83 Keith Roberts, *Pavane* (Baltimore: Old Earth Books, 2011; first published in 1968), pp. 11-12. Geoffrey Parker在我之前就已做過無敵艦隊打贏勝仗的假設，"The Repulse of the English Fireships," in Robert Cowley, ed., *What If? The World's Foremost Military Historians Imagine What Might Have Been* (New York: Berkley Books, 1999), pp. 149-50。

84 Roberts, *Pavane,* p. 147.

85 出處同前釋注，pp. 151, 238-39。

86 這個論點的原出處是我同事保羅・甘迺迪。

第六章　新世界

1 Keith Roberts, *Pavane* (Baltimore: Old Earth Books, 2011; first published in 1968), p. 11.

2 這裡「新奇事物」是呼應這本以信仰和外星探險為主題的小說：Michel Faber, *The Book of Strange New Things* (New York: Hogarth, 2014)。至於這本書則將陸地探險置於一個廣泛的比較脈絡當中：Felipe Fernández-Armesto, *Pathfinders: A*

49 De Grazia, *Machiavelli in Hell,* pp. 102-103.

50 N. A. M. Rodger, *The Safeguard of the Sea: A Naval History of Britain, 660–1649* (New York: HarperCollins, 1998), pp. 238-48.

51 這幾段的出處來源為：Parker, *The Grand Strategy of Philip II,* pp. 153-57。

52 出處同前釋注，pp. 158-59. 並請見：Christopher Tyerman, *God's War: A New History of the Crusades* (Cambridge, Massachusetts: Harvard University Press, 2006), pp. 902-903；關於奧古斯丁說法的演進，請見：James Turner Johnson, *Just War Tradition and the Restraint of War: A Moral and Historical Inquiry* (Princeton: Princeton University Press, 1981), pp. 167-69。

53 Parker, *The Grand Strategy of Philip II,* pp. 157-62.

54 Somerset, *Elizabeth I,* p. 246.

55 出處同前釋注，pp. 237-38。

56 出處同前釋注，pp. 249-62; Parker, *The Grand Strategy of Philip II,* pp. 160-63。

57 其他的例子像是凱撒、奧古斯都、拿破崙、威靈頓公爵、林肯，還有也包括腓力二世。請見：Parker, *Imprudent King,* pp. 293-94。

58 Somerset, *Elizabeth I,* pp. 405-8; Parker, *Imprudent King,* pp. 206-7. 這句引述是出自：Stephen Alford, *The Watchers: A Secret History of the Reign of Elizabeth I* (New York: Bloomsbury, 2012), p. xvii. 並請見：John Cooper, *The Queen's Agent: Sir Francis Walsingham and the Rise of Espionage in Elizabethan England* (New York: Pegasus, 2012)。

59 John Guy, *Elizabeth: The Forgotten Years* (New York: Viking, 2016)，特別強調了這一點。

60 Lisa Hilton, *Elizabeth: Renaissance Prince* (New York: Houghton Mifflin Harcourt, 2015), p. 224.

61 Mattingly, *The Armada,* pp. 75-76. 並請見：Felipe Fernández-Armesto, *Pathfinders: A Global History of Exploration* (New York: Norton, 2006), pp. 129-38。

62 Rodger, *The Safeguard of the Sea,* pp. 243-46.

63 出處同前釋注，pp. 248-50。

64 Somerset, *Elizabeth I,* pp. 405-411.

65 出處同前釋注，pp. 47-48, 389-93, 396-405。

66 出處同前釋注，pp. 424-42。

67 Parker, *The Grand Strategy of Philip II,* pp. 163-169, 179. 該句引述出自 p. 166。

68 出處同前釋注，pp. 179-180; Parker, *Imprudent King,* pp. 281, 305-307. 腓力對於瑪麗·斯圖亞特的死絲毫沒有回應，請參見 Mattingly, *The Armada,* pp. 69-81。

69 Parker, *Imprudent King,* pp. 307-19.

70 Hutchinson, *The Spanish Armada,* p. 52.

31 同前注，p. 364。透過通婚，哈布斯堡家族也使得自己的血脈淡薄了。見前注引書，pp. 180-181。

32 出處同前釋注，p. 2。

33 較富同情心的解釋，請見：Hugh Thomas, *World Without End: Spain, Philip II, and the First Global Empire* (New York: Random House, 2014), pp. 285-99。

34 Mauricio Drelichman and Hans-Joachim Voth, *Lending to the Borrower from Hell: Debt, Taxes, and Default in the Age of Philip II* (Princeton: Princeton University Press, 2014). 關於腓力的財務狀況，較為傳統的見解請見：Kennedy, *The Rise and Fall of the Great Powers,* pp. 46-47。

35 Parker, *Imprudent King,* pp. 126, 129, 256-57.

36 Thomas, *World Without End,* p. 17.

37 Weir, *The Life of Elizabeth I,* pp. 11, 26. 並請見：Somerset, *Elizabeth I,* pp. 58-59。

38 這一段落是來自於：Weir, *The Life of Elizabeth I,* pp. 17-18，以及：Mattingly, *The Armada,* p. 23.「國王的心和脾胃」這句引述是出自：Elizabeth I's *Collected Works,* p. 326。

39 James Anthony Froude, *History of England from the Fall of Wolsey to the Defeat of the Spanish Armada* (London: Longmans, Green, 1870), XII, p. 558.並請見：J. B. Black, *The Reign of Elizabeth, 1558-1603* (Oxford: Oxford University Press, 1959), p. 23。

40 Weir, *The Life of Elizabeth I,* p. 30.Somerset, *Elizabeth I,* pp. 72-88，這裡詳細的分析了伊莉莎白的宗教政策。

41 Somerset, *Elizabeth I,* pp. 280-82; Kennedy, *The Rise and Fall of the Great Powers,* pp. 60-61. 關於伊莉莎白財務狀況的完整討論，請見：William Robert Smith, *The Constitution and Finance of the English, Scottish and Irish Joint-Stock Companies to 1720* (Cambridge: Cambridge University Press, 1911), pp. 493-99。

42 Somerset, *Elizabeth I,* pp. 70-71.

43 A. N. Wilson有一個章節是描寫法蘭西斯・德瑞克爵士（Sir Francis Drake），這是一段振奮人心的記述：*The Elizabethans,* pp. 173-84。

44 甚至於到現在還有一些蠢人以為，他是莎士比亞戲劇的原作者。

45 Weir, *The Life of Elizabeth I,* p. 257. 這個故事首見於：John Aubrey, *Brief Lives,* compiled between 1669 and 1696 (Oxford: Clarendon Press, 1898), p. 305。

46 Niccolò Machiavelli, *The Prince,* translated by Harvey C. Mansfield, second edition (Chicago: University of Chicago Press, 1998), p. 69. 馬基維利對女性的看法，見前出處，p. 101，以及：De Grazia, *Machiavelli in Hell,* pp. 229-32。

47 Parker, *Imprudent King,* p. 295.

48 William Shakespeare, *Antony and Cleopatra,* act 2, scene 2.

10 Robert Hutchinson, *The Spanish Armada* (New York: St. Martin's, 2013), p. xix. 亨利八世死於一五四七年，由他九歲的兒子愛德華六世（Edward VI）繼位，後者死於一五五三年。

11 Alison Weir, *The Life of Elizabeth I* (New York: Random House, 2008; first published in 1998), p. 11; A. N. Wilson, *The Elizabethans* (New York: Farrar, Straus and Giroux, 2011), pp. 7-14, 32-33.

12 神聖羅馬帝國的皇帝頭銜和中部歐洲領土歸於查理五世的弟弟斐迪南一世（Ferdinand），自此，哈布斯堡王朝（Hapsburg empire）就此分裂成奧地利和西班牙兩支，學者Paul Kennedy將之稱為「帝國的過度延伸」（imperial overstretch），請見他的著作：*The Rise and Fall of the Great Powers: Economic Change and Military Conflict from 1500 to 2000* (New York: Random House, 1987), pp. 48-49。

13 Parker, *Imprudent King,* pp. 4-5, 23.

14 出處同前釋注，p. 276。並請見Parker的第二組插圖。

15 Geoffrey Parker, *The Grand Strategy of Philip II* (New Haven: Yale University Press, 1998), p. 72, 當中描述了伊莉莎白與腓力對於代理人的迴異態度。

16 Mattingly, *The Armada,* p. 24.

17 Parker, *Imprudent King,* pp. xv, 61-64, 85 103-6; 並請見：Parker*, The Grand Strategy of Philip II,* pp. 47-75; 及Robert Goodwin, *Spain: The Center of the World, 1519-1682* (New York: Bloomsbury, 2015), pp. 129-41。

18 Parker, *Imprudent King,* pp. 43-49, 51-58. 伊莉莎白繼承王位後，英國的國力和弱點，請見：Kennedy, *The Rise and Fall of the Great Powers,* pp. 60-61。

19 Somerset, *Elizabeth I,* pp. 42-43。

20 出處同前釋注，pp. 311-12。

21 出處同前釋注，pp. 48-51。

22 出處同前釋注，p. 56。

23 教皇和神聖羅馬帝國皇帝是透過選舉選出的，但即便如此，血緣關係還是具有影響力。

24 Weir, *The Life of Elizabeth I,* p. 25; Somerset, *Elizabeth I,* pp. 91-92.

25 出處同前釋注，pp. 50-51。

26 Parker, *Imprudent King,* pp. 121-125.

27 這些人有誰，請見：Arthur Salusbury MacNalty, *Elizabeth Tudor: The Lonely Queen* (London: Johnson Publications, 1954), p. 260。

28 Weir, *The Life of Elizabeth I,* pp. 47-48.

29 Mattingly, *The Armada,* p. 24.

30 Parker, *The Grand Strategy of Philip II,* p. 151; Parker, *Imprudent King,* p. 58.

York: Farrar, Straus and Giroux, 1998), pp. 269-325.
67 出處同前釋注，p. 279。
68 *The Prince,* pp. 4, 10.
69 Thomas Hobbes, *Leviathan,* edited by C. B. Macpherson (New York: Penguin, 1985; first published in 1651), p. 186.
70 Augustine, *Confessions,* p. 28.
71 Berlin, "The Originality of Machiavelli," pp. 286-91.
72 出處同前釋注，pp. 296-97, 299。
73 出處同前釋注，pp. 312-13。
74 出處同前釋注，p. 310。
75 出處同前釋注，pp. 310-11。並請見：De Grazia, *Machiavelli in Hell,* p. 311; 及Gaddis, *There Is No Crime for Those Who Have Christ,* p. 149。
76 Berlin, "The Originality of Machiavelli," p. 311. 柏林在此有說明這個想法來自Sheldon S. Wolin。
77 "The Pursuit of the Ideal," in Berlin, *The Proper Study of Mankind,* pp. 9-11.
78 Berlin, "The Originality of Machiavelli," pp. 324-25.

第五章　扭轉歷史的君主

1 請參見Dictionary.com。
2 最知名的論述出自：Thomas Hobbes in *Leviathan,* first published in 1651。
3 Virginia Woolf, *Orlando: A Biography* (New York: Harcourt Brace, 1956; first published in 1928), p. 22.
4 引述自：Geoffrey Parker, *Imprudent King: A New Life of Philip II* (New Haven: Yale University Press, 2014), p. 363。
5 請見：Anne Somerset, *Elizabeth I* (New York: Random House, 2003; first published in 1991), p. 572。
6 Parker, *Imprudent King,* p. 366.
7 經典的小說記述請見：Garrett Mattingly, *The Armada* (New York: Houghton Mifflin, 1959), pp. 11-12. 馬基維利自己偶爾也會寫詩和創作劇本，請見：Sebastian de Grazia, *Machiavelli in Hell* (New York: Random House, 1989), pp. 360-66。
8 *Elizabeth I: Collected Works,* edited by Leah S. Marcus, Janet Mueller, and Mary Beth Rose (Chicago: University of Chicago Press, 2000), p. 54.
9 Parker, *Imprudent King,* p. 29; Miles J. Unger, *Machiavelli: A Biography* (New York: Simon and Schuster, 2011), p. 343-44; 關於伊莉莎白的語言專才，請見：Somerset, *Elizabeth I,* pp. 11-12。

一九六五年「我們終將克服難關」（We Shall Overcome）的演講。

47 *The Prince,* pp. 29-33. 並請見：Unger, *Machiavelli,* pp. 129-30，當中提到他的臣民恐怕親眼目睹了該起事件。神奇的是，雷米羅的命運跟希羅多德所記述（第一章也有提到）的呂底亞人皮提厄斯的兒子，在薛西斯一世手下遇到的命運相仿。

48 引述自：Gaddis, *There Is No Crime for Those Who Have Christ,* p. 138。

49 越戰期間，一九六八年二月八日的紐約時報有一篇簡短報導"Major Describes Move"見報以後，這句話才變得廣為人知並具有負面的意義。至於冷戰期間核子武器被賦予了類似的意義，請見：Campbell Craig, *Destroying the Village: Eisenhower and Thermonuclear War* (New York: Columbia University Press, 1998) 。

50 *The Prince,* p. 22, 35.

51 引述來自於：Mattox, *Augustine and the Theory of Just War,* p. 60，以及 *The Prince,* p. 61。這幾句話值得與孫子這句話做對比，Sun Tzu, *The Art of War,* translated by Samuel B. Griffith (New York: Oxford University Press, 1963), p. 77：「是故百戰百勝，非善之善者也；不戰而屈人之兵，善之善者也」。

52 *The Prince,* p. 61.

53 出自於Harvey C. Mansfield的介紹，出處同前釋注，p. xi。強調記號為筆者所加。

54 Charles Dickens, *A Tale of Two Cities* (New York: New American Library, 1960), p. 367.

55 *The Prince,* p. 45.

56 出處同前釋注，p. 4。

57 出處同前釋注，p. 20。

58 出處同前釋注，p. 39。

59 出處同前釋注，pp. 38, 40-41, 61, 66-67。

60 Unger, *Machiavelli,* p. 54; Bobbitt, *The Garments of Court and Palace,* p. 80.

61 Unger, *Machiavelli,* pp. 132, 238, 255-56.

62 出處同前釋注，pp. 261-62。

63 近期寫得最好的竟是季辛吉。Henry Kissinger, *World Order* (New York: Penguin, 2014), pp. 11-95, 283-86。

64 *The Discourses,* p. 275.

65 關於這些論點，請見：Unger, *Machiavelli,* pp. 266-68; Kissinger, *World Order,* pp. 256-69; 以及 Bobbitt, *The Garments of State and Palace,* pp. 155-64，這位作者提醒我們，馬基維利假設無國際秩序的狀態會長久持續，我們也應做如此假設。

66 Isaiah Berlin, "The Originality of Machiavelli," in Berlin, *The Proper Study of Mankind: An Anthology of Essays,* edited by Henry Hardy and Roger Hausheer (New

De Grazia, *Machiavelli in Hell,* p. 21。近代最佳的馬基維利傳記是：Miles J. Unger, *Machiavelli: A Biography* (New York: Simon and Schuster, 2011)。

35 *The Prince,* translated by Harvey C. Mansfield, second edition (Chicago: University of Chicago Press, 1998), p. 103. 並請見：De Grazia, *Machiavelli in Hell,* pp. 58-70。

36 詳盡的解釋請見：Brown, *Augustine of Hippo,* pp. 400-10。

37 Milan Kundera, *The Unbearable Lightness of Being,* translated by Michael Henry Heim (New York: Harper and Row, 1984).

38 *The Prince,* p. 98. 並請見：Unger, *Machiavelli,* pp. 218-19。

39 一五〇四年，馬基維利支持達文西進行一項河川改道的計畫，試圖截斷比薩（Pisa）的水源來孤立這座對手城市，但這項計畫不敵命運的擺布，他們誤算地形，遭遇意料之外的大雨，以及狡猾的比薩人的破壞，最後以失敗告終。這個失敗是馬基維利政治生命告終的其中一個關鍵。詳細內容請見：Unger, *Machiavelli,* pp. 143-46。

40 馬基維利的譯者很周到的解釋了這個詞在英語裡並沒有對應的詞，請見：*The Prince,* p. xxv. 關於這個詞的完整討論，請見：Philip Bobbitt, *The Garments of Court and Palace: Machiavelli and the World That He Made* (New York: Grove Press, 2013), pp. 76-77。

41 *The Prince,* p. 22. 並請見：Unger, *Machiavelli,* pp. 33-34。

42 出處同前釋注，p. 273。

43 De Grazia, *Machiavelli in Hell,* p. 64，本書作者認為馬基維利讀過奧古斯丁，但利用電子搜尋馬基維利著作《君王論》、《李維羅馬史疏義》和較不知名的《戰爭的藝術》（*The Art of War*）都沒有提到過奧古斯丁。在馬基維利的《佛羅倫斯史》（*History of Florence*）倒是有很簡短的引用過跟奧古斯丁同教團的修士。無論如何，兩人之間有共同的理論存在，請見：Paul R. Wright, "Machiavelli's *City of God:* Civil Humanism and Augustinian Terror,"，以及John Doody, Kevin L. Hughes, and Kim Paffenroth, eds., *Augustine and Politics* (Lanham, Maryland: Lexington Books, 2005), pp. 297-336。

44 *The Prince,* pp. 3-4; Unger, *Machiavelli,* pp. 204-7.

45 Bobbitt, *The Garments of Court and Palace,* p. 5.

46 這本書造成的迴響和擁有的知名度，請見前釋注，pp. 8-16，以及Unger, *Machiavelli,* pp. 342-347。學者Jonathan Haslam研究馬基維利對政治學的影響力，請見：*No Virtue Like Necessity: Realist Thought in International Relations Since Machiavelli* (New Haven: Yale University Press, 2002)。唯一能和《君王論》一樣讓我學生心神不寧的，是Robert Caro所著，美國總統詹森（Lyndon B. Johnson）的傳記，當中說詹森要是沒有贏得一九四八年民主黨德州參議員初選，也不可能有機會發表

Followers of Jesus Made a Place in Caesar's Empire (New York: Bloomsbury, 2015)，但Gibbon認為基督教興起是由於另一個間接的原因，羅馬皇帝因出於自滿，並沒有去注意到基督教的傳播。

19 奧古斯丁從他青少年時期的荒唐歲月中學到，即使是流氓惡棍之間也存在著秩序，如果看過《黑道家族》（*The Sopranos*）、《火線重案組》（*The Wire*）、《絕命毒師》（*Breaking Bad*）等電視劇應該也能夠領悟到這一點。

20 唯一的例外是西元三六一至三六三年短暫在位的皇帝朱利安（Julian）曾試圖恢復羅馬的多神信仰。

21 Corey and Charles, *The Just War Tradition,* p. 57.

22 Brown, *Augustine of Hippo,* pp. 218-21. 本書初版於一九六〇年代寫成，後來作者在新證據出現後才做成此論並修正，作者承認當權人物特別容易冒犯年輕的學者。[出處同前釋注，p. 446]

23 範例請見：Mattox, *Augustine and the Theory of Just War,* pp. 48-49。

24 出處同前釋注，p. 171。

25 荷馬和維吉爾的詩集就是了解古代死後世界最好的指南。

26 這部分歷史的研究請見：Corey and Charles survey the process in *The Just War Tradition,* chapters 4 through 9。

27 學者的致謝一例，請見：Brown, *Augustine of Hippo,* pp. 491-93。

28 Lane Fox, *Augustine,* pp. 2-3.

29 請見：James Turner Johnson, *Just War Tradition and the Restraint of War: A Moral and Historical Inquiry* (Princeton: Princeton University Press, 2014; first published in 1981), 特別是pp. 121-173。

30 我想我未經作者同意便在這點上自行做了引申，關於這一點請見本書作者的簡介：G. R. Evans, *City of God,* p. xlvii。

31 Michael Gaddis, *There Is No Crime for Those Who Have Christ: Religious Violence in the Christian Roman Empire* (Berkeley: University of California Press, 2005), 特別請見pp. 131-50。

32 潘格羅斯博士是這位伏爾泰（Voltaire）小說《贛第德》（*Candide*）當中令人難忘的反英雄角色，即便是一七五九年的里斯本大地震，在他眼中也看為好事。這本書對於奧古斯丁的論理有比我更加精準的觀察，請見：Mattox, *Augustine and the Theory of Just War,* pp. 32-36, 56-59, 94-95, 110-14, 126-31。

33 Sebastian de Grazia, *Machiavelli in Hell* (New York: Random House, 1989), pp. 318-40.

34 *The Discourses on the First Ten Books of Titus Livius,* translated by Leslie J. Walker, S.J., with revisions by Brian Richardson (New York: Penguin, 1970), p. 97. 並請見：

American-Russian Relationship, 1865-1924 (Athens: Ohio University Press, 1990)。

2 請見：Greg Woolf, *Rome: An Empire's Story* (New York: Oxford University Press, 2012), pp. 113-26; Mary Beard, *S.P.Q.R.: A History of Ancient Rome* (New York: Norton, 2015), pp. 428-34。

3 猶太人的一神信仰絕不是他們所獨有，但與其他宗教相比，只有猶太人、基督徒和穆斯林因其信仰為後來的歷史帶來重大影響。還不錯的入門介紹，請見：Jonathan Kirsch, *God Against the Gods: The History of the War Between Monotheism and Polytheism* (New York: Penguin, 2005)。

4 這段故事精彩的記述於：Jack Miles, *God: A Biography* (New York: Knopf, 1995)。

5 Edward Gibbon, *The Decline and Fall of the Roman Empire* (New York: Modern Library, 1977), I, pp. 382-83, 386.

6 出處同前釋注，p. 383。

7 馬太福音 22:21。

8 St. Augustine, *Confessions,* translated by R. S. Pine-Coffin (New York: Penguin, 1961), pp. 28, 32-33, 39–41. 最好的奧古斯丁傳記應仍是這本Peter Brown的經典：*Augustine of Hippo: A Biography,* revised edition (Berkeley: University of California Press, 2000; first published in 1967)。

9 Augustine, *Confessions,* pp. 45-53.

10 如果想看較為近代的學者提出的答案（也頗具爭議性就是了），請見：Robin Lane Fox, *Augustine: Conversions to Confessions* (New York: Basic Books, 2015), 特別是pp. 522-539。

11 Augustine, *Confessions,* p. 36.

12 Brown, *Augustine of Hippo,* pp. 431-37.

13 出處同前釋注，pp. 131-33。

14 關於這一點，是得自於：David Brooks, *The Road to Character* (New York: Random House, 2015), p. 212。

15 這部分我主要以這部關於聖奧古斯丁的介紹作為指南：G. R. Evans, *Concerning the City of God Against the Pagans,* translated by Henry Bettenson (New York: Penguin, 2003), pp. ix-lvii，我還借用了Michael Gaddis關於《上帝之城》所做的注解，這是一個大工程。

16 請見：John Mark Mattox, *Saint Augustine and the Theory of Just War* (New York: Continuum, 2006), pp. 4-6；以及：David D. Corey and J. Daryl Charles, *The Just War Tradition: An Introduction* (Wilmington, Delaware: ISI Books, 2012), p. 53。

17 出處同前釋注，pp. 56-57。

18 這類主張出於：Douglas Boin's *Coming Out Christian in the Roman World: How the*

53 出處同前釋注，p. xix. 維基百科的資料說他們有算過全詩行數。
54 Buchan, *Augustus,* p. 114。更多關於維吉爾較為一般性的討論，請見：Everitt, *Augustus,* pp. 114-116, 和Goldsworthy, *Augustus,* pp. 307-17。
55 Everitt, *Augustus,* pp. 199-211; Goldsworthy, *Augustus,* pp. 217-38.
56 Beard, *S.P.Q.R.,* pp. 354-56, 368-69, 374; 並請見：Goldsworthy, *Augustus,* pp. 476-81.
57 *The Aeneid,* translated by Robert Fagles (New York: Viking, 2006), VIII:21–22, p. 242.
58 出處同前釋注，VI:915, p. 208。
59 Hermann Broch, *The Death of Virgil,* translated by Jean Starr Untermeyer (New York: Vintage Books, 1995; first published in 1945), p. 319, 321. 我第一次注意到《農業詩》和布洛赫作品中的重要性是來自我耶魯同事查爾斯・希爾的提點。他對於布洛赫作品的評論請見：Charles Hill, *Grand Strategies: Literature, Statecraft, and World Order* (New Haven: Yale University Press, 2010), pp. 282-85。
60 Beard, *S.P.Q.R.,* pp. 415-16. 關於繼承法是如何毀滅生命並危害國家的兩則故事，請見：Geoffrey Parker, *Imprudent King: A New Life of Philip II* (New Haven: Yale University Press, 2014); 與 Janice Hadlow, *A Royal Experiment: The Private Life of King George III* (New York: Henry Holt, 2014)。
61 約翰・威廉斯在他的小說《奧古斯都》（*Augustus*）當中將朱莉婭描繪成別具個性的女子。
62 並非與馬克・安東尼之間的婚姻。
63 Fagles translation, Book VI.993–1021, p. 211。據說屋大維婭聽到維古爾朗誦這部分的詩句時，因悲痛而昏倒。
64 奧古斯都所造成的這段複雜的家系圖圖表，請見：Beard, *S.P.Q.R.,* pp. 382-83。
65 Everitt, *Augustus,* p. 302.
66 Goldsworthy, *Augustus,* p. 453.
67 Cassius Dio, *Augustus,* LVI:30, p. 245; Suetonius, II:99, p. 100.
68 Williams, *Augustus,* p. 228.
69 我將約翰・威廉斯的小說《奧古斯都》最後一行做了一點變化：*Augustus,* p. 305。
70 這一點請見：Woolf, *Rome,* pp. 216-17; Beard, *S.P.Q.R.,* pp. 412-13。

第四章　靈魂與國家

1 George Kennan, *Tent-Life in Siberia and Adventures Among the Koraks and Other Tribes in Kamtchatka and Northern Asia* (New York: G. P. Putnam and Sons, 1870), pp. 208-12. 關於肯南的更多記載，請見：Frederick F. Travis, *George Kennan and the*

[Appian, *The Civil Wars*, V:65, pp. 312-313.]

32 請見：Symes, *The Roman Revolution,* p. 114。

33 關於這點請見第二章。

34 Plutarch, p. 1106.

35 Goldsworthy, *Augustus,* pp. 156-59.

36 完整的記載請見：Appian, *The Civil Wars,* V:85–92, pp. 322-26。

37 Everitt, *Augustus,* pp. 129-30.

38 Appian, *The Civil Wars,* V:98–126, pp. 328-42.

39 羅馬與帕提亞之間的宿怨可以追溯到西元前五十三年，帕提亞帝國在卡萊戰役（the battle of Carrhae）中打敗克拉蘇（Marcus Licinius Crassus），羅馬軍在此役中慘敗，好幾個軍團的軍旗被奪走。一直到西元前四十四年遭暗殺之前，凱撒一直想要復仇雪恨，這也是年輕的屋大維接受訓練的目的，兩年後安東尼在腓立比戰役中獲勝，此後他便繼承了這項遺志。

40 按照埃及傳統，他也是托勒密十五世（Ptolemy XV），與他母親共治埃及的國王。關於其生父疑雲較為可信的分析，請見：Goldsworthy, *Caesar,* pp. 496-97。

41 Everitt, *Augustus,* pp. 145-53.

42 Goldsworthy, *Augustus,* pp. 186-88.

43 Plutarch, p. 1142.

44 這則故事的起源為何，請參見：Adrian Tronson, "Vergil, the Augustans, and the Invention of Cleopatra's Suicide— One Asp or Two?" *Vergilius* 44 (1998), 31–50. 這則參考資料是由Toni Dorfman提供。

45 關於這點，請見：Stacy Schiff, *Cleopatra: A Life* (New York: Little, Brown, 2010), p. 101, 108, 133。

46 Cassius Dio, *The Roman History: The Reign of Augustus,* translated by Ian Scott-Kilvert (New York: Penguin, 1987), LI:16, p. 77.

47 不同的觀點，請見：Goldsworthy, *Augustus,* p. 207。

48 Robin Lane Fox, *Alexander the Great* (New York: Penguin, 2004; first published in 1973), pp. 369-70, 461-72.

49 *The Art of War,* p. 106. 現代討論這兩者之間的差別最有名的是英國軍事理論家B. H. Liddell-Hart，他在書中前言認為孫子確實有先見之明。 [Foreword, *ibid.,* p. vii.]

50 *The Art of War,* pp. 66-68, 70.

51 小說裡面如何將此原則用到寫詩上面，請見：Williams, *Augustus,* pp. 38-39。

52 *The Georgics of Virgil,* translated by David Ferry (New York: Farrar, Straus and Giroux, 2005), p. 89.

意外。

12 見一九五一年二月十三日以撒・柏林寫給George F. Kennan的信：Berlin, *Liberty,* edited by Henry Hardy (New York: Oxford University Press, 2007), pp. 341-42。

13 Goldsworthy, *Augustus,* pp. 87-101. 西賽羅的見風轉舵，請見：Anthony Everitt, *Cicero: The Life and Times of Rome's Greatest Politician* (New York: Random House, 2003), pp. 273-96。

14 John Buchan, *Augustus* (Cornwall: Stratus Books, 2003; first published in 1937), p. 32.

15 Goldsworthy, *Augustus,* pp. 105-7.

16 詳述於：Plutarch, pp. 1106-7。

17 Everitt, *Augustus,* p. 76. 屋大維的專心致志，請參見：Ronald Syme, *The Roman Revolution* (New York: Oxford University Press, 1939), p. 3。

18 Everitt, *Augustus,* pp. 32, 45, 88-91, 110, 139, 213.

19 Goldsworthy, *Augustus,* pp. 115-25. 安東尼則是宣稱屋大維從第一場穆第納戰役就已經逃走。[Suetonius, II:10, p. 47.]

20 Syme, *The Roman Revolution,* p. 124.

21 雷必達在莎劇《凱撒大帝》（*Julius Caesar*）中被寫成是一個無足輕重的角色。

22 同樣的場景，在一八〇七年七月拿破崙與俄國沙皇亞歷山大一世（Alexander I）於尼曼河（Niemen River）簽署《提爾西特條約》（Treaty of Tilsit）時再次上演，本書第七章會討論這段歷史。只是他們是登上一條小舟，不是一座島。

23 Everitt, *Cicero,* pp. 313-19. 三巨頭做出禁令的背景，請見：Syme, *The Roman Revolution,* pp. 187-201。

24 Goldsworthy, *Augustus,* p. 122.

25 這裡確實有關聯。腓立比城是得名自馬其頓國王腓力二世（Philip of Macedon），他是亞歷山大大帝的父親，這座城是他建於西元前三五六年。第一部《斥腓力辭》是希臘演說家狄摩西尼（Demosthenes）所寫的四篇演講詞，是他在腓力二世建城後不久發表。西賽羅以這四篇講詞為本，寫作了他自己的十四篇講詞。

26 Goldsworthy, *Augustus,* p. 142；Everitt, *Augustus,* pp. 88-94.

27 Appian, *The Civil Wars,* translated by John Carter (New York: Penguin, 1996), V, p. 287；並請見：Everitt, *Augustus,* pp. 98-99。

28 出處同前釋注，pp. 100-103；並請見：Syme, *The Roman Revolution,* p. 215。

29 Goldsworthy, *Augustus,* pp. 144-47.

30 Suetonius, II:15, p. 49；並請見：Everitt, *Augustus,* pp. 104-105。

31 出處同前釋注，pp. 108-113. 安東尼還順便向屋大維揭發了老友魯佛斯的不忠，魯佛斯出於不明目的接觸了安東尼在高盧的代理人，屋大維旋即將其處死。

ment Printing Office, 1964), p. 889。

59 我很感激史坦菲爾德．透納校長，因為就是他啟發我寫了這本書：*Strategies of Containment: A Critical Appraisal of American National Security Policy During the Cold War,* revised and expanded edition (New York: Oxford University Press, 2005)，以及我在耶魯大學教授的這門「研讀大戰略」專題課程。

第三章　教師與教鞭

1 Sun Tzu, *The Art of War,* translated by Samuel B. Griffith (New York: Oxford University Press, 1963), p. 66, 89, 95, 109. 行銷學的比喻是出自於Schuyler Schouten。

2 *Hamlet,* 第三幕第二場。波洛紐斯前面關於借錢的臺詞是出於第一幕第三場。

3 *The Art of War,* pp. 63-64, 66, 89, 95, 129.

4 出處同前釋注，pp. 91-92。

5 屋大維的成長和教養過程主要參照以下兩本書：Anthony Everitt, *Augustus: The Life of Rome's First Emperor* (New York: Random House, 2006), pp. 3-50、Adrian Goldsworthy, *Augustus: First Emperor of Rome* (New Haven: Yale University Press, 2014), pp. 19-80. 第二本書的作者在書中五個章節中將屋大維的所有稱號視為他的頭銜。關於屋大維出生的徵兆，是出自於羅馬歷史學家蘇埃托尼烏斯所著之《羅馬十二帝王傳》：Suetonius, *The Twelve Caesars,* translated by Robert Graves (New York: Penguin, 2007, first published in 1957), II:94, pp. 94-95。

6 Mary Beard在其著作前半部探討了共和帝國的矛盾：*S.P.Q.R.: A History of Ancient Rome* (New York: Norton, 2015) 。

7 距今最近期的記述出自於：Barry Strauss, *The Death of Caesar: The Story of History's Most Famous Assassination* (New York: Simon and Schuster, 2015). 普魯塔克的話則出自：*Lives of the Noble Grecians and Romans,* translated by John Dryden (New York: Modern Library, no date), p. 857。

8 John Williams, *Augustus* (New York: New York Review of Books, 2014; first published in 1971), pp. 21-22. 至於凱撒對屋大維存著什麼樣的想法，見：Adrian Goldsworthy, *Caesar: Life of a Colossus* (New Haven: Yale University Press, 2006), pp. 497-98，以及 Strauss, *The Death of Caesar,* pp. 45-46。

9 從此刻起，屋大維已不再用「屋大維」這個名字而改稱自己為凱撒。為了避免搞混，我會按照Everitt和大部分歷史學家的慣例（Goldsworthy除外），繼續稱他為屋大維，直到他開始使用奧古斯都這個稱號為止。

10 本段出自批注：Tu Mu, *The Art of War,* p. 65。

11 最好的證據就是屋大維在得知凱撒的遺囑時，他的反應顯示他並不知情。就算凱撒有事先表露他的想法，無論是他還是屋大維都不可能預知凱撒很快就要遭遇

40 Thucydides, 2:59, p. 123.

41 出處同前釋注，2:60–64, pp. 123-127。

42 出處同前釋注，3:82, p. 199。

43 出處同前釋注，3:2–6, 16–18, 25–26, 35–50, pp. 159-161, 166-167, 171, 175-184. 密提林人實際上並沒有逃脫懲罰，雅典將叛亂的主謀處死，拆毀他們的城牆，奪取他們的海軍，還沒收了他們的財產。不過，這當然是比克里昂的要求要輕微多了。

44 出處同前釋注，5:84–116, pp. 350-357。

45 出處同前釋注，3:82, p. 199。

46 關於這個題目更多的討論，請見：John Lewis Gaddis, "Drawing Lines: The Defensive Perimeter Strategy in East Asia, 1947-1951," in Gaddis, *The Long Peace: Inquiries into the History of the Cold War* (New York: Oxford University Press, 1987), pp. 71-103. 這道防衛線不包含臺灣，是因為國民黨逃到那裡。如果包含臺灣，美國政府害怕會被視為是干預中國內戰，這是當時的美國政府亟欲避免的。

47 韓戰死傷人數是引自於線上大英百科全書「韓戰」(Korean War) 條目，www. britannica .com。

48 Carl von Clausewitz, *On War,* edited and translated by Michael Howard and Peter Paret (Princeton: Princeton University Press, 1976), p. 471. 原文中強調標示即已存在。

49 Plutarch, pp. 204-207; Kagan, *Pericles,* pp. 221-27.

50 Thucydides, 6:6, p. 365.

51 出處同前釋注，6:9–26, pp. 366-76. 當時還有第三位元帥拉馬卡斯 (Lamachus)，修昔底德對他的著墨很少。

52 出處同前釋注，7:44, 70–87, pp. 453, 468-78。

53 Hanson, *A War Like No Other,* p. 205, 217.

54 Henry Kissinger, *White House Years* (Boston: Little, Brown, 1979), p. 1049.

55 請見：www.archives.gov/research/military/vietnam-war/casualty-statistics.html。

56 更多細節請見：Ilya V. Gaiduk, *The Soviet Union and the Vietnam War* (Chicago: Ivan R. Dee, 1996); Qiang Zhai, *China and the Vietnam Wars, 1950-1975* (Chapel Hill: University of North Carolina Press, 2000); and Lien-Hang Nguyen, *Hanoi's Wars: An International History of the War for Peace in Vietnam* (Chapel Hill: University of North Carolina Press, 2012) 。

57 John Lewis Gaddis, *The Cold War: A New History* (New York: Penguin, 2005), pp. 149-55.

58 Thucydides, 1:140, p. 81;一九六三年十一月二十二日甘迺迪在沃斯堡商會發表演說：*Public Papers of the Presidents: John F. Kennedy, 1963* (Washington, D.C.: Govern-

18 本小節中所有引述伯里克利的話，皆出自參考書目：Thucydides, 2:34–46, pp. 110-18. 關於雅典的獨特性和普世性，請見：Donald Kagan, "Pericles, Thucydides, and the Defense of Empire," in Hanson, *Makers of Ancient Strategy,* p. 31。

19 Kagan, *Pericles,* pp. 49-54，這裡描述了雅典公民大會的運作方式。並請見：Cynthia Farrar, "Power to the People," in Kurt A. Raaflaub, Josiah Ober, and Robert W. Wallace, with Paul Cartledge and Cynthia Farrar, *Origins of Democracy in Ancient Greece* (Berkeley: University of California Press, 2007), pp. 184-89。

20 Hanson, *A War Like No Other,* p. 27.

21 盟邦是否守信用，對於嚇阻威脅有附加作用，請見：Michael Howard, *The Causes of Wars,* second edition (Cambridge, Massachusetts: Harvard University Press, 1984), pp. 246-64。

22 Kagan, *Pericles,* pp. 102-5.

23 出處同前釋注，p. 86。

24 Thucydides, 1:24–66, 86–88, pp. 16-37, 48-49. 並請見：J. E. Lendon, *Song of Wrath: The Peloponnesian War Begins* (New York: Basic Books, 2010)。

25 這句話應該是出自德國「鐵血宰相」俾斯麥。

26 這裡引用的資料出自於：Kagan, *Pericles,* p. 192，和Hanson, *A War Like No Other,* pp. 10-12。

27 Thucydides, 1:67–71, pp. 38-41.

28 出處同前釋注，1:72–79, pp. 41-45。

29 出處同前釋注，1:79–85,pp. 45-47。

30 出處同前釋注，1:86–87, p. 48。

31 Kagan, *Pericles*, p. 206, 214.

32 關於這點我在這本書中有更多篇幅的討論：The Landscape of History: How Historians Map the Past (New York: Oxford University Press, 2002), pp. 116-18。

33 Thucydides, 1:144, pp. 83-84; Plutarch, p. 199；並請見：Kagan, *Pericles*, pp. 84、92、115-16.

34 Thucydides, 1:77, p. 44.

35 出處同前釋注，1:140–44, pp. 80-85。這裡關於麥加拉禁令的分析是出自於：Kagan, *Pericles,* pp. 206-227。

36 Thucydides, 2:12, p. 97.

37 Plutarch, pp. 194-95; Thucydides, 1:127, p. 70.

38 Kagan, *Pericles,* p. 207.

39 見莎士比亞的《特洛伊羅斯與克瑞西達》(*Troilus and Cressida*)，第一幕，第三景，112–127。

稱之）。並請見：Brent L. Sterling, *Do Good Fences Make Good Neighbors? What History Teaches Us About Strategic Barriers and International Security* (Washington, D.C.: Georgetown University Press, 2009), pp. 15-16，以及 David L. Berkey, "Why Fortifications Endure: A Case Study of the Walls of Athens During the Classical Period," in Victor Davis Hanson, ed., *Makers of Ancient Strategy: From the Persian Wars to the Fall of Rome* (Princeton: Princeton University Press, 2010), pp. 60-63。普魯塔克的評語出自於他的著作：*Lives of the Noble Grecians and Romans,* translated by John Dryden(New York: Modern Library, no date), pp. 191-93。

3 Victor Davis Hanson, *The Savior Generals: How Five Great Commanders Saved Wars That Were Lost—from Ancient Greece to Iraq* (New York: Bloomsbury Press, 2013), pp. 33-34.

4 Donald Kagan, *Pericles of Athens and the Birth of Democracy* (New York: Free Press, 1991), pp. 4-5.

5 Thucydides, 1:18, p. 14. See also *ibid.,* 1:10, p. 8; and Herodotus, 6:107–8, pp. 450-51.

6 Hanson, *The Savior Generals,* pp. 18-22, 29.

7 一八〇五年發生特拉法加（Trafalgar）和奧斯特里茲（Austerlitz）兩次戰役之後，這個說法就常用來比喻英、法兩國。（兩次戰役分別是：英國艦隊在特拉法加海戰中大勝法軍，法國在奧斯特里茲打贏俄奧聯軍）至於伯里克利（Pericles）用來形容這兩種戰略的方式，請見：Thucydides, 1:143, p. 83。

8 Hanson, *The Savior Generals,* pp. 10-12，這裡面為這次失敗的規模提供了相當多量化的測量標準。

9 Thucydides, 1:21–22. 此處特別加以強調。

10 Kagan, *Pericles,* p. 10. 這本書的作者原意是指「雅典人」，但我想作者應不會介意我擴充解釋。

11 Thucydides, 1:89–92, pp. 49-51. 並請見：Plutarch, p. 145。

12 Hanson, *The Savior Generals,* pp. 34-36.

13 記述伯里克利一生最經典的傳記請見：Plutarch's, pp. 182-212，但以現代傳記寫的最好的請見Kagan的作品。

14 Hanson, *The Savior Generals,* p. 18.

15 Hanson, *A War Like No Other,* pp. 38-45. 關於伯里克利所做的提議，請見：Thucydides, 2:13, p. 98。

16 Hanson, *A War Like No Other,* pp. 236-39、246-47; Kagan, *Pericles,* p. 66. 篇幅更廣的參考資料並請見：John R. Hale, *Lords of the Sea: The Epic Story of the Athenian Navy and the Birth of Democracy* (New York: Penguin, 2009) 。

17 Plutarch, p. 186.

年四月十三日的民主黨募款餐會非常適合講出類似的話。(www.presidency.ucsb. edu /ws/?pid=16602)

34 Homer, *The Iliad,* Robert Fagles的譯本(New York: Penguin, 1990)，p. 371。荷馬的記述當然是靠記憶，跟他同時代的希臘人早已忘記如何書寫。

35 這是我學生Christopher R. Howell給我的靈感，他在他的文章中有進一步的論述。"The Story of Grand Strategy: The History of an Idea and the Source of Its Confusion," a 2013 Yale Senior Essay in Humanities, p. 2. 並請見Freedman, *Strategy,* pp. 3-7。

36 林肯的自學書單，請見Richard Carwardine, *Lincoln: A Life of Purpose and Power* (New York: Random House, 2006), pp. 4-10，以及Fred Kaplan, *Lincoln: The Biography of a Writer* (New York: HarperCollins, 2008)。其他堪稱也是自學出身的總統應該是第十二任總統撒迦利・泰勒（Zachary Taylor）和第十七任的安德魯・約翰遜（Andrew Johnson）。

37 Henry Kissinger, *White House Years* (Boston: Little, Brown, 1979), p. 54.

38 Michael Billig, *Learn to Write Badly: How to Succeed in the Social Sciences* (New York: Cambridge University Press, 2013)。我在另一本書進一步討論了歷史和理論之間的關係：*The Landscape of History: How Historians Map the Past* (New York: Oxford University Press, 2002).。James C. Scott 在他的書中也討論到一般知識和在地智慧的分別：*Seeing Like a State: How Certain Schemes to Improve the Human Condition Have Failed* (New Haven: Yale University Press, 1998) 。

39 Niccolò Machiavelli, *The Prince*, translated by Harvey C. Mansfield, second edition (Chicago: University of Chicago Press, 1998), pp.3-4.

40 標準版：Carl von Clausewitz, *On War,* edited and translated by Michael Howard and Peter Paret (Princeton: Princeton University Press, 1976) 。

41 Donald Rumsfeld, *Known and Unknown: A Memoir* (New York: Penguin, 2011), 尤其是pp. xiii-xiv.

42 有關這句杜撰的名言的來龍去脈，請見：Elizabeth Longford, Wellington (London: Abacus, 2001), pp. 16-17。

第二章　雅典長城

1 Victor Davis Hanson, *A War Like No Other: How the Athenians and Spartans Fought the Peloponnesian War* (New York: Random House, 2005), p. 66.

2 雅典長城的描述主要來自修昔底德（Thucydides）的著作，採用的譯本為Robert B. Strassler, ed., *The Landmark Thucydides: A Comprehensive Guide to the Peloponnesian War*，此版本是後面這本譯本的修訂版：Richard Crawley translation (New York: Simon and Schuster, 1996), 1:89–93（此後本書各段各版均以Thucydides為作者

Salamis," *Symbolae Osloenses: Norwegian Journal of Greek and Latin Studies* 82:1, 2–29.

18 Herodotus, VII:8, p. 469.

19 與較近期範例相關的一個論點，見：Victor Davis Hanson, *The Savior Generals: How Five Great Commanders Saved Wars That Were Lost—from Ancient Greece to Iraq* (New York: Bloomsbury Press, 2013), p. 11。

20 Herodotus, VII:38–39, pp. 483-484。

21 F. Scott Fitzgerald, "The Crack-Up," *Esquire,* February 1936.

22 Jeffrey Meyers, *Scott Fitzgerald: A Biography* (New York: HarperCollins, 1994), pp. 261-65、332-36.

23 我的同事查爾斯・希爾很喜歡搞神祕，他常在課堂上引述名言，又不解釋給一頭霧水的學生聽。

24 這裡是將柏林三篇偉大的文章加以簡化摘要過後的版本。這三篇文章是："Two Concepts of Liberty" (1958), "The Originality of Machiavelli" (1972), "The Pursuit of the Ideal" (1988). 以上全數出自於*The Proper Study of Mankind*，特別是pp. 10-11、239、294和302。萬聖節的小孩一句則是我自己編造的。

25 Jahanbegloo, *Conversations with Isaiah Berlin,* pp.188-189。並請見，Berlin, *The Hedgehog and the Fox*, p.101，此處引述自Michael Ignatieff的訪問。

26 柏林曾說過這種劃分方式好比「普羅克拉斯的鐵床」(Procrustean beds，出自希臘羅馬神話，削足適履、一體適用的意思）。Carlsmith 曾根據此加以延伸寫成這篇文章，"The Bed, the Map, and the Butterfly"。

27 見Anthony Lane的評論, "House Divided," in *The New Yorker,* November 19, 2012。

28 IMDb, *Lincoln* (2012), at www.imdb.com/title/tt0443272/quotes.

29 托爾斯泰對林肯的讚譽在這本書最後一冊：Michael Burlingame的 *Abraham Lincoln: A Life* (Baltimore: Johns Hopkins University Press, 2008)，p. 834。

30 本段和前一段落中，我借用了我這篇文章中的一些觀點："War, Peace, and Everything: Thoughts on Tolstoy," *Cliodynamics: The Journal of Theoretical and Mathematical History* 2 (2011), 40–51。

31 Berlin, "The Hedgehog and the Fox"，收於此書：*The Proper Study of Mankind*，p. 444。

32 Tetlock, *Expert Political Judgment,* pp.214-215; Daniel Kahneman, *Thinking, Fast and Slow* (New York: Farrar, Straus and Giroux, 2011)，特別請見pp. 20-21。康納曼談泰特洛克，請見pp. 218-220。

33 這句話在二〇〇二年發行的電影《蜘蛛人》最廣為人知，不過同樣的話在許多其他電影和漫畫裡都有出現過。有趣的是，如果羅斯福總統當時還活著，一九四五

the Fox, and the Magister's Pox: Mending the Gap Between Science and the Humanities (Cambridge, Massachusetts: Harvard University Press, 2011)，pp. 1-8。

4 Isaiah Berlin, *The Hedgehog and the Fox,* edited by Henry Hardy (Princeton: Princeton University Press, 2013)，p. 91. 此處我也引用了二〇一一年學生為了耶魯大戰略課程所寫的文章：Joseph Carlsmith, "The Bed, the Map, and the Butterfly: Isaiah Berlin's Grand Strategy of Grand Strategy"。

5 Isaiah Berlin, "The Hedgehog and the Fox: An Essay on Tolstoy's View of History," in his *The Proper Study of Mankind: An Anthology of Essays,* edited by Henry Hardy and Roger Hausheer (New York: Farrar, Straus and Giroux, 1998)，pp. 436-37, p. 498.

6 A. N. Wilson, *Tolstoy: A Biography* (New York: Norton, 1988), pp. 506-17.

7 Berlin, *The Hedgehog and the Fox,* pp. xv-xvi.

8 Herodotus, I:12, p. 38.

9 出處同前注，VII:8, 10, p. 469, 472；並請見：Tom Holland, *Persian Fire: The First World Empire and the Battle for the West* (New York: Doubleday, 2005), p. 238。

10 Herodotus, VII:8, 22–24, p. 469, pp. 478-79. Holland, *Persian Fire,* pp. 212-14.

11 如想了解更多阿基里斯和奧德修斯在戰略上的不同，請見：Lawrence Freedman, *Strategy: A History* (New York: Oxford University Press, 2013), p. 22。

12 這裡當然不是字面上的意思。如果希羅多德是生在那個時代，他不過是個低賤小民。

13 Philip E. Tetlock, *Expert Political Judgment: How Good Is It? How Can We Know?* (Princeton: Princeton University Press, 2005)，特別是下列頁數：xi, 73-75, 118, 128-29. 泰特洛克的研究有個較通俗化的版本，請見：Dan Gardner, *Future Babble: Why Expert Predictions Are Next to Worthless, and You Can Do Better* (New York: Dutton, 2011)。泰特洛克和這位作者合作進行了一份更新的研究：*Superforecasting: The Art and Science of Prediction* (New York: Crown, 2015)。

14 Herodotus, VII:101, 108-26, pp. 502, 505-10.

15 John R. Hale, *Lords of the Sea: The Epic Story of the Athenian Navy and the Birth of Democracy* (New York: Penguin, 2009), pp. 36-39, 55-74; Barry Strauss, *The Battle of Salamis: The Naval Encounter That Saved Greece—and Western Civilization* (New York: Simon and Schuster, 2005).

16 Aeschylus, *The Persians,* lines 819–20, Seth G. Benardete translation (Chicago: University of Chicago Press, 1956), p. 77. 關於地米斯托克利散布的謠言，見Plutarch, *Lives of the Noble Grecians and Romans,* translated by John Dryden (New York: Modern Library, no date), p. 144。

17 Victor Parker, "Herodotus' Use of Aeschylus' *Persae* as a Source for the Battle of

注釋

前言

1 海軍戰爭學院的課程簡介，請見：www.usnwc.edu /Faculty-and-Departments/Academic-Departments/Strategy-and-Policy-Department。耶魯大學的課程，請見www.grandstrategy.yale.edu/background; 及Linda Kulman, *Teaching Common Sense: The Grand Strategy Program at Yale University* (Westport, Connecticut: Prospecta Press, 2016)。

2 有些讀者可能會擔心我忘了還有冷戰。並沒有，只是我講這個主題已經講太多次了。我最近才將我的書《圍堵的戰略》*Strategies of Containment* (New York: Oxford University Press, 2005) 重新改版，最近也有一篇文章〈冷戰中的大戰略〉（Grand Strategies in Cold War）收錄在劍橋大學出的《冷戰史》*The Cambridge History of the Cold War* (New York: Cambridge University Press, 2010), vol. 2, pp. 1-21 。

3 我要特別感謝耶魯法學院前任院長安東尼・克洛曼（Anthony Kronman），這些相關人物是他給我的靈感。

第一章 橫越赫勒斯滂

1 Herodotus, *The History,* Book VII:1-56. 此處採用David Grene的譯本(Chicago: University of Chicago Press, 1987), pp. 466-90.如要閱讀較近期的版本，見Robert D. Kaplan, "A Historian for Our Time," *The Atlantic,* January/February 2007。

2 Michael Ignatieff, *Isaiah Berlin: A Life* (New York: Metropolitan Books, 1998)，p. 173. Ramin Jahanbegloo, *Conversations with Isaiah Berlin,* second edition (London: Halban, 1992)，pp. 188-89. Isaiah Berlin, *Enlightening: Letters, 1946-1960,* edited by Henry Hardy and Jennifer Holmes (London: Chatto and Windus, 2009), p. 31. C. M. Bowra, "The Fox and the Hedgehog," *The Classical Quarterly* 34 (January–April 1940), pp. 26-29.

3 Stephen Jay Gould的最後一本書為這句話提供了簡短的歷史背景。*The Hedgehog,*

Big Ideas 28

大戰略：耶魯大學長紅20年大師課程，從歷史提煉的領導決策心法

2021年1月初版　　定價：新臺幣480元
2021年4月初版第二刷

著者　John Lewis Gaddis
譯者　尤采菲
叢書編輯　黃淑真
特約編輯　陳益郎
校對　馬文穎
內文排版　極翔企業
封面設計　兒日

副總編輯　陳逸華
總編輯　涂豐恩
總經理　陳芝宇
社長　羅國俊
發行人　林載爵

出版者　聯經出版事業股份有限公司
地址　新北市汐止區大同路一段369號1樓
叢書編輯電話　(02)86925588轉5322
台北聯經書房　台北市新生南路三段94號
電話　(02)23620308
台中分公司　台中市北區崇德路一段198號
暨門市電話　(04)22312023
台中電子信箱　e-mail：linking2@ms42.hinet.net
郵政劃撥帳戶第0100559-3號
郵撥電話　(02)23620308
印刷者　文聯彩色製版印刷有限公司
總經銷　聯合發行股份有限公司
發行所　新北市新店區寶橋路235巷6弄6號2樓
電話　(02)29178022

行政院新聞局出版事業登記證局版臺業字第0130號

本書如有缺頁，破損，倒裝請寄回台北聯經書房更換。　ISBN 978-957-08-5671-2 (平裝)
聯經網址：www.linkingbooks.com.tw
電子信箱：linking@udngroup.com

國家圖書館出版品預行編目資料

大戰略：耶魯大學長紅20年大師課程，從歷史提煉的領導決策心法/ John Lewis Gaddis著．尤采菲譯．初版．新北市．聯經．2020年1月．456面．14.8×21公分（Big Ideas 28）
譯自：On grand strategy.
ISBN 978-957-08-5671-2（平裝）
[2021年4月初版第二刷]

1.領導理論 2.軍事戰略 3.歷史

541.776 109019797